"十四五"全国高校物流管理与工程类专业冷链特色规划教材

冷链物流概论

主　编　谢如鹤　王国利

副主编　甘卫华　杨　芳

中国财富出版社有限公司

图书在版编目（CIP）数据

冷链物流概论 / 谢如鹤，王国利主编 .— 北京：中国财富出版社有限公司，2021.7（2024.8 重印）

“十四五”全国高校物流管理与工程类专业冷链特色规划教材

ISBN 978-7-5047-7483-5

Ⅰ. ①冷… Ⅱ. ①谢… ②王… Ⅲ. ①冷冻食品—物流管理—高等学校—教材 Ⅳ. ① F252.8

中国版本图书馆 CIP 数据核字（2021）第 143220 号

策划编辑	徐 妍	**责任编辑**	徐 妍	**版权编辑**	李 洋
责任印制	梁 凡	**责任校对**	杨小静	**责任发行**	敬 东

出版发行	中国财富出版社有限公司		
社 址	北京市丰台区南四环西路 188 号 5 区 20 楼	**邮政编码**	100070
电 话	010-52227588 转 2098（发行部）		010-52227588 转 321（总编室）
	010-52227566（24 小时读者服务）		010-52227588 转 305（质检部）
网 址	http：//www.cfpress.com.cn	**排 版**	宝蕾元
经 销	新华书店	**印 刷**	宝蕾元仁浩（天津）印刷有限公司
书 号	ISBN 978-7-5047-7483-5/F · 3317		
开 本	787mm × 1092mm 1/16	**版 次**	2022 年 2 月第 1 版
印 张	17.5	**印 次**	2024 年 8 月第 3 次印刷
字 数	426 千字	**定 价**	59.80 元

“十四五”全国高校物流管理与工程类专业冷链特色规划教材编委会

总　序

自《农产品冷链物流发展规划》实施以来，中央和地方政府因势利导地出台了多项政策，支持冷链物流行业的发展，加上技术的不断成熟和市场需求的扩大，助推了冷链物流行业的快速发展。冷链物流已成为满足人民美好生活需要、支撑新经济增长和对接国家发展战略的热点问题。人们生活水平的提高以及消费观念的改变，使消费者对生鲜产品的质量要求越来越高，绿色、有机产品需求大幅提升，“以国内大循环为主体、国内国际双循环相互促进”“精准扶贫”等一系列战略的实施和经济全球化给冷链物流发展带来了新的机遇。

目前，我国冷链物流无论是规模还是质量均达到了较高的水平，但同欧美发达国家相比仍存在明显差距。单从行业发展空间来看，我国综合冷链流通率远低于欧美、日等发达国家和地区，人均冷链资源也远未达到发达国家的水平；地区发展不平衡、冷链物流成本高、腐烂损耗高、冷链流通率低、物流效率低等问题一直存在，冷链物流人才短缺已成为制约冷链物流发展的瓶颈。随着新零售、新餐饮等更多新业态的爆发，冷链物流服务也面临多元化发展，这对当前的冷链物流企业提出了更高的要求，培养和储备能够提供全面解决方案的复合型冷链专业人才势在必行。此外，冷链物流对专业性和技术性的要求不断提高，对从业人员的要求也越来越高。

基于上述背景，在教育部高校物流管理与工程类专业教学指导委员会的领导下，在冷链物流工作组组长谢如鹤教授的主持下，自2018年以来召开了一系列有关冷链特色教材的研讨会，组织近20所高校及企业、近30位作者，耗时近两年完成了本规划教材的主要模块的编写，后续还将继续完成该教材体系。目前形成的主要模块教材有：《冷链物流概论》《冷链商品学》《冷链物流技术与装备》《冷链物流实验与实训》，各高校可根据学校自身的专业定位及特点选取相应的教材。

该冷链特色规划系列教材立足物流管理与工程类专业的特点，将冷链技术与冷链运作管理相结合、冷链基础知识与高阶技术相结合、冷链物流理论与冷链运营实践相结合，具有较好的系统性、科学性和先进性，可以基本满足当前和今后一个时期内我国冷链物流发展对冷链人才培养的要求。希望本规划教材的出版和使用，能起到其应有的作用。

前 言

教育部高校物流管理与工程类专业教学指导委员会冷链工作组自2019年开始组织全国有关单位编写了本教材。

本书主要内容包括冷链物流的基本概念、制冷基本原理与方法、易腐物品的基本属性、易腐物品的腐败原因及冷藏原理与方法、冷链物流中心及其规划、冷链运输组织与冷链配送方法、冷链物流安全与风险管理、冷链物流标准化与信息化、冷链物流项目管理与精选案例，旨在让读者对冷链物流有最基本的认知，为从事冷链物流相关工作的人员提供基础理论知识。本书从全程冷链的观念出发，结合冷链物流发展的现状与趋势，对冷链物流全过程涉及的基本概念、基本知识、基本技术等进行全方位的介绍，为读者学习冷链物流知识和从事冷链物流相关工作打好基础，可作为物流类专业的研究生和本科、专科学生的教材及从事冷链物流相关工作的人员的参考资料。

本书的参编单位有：广州大学、国家农产品现代物流工程技术研究中心、长沙学院、华东交通大学、北京交通大学、湖南工商大学、广东科技学院等。

本书编写工作的分工如下：谢如鹤、王国利为主编，甘卫华、杨芳为副主编。黄福华负责第一章，刘广海负责第二章，王国利、郭风军负责第三章，邹毅峰负责第四章，谢如鹤、赵静（广东科技学院）负责第五章，兰洪杰负责第六章，杨芳负责第七章，张长峰、郭风军、于怀智、王国利负责第八章，于怀智、王国利负责第九章，孙弘负责第十章，甘卫华负责第十一章。全书由谢如鹤策划、统稿及定稿。

感谢所有为本书提供指导的专家，感谢所有参考文献的作者，由于编者水平所限，书中错漏在所难免，敬希读者批评指正。

编　者

2021年1月

目　录

第一章　绪　论

学习目标

通过本章的学习，了解冷链物流的概念、冷链物流的特点；熟悉冷链物流四种经营模式；认识国内外冷链物流发展现状及其特点，并深入学习冷链物流未来的研究方向，把握其发展趋势。

第一节　冷链物流的概念及分类

一、冷链物流概述

1.冷链物流的概念

一般情况下，冷链物流对象是需要处于一定低温环境下的产品，如农产品、禽肉、水产品、花卉、加工食品、冷冻或速冻食品、冰激凌和蛋奶制品、快餐原料、酒品饮料等，以及特殊商品。冷链物流是指从生产、仓储、运输和销售过程，一直到消费前的各个环节始终处于产品规定的最佳低温环境下，保证产品质量，减少产品损耗的一项特殊的物流活动。冷链物流系统是以冷冻工艺学为基础，制冷技术为手段的低温物流系统，涵盖冷藏、冷链运输、冷链配送与冷藏销售等环节。

2.冷链物流的特点

由于冷链商品要在生产、储存、运输、销售等环节中维持低温状态，相比于常温物流，冷链物流对各个环节的协调性要求较高，且管理难度更大。其主要特点具体包括以下几个方面。

（1）投入成本高

首先是设备投入成本高，为了减少冷链商品在各个环节中的损耗，储存时需要依靠冷库维持低温状态，运输时需要利用冷藏车、冷藏船等运输工具，这些设施设备维护成本较高，且需要大规模投资。其次是技术投入成本高，冷链物流系统的参与者较多，为减少信息不对称的情况，需要借助GPS（全球定位系统）等信息技术来实现全程监控，且为保证冷链商品在运输中的低温状态，须借助冷链物流技术对其温湿度进行实时控制，因此冷链物流在技术上投入成本高。

冷链物流内涵的变迁

（2）管理较复杂

冷链商品的质量主要取决于本身的属性、储存温湿度和运输时间。首先，由于冷链商品的种类较多，不同的冷链商品属性不同，且对储存温湿度、运输时间及冷藏技术要求不同，这就增加了冷链物流的管理难度。其次，冷链物流涉及冷链商品生产、储存、运输、销售等环节，整个环节需要保持较高的协调性，否则容易出现断链现象。

（3）时效性要求高

由于冷链商品不耐储藏、保质期短，对各环节的流通速度要求较高。因此，冷链物流必须具有高时效性，以保证冷链商品的质量、提高消费者的满意度。

（4）工作安全及环境要求高

首先，冷链物流一般需要借助制冷剂实现全程低温，但有些制冷剂（如氨）的浓度若过高，会发生爆炸。因此，工作人员在使用制冷剂时必须明确操作规范，以确保个人安全。其次，生鲜产品的自然属性对仓库的温湿度、封闭性、光线和通风情况等要求较高。

3. 冷链物流的构成

冷链物流商品一般可以分为三类：一是初级农产品，包括蔬菜、水果、肉、禽、蛋、水产品、花卉等；二是加工后的食品，如速冻食品，禽、肉、水产等包装熟食，冰激凌和奶制品等；三是特殊商品，如药品和疫苗等。冷链物流是一个由多个节点组成的低温系统，其主要由冷冻加工、低温储存、冷链运输和销售构成，冷链物流系统构成如图1–1所示。

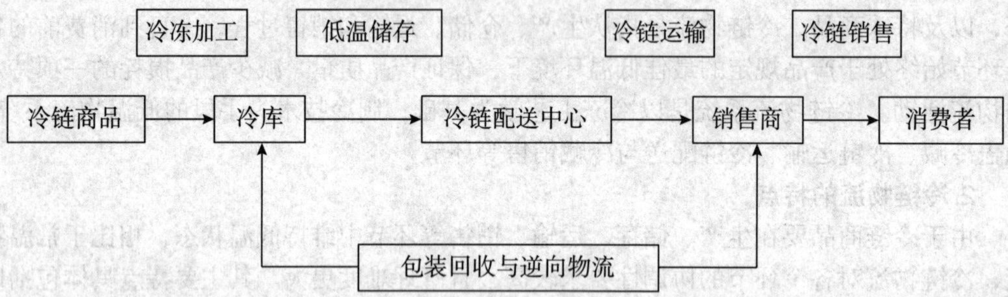

图1–1　冷链物流系统构成

（1）冷冻加工

为延长果蔬、肉类等冷冻食品或疫苗等特殊物品的储存期，采购回来后，应进行相应的加工，如预冷或包装。由于不同产品新陈代谢的速度不同，因此需要根据产品的性质采取相应的预冷方法，以减缓产品的腐烂速度。包装是冷冻加工的最后一步，是产品流通前的重要环节。对冷冻食品进行包装一方面是为了便于运输、减少在途风险，另一方面能美化产品的外观，从而促进销售。

（2）低温储存

由于冷链商品的特殊性，要求在加工前后或在配送中心进行低温储存。低温储存主要指调节气体的比例及温湿度以储存果蔬或对食品进行冷冻、冷却储存。低温储存保证了冷链物流的有序运转，其目的在于满足不同消费者对冷链商品的多样化需求，解决市场供需不平衡问题。在冷链储存环节，需要借助冷藏库、冷柜或冻结柜等设备维持全程低温状态。因此，为了保证储存期间的冷藏效果，须加强相关基础设施的建设。

（3）冷链运输

冷链运输包括冷链商品的中、短、长途运输，指在一定范围内使冷链商品的空间位置发生变化。冷链商品的自然属性要求在运输时选择具备制冷设备的车辆，并提前制订运输计划，以提高冷链运输效率。同时，在运输冷链商品时不仅要考虑其自身属性，还要考虑不同冷链商品之间的相互联系。如运输果蔬时，须考虑不同种类的果蔬混合运输是否影响其品质。冷链运输的目的在于通过克服时间和距离的间隔，在保质的前提下，实现冷链商品的位置转移。

（4）冷链销售

冷链销售是生产商、批发商、零售商与终端客户联系的桥梁，是冷链物流的关键部分，主要包括低温储存、销售进入流通领域的冷链商品。疫苗等冷链药品借该环节得以实现保质状态下的应用。为保证消费者购买到新鲜的商品，冷链销售要求整个过程借助冷藏柜、冷藏库等设备维持低温环境。该环节的核心在于通过提供品质上佳的冷链商品以促进销售，从而使生产商和销售商利润最大化。由于各种连锁商店的迅速崛起，冷链销售渠道逐渐由单一的零售店转变为各种连锁商店。

二、冷链物流的分类

本书在符合分类逻辑原则的前提下，结合冷链物流自身的特点，按照实施物流活动的主体将冷链物流模式分为以下四类：自营冷链物流模式、第三方冷链物流模式、生产加工企业与第三方冷链物流企业的物流联盟模式（简称与第三方物流企业联盟模式）以及生产加工企业与供应链伙伴的冷链物流联盟模式（简称供应链物流联盟模式）。

（一）自营冷链物流模式

自营冷链物流模式主要包括以生产企业为主导的冷链物流模式（第一方物流）和以零售企业为主导的冷链物流模式（第二方物流）两种，是企业投资购置冷链设施，使用本企业的设施和工具来完成的冷链物流。第一方物流是由卖方（生产者或供应方）组织的物流，卖方的核心业务是生产和供应商品。为了自身生产和销售业务的需要而进行物流网络及设施设备的投资经营与管理。第二方物流是由买方（销售者）组织的物流。买方的核心业务是采购并销售商品，为了销售业务的需要投资建设物流网络、物流设施和设备并进行具体的物流业务运作和管理。

1.优势

（1）对产品的物流配送有较强的自我控制能力。

（2）可以通过合理规划提高物流作业效率，减少流通费用。

（3）可以树立良好的企业形象。

（4）自主掌握产品的分销渠道，有利于同行业之间的竞争。

通过自建冷链渠道，企业可以得到最大的自主权和自由度，冷链物流完全服务于本企业的经营战略，满足企业冷链商品多品种、多批次、低数量的及时配送要求，提高企业效率和服务水平。

2.局限性

（1）投资规模较大，需要企业有强大的资金实力和规模支持。毋庸置疑，整条冷链系统的建设是一个高成本、长周期的工程，需要一次性投入大量的资本购买专业的冷链设备。这就需要企业有雄厚的资金和强大的技术实力作为支撑。

（2）专业化程度不高，在实际运输过程中常有“断链”现象发生。企业自建冷链的首要目的是满足自身产品的特殊物流需要，专业化程度不高。此外，由于没有专业的冷链人才，在实际操作过程中，由于人员、技术及设备等不专业，“断链”现象时有发生，整个冷链过程会失去应有的意义。

（3）冷链利用率不高，资源浪费现象严重。分设物流部门、重整企业物流势必要对公司的组织结构做出较大调整，自建冷链要求企业具有很强的管理能力；同时购置物流设备、完善物流体系需要占用大量的资金，如果管理不善，将会出现资金利用率低和管理成本高的状况。

3.适用条件

自营物流适用于规模较大、经济实力雄厚和拥有专业物流管理团队的企业。此种模式是目前应用最为广泛的模式，最具代表性的是在大型乳制品、肉制品生产企业及大型连锁超市中的自营冷链的建设。

（二）第三方冷链物流模式

第三方冷链物流模式是指生产经营企业为集中精力做好主业，把原来由本企业处理的物流业务，以合同方式委托给专业物流服务企业，同时通过信息系统与物流服务企业保持密切联系，以达到对物流全程的管理和控制的一种物流运作与管理方式。

第三方冷链物流模式是物流专业化形式在冷链行业中的应用，是独立于生产商、加工商、批发商和零售商，提供专业化物流服务的业务模式。真正意义上的第三方冷链物流企业，不仅能够提供冷藏运输、冷藏仓储、冷藏加工等服务，更重要的是能为冷链物流需求方提供高效和完备的冷链物流解决方案，能实现冷链物流的全程监控，具有整合冷链商品供应链的能力。现将该模式的优势、局限性和适用范围分析如下。

1.优势

和传统的物流外包类似，专业的第三方冷链物流企业的发展是冷链物流行业的必然。和自营物流相比，其专业、高效、节约成本等优势十分明显。

这种物流模式不占用大量的固定资产，可以更自由地协调生产运作，加强了企业的柔性管理，使企业可以集中力量提高核心竞争力。

2.局限性

企业不能直接控制物流环节，不能保证到货的及时性和服务的品质，把物流这个第三利润源让给了第三方，减少了自身利润。此外，企业还要承担选择低效率物流公司的风险。

3.适用条件

适合规模较小，经济实力较弱或刚成立的企业。物流资产不多、物流部门人员少的企业，可以将物流业务完全外包。

（三）与第三方物流企业联盟模式

与第三方物流企业联盟模式是指制造企业与第三方物流企业结成联盟，以合作协议的形式共同完成制造企业的物流活动。在该模式中，物流活动的基础设施可能全部由第三方物流企业提供，也可能由两者共同提供，第三方物流企业的主要任务是完成制造企业的物流系统规划以及制造企业的基本物流活动。制造企业通过信息系统与第三方物流企业保持密切联系以达到对物流全程的管理与控制的目的。

该物流模式更看重的是制造企业与第三方物流企业之间的战略合作，两企业不仅仅是业务上的供求双方，更处于战略联盟中合作伙伴关系，任何一方战略上的变化都会对另一方的战略制定产生影响。因此，双方企业共存互生的关系也决定了这种企业联盟模式比单纯地将冷链物流业务外包给第三方冷链物流企业更加稳定。

（四）供应链物流联盟模式

供应链物流联盟模式是指以制造企业为核心，与供应链上的一个或多个伙伴企业结成物流合作联盟，即将供应链上所有节点企业看作一个整体，基于共同的目标，通过一定的制度安排组成的集成化供应链管理体系，以计算机网络技术和信息技术为支柱，以区域性物流资源为可选对象，综合各种先进的物流技术和管理技术，将节点企业内部供应链以及节点企业之间的供应链有机地集成起来进行管理，以充分利用人员、流程、技术和绩效标准等共享资源，实现协同运作，从而高质量、低成本，快速、高效地提供市场所需的物流产品或服务。它是由起领导作用的专业化资本或要素将物流系统所需要的其他专业化资本或要素，按一定方式进行构造和整合，形成各要素紧密联系、协同运作的物流系统。在合作协议框架内，通过共享信息，协调行动，互相配合，对供应链的物流运作进行一体化管理，实现供应链物流管理的顺畅化和高效化，以降低物流成本或提高物流响应水平。

供应链物流联盟无论是在服务内容、运作机制，还是在组织网络上均与传统物流运作有很大不同，主要优势有以下几个方面。

（1）提高企业生产计划的适时性。对于生产企业来说，实施供应链管理可以及时掌握商品的销售信息，可以及时调整商品生产计划，避免不必要的库存积压。

（2）提高流通企业需求预测的准确性。对于供应链中的流通企业来说，实现供应链管理可以掌握各个市场终端的库存情况，提前制订产品的配送计划并降低配送成本。此外，企业通过对市场终端反馈信息的加工处理，可以掌握产品的季节性需求规律，调整进货种类，更准确地对需求进行预测。

（3）提高零售企业库存、补货的合理性。如对零售连锁企业来说，实施供应链管理可以保证连锁门店的商品库存低于安全库存时能够及时补货，同时保证连锁门店的产品库存降至最低，减少库存的积压，避免因商品过期等原因造成损失。

第二节　国内外冷链物流的现状

一、国内冷链物流发展现状

经过多年的发展，目前我国的冷链物流行业虽具有一定规模，但同欧美发达国家相比仍存在明显差距。单从行业发展空间来看，当前我国综合冷链流通率仅为20%，远低于美、日等发达国家90%以上的冷链流通率。随着人们生活水平的提高以及消费观念的改变，消费者对于生鲜产品的质量要求越来越高，绿色、有机产品需求大幅提升，冷链物流成为必不可少的一大环节，这给冷链物流发展带来了新的机遇。

1.冷链物流基础设施建设有待提高

冷链基础设施是发展冷链物流的前提和条件。生鲜食品的预冷、加工、储运、装卸及销售等各个物流环节都需要在低温环境下进行，冷链基础设施建设显得尤为重要。发展初期，包括各种类型和规模的冷库、冷链运输工具和制冷装置等的建设不足，一直是制约我国冷链物流发展的重要因素之一，冷链物流只在局部和小规模范围内投入使用，冷链物流供给无法满足市场需求。数据显示，我国冷库总量的63%位于东部地区，而中西部地区冷库数量不足，无法满足日常需求。在冷库类型和功能发展方面，我国大型冷库建设项目较多，中小型冷库建设项目少，可以满足大规模冷藏需求，但无法满足小规模冷藏需求；肉类冷库建设较多，果蔬类冷库建设较少。在人均冷库容量方面，我国人均冷库容量水平远低于美国和日本的人均冷库容量水平。冷库基础设施建设的不足将制约我国冷链物流发展规模，随着消费者对冷链商品需求的增加，现有冷链物流规模已经无法满足需求，物流成本将会增加，而消费者效用水平则呈现边际递减趋势。

2.冷链物流技术和标准不断更新

冷链物流发展对技术的依赖性极强，冷链物流代表现代物流业发展的新方向，是物流技术发展的重要体现。和国外发达国家相比，我国冷链物流技术一直相对落后，对现代科技的运用不足。近年来，我国农产品物流企业引进了国际先进的WMS（仓储管理系统）、HACCP（危害分析关键控制点）认证、GMP（良好生产规范）、虚拟仓储等技术，极大促进了我国冷链物流的发展。在保鲜方面，过去常用的保鲜方法是使用杀菌剂进行保鲜，但是这种物质对人体和自然环境危害较大，因此亟须研发新的冷藏保鲜技术。近年来，包括微生物保鲜技术、超高压保鲜技术、复合生物保鲜技术等在内的一批基于生物或物理手段的安全保鲜技术得以应用，使得农产品保鲜更加安全有效。

此外，冷链物流发展标准的不断更新和完善，极大促进了我国冷链物流的规范化发展，成为奠定冷链物流规模发展的基本要素。当前，我国已经制定了多项能够达到国际要求的冷链物流标准，冷链物流标准处在不断完善的过程中。

3.冷链物流市场逐步集中发展

近年来，越来越多的企业开始重视并投入大量资金完善冷链物流服务体系。冷链物流主导以物流企业为主，前期发展较为分散，但近5年来冷链业务发展迅速，营收规模不断扩大，2019年冷链物流百强企业冷链业务营业收入合计达549.76亿元，同比增长38.05%；占2019年冷链物流市场规模的16.21%，百强市场占有率相较于2016年的9.22%、2017的10.19%、2018年的13.79%逐年增长，冷链市场集中度不断提高。据2019年中国冷链物流百强企业报告可知，按区域入围企业数量排序：华东＞华北＞华中＞华南＞东北＞西南＞西北，华东地区入围企业数量最多，是冷链物流最为集中的区域。按区域百强企业营收排序：华东＞华南＞华北＞华中＞东北＞西南＞西北，华东地区入围企业总营收最高，占百强企业总营收的51.3%，通过以上数据可看出我国冷链物流逐渐呈现出集中化、专业化的发展趋势。

4. 生鲜电商成为冷链物流主导者

近几年，以盒马鲜生、永辉超市、每日优鲜等为代表的O2O生鲜门店不断涌现，推动了国内生鲜电商市场的快速成长，成为冷链物流领域的重要推动力量。随着“互联网+”概念的出现和不断实践，构建线上线下有效结合已经成为多数生鲜电商的发展模式。中国生鲜电商市场的发展速度平均每年保持40%以上的增长率，2015年中国生鲜电商市场交易规模为497亿元，2019年中国生鲜电商市场交易规模达到2888亿元，同比增长41.2%。生鲜电商的兴起也让冷链物流迎来新的发展期，如图1-2所示。

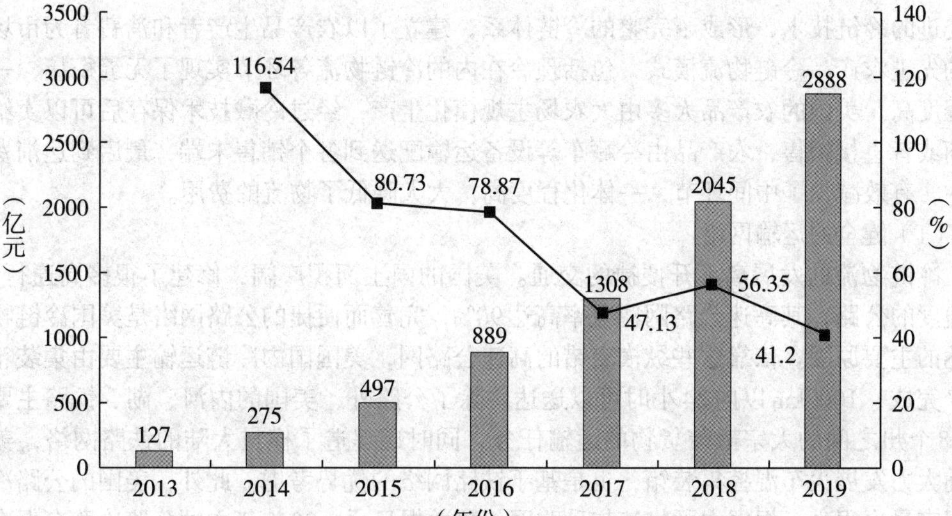

图1-2 2013—2019年中国生鲜电商市场交易规模统计及增长情况

5. 冷链物流成本高

物流成本高是我国现阶段物流业发展过程中较为突出的现象，而冷链物流更是如此。2018年，我国水果、蔬菜、肉类和水产品的流通腐损率分别为11%左右、20%以上、8%和10%。而在发达国家，果蔬损失率一般控制在5%以下，其中，美国由于农产品全产业链以冷链物流为支撑，果蔬从田间到餐桌过程中的损耗率仅为1%~2%。此外，数据显示，我国冷链物流成本较普通物流成本平均高出45%，且在能源价格不断上涨的趋势下逐渐增加，呈现不断攀升的态势。全程冷链物流成本约占产品销售价格的

50%~70%，非冷链物流运输模式下该比例仅为20%，两种物流模式下物流价格存在较大差别。而且由于信息不对称，消费者很难辨别物流过程是否需要采用冷链技术，这就给欺诈和“逆向选择”创造了空间。

二、国外冷链物流发展现状

发达国家冷链物流体系建设已趋于成熟，以完善的冷链物流基础设施和便利的交通为基础、信息化平台和先进的技术手段为依托，辅以完善的法律法规和建设标准，并充分发挥政府调控扶持作用，形成了完整的冷链物流运营模式。如美国、日本和荷兰等发达国家十分重视冷链物流的研究与应用，他们对农产品冷链物流研究已经逐渐由理论层面过渡到冷链技术的更新、风险控制等更精细的方面，这在很大程度上也推动了以冷链物流作为支撑的相关行业的发展。

1. 美国冷链物流发展现状

美国冷链物流始于19世纪冰箱的发明，很多食物可以放入冰箱得以保存。20世纪30年代，美国建立了一个食品冷链系统。20世纪40年代，第二次世界大战爆发，导致西方国家冷链物流系统遭到破坏。战后，冷链物流很快得到重建。目前，美国已拥有世界先进的冷链技术，形成了完整的冷链体系，建立了以农产品生产者和消费者为市场主体的先进农产品冷链物流模式，包括预冷在内的冷链物流各环节实现了无缝衔接，一体化程度高。美国的农产品大多由大农场主规模化生产，经过冷藏技术保存后可以卖给批发商或者直接销售，农产品由冷藏车等设备运输配送到各个销售末端，最后到达消费者手中，有效减少了中间环节，一体化程度高，大大降低了物流的费用。

（1）健全的运输网络

冷链物流的发展离不开便捷的交通。美国的国土面积广阔，修建了很多高通行量、高速度的公路，其高速公路网覆盖率高达90%，完善而便捷的公路网络是美国冷链物流发达的主要原因。依靠这些纵横交错的高速公路网，美国国内冷链运输主要由集装箱卡车来完成，1000km以内24小时可以送达。除了公路外，美国的内河、湖、铁路主要承担48个州之间的大宗散装货物的运输任务，同时还建造了横贯大陆的铁路网络，美国当前大力发展火车温控集装箱，也是基于铁路网络的优势考虑。此外，美国的公路冷藏车保有量也很高。根据中国物流与采购网相关数据显示，2019年中国公路冷藏车保有量为21.47万辆，而美国在2014年就已拥有25万辆冷藏车。

（2）高效的运输效率

美国的冷链物流企业为了提高效率，冷链物流运输分工十分明确，运输方、仓储方和卡车都只负责自己职责以内的事情，各司其职，使得整个冷链物流运行起来顺利流畅、有据可依。美国的冷链物流分工非常明确，运输方只负责确定唯一运输卡车与司机、仓储方只负责对确定时间在唯一卸货码头出现的卡车进行卸货、卡车出租公司只负责提供卡车、维修公司只负责根据求救电话进行抢修，整个链条最忙碌的就是客户，客户需要和以上几家公司确认信息，并完成整个冷链业务上的建设。由于分工不同，各个环节的专业性较强、职责较明确，这样整个冷链运行起来有据可依、有证可查，大大提高了冷链物流的可操作性。

（3）物流作业智能化

美国很早就应用了RFID环节（射频识别）和GPS（全球定位系统）等技术，射频识别技术的应用很大程度上降低了人工成本。通过RFID标签，可以监控到一个集装箱内不同包装单位的不同温度，可连续记录温度变化的数据和对应的时间，可以准确掌握运输途中的温度变化。RFID 还可扩展为由企业或者联盟建立覆盖冷链全流程的冷链检测中心平台。利用RFID技术的冷链温度监控系统可以实时监控流通产品环境温度是否超标，减少不必要的损失，为构建完善的冷链物流系统创造了条件，而通过GPS技术则能够实时查询货物的运输位置。美国的冷链物流公司都配备了先进的安全控制系统及自动化喷淋系统、装有可视屏（电脑终端）的叉车、涉温区域广的冷藏集装箱，与仓库进货口实现无缝对接。通过高端牵引车及冷藏集装箱、GPRS（通用分组无线服务）系统、进口车载温控仪、POS机等一批高端冷藏运输设备，为客户提供全程可控的冷链服务。通过先进的设备组合及人员调配，可以实现GPRS远程温度监控，对各冷藏车的位置和车厢温度实施不间断的监控，确保车内货物按时、保质地送达客户。

2. 日本冷链物流发展现状

日本的冷链物流起步于20世纪70年代初，经过40多年的发展目前已经形成了比较完备的体系，发展趋于成熟。日本冷链物流的发展离不开完善的基础设施。2018年，日本拥有2926个冷藏仓库，人均冷藏仓储容量为0.315立方米，农产品冷藏运输率在95%以上，运输过程中的产品损失率在5%以下。

（1）冷链物流发展科技化、机械化、自动化

日本的高科技化和高机械化是全世界公认的。冷链物流在日本属于低成本的物流，现已进入成熟期，未来还将有一定的发展空间，但是随着科技的进步，日本的冷链物流发展到一定程度时，必将会被另一种新兴的物流形式替代。考虑到日本劳动力短缺的问题，日本在农产品冷链物流的全程作业过程中充分运用其科技实力打造了高度机械化、自动化的运营设施，如自动化立体仓库在日本的应用就极其广泛，货物的存取都可以通过机器实现，只需要很少的劳动力。在货物分拣方面，配套使用智能物流分拣系统、机电一体化控制系统、计算机网络及通信系统等，不但解决了劳动力不足的问题，而且降低了分拣错误率，提高了物流企业的工作效率，降低了成本。

（2）冷链物流信息化程度高

物流的信息化程度是衡量一个国家物流发展水平的最重要指标，日本作为当今世界物流最发达的国家之一，对这一点的认识尤为深刻。日本政府在物流信息化建设上投入了大量经费，也取得了显著的成果。例如，电子数据交换（Electronic Data Interchange，EDI）系统在日本的物流企业中广泛应用，不仅规范了物流信息处理程序，提高了物流信息的可靠性，还简化了订货和存货的过程，加速冷链物流企业与客户之间的交易流程。同时，日本的冷链物流运输车辆上一般都安装了GPS系统，通过该系统优化配送线路、提高配送效率，企业和客户可以实时掌握货物的实际运输路线，方便对运输路线的优化以及对运输人员的监督和管理。

（3）冷链物流全程追溯体系

21世纪初，日本发生了多起严重的农产品质量安全事故，尤其是“疯牛病”事件，加速日本政府推进农产品冷链追溯制度的建立。目前，日本所有的农产品都实现追溯管理模式，从生产、加工、存储、流通到销售终端的各个环节，管理者、经营者和消费者都能随时随地查询农产品在相关环节的具体信息。日本农产品冷链物流追溯体系最核心的内容是确保农产品在整个供应链中录入的信息的完备性、真实性和准确性，农产品在任何一个环节出现问题，都能及时对整条信息链进行逆向追溯，在最短的时间内找到问题的源头，并及时处理、追责。整个追溯过程由日本食品安全委员会、食品卫生协会、卫生检疫所等监督管理、执行机构以及相关媒体全程监督。

（4）对外扩张趋势明显

随着日本农产品冷链物流体系的日益成熟，国内市场已经不能满足冷链物流企业的业务拓展需求，于是，日本政府鼓励国内大的冷链物流企业对外扩张，并给扩张企业提供相应的财政支持以及税收优惠，在国内政策优惠以及市场状况良好的双重鼓励下，很多大型冷链物流企业开始把目标转向海外市场。

3. 荷兰冷链物流发展现状

提起冷链物流就不得不说荷兰，荷兰作为全球经济型花卉销量最多的国家和最大的花卉出口国，每天有数万束鲜花从荷兰最大的鲜花拍卖市场——爱士曼运往世界各地。鲜花是一种易损耗的产品，对储存条件有很高的要求，稍有不慎就会造成巨大的损失，可是荷兰一直是全球最大花卉出口国，这说明荷兰运送鲜花的技术很高，并且目前来看是处于世界领先地位的。

（1）高效的运输效率

鲜花的保鲜期只有短短几天，要在鲜花还鲜翠欲滴时到达目的地，这是很考验整个冷链物流的，而荷兰能够做到。它要求每天清晨售出的鲜花一定要在当天晚上或者第二天出现在世界各地的花店中，这对整个冷链物流都是一个巨大的考验。荷兰利用位于“欧洲门户”的有利位置，充分运用高度发达的海、陆、空运输网络、分拨能力和通信系统进行运输。

（2）科技支持力度不断加大

在储运方面，荷兰以高新技术为依托延长鲜花的保鲜期。有些产品必须得在低温环境下才能长时间保存，比如鲜奶、鲜花等易腐产品，若长时间保存就要通过调节外部环境来进行全程的温度控制，包括产品从产地采摘之后的冷藏保鲜、在运输途中的低温冷藏，还有在抵达目的地之后的冷藏，要想做到最大限度的保鲜、减少损耗就需要运用冷链物流。这些易腐产品的特性也迫使企业不得不采用冷链物流的运输方式，除非他们想承担高额的损失。

（3）缩短流通环节

荷兰的鲜花从采摘到运送到目的地只需一天时间，但如果物流环节有5个乃至更多，那么根本就无法保证鲜花能准时送达，所以荷兰的鲜花流通环节很少，这大大节省了时间。

除美国、日本、荷兰外，加拿大最先建起一整套由航空、陆路、铁路、水路多种途径有机结合的复杂而高效运转的综合冷链物流体系，将各种资源巧妙地整合，形成了高度发达的农产品冷链物流网络。在农产品冷链物流的全过程实现了低温控制，使得农产品在储存、运输过程中的损耗降到最小，并有效降低了由此引起的污染。该网络通过现代化的手段保证加拿大的蔬果损耗控制在5%以内，其物流成本不到30%。德国98%的生鲜农产品从原产地到加工厂再到销售网点，全程都处在要求的温度环境中，冷库中的主要制冷设备完全通过电脑实现精准控制。生鲜蔬果100%实施分等级包装，流通市场中所有的生鲜肉类都置于规定的冷藏温度环境下。新加坡政府为培养相关的冷链物流管理人才提供资金，并出台了6项有关农产品冷链物流的标准，不断颁布新的标准完善农产品冷链物流运输以维持行业高质量的服务标准，比如颁布的《蔬菜冷链管理》《速冻食品加工与处理业务守则》等，不断完善的技术标准也在推动行业更好地发展。

第三节　冷链物流的发展趋势

中国是农业大国，随着经济快速增长，居民生活水平不断提升，对食品新鲜度与安全性的要求日益提高，对农产品冷链运输需求也大幅增加。中国的冷链行业尚处于起步阶段，冷链物流体系还不够完善，发展水平较低，基础设施不完善，与美国、日本、欧洲等发达国家和地区相比在技术上还存在一定的差距，但是随着市场的推动和科学技术的进步，我国冷链物流正朝着好的方向高速发展。在大数据、物联网、区块链、5G移动通信网络、人工智能等先进技术不断应用于冷链物流行业的背景下，相信未来不仅能够有效确保冷链物流质量，而且最终将推动该行业全面实现智能化和信息化发展。

未来，冷链物流行业将进一步发展，市场前景一片广阔，呈现以下发展趋势。

1.利好政策积极推进行业健康规范发展

随着冷链物流市场的快速发展，政府对其高度重视，近年已陆续发布政策新规扶持行业发展。未来，国家层面的支持力度将进一步加大，发展规划、规范标准、基础设施建设等相关的利好政策将继续出台，不断推进冷链物流行业的健康发展。

2.冷链物流基础设施不断完善

在中央政治局会议提出实施城乡冷链物流基础设施补短板工程的要求后，我国冷链基础设施建设加快推进。人工智能、大数据、物联网、区块链等信息技术，越来越广泛地应用到冷链物流行业。

3.冷链物流市场需求持续快速增长

2019年，我国冷冻、冷藏水产品和肉制品进口量上涨至1000万吨左右，果蔬、肉制品、水产品、乳制品总产量约为12亿吨，冷链市场需求巨大。三大因素促进我国冷链物流市场稳步快速增长。其一是国际化发展机遇：国内自贸区试点扩大，进口生鲜品类和数量大幅提升，进而带来新机遇。其二是消费升级和食品安全意识提升：随着国民经济的发展与国人可支配收入的提高，人们对食品和药品安全愈加重视，这必将有利于食品和医疗冷链行业的发展。其三是农村市场需求：农村市场需求激活，电商下乡、农产品进城和出口需求必将促进生鲜产品深加工和F2C（从厂商到消费者）模式的快速发展，也将为冷链物流行业开辟一片广阔的蓝海市场。

4.冷链物流行业监管力度明显加强

2019年新修订的《食品安全法实施条例》对食品贮藏运输提出了更高要求。中共中央、国务院出台《关于深化改革加强食品安全工作的意见》，提出了史上四个最严，即最严谨的标准、最严格的监管、最严厉的处罚、最严肃的问责。国家市场监督管理总局正在推动《冷冻冷藏食品销售质量安全监督管理办法》的立法工作，要求冷藏车、冷库依法备案。国家卫生健康委员会和国家市场监督管理总局发布的《食品冷链物流卫生规范》强制性标准已于2021年实施。

5.企业活力进一步释放

2019年中国冷链物流百强企业中，有民营企业71家，国有企业13家，外资企业1家，合资企业9家，港澳台资企业2家，其他企业4家。民营企业仍是冷链物流百强企业的主要组成部分，体现出了整体市场环境的竞争性，同时也在一定程度上反映出了冷链物流行业的开放性。2019年在冷链需求和市场模式不断变化的大背景下，很多企业积极探索和布局新的市场机遇，彰显企业活力。

6.生鲜电商推动冷链物流模式升级

电商平台的崛起无疑是冷链物流发展的绝佳契机，一方面，互联网有效降低了信息获取的成本，平台商业模式为供需双方提供了直接接触的渠道，降低了企业的销售成本；另一方面，电商交易额的爆发式增长，尤其是生鲜电商为冷链物流企业带来了大量订单。当然，随着电商国际化以及“新零售”在生鲜食品行业的快速发展，对物流综合服务能力提出了更高要求，冷链物流行业也将跟随“新零售”带来的需求和渠道不断变革演进，包括与互联网及大数据结合实现运营升级、与上下游结合实现整个产业链条的整合，以及供应链与其他产业跨界结合衍生新的消费场景等，具有一体化贸易执行能力的冷链供应链企业将快速崛起。

7.跨界竞争呈现更加多元化的特征

冷链行业中新的竞争者不断涌现，除了传统的冷链物流、冷链设备制造企业外，国内一些有实力的快递、电商、贸易商、地产商等已经高调进入冷链行业。

冷链物流服务形态将呈现多元化发展的竞争格局，围绕传统冷链物流仓运配业务展开的，如物联网技术、供应链金融、融资租赁、冷链包装、冷链装备、冷链商贸、冷链加工与产品交易等全产业链生态系统构建正在形成，同时国内冷链企业开始跟随国家战略逐渐走出国门，跨境收购成为一种新动向。

案例分析

物联网技术在冷链物流中的应用

日本冷链物流的发展

思考与练习

（1）请详细阐述冷链物流的内涵。

（2）冷链物流模式按实施物流活动的主体分为哪几类？每种模式之间有何异同。

（3）简述国内外冷链物流发展现状。请举例说明。

（4）与国外相比，我国冷链物流发展还存在哪些问题和不足？

（5）未来我国冷链物流将呈现怎样的趋势？

第二章　制冷原理与方法

学习目标

通过本章的学习，了解制冷、热力学与传热学的基本概念；掌握制冷的基本原理与方法；理解制冷系统的构成；熟悉常用的制冷设备。

应用制冷装置对进入冷链物流的产品进行冷加工（冷却或冻结），并在储运和销售过程中保持适宜的温度，是冷链物流的必要条件。冷链物流涉及的制冷装置包括预冷、速冻、冷藏、冷链运输以及销售设备与设施。这些设备和设施利用了制冷原理和方法，冷链物流的方案设计、运营和维护的前提是了解这些设备和设施的基本特性。

第一节　制冷的基本概念

制冷是指用人工方法将某一空间和物体的热量吸收，使其低于环境温度。一杯100℃的热水置于30℃的空气环境中，杯中的水会慢慢变凉，最后达到30℃，这个过程是冷却，不是制冷，因为水的热量由高温向低温传递，即热量传递给了空气，是自然发生的过程。采用什么方法将热量吸收就是制冷技术要解决的问题。

把酒精涂抹在皮肤上，我们会有冰凉的感觉，这是因为酒精液体蒸发吸收了皮肤的热量；将100℃的水变成100℃的蒸汽需要对水进行加热。这两个现象都说明液体蒸发需要吸收热量，也说明水蒸气比水含有更多的热量。如果把水蒸气变回水（水蒸气冷凝成水），就需要放出水变成水蒸气所吸收的热量。这就是蒸发吸热，冷凝放热。在海平面上，水的沸点是100℃。其蒸发和冷凝温度都是100℃，但在青藏高原，水的沸点只有80℃左右，因为青藏高原的海拔高，气压低。液体的沸点和压力存在相关关系，压力高、沸点高，压力低、沸点低。利用这种物理现象研究出了蒸气压缩式制冷系统（见图2–1）。

引例

蒸气压缩式制冷系统由压缩机、冷凝器、节流阀和蒸发器组成，用管道连接成一个封闭的系统，在其中充灌适当的制冷剂。蒸发器内处于低温低压的制冷剂液体与被冷却对象发生热交换，吸收被冷却对象的热量后汽化，产生的低压蒸气被压缩机吸入，压缩机压缩后排出的高压气态制冷剂进入冷凝器，向环境放热，被冷却凝结成高压液体。高压液态制冷剂流经节流阀节流降压，变成低温低压的气液混合物，进入蒸发器，其中液态制冷剂在蒸发器中蒸发制冷，产生的低压气体再次被压缩机吸入。如此周而复始，不断循环。

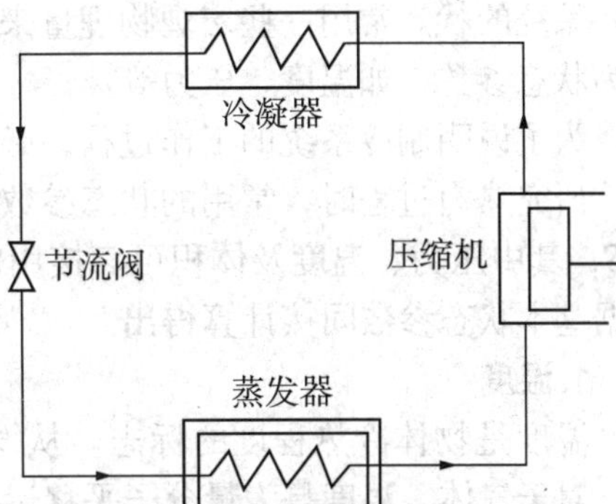

图2-1　蒸气压缩式制冷系统

以上就是最简单的单级蒸气压缩式制冷循环。制冷剂在系统中通过液态和气态的变化，在蒸发器中吸收热量，在冷凝器中放出热量，从而实现低温吸热，高温放热，而压缩机需要消耗能量。要了解制冷系统的特性，即制冷剂在制冷系统中的压力和温度如何变化，环境温度如何影响系统的能量消耗，就需要了解热力学的基本概念。

一、热力学系统

热力学是研究能量及其转换规律的科学，最常见的就是热能和机械能的相互转换。如汽车发动机就是利用燃料燃烧产生的热能转换为机械能从而驱动汽车行驶；前面所述的蒸气压缩式制冷系统是利用电机产生的机械能使制冷系统工作，从而完成热量从低温向高温传输。

在热力学中，根据研究问题的需要，可人为选取一定范围内的物质作为研究对象，称此研究对象为热力学系统，热力学系统以外的物质称为环境或外界。

系统与环境的交界面称为边界，此边界可以是固定的，也可以是变化的。根据系统与环境有无能量和物质交换情况，系统可分为封闭系统（系统与环境无物质交换但能有能量交换）、敞开系统（系统与环境有物质和能量交换）、绝热系统（系统与环境无热量交换）和孤立系统（系统与环境无任何能量和物质交换）。

系统中能量的转换必须通过物质来实现，热力学中把用来完成能量相互转换的媒介称为工质，如制冷系统中的制冷剂也称作工质。

二、工质的热力学状态及其基本状态参数

制冷系统必须通过制冷剂的吸热、压缩、排热、节流膨胀等热力过程完成制冷（低温吸热、高温放热）的目的。在这些过程中，工质的物理特性随时在变化，将工质作为热力学系统（研究对象），则系统的宏观物理状况随时在变化，把工质在热力变化过程中的某一瞬间所呈现的宏观物理状况称为系统的热力学状态，简称状态。

所谓平衡态是指在没有外界作用的情况下，系统的宏观性质不随时间变化的状态。假设两个相互接触的物体之间存在温差，则热量会自发地从高温物体向低温物体传递，这时系统的状态不会维持不变，而是不断发生状态变化直至温差消失而达到平衡，这种平衡称为热平衡。

系统的状态常用一些宏观物理量来描述，这种用来描述系统所处状态的宏观物理量称为状态参数，如温度、压力等。

为了说明制冷系统的工作过程，必须研究系统所处的状态和它所经历的状态变化过程。研究热力过程时，常用的状态参数有压力P、温度T、体积V、热力学能U、焓H和熵S，其中压力、温度及体积可直接用仪器测量，称为基本状态参数。其余状态参数可根据基本状态参数间接计算得出。

1. 温度

温度是物体冷热程度的标志。从微观上看，温度是物质分子热运动激烈程度的标志。对于气体，温度是大量分子平移运动的平均平移动能的量度，其关系式为：

$$\frac{m\bar{c}^2}{2}=BT \tag{2-1}$$

式中：T是热力学温度；$B=\frac{3}{2}k$，k=（1.380058 ± 0.000012）× 10^{-23}J/K是玻尔兹曼常数；m是一个分子的质量；$\bar{c}$是分子平移运动的均方根速度。温度较高的物体将向温度较低的物体进行热量传递，这种热量的传递将持续不断地进行，直至两个物体的温度相等。

国际上规定，热力学温标作为测量温度的最基本温标，根据热力学第二定律的基本原理制定，与测温物质的特性无关，可以成为度量温度的标准。热力学温标的温度单位是开尔文，符号为K（开），把水的三相点的温度，即水的固相、液相、气相平衡共存状态的温度作为单一基准点，并规定为273.16K。因此，热力学温度单位“开尔文”是水的三相点温度的1/273.16。

1960年，国际计量大会通过决议，规定摄氏温度由热力学温度移动零点来获得，即

$$t=T-273.15 \tag{2-2}$$

式中：t为摄氏温度，其单位为摄氏度，符号为℃；T为热力学温度。

2. 压力

单位面积上所受的垂直作用力称为压力，即压强。分子运动学说把气体的压力看作大量气体分子撞击器壁的平均结果。测量工质压力的仪器称为压力计。下面以大气环境中的U形管压力计为例，说明工质绝对压力P与大气压力P_b及表压力P_g或真空度P_v的关系。

当绝对压力大于大气压力时，如图2–2（a）所示，则

$$P=P_b+P_g \tag{2-3}$$

式中：P_g表示测得的差数，称为表压力。

当工质的绝对压力小于大气压力时，如图2–2（b）所示，则

$$P=P_b-P_v \tag{2-4}$$

式中：P_v也表示测得的差数，称为真空度。此时测量压力的仪表称为真空计。

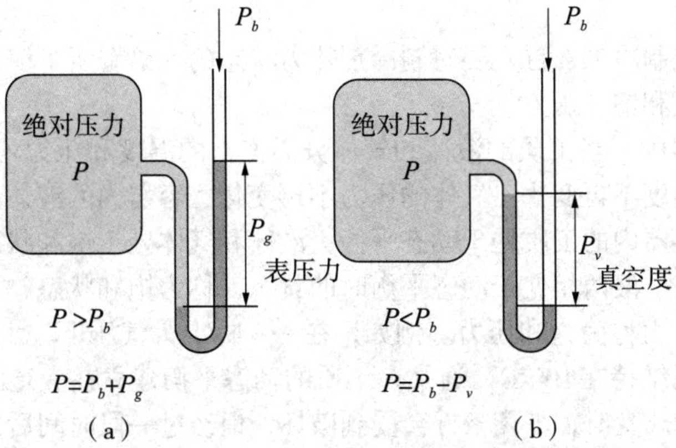

图2-2 压力计

3.比体积及密度

单位质量物质所占的体积称为比体积，即

$$\nu=\frac{V}{m} \tag{2-5}$$

式中：ν 为比体积，单位为m^3/kg；m为物质的质量，单位为kg；V为物质的体积，单位为m^3。

单位体积物质的质量，称为密度，单位为kg/m^3，用ρ表示，即

$$\rho=\frac{m}{V} \tag{2-6}$$

4.潜热和比热容

潜热是指在温度保持不变的条件下，1kg物质从饱和液相转为饱和气相或从饱和气相转为饱和液相过程中吸收或放出的热量，用kJ/kg表示。

比热容是指单位质量物体改变单位温度时吸收或释放的热量，单位是kJ/（kg·℃）。

5.焓和比焓

焓是物质所含的所有能量。在热工计算中时常有$U+PV$出现，为简化计算，将其定义为焓，用H表示，单位为J（焦耳）；1kg工质的焓称为比焓，用h表示，单位是J/kg。在制冷装置中，制冷剂的比焓是指单位质量制冷剂的全部能量，包括内部能量和工作能量的总和。

6.熵

熵是与热力学第二定律密切相关的概念，度量系统进行热交换后由热量引起系统变化的状态参数，与其相关的数学表达式为：

$$ds=\frac{\delta q_{\rm rev}}{T} \tag{2-7}$$

式中：ds是微元过程中单位质量工质的熵变，称为比熵；$\delta q_{\rm rev}$为单位质量工质在微元可逆过程中与热源交换的热量；T为工质的热力学温度。

7. 工质的特性

要了解工质或制冷剂，首先要对制冷剂热力状态的术语有所了解。

（1）饱和温度和饱和压力

在密闭的容器中，当工质的液体和气体分界面上的温度和压力均不随时间变化时，即液体和气体的温度不再变化、气体的压力不再变化、容器内的液体和气体各自的质量也不再变化，则容器内的工质处于动态平衡，液体和气体处于饱和状态。也就是在一定压力和温度下，气、液两相处于动态平衡时的状态，称为饱和状态，液体的温度称为饱和温度，气体的压力称为饱和压力。例如，在一个标准大气压下，水加热到100℃即达到饱和状态，水温维持在100℃。通常，工质的动态平衡建立在一定的温度及压力条件下，若温度或压力改变时，平衡条件会受到破坏，但经过一段时间后，又会达到新的平衡，出现新的饱和状态。工质的饱和压力和饱和温度有确定的关系。

（2）过热度和过冷度

工质在一定压力下，具有饱和温度的蒸气称为干饱和蒸气。处于饱和状态下的工质的气、液混合物称为湿饱和蒸气，由干饱和蒸气和许多细小的液体。微滴组成。比干饱和蒸气在相同压力下具有更高温度的蒸气称为过热蒸气。过热蒸气与干饱和蒸气的温度差称为过热度。制冷剂在一定压力下具有饱和温度的液体称为饱和液体。比饱和液体在相同压力下具有更低温度的液体称为过冷液体。过冷液体与饱和液体的温度差称为过冷度。

（3）临界点

随着蒸气压力的升高，蒸气的比容逐渐接近于其液体的比容，当压力增高到某一值时，饱和蒸气和饱和液体之间没有明显的区别，这种状态称为临界状态。临界状态所处的状态点称为临界点。每种气体都有其临界点。临界点对气体的液化有非常重大的意义。在临界点以上的蒸气，无论施加多大的压力，都不会液化。各种气体，对应其各自的临界点的温度、压力和比容，分别称为临界温度、临界压力、临界比容。

三、热力学过程

当处于一定状态的系统与环境发生能量交换时，系统的状态逐步发生变化。系统从一个状态变化到另一个状态的过程称为热力学过程。

如果系统完成某一热力学过程后，再沿原路逆向回到原来的状态时，环境也返回到原来的状态而没有任何变化，则这一过程称为可逆过程，否则称为不可逆过程。

热力学过程中压力不变称为等压过程，温度不变称为等温过程，体积不变称为等容过程，如果同外界没有热交换称为绝热过程。

四、功和热量

1. 功

功是作用在物体上的力与物体位移的乘积。在热力学过程中，系统从一个状态变化到另一个状态，与环境通过边界传递能量的结果表现为物体宏观运动的变化，这种能量称为功。功是热力学过程中产生的，是一个过程量。

热力学中规定系统对外做功为正，外界对系统做功为负。由工质、气缸和活塞所组成的系统，若工质膨胀推动外界物体移动时，工质对外做功，此时功为正值；若工质被压缩，则是外界对系统做功，功为负值，单位为焦耳（J）或千焦耳（kJ）。1kg工质与外界传递功量的单位为J/kg或kJ/kg。

2. 热量

热量也是传递中的能量。当系统与环境或系统内部各部分之间存在温差时，就会发生热量传递。实际的传热过程都不可逆。热力学中规定传入系统的热量为正值，传出系统的热量为负值，热量的单位和功的单位相同，采用J或kJ。1kg工质传递的热量单位为J/kg或kJ/kg。

3. 功和热量的异同

（1）都是通过边界传递的能量；

（2）都是过程量；

（3）功的传递由压力差推动，比体积变化是做功标志；热量传递由温差推动，比熵变化是传热的标志（见熵的定义）；

（4）功是物系间通过宏观运动发生相互作用传递的能量；热是物系间通过紊乱的微粒运动发生相互作用传递的能量。

五、能量转换与热力学定律

1. 热力学第一定律

热力学第一定律描述为：能量既不能被创造，也不能被消灭，只能从一种形式转换成另一种形式，或从一个物体传递到另一个物体，而其总量保持平衡。

对于封闭系统，热力学第一定律的表达式为：

$$U=Q+W \tag{2-8}$$

式中：U是系统热力学能（内能）的增量；Q是系统与环境交换的热，得热为+，失热为-；W是系统与环境交换的功，得功为+，失功为-。

热力学第一定律是能量转化和守恒定律在热力工程上的应用，强调了热可以变为功，功可以变为热。

热力学第一定律强调的是能量上的守恒，没有考虑不同类型能量在做功能力上的差别。同样数量的机械能与热能其价值并不相等，机械能具有直接可用性，可以无条件转化为热能（优质能）；而热能必须在一定的补充条件下才能部分转化为机械能。热力学第一定律也不能判断热力过程的方向性。

2. 热力学第二定律

热力学第二定律描述为：不可能把热从低温物体传到高温物体而不产生其他影响；不可能从单一热源吸取热量使之完全转换为有用的功而不产生其他影响。

热力学第二定律指出热不可能自发地、不付代价地从低温物体传到高温物体。任何高温物体在不受热的情况下，都会逐渐冷却。根据热力学第二定律，完成制冷循环必须消耗能量，能量的形式可以是机械能、电能、热能、太阳能以及其他形式的能量。

六、热力循环

系统在经历一系列状态变化过程后，再回到原来的状态，这样一系列过程的综合，叫作热力循环。全部由可逆过程组成的循环称为可逆循环；若循环中有部分过程或全部过程都不可逆，则该循环为不可逆循环。

根据循环效果及方向的不同，可以把循环分为正向循环和逆向循环。将热能转化为机械能的循环称为正向循环，外界得到功；将热量从低温热源传给高温热源的循环称为逆向循环，逆向循环必然消耗外功。

1. 正向循环

正向循环也称为热动力循环。下面以1kg工质在封闭气缸内进行一个任意的可逆正向循环为例，概括说明正向循环的性质。图2-3（a）、（b）分别为该循环的*P*–*v*图和相应的*T*–*s*图。

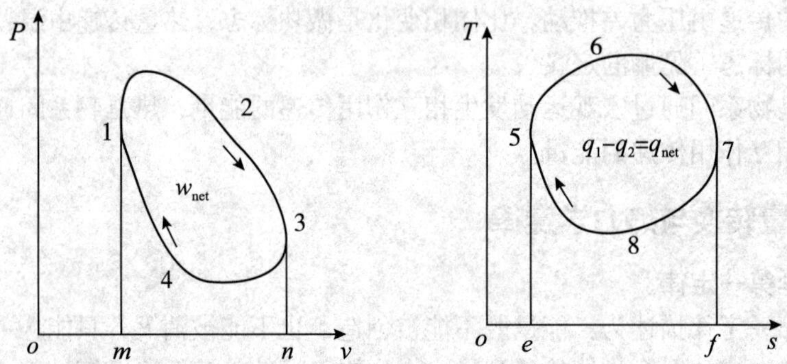

（a）　　　　　　　　　　　　（b）

图2-3　正向循环

在图2-3（a）中，1—2—3为膨胀过程，过程功以面积1—2—3—*n*—*m*—1表示。3—4—1为压缩过程，该过程消耗的功以面积3—4—1—*m*—*n*—3表示。工质完成一个循环后对外做出的净功称为循环功，以w_{net}表示。显然，循环功等于膨胀做出的功减去压缩消耗的功，在*P*–*v*图上等于循环曲线包围的面积，即面积1—2—3—4—1。

同一循环的*T*–*s*图，如图2-3（b）所示，图中5—6—7是工质从热源吸取热量的过程，所吸热量为面积5—6—7—f—e—5，以q_1表示；7—8—5是放热过程，放出的热量为面积7—8—5—*e*—*f*—7，以q_2表示。若以q_{net}表示该循环的净热量，在*T*–*s*图上q_{net}可用循环过程线包围的面积5—6—7—8—5表示。

正向循环的经济性用热效率η_t来衡量。正向循环的收益是循环净功w_{net}，代价是工质吸热量q_1，故

$$\eta_t = \frac{w_{net}}{q_1} \tag{2-9}$$

2. 逆向循环

逆向循环主要用于制冷和热泵。在制冷装置中，功源（如电动机）供给一定的机械

能，使低温冷藏库或冰箱中的热量排向温度较高的环境大气。热泵则消耗机械能把低温热源（如室外大气中的热量）输向温度较高的室内，使室内空气获得热量，维持较高的温度。两种装置用途不同，但热力学原理相同，均是在循环中消耗机械能（或其他能量），把热量从低温热源传递向高温热源。

如图2–4（a）所示，工质沿1—2—3膨胀到状态3，然后循较高的压缩线3—4—1压缩回状态1，这时压缩过程消耗的功大于膨胀过程做出的功，故须由外界向工质输入功，其数值为循环净功w_{net}，即P–v图上封闭曲线包围的面积1—2—3—4—1。在T–s图中，即图2–4（b）所示，同一循环的吸热过程为5—6—7，放热过程为7—8—5。工质从低温热源吸热q_2，向高温热源放热q_1，其差值为循环净热量q_{net}，即T–s图上封闭曲线包围的面积5—6—7—8—5。

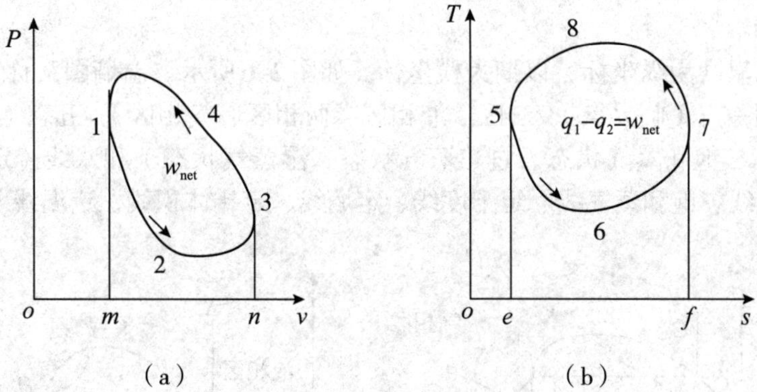

图2–4　逆向循环

制冷循环和热泵循环的用途不同、收益不同，故其经济性指标也不同，分别用制冷系数 ε 和热泵供热系数ε'表示：

$$\varepsilon = \frac{q_2}{w_{net}} \tag{2–10}$$

$$\varepsilon' = \frac{q_1}{w_{net}} \tag{2–11}$$

七、压焓图和温熵图

在热力循环的分析和计算中，常用压焓图和温熵图，压焓图和温熵图中的任意一点表示工质的一个确定的状态。

1. 压焓图

压焓图以绝对压力为纵坐标，以焓值为横坐标，如图2–5所示。通常纵坐标取对数坐标，因此，压焓图又称为lg P–H图。

压焓图可以用一点（临界点）、三区（液相区、两相区、气相区）、五态（过冷液状态、饱和液体状态、饱和蒸气状态、过热蒸气状态、湿蒸气状态）和八线（定压线、定焓线、饱和液体线、饱和蒸气线、定干度线、定熵线、定比体积线、定温线）来概括。

图2–5中，临界点K的左包络线为饱和液体线，线上任意一点代表一个饱和液体状态，对应的干度X=0；临界点K的右包络线为饱和蒸气线，线上任意一点代表一个饱和蒸气状态，对应的干度X=1。饱和液体线和饱和蒸气线将整个区域分为三个区：饱和液体线左边的是液相区，该区的液体称为过冷液体；饱和蒸气线右边的是气相区，该区的蒸气称为过热蒸气；由饱和液体线和饱和蒸气线包围的区域为两相区，制冷剂在该区域内处于湿蒸气状态。

定压线为水平线，定焓线为垂直线；定温线在液体区几乎为垂直线，在两相区内是水平线，在气相区为向右下方弯曲的倾斜线；定熵线为向右上方弯曲的倾斜线；定比体积线为向右上方弯曲的倾斜线，比定熵线平坦；定干度线只存在于两相区，其方向大致与饱和液体线或饱和蒸气线相近，视干度大小而定。

2. 温熵图

温熵图以温度为纵坐标，以熵为横坐标，如图2–6所示。温熵图又称T–s图。温熵图同样可以用一点（临界点）、三区（液相区、两相区、气相区）、五态（过冷液状态、饱和液体状态、饱和蒸气状态、过热蒸气状态、湿蒸气状态）和八线（定压线、定焓线、饱和液体线、饱和蒸气线、定干度线、定熵线、定比体积线、定温线）来概括。

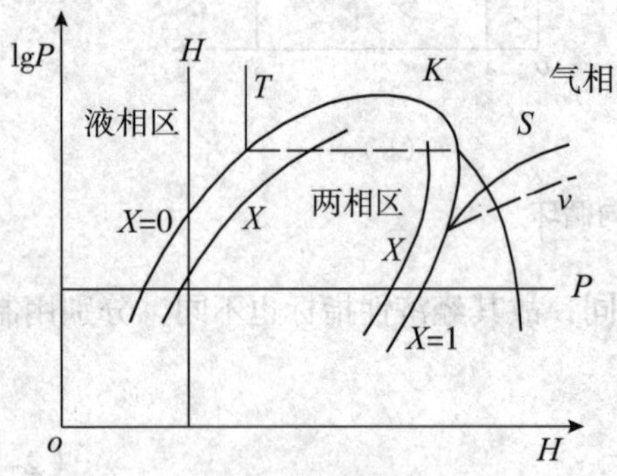

图2–5 压焓图

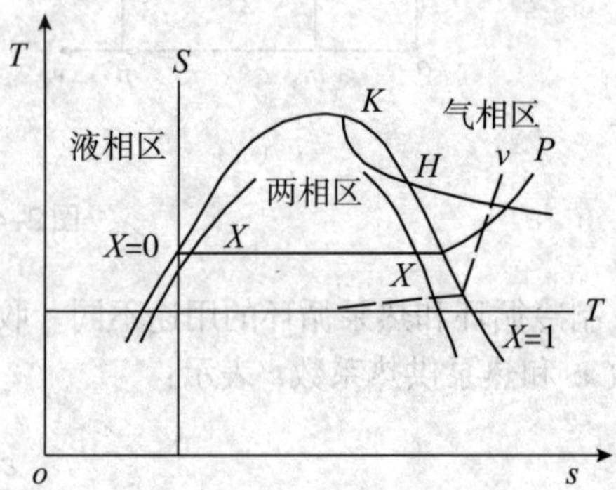

图2–6 温熵图

图2–6中，临界点K的左包络线为饱和液体线，线上任意一点代表一个饱和液体状态，对应的干度X=0；临界点K的右包络线为饱和蒸气线，线上任意一点代表一个饱和蒸气状态，对应的干度X=1。饱和液体线和饱和蒸气线将整个区域分为三个区：饱和液体线左边的是液相区，该区的液体称为过冷液体；饱和蒸气线右边的是气相区，该区的蒸气称为过热蒸气；由饱和液体线和饱和蒸气线包围的区域为两相区，制冷剂在该区域内处于湿蒸气状态。

定温线为水平线，定熵线为垂直线；定压线在液体区密集于饱和液体线附近，近似可用饱和液体线来代替，在两相区内是水平线，在气相区为向右上方弯曲的倾斜线；定焓线在液相区可以近似用同温度下饱和液体线来代替，在气相区和两相区，定焓线均为向右下方弯曲的倾斜线，但在两相区内曲线的斜率更大；定比体积线为向右上方弯曲的倾斜线；定干度线只存在于两相区，其方向大致与饱和液体线或饱和蒸气线相近，视干度大小而定。

八、传热的基本概念

传热，即热交换或热传递，是自然界与工业过程中一种最普遍的传递过程。传热学是工程热物理的一个分支，是研究热量传递规律的一门科学。热力学第二定律指出，只要有温差存在，热量总是自发地从高温物体传向低温物体。由于温差是普遍存在的一种自然现象，因此传热现象也是一种普遍存在的自然现象。在化工、石油、食品、船舶、矿山、机械、冶金、轻工、能源、动力、电力、建筑、航空等工业领域的生产技术中都涉及传热问题。

热量的传递过程是由导热、对流换热、辐射换热3种基本方式组成。例如，冬季房屋外墙的传热过程可分为以下几种，如图2–7所示。

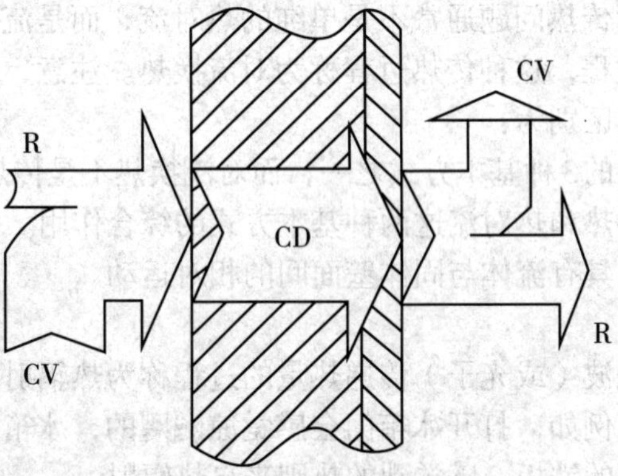

图2–7　壁体的传热

第一种方式：室内空气以对流换热（CV）的方式把热量传递到墙内壁面；同时，室内物体及其他壁面以辐射换热（R）的方式把热量传递到墙内壁面。

第二种方式：墙内壁面以导热（CD）的方式把热量传递到墙外壁面。

第三种方式：墙外壁面以对流换热和辐射换热的方式把热量传递到外界环境。

再如，冬季人体热量的散发过程，仍然是以对流换热方式把热量散发给周围空气；以辐射换热方式把热量散发给周围环境。

分析以上两个例子可知，传热过程是由以上3种基本方式组成，要了解物体整个传热过程的规律就必须先分析3种基本传热方式。

1. 导热

导热又称热传导，是指温度不同的物体各部分无相对位移或不同温度的物体间接紧密接触时，依靠物质内部分子、原子及自由电子等微观粒子的热运动而进行热量传递的现象。导热是物质的固有属性，热量由壁面的高温部分传递到低温部分的现象就属于导热。

导热可以发生在固体、液体及气体中。但在地球引力场的范围内，只要有温差存在，液体和气体因密度差的原因不可避免地会发生热对流，从而难以维持单纯的导热。因此，单纯的导热现象仅发生在密实的固体材料中。

根据导热时物体内部温度场是否随时间变化，可以分为稳态导热和非稳态导热。稳态导热即物体内部温度场不随时间变化的导热，其热流密度为定值。

2. 热对流

依靠流体的运动，把热量从一处传递到另一处的现象称为热对流。传热学中常将热对流简称为对流，是热量传递的基本方式之一。

设对流过程中，单位时间通过单位面积的质量m[kg/（m^2·s）]的流体由温度t_1的地方流到温度T_2处，其比热容为c_p[J/（kg·K）]，则此热对流传递的热流密度应为：

$$q = mc_p(T_2 - T_1) \tag{2-12}$$

热对流仅发生在流体中。由于流体在运动的同时存在温差，流体微团之间或质点之间因直接接触而存在导热，因此热对流也同时伴随着导热。

工程上遇到的实际传热问题通常不是单纯的热对流，而是流体与温度不同的固体壁面接触时发生的传热过程，这种传热过程称为对流换热。注意，热对流与对流换热是两个完全不同的概念，其区别为：

（1）热对流是传热的3种基本方式之一，而对流换热不是传热的基本方式。

（2）对流换热是导热和热对流这两种基本方式的综合作用。

（3）对流换热必然具有流体与固体壁面间的相对运动。

3. 热辐射

物体表面通过电磁波（或光子）传递热量的过程称为热辐射。热辐射现象在日常生活中经常可以感受到。例如，打开冰箱门会感觉凉飕飕的，冰箱内没有风扇，凉的感觉来自冷辐射；面向灼热的铁板，感觉到的热则来自热辐射。

辐射是物质固有的性质。物质由分子、原子、电子等微观粒子组成，这些微观粒子受到振动和激发时就会产生交替的电场和磁场，释放出电磁波（或光子），电磁波以直线传播（类似于光），直到遇到其他物体，被这些物体中的微观粒子吸收。需要说明的是，各种各样的原因均会使微观粒子受到振动或激发，因而热辐射现象是普遍存在的。热辐射具有以下3个特点。

（1）辐射能可以通过真空自由地传播而不需要任何中间介质（与导热、对流完全不同）。

（2）一切物体只要有温度，就能持续地发射出辐射能，同时也能持续地吸收来自其他物体的辐射能。

（3）热辐射不仅具有能量的传送，而且具有能量形式的转换，即热能—电磁波能—热能。

由特点（2）可知，一切物体均具有发射辐射能和吸收辐射能的能力。工程上关心的是某一物体与其他物体之间不断辐射和吸收的最终结果，高温物体支出大于收入，而低温物体收入大于支出；高温物体正是通过这种差额辐射把热量传递给了低温物体。这种依靠辐射进行的热量传递过程，称为辐射换热。

综上论述，辐射换热实质上是一种差额辐射，即对某一物体而言：

$$\Phi = \Phi_{支} - \Phi_{收} \tag{2-13}$$

第二节　制冷方法

制冷的方法有很多，常见的有以下四种：液体汽化制冷、气体膨胀制冷、涡流管制冷和热电制冷。其中液体汽化制冷的应用最为广泛，其是利用液体汽化时的吸热效应实现制冷。蒸气压缩式、吸收式、蒸汽喷射式和吸附式制冷都属于液体汽化制冷方式。

在实际制冷工程中，常用的是蒸气压缩制冷循环，如本章第一节所述，制冷系统在工作过程中，制冷剂必须经历膨胀、吸热、压缩、放热4个基本热力过程，完成制冷循环。

现代制冷技术可以获取很低的温度，按照获得温度的不同，可将制冷分为普通制冷、深度制冷、低温制冷和超低温制冷，具体划分如表2–1所示。低温物流中通常采用普通制冷温度。

表2–1　制冷温度划分

温度	制冷等级
120K以上	普通制冷
20～120K	深度制冷
0.3～20K	低温制冷
0.3K以下	超低温制冷

制冷技术现已非常普及，冷冻冷藏不只存在于我们的冰箱中。例如，乳制品离不开冷藏，肉类、家禽、水产类全程都需要适宜的低温环境，水果、蔬菜经过冷链处理后能保持更好的品质。

一、单级蒸气压缩式制冷循环

制冷剂在系统中循环时，其状态或条件将发生多次变化，每一次变化均称为一个过程。制冷剂从某一初始状态开始，经过特定的过程序列，最终返回初始条件，这一过程称为“制冷循环”。最简单的制冷循环由膨胀、吸热、压缩、放热四个基本过程组成，如图2–8所示。

在图2–8中，蒸发器置于制冷空间（如冷库库房）中，蒸发器中的制冷剂在压缩机的吸气作用下，维持一个较低的压力，与该压力对应的饱和温度如果低于制冷空间的温度，则根据热力学第二定律，制冷空间内同蒸发器接触的空气会将热量传递给蒸发器，由蒸发器再传给制冷剂，使制冷剂蒸发而获得空气的热量（蒸发吸热过程）；吸热蒸发为气态的制冷剂进入压缩机后，受到压缩，容积变小，压力升高后排入冷凝器中（压缩升压过程）；如果冷凝器中制冷剂的压力所对应的饱和温度高于环境空气（或冷却水）的温度，则热量会由制冷剂蒸气通过冷凝器传给环境空气（或冷却水），制冷剂放出热量后变为高压制冷剂液体（冷凝放热过程）；冷凝后的高压液体进入贮液器，由贮液器经节流阀降压后进入蒸发器。

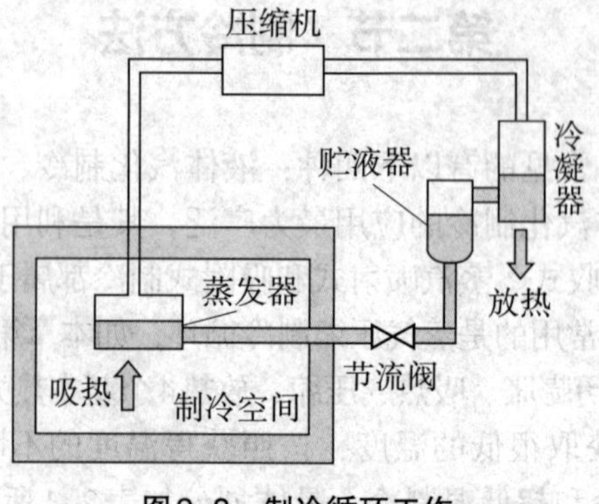

图2-8 制冷循环工作

同图2-1相比，系统中增加了贮液器，贮液器有以下作用：一是根据负荷变化调节蒸发器中制冷剂的多少；二是可以避免在冷凝器中积存液体，确保冷凝面积的有效使用；三是液封作用，防止高压气体串流至低压系统；四是在系统检修时用于贮存系统中的大部分制冷剂，给维修工作带来方便。由于制冷剂进出贮液器的状态基本不发生改变，因此在循环分析中可忽略制冷剂进出贮液器的过程。

在制冷循环的分析和计算中，通常会借助压焓图和温熵图表示各种热力过程，以及研究的各个过程之间的联系和状态变化。由于循环的各个过程中功和热的变化均可用焓值体现，因此压焓图的应用范围更广。

二、单级蒸气压缩式制冷理论循环

为研究制冷循环的基本特性，需要对制冷循环进行简化处理。对于制冷循环理论，通常作出如下假设：

（1）离开蒸发器和进入压缩机的制冷剂蒸气是处于蒸发压力下的饱和蒸气；

（2）离开冷凝器和进入节流阀的液体是处于冷凝压力下的饱和液体；

（3）压缩过程中工质同环境无热交换，压缩机的压缩过程为等熵压缩；

（4）制冷剂通过节流阀的节流过程同环境无能量交换，节流过程为等焓过程；

（5）制冷剂在蒸发和冷凝过程中为定压过程，且无传热温差，即制冷剂的冷凝温度等于冷却介质温度，蒸发温度等于被冷却介质的温度。

（6）制冷剂在各设备的连接管道中流动无流动损失，与外界不发生热量交换。

根据上述假设条件，单级蒸气压缩式制冷理论循环工作过程在压焓图和温熵图上的表示如图2-9所示。制冷循环中的各状态点及各个过程如下。

1. 等熵压缩过程

如图2-9所示，温熵图中的过程线1—2表示等熵压缩过程，压力由蒸发压力P_0升高到冷凝压力P_k，温度由蒸发温度T_0升高到冷凝温度T_k。点1表示制冷剂进入压缩机的状态，它与蒸发温度的饱和蒸气相对应。根据压力与饱和温度的对应关系，该点位于蒸发压力P_0的等压线与饱和蒸气线的交点上；点2表示制冷剂出压缩机时的状态，也是进冷凝器时的状态，该点可通过1点的等熵线和冷凝压力P_k的等压线的交点来确定。由于压缩过程中外界对制冷剂做功，制冷剂温度升高，因此点2表示过热蒸气状态。

2. 等压冷凝过程

如图2–9所示，压焓图中的过程线2—3表示制冷剂在冷凝器中的冷却（2-2′）和冷凝（2′-3）过程。点3表示制冷剂出冷凝器时的状态，它是与冷凝温度T_k对应的饱和液体。整个过程是在冷凝压力不变的情况下进行的，进入冷凝器的过热蒸气首先将部分热量释放给冷却介质，在等压下冷却成饱和蒸气（点2′）。然后再在等压、等温条件下继续放出热量，直至最后冷凝成饱和液体（点3）。因此，压力为P_k的等压线和饱和液体线的交点即为点3。

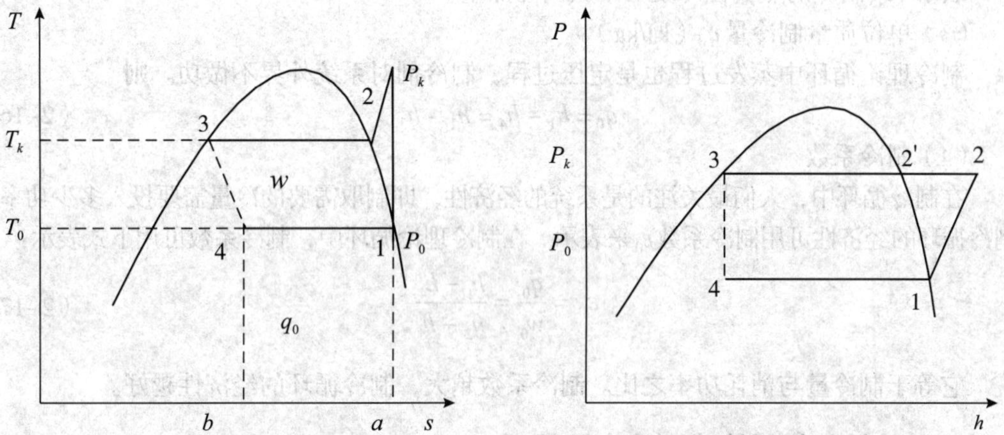

图2–9　单级蒸气压缩式理论循环温熵图（左）和压焓图（右）

3. 等焓节流过程

如图2–9所示，压焓图中的过程线3—4表示制冷剂在节流阀中的节流过程。点4表示制冷剂出节流阀时的状态，也是进入蒸发器时的状态。在该过程中，制冷剂的压力由冷凝压力P_k降至蒸发压力P_0，温度由冷凝温度T_k降到蒸发温度T_0，并进入两相区。由于节流前后制冷剂的焓值不变，因此由点3做等焓线与压力为P_0的等压线的交点即为点4。由于节流过程是一个不可逆过程，所以通常压焓图用虚线表示3—4过程。

4. 等温等压蒸发过程

如图2–9所示，过程线4—1表示制冷剂在蒸发器中的汽化过程。该过程是在等温、等压下进行的，液体制冷剂吸取被冷却介质的热量而不断汽化，制冷剂的状态沿等压线P_0向干度增大的方向变化，直到全部变为饱和蒸气为止。这样，制冷剂的状态又重新回到进入压缩机前的状态点1，从而完成一个完整的理论制冷循环。

单级蒸气压缩式制冷理论循环的性能指标有单位质量制冷量、单位功、冷凝器单位热负荷、制冷系数等。

根据焓的定义，压焓图上任一点制冷剂的能量可用相应点的焓值表示。单位质量制冷剂的焓用h表示，热量交换用q表示，功交换用w表示。

（1）单位制冷剂理论循环功w_0（kJ/kg）

图2–9中压焓图1—2过程为压缩过程，理论循环中压缩过程是定熵过程，根据热力学第一定律，过程中同环境的能量交换等于制冷剂能量的变化，忽略压缩机与环境的热量交换，即$q=0$。则

$$w_0 = h_2 - h_1 \tag{2–14}$$

表示压缩机压缩并输送lkg制冷剂所消耗的功，称为理论比功。

（2）冷凝器单位热负荷q_k（kJ/kg）

制冷理论循环中冷凝过程是定压过程，制冷剂对环境不做功。则

$$q_k = h_2 - h_3 \tag{2–15}$$

表示1kg制冷剂蒸气在冷凝器中放出的热量。

（3）单位质量制冷量q_0（kJ/kg）

制冷理论循环中蒸发过程也是定压过程，制冷剂对系统外界不做功。则

$$q_0 = h_1 - h_4 = h_1 - h_3 \tag{2–16}$$

（4）制冷系数

在制冷循环中，人们最关注的是系统的经济性，即制取需要的冷量需要投入多少功率。制冷循环的经济性可用制冷系数ε_0来表示。在制冷理论循环中，制冷系数可用下式表示：

$$\varepsilon_0 = \frac{q_0}{w_0} = \frac{h_1 - h_4}{h_2 - h_1} \tag{2–17}$$

它等于制冷量与消耗功率之比。制冷系数越大，制冷循环的经济性越好。

三、单级蒸气压缩式制冷实际循环

单级蒸气压缩式制冷实际循环在压焓图上的表示如图2–10所示。

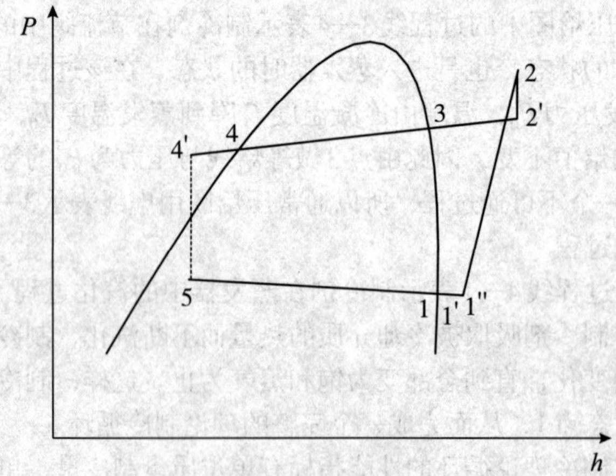

图2–10　实际制冷循环P–h图

1—1′，由于在压缩机吸气管中存在阻力以及吸收外界热量，使压力降低，温度升高。

1′—1″，由于压缩机进气阀节流而引起的压力降低。

1″—2，制冷剂在压缩机总的时间压缩过程线。刚开始压缩时，由于制冷剂温度低于气缸温度，所以，进行的是吸热压缩过程，并且熵增大。当制冷剂的温度高于气缸温度时，变为放热压缩过程，熵有所减小。

2—2′，表示实际的排气过程。制冷剂从压缩机排气阀排出时被节流，焓基本不变，压力有所降低。

2′—3—4，制冷剂经过管路及冷凝器，压力下降及冷凝发生的相变过程，由开始的过热蒸气变为饱和液体。

4—4′，由于摩擦压降及温度降低使制冷剂成为过冷液体。

4′—5，此过程在节流阀中进行，制冷剂的压力、温度降低，比容增大。因会出现闪发气体，节流后的制冷剂是湿蒸气。实际的节流过程是一个节流前后焓值相等、熵增加的过程。

5—1，此过程在蒸发器中进行，制冷剂压力降低，发生相变。

可以看出，实际循环与理论循环相比，由于各种不可逆因素的存在，制冷量会有所减小，而耗功会有所增加。因此，实际循环的制冷系数必然小于理论循环的制冷系数。但是在实际的设计过程中，人们往往以制冷理论循环为基础，然后进行修正。

四、单级蒸气压缩式制冷循环性能

在蒸气压缩式制冷循环中，蒸发温度和冷凝温度对循环耗功有较大的影响。

1.冷凝温度对循环性能的影响

在分析冷凝温度对循环性能的影响时，假设蒸发温度保持不变。制冷理论循环在压焓图上的表示如图2-11所示。当冷凝温度由T_k上升至T_k'时，循环由1—2—3—4—1变为1—2′—3′—4′—1。

由图2-11中可以看出，当冷凝温度上升后，循环的单位质量制冷量q_0减小，表

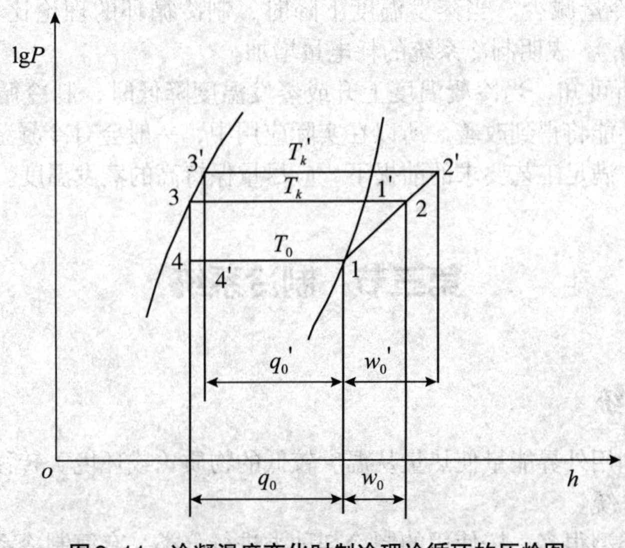

图2-11　冷凝温度变化时制冷理论循环的压焓图

明制冷系统的制冷能力降低，当冷凝温度上升时，制冷循环的理论比功w_0增大。由于$h_2' > h_2$，表明制冷系统的耗电量增加。可见，冷凝温度升高后，制冷系统的制冷量减少，单位制冷量耗电量增加，制冷系数降低。

2. 蒸发温度对循环性能的影响

在分析蒸发温度对循环性能的影响时，假设冷凝温度保持不变。制冷理论循环在压焓图上的表示如图2-12所示。当蒸发温度由T_0下降至T_0'时，循环由1—2—3—4—1变为1′—2′—3—4′—1′。

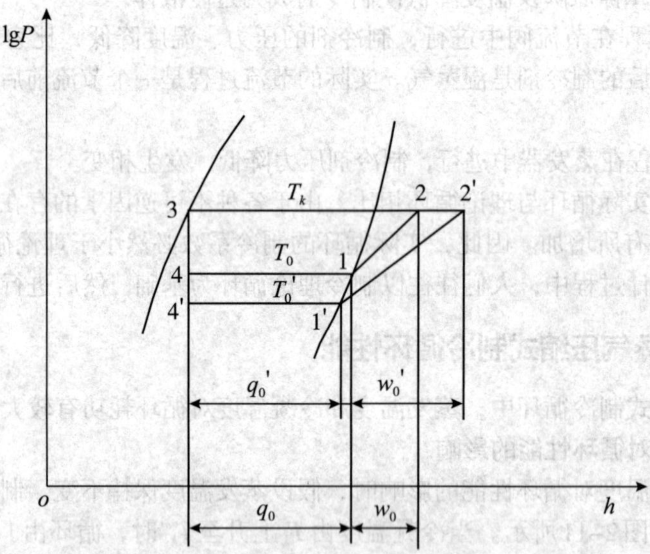

图2-12　蒸发温度变化时制冷理论循环的压焓图

由图2-12中可以看出，当蒸发温度下降后，循环的单位质量制冷量q_0减小。表明制冷系统的制冷量减少。当蒸发温度下降时，制冷循环的理论比功w_0增大，由于（$h_2'-h_1'$）>（h_2-h_1）。表明制冷系统的耗电量增加。

综合上述分析可知，当冷凝温度上升或蒸发温度降低时，制冷循环的制冷系数降低。反之，循环性能将得到改善。所以在实际应用中，一般会对冷凝温度进行控制，尽量不让它过高；在满足工艺要求的前提下，应尽量保持高的蒸发温度。

第三节　制冷系统

一、制冷系统

制冷系统是利用外界能量使热量从温度较低的物质（或环境）转移到温度较高的物质（或环境）的系统。

制冷系统的类型很多，按使用的制冷剂种类进行分类，有氨制冷系统、氟利昂制冷系统、混合工质制冷系统、二氧化碳制冷系统及空气等工质制冷系统；按工作原理划分，有机械压缩式、吸收式、蒸汽喷射式、热电式、吸附式等制冷系统。机械压缩式制冷系统又称为蒸气压缩式制冷系统，这种系统性能好、效率高，应用最为广泛。

完整的蒸气压缩式制冷系统应包括制冷剂循环系统，润滑油的添加、排放和处理系统，融霜系统，冷却水循环系统。间接冷却还需要载冷剂循环系统。制冷剂循环系统由制冷压缩机、冷凝器、节流阀、蒸发器四个基本部件组成。为了保障制冷系统的安全性、可靠性、经济性和操作的方便，系统还包括辅助设备、仪表、控制器件、阀门和管道等。

制冷剂循环系统由两个主要部分组成。一部分是制冷剂离开节流阀进入蒸发器，经过吸气管到达压缩机吸气阀的回路。这部分管道和设备中制冷剂的压力接近蒸发压力，称为低压系统。其作用是向蒸发器输送低温液体制冷剂，在蒸发器内蒸发吸收周围环境的热量。在冷藏库制冷系统中，低压系统的管道和设备大部分置于库房中，也可称作库房系统。另一部分是制冷剂从压缩机排气阀经排气管、油分离器、冷凝器、泄液管、贮液器、高压输液管到达节流阀的部分回路。这部分管道和设备中的制冷剂压力接近冷凝压力，因此称其为高压系统。高压系统的作用是提高制冷剂压力，通过冷凝器使蒸气冷凝为液体，恢复蒸发、吸收冷却对象热量的作用。在高压系统中，制冷剂向周围环境放出热量。在冷藏库制冷系统中，高压系统的管道和设备大部分置于机器间或室外，因此也称其为机房系统。

二、制冷系统的主要设备

在单级蒸气压缩式制冷循环中，压缩机、冷凝器、蒸发器及节流机构为制冷系统的4类主要设备，缺一不可。制冷系统的主要组成部分说明如下。

1. 压缩机

压缩机是制冷系统的心脏，其主要作用是对制冷剂蒸气做功，使蒸气从蒸发器中排出，完成制冷剂气体从低压向高压的输送，其性能将直接影响系统的工作效果。

制冷装置的制冷压缩机种类很多，按照压缩气体制冷工质的方式分类，可分为往复式制冷压缩机和回转式制冷压缩机；根据电动机与压缩机的布置形式，可分为开启式制冷压缩机、半封闭式制冷压缩机和全封闭式制冷压缩机；按制冷压缩机的工作温度分类，可分为高温制冷压缩机、中温制冷压缩机和低温制冷压缩机；按压缩机的压缩级数分类，可分为单级制冷压缩机和双级制冷压缩机；按制冷工质的热力性能及对环境的影响，制冷压缩机又分为合成工质的制冷压缩机和自然工质的制冷压缩机。

2. 冷凝器

冷凝器是指制冷系统中用来排除制冷剂蒸气热量的换热设备。其作用是冷却气态制冷剂，并使其转变为液体。提供换热面，使热量从热的制冷剂蒸气传递给冷却介质。冷凝器根据冷却介质和冷却方式的分类及其原理如表2-2所示。

表 2–2　　冷凝器根据冷却介质和冷却方式的分类及其原理

方式	分类	原理
风冷式	自然对流冷凝器	风冷式制冷剂放出的热量被空气带走。商用和住宅用空调机组的冷凝器多采用风冷式
	强制对流冷凝器	
水冷式	立式壳管式冷凝器	制冷剂放出的热量被冷却水带走。冷却水可以是一次性的，也可以循环使用。在水源充足、水质清洁的地区可采用水冷式。工业上使用的冷凝器多为水冷式
	卧式壳管式冷凝器	
	套管式冷凝器	
蒸发式	盘管式冷凝器	主要依靠冷却水在传热管表面上的蒸发，靠冷却水降温以及水在空气中蒸发带走冷凝热量，同时用空气加快水的蒸发而带走水蒸气。蒸发式冷凝器的耗水量较少，可以应用于水量不充裕的地区
	淋水蒸发式冷凝器	

3. 蒸发器

蒸发器是制冷系统中制取冷量的设备，作用是从冷却对象中吸收热量，使其得到冷却的、低温低压的液态制冷剂，在传热壁的一侧汽化吸热，从而使传热壁另一侧的介质被冷却。

制冷装置中的蒸发器，按被冷却介质分为冷却空气式蒸发器和冷却液体式蒸发器两大类。

4. 节流机构

在制冷系统中，蒸发器中液体制冷剂的量直接影响蒸发器的有效工作，制冷剂供给量的不足会引起蒸发器制冷量减少；而蒸发器液体过满同样会使制冷量减少，可能导致强烈的带油从而给压缩机带来液击危险。为保证制冷系统的正常运行，必须对蒸发器的制冷剂供液量进行调节，须设置节流机构，节流机构的作用是为蒸发器提供适量的制冷剂液体，同时又维持系统高、低压侧的压力差，保证蒸发器中适宜的蒸发压力。节流机构的正确选择将影响制冷系统的运行效率和性能。在商用制冷装置中常用的节流机构，按调节方式的不同，可以分为手动调节节流机构（手动膨胀阀）、液位调节节流机构、蒸气过热度调节节流机构（包括热力膨胀阀及电子膨胀阀等）和不调节的节流机构（有恒压膨胀阀、毛细管等），其调节的方法是通过控制进入蒸发器的制冷剂流量来实现，即调节节流机构的开度来调节蒸发器的供液量。手动膨胀阀常用作旁通或辅助节流机构，恒压膨胀阀和毛细管用于工况较稳定的制冷系统，热力膨胀阀和电子膨胀阀多用于管内蒸发的氟利昂蒸发器及中间冷却器。

制冷空调行业制冷剂发展方向与展望

思考与练习

（1）“热对流”与“对流换热”是否为同一种现象？试以实例说明。对流换热是否属于基本的传热方式？

（2）冬天，屋顶上结霜的房屋保暖性能好，还是不结霜的保暖性能好？

（3）夏季在20 ℃的空调教室内听课，穿单衣感觉很舒适，而冬季在同样温度的同一教室内听课却必须穿绒衣。假设湿度不是影响因素，试从传热的观点分析这种反常的“舒适温度”现象。

第三章　易腐物品的理化性质与冷藏原理

学习目标

通过本章的学习，了解易腐物品的种类，理解易腐物品的成分及其性质，理解易腐物品的物理性质；了解各类易腐物品腐败变质的过程，掌握易腐物品腐败机理；了解易腐物品的冷加工过程，掌握易腐物品的冷加工原理；掌握影响易腐物品冷链物流品质的因素及控制其腐败的低温方法。

第一节　易腐物品的成分及其性质

根据国家标准《冷链物流分类与基本要求》（GB/T 28577—2012），可将易腐物品分为肉类、水产品、冷冻饮品、乳品、果蔬花卉、谷物、速冻食品、药品及其他特殊物品等。

引例

一、肉类的成分及其性质

国家标准《冷链物流分类与基本要求》（GB/T 28577—2012）规定肉类主要包括畜类、禽类等初级产品及其加工制品，但本书为方便讲解，将肉类扩展为畜类、禽类、鱼类、贝类等初级产品及其加工制品。肉类的成分主要指肌肉组织的各种化学物质，包括水分、蛋白质、脂质、碳水化合物、含氮浸出物、维生素和无机盐等。

1. 水分

水分是肉类含量最多的成分，且呈不均匀分布。其中，肌肉含水比重为70%~80%，皮肤含水比重为60%~70%，骨骼含水比重为12%~15%。肉的含水量及其存在的状态影响肉的加工质量和贮藏性。水分含量与肉类的贮藏性呈线性关系。水分多则细菌、霉菌等致腐微生物易繁殖，引起肉类的腐败变质，而脱水干缩则肉类失重从而影响肉的色泽、风味和组织状态，并引起脂肪氧化。肉类中水分的存在形式包括结合水、不易流动水和自由水。

2. 蛋白质

除水分外，肉类主要成分是蛋白质，占18%~20%，占肉类中固形物的80%。肌肉中的蛋白质按照其存在于肌肉组织上位置的不同，可分为三类：肌原纤维蛋白（盐溶性蛋白质）、肌浆蛋白（水溶性蛋白质）和基质蛋白（不溶性蛋白质）。肌原纤维蛋白是构成肌原纤维的蛋白质。通常利用离子强度0.5以上的高浓度盐溶液抽出肌原纤维蛋白，但被抽出后，即可溶于低离子强度的盐溶液。这类蛋白质包括肌球蛋白、肌动蛋白、原肌球蛋白、肌动球蛋白和肌钙蛋白等。肌浆蛋白为可溶性蛋白质，溶于水，因此在加工和烹调过程中容易流失。肌浆蛋白主要包括肌溶蛋白、肌红蛋白、肌浆酶、肌粒蛋白、肌质网蛋白等。其中，肌红蛋白是一种复合型色素蛋白质，是使肌肉呈现红色的主要成分。但大西洋鲑（俗称三文鱼）和虹鳟鱼肌肉的橘红色主要来自虾青素。基质蛋白为结缔组织蛋白，是构成肌内膜、肌束膜、肌外膜和腱的主要成分。基质蛋白包括胶原蛋白、弹性蛋白、网状蛋白及黏蛋白等，存在于结缔组织的纤维及基质中。鱼肉的基质蛋白含量约为10%，低于畜肉的15%，这是鱼肉较畜肉更加鲜嫩的因素之一。

3. 脂质

脂质是不溶于水而能被乙醚、氯仿、苯等非极性有机溶剂抽提出的化合物的总称，主要包括甘油酯、磷脂、固醇脂等。甘油酯是甘油与脂肪酸结合的酯类，包括一酰基甘油、二酰基甘油和三酰基甘油。生物体内以三酰基甘油为主。三酰基甘油是积蓄脂肪的主要成分。脂肪对肉类的食用品质影响很大，主要影响肉的嫩度、多汁性和风味。脂肪在体内的蓄积，依动物种类、品种、年龄和肥育程度不同而异。猪的脂肪在皮下、肾周围及大网膜；羊的脂肪在尾根、肋间；牛的脂肪在肌肉内。畜禽90%的脂肪组织为三酰基甘油，此外还有少量的磷脂和固醇脂。

4. 碳水化合物

肉类的碳水化合物主要有单糖、二糖、多糖（如糖原、糖胺聚糖）。哺乳动物肌肉中的碳水化合物含量与鱼类肌肉中的基本一致，为0.3%～1.0%。金枪鱼等洄游性的红肉鱼，比比目鱼等底栖性白肉鱼糖原含量高。鱼类将糖原和脂质共同作为能量贮存，而贝类特别是双壳贝以糖原作为主要能量贮藏，所以贝肉的糖原含量比鱼肉高。例如，蛤蜊的糖原含量为2%～6.5%，蛏的糖原含量为5%～9%，牡蛎的糖原含量为4%～6%，扇贝的糖原含量高达7%。另外，贝类糖原含量受季节性的影响很大。马肉的肌糖原含量在2%以上。若宰杀前动物消瘦、疲劳或处于病态，肉中糖原贮备则较少。肌糖原含量对肉的pH值、保水性、颜色等均有影响，并且影响肉的贮藏性。

5. 浸出物

浸出物是指除蛋白质、盐类、维生素外能溶于水的浸出性物质，包括含氮浸出物和无氮浸出物。含氮浸出物即为非蛋白质的含氮物质，如游离氨基酸、磷酸肌酸、核苷酸类（ATP、ADP、AMP、IMP）及肌苷、尿素等。这些物质影响肉的风味，是肉类香气的主要来源。除供给肌肉收缩的能量外，ATP（三磷酸腺苷）逐级降解为肌苷酸，是释放肉香的主要成分。磷酸肌酸分解为肌酸，肌酸在酸性条件下加热则为肌苷，可增强熟肉的风味。大多数游离氨基酸均是呈味物质。谷氨酸具有鲜味，存在于大多数鱼类和贝类中。甘氨酸具有清爽的甜味，虾的鲜美与此有关。海胆的苦味与缬氨酸、蛋氨酸有关。核苷酸是由嘌呤碱（或嘧啶碱）、核糖（或脱氧核糖）以及磷酸三种物质组成的化合物。鱼死亡后，主要的核苷酸成分是ATP。在保鲜过程中，ATP逐渐分解为二磷酸腺苷（ADP）、单磷酸腺苷（AMP）、肌苷酸（IMP）、次黄嘌呤（Hx）和肌苷（HxR）。其中，IMP是一种具有强烈鲜味的呈味物质，其鲜度比味精高数倍。无氮浸出物即为不含氮的可浸出的有机化合物，包括糖类化合物和有机酸。糖类化合物主要有糖原、葡萄糖、麦芽糖、核糖、糊精，有机酸主要是乳酸及少量的甲酸、乙酸、丁酸、延胡索酸等。

6.维生素

肉类富含B族维生素，但脂溶性维生素含量低。维生素含量易受肉畜种类、品种、年龄、性别和肌肉类型的影响，内脏中维生素含量比肌肉中高。鱼类、贝类肌肉中的维生素含量与陆生动物差别不大，但其肝脏的维生素A含量极高。例如，鳕鱼肝油的维生素A含量为3240~12930μg/g。

7.无机盐

无机盐是无机化合物中的盐类，约占细胞鲜重的1.5%。这些无机物在肉类中以游离态（如钠离子、钾离子、钙离子、镁离子）、螯合状态及与糖蛋白和酯结合状态等形式存在。钙、镁参与肌肉收缩；钾、钠与细胞膜通透性有关，可提高肉的保水性；钙、锌又可降低肉的保水性；铁离子为肌红蛋白、血红蛋白的结合成分，参与氧化还原，影响肉的颜色。

肌肉含有的无机盐中，钾、磷含量最多，钙含量较低；肾脏和肝脏中的无机盐含量远高于肌肉组织中的无机盐含量。

二、果蔬的成分及其性质

1.水分

水分是影响果蔬新鲜度和口感的重要成分，与果蔬的风味品质也密切相关。一般新鲜水果含水量为70%~90%，新鲜蔬菜含水量为75%~95%。果蔬水分的作用表现在以下几个方面：①维持果蔬生命活动；②维持果蔬的膨胀力或刚性，赋予其饱满、新鲜、富有光泽的外观；③为微生物与酶的活动创造有利条件。所以果蔬贮藏时，必须考虑水分的存在和其影响，加以必要的控制。

2.碳水化合物

果蔬干中最主要的成分是碳水化合物。在果蔬产品中，碳水化合物种类较多，已发现40种以上。

（1）可溶性糖

可溶性糖主要包括葡萄糖、果糖和蔗糖，也包括阿拉伯糖、甘露糖以及山梨糖醇、甘露醇等。果糖和葡萄糖是还原糖，蔗糖是双糖，其水解产物称为转化糖。果蔬的含糖量反映了果蔬的品质。可溶性糖是果蔬中的主要甜味物质。果蔬甜味的程度与总含糖量有关，也与含糖种类有关，同时还受其他物质如有机酸、单宁的影响。在评定果蔬风味时，常用糖酸比（糖含量/酸含量）来表示。

（2）淀粉

淀粉是由α-葡萄糖脱水缩合而成的多糖。作为贮存物质，淀粉在谷物和薯类中大量存在。在水果中，淀粉仅在未成熟果实中含量较高，而在成熟的果实中，仅苹果（约1%）、香蕉（1%~2%）的淀粉含量较高。

未成熟的果实含淀粉较多，在后熟时，淀粉转化为其他糖，淀粉含量逐渐降低，果实甜味增加，如香蕉在成熟过程中淀粉含量由26%降至1%，而果糖、蔗糖和葡萄糖等的含量由1%增至19.5%。在柑橘、葡萄果实的发育过程中，则未见淀粉积累。凡是以淀粉形态贮存物质的种类大多能保持休眠状态从而有利于贮藏。

（3）纤维素和半纤维素

纤维素、半纤维素是植物细胞壁的主要构成成分，是植物的骨架，起支持作用。水果中纤维素的含量为0.2%～4.1%，半纤维素的含量为0.7%～2.7%；蔬菜中纤维素的含量为0.3%～2.3%，半纤维素的含量为0.2%～3.1%。纤维素和半纤维素的含量与存在状态，决定着细胞壁的弹性、伸缩强度和可塑性。在幼嫩的果蔬中，纤维素多为水合纤维素，组织质地柔韧、脆嫩。老熟时，纤维素会与半纤维素、木质素、角质、栓质等形成复合纤维素，组织变得粗糙坚硬，食用品质下降。

（4）果胶

果胶是由半乳糖醛酸脱水聚合而成的高分子多糖类物质，存在于植物的细胞壁与中胶层。果胶广泛存在于各类果蔬产品，不同果蔬产品的果胶含量不同。水果中的果胶一般是高甲氧基果胶，蔬菜中的果胶为低甲氧基果胶。

在果蔬组织中，果胶物质以原果胶、果胶和果胶酸三种形式存在。原果胶多存在于未成熟果蔬的细胞壁的中胶层，不溶于水，常和纤维素结合，使细胞彼此黏结，果实呈脆硬的质地。随着果蔬的成熟，在果胶酶的作用下，原果胶分解为果胶，果胶溶于水，黏结作用下降，使细胞间的结合力松弛，果实质地变软。成熟的果蔬向过熟期变化时，在果胶酶的作用下，果胶转变为果胶酸，失去黏结性，使果蔬呈软烂状态。

3.有机酸

有机酸广泛存在于植物体，其种类较多，但在果蔬中含量很少，为0.05%～0.10%，是影响新鲜果蔬及其加工品风味的主要成分。果蔬中含有多种有机酸，主要有柠檬酸、苹果酸、酒石酸和草酸。在这些有机酸中，酒石酸的酸性最强，并有涩味，其次是苹果酸、柠檬酸。柑橘类、番茄类含柠檬酸较多；苹果、梨、桃、杏、樱桃等含苹果酸较多；葡萄含酒石酸较多；草酸普遍存在于蔬菜中，水果中含量很少。一般，在果实发育过程中，有机酸含量会显著增加，伴随着后熟，有机酸浓度逐渐降低。

4.维生素和无机盐

（1）维生素

果蔬所含的维生素及其前体很多，是人体所需维生素的主要来源之一。其中，以维生素A原（类胡萝卜素）、维生素C（抗坏血酸）最为重要。另外，果蔬中还含有维生素B_1、维生素B_2、维生素P、叶酸、烟酸等。类胡萝卜素，又称为维生素A原。天然果蔬中并不含有维生素A，而是含有类胡萝卜素。类胡萝卜素在动物的肠壁和肝脏中能转化为具有生物活性的维生素A。柑橘、柿子、枇杷、黄桃等水果和胡萝卜、南瓜、番茄、菠菜等蔬菜均含有丰富的类胡萝卜素。维生素C即抗坏血酸，易溶于水，很不稳定。在酸性条件下比在碱性条件下稳定，贮藏时应注意避光，保持低温、低氧环境，减缓维生素C的氧化损失。在果蔬生长过程中，维生素C的含量也会不断变化。

（2）无机盐

无机盐，是构成动植物机体，调节生理机能的重要物质。果蔬中含有丰富的无机盐，含量为干重的1%～5%，含钙、磷、铁、硫、镁、钾、碘等元素。其中，无机盐中80%是钾、钠、钙。在果蔬中，无机盐以结合态为主，少量以游离态存在。果蔬中的无机盐是人体必需的营养素。

无机盐对果蔬的品质有重要的影响。金属元素与有机成分结合能显著影响果蔬的颜色，而微量元素是控制采后产品代谢活性的酶辅基的组分，因而显著影响果蔬品质的变化。如在苹果中，钙和钾具有提高果实硬脆度、降低果实贮期的软化程度和失重率，以及维持良好口感和风味的作用。果蔬中的钙、钾含量高时，果肉密度大，硬脆度高，果肉致密，细胞间隙率低，贮期软化变慢，果肉质量好，耐贮藏；果实中锰、铜含量低时，其韧性较强；锌含量对果实的风味、肉质和耐贮性的影响较小，优质品种的含锌量相对较低。

5. 其他物质

大多数果蔬中含有单宁等多酚类化合物、花青素、叶绿素、类胡萝卜素、芳香物质、脂质、蛋白质等。单宁，又名单宁酸、鞣质、鞣酸，是由儿茶酚、焦性没食子酸、根皮酚、原儿茶酚和五倍子酸等单体组成的复杂混合物。单宁可使口腔黏膜蛋白质凝固，使之发生收敛性作用而产生涩味。随着果蔬的成熟，可溶性单宁含量降低，涩味减轻。采取一定措施，将可溶性单宁转变为不溶性单宁，则涩味减弱，甚至完全消失。天然色素是果蔬呈色的主要物质，主要有叶绿素、类胡萝卜素、花青素、类黄酮等。天然色素一般对光、热、酸、碱和某些酶比较敏感，从而影响产品的色泽。果蔬中所含的多种芳香物质赋予了不同果蔬特有的风味。芳香物质含量极微，但种类繁多，结构复杂，主要为醇、酯、醛、酮、烃以及萜类和烯烃等。由于水果和蔬菜的种类不同，芳香物质的成分也各不相同。伴随着果蔬成熟会释放芳香物质，产生悦人的香气，这是判断果蔬成熟度的方法之一。

三、乳与蛋的成分及其性质

1. 乳的成分及其性质

乳是膳食中蛋白质、钙、磷、维生素A、维生素D和维生素B_2的重要供给来源。乳的成分主要包括水分、蛋白质、脂质、碳水化合物、无机盐、磷脂类、维生素、酶、免疫体以及其他微量成分。

乳是多物质的混合体，实际上乳是一种复杂且具有胶体特性的分散系。在这种分散系中，水为分散酶，分散在水中的蛋白质、脂质、乳糖以及无机盐等物质称为分散相或分散质。乳中的分散质有的以分子及离子状态存在，如乳糖和无机盐等；有的呈乳浊质及悬浊质状态，如蛋白质等；有的以乳浊液及悬浊液状态存在，如脂质等。

（1）蛋白质

牛乳中的蛋白质含量为3%～4%，其中80%以上为酪蛋白，其他主要为乳清蛋白。酪蛋白耐热，可在酸性条件下沉淀，它是一种优质蛋白，容易被人体消化吸收，并能与谷类蛋白质营养互补。牛乳所含的蛋白质中有人体生长发育所必需的氨基酸。牛乳蛋白质的消化率可达98%～100%，而豆类蛋白质的消化率为80%，因而乳蛋白为完全蛋白质。

（2）脂质

乳脂质是乳中主要的能量物质和重要营养成分，包括脂肪、磷脂、甾醇、游离脂肪酸等。脂肪以小脂肪球状在牛乳中形成一种水包油型乳浊液，含量为3%～5%，是牛乳中重要的成分之一。牛乳脂肪不仅与牛乳的风味有关，同时也是稀奶油、奶油、全脂乳粉及干酪等的主要成分。牛乳中的脂肪含量因乳牛的品种及其他条件而异。

乳脂肪变质后，会产生难闻的气味，严重时不能食用。一般乳脂肪水解和氧化后，会导致乳变质。

（3）乳糖

乳中的碳水化合物主要是乳糖。乳糖属于二糖，由葡萄糖和半乳糖构成，占乳中碳水化合物总量的99.8%以上。其他碳水化合物含量极少。在自然界中，乳糖仅存在于哺乳动物的乳汁中，其甜度为蔗糖的1/6。在牛乳中，乳糖含量为4.5%～5.0%，占干物质的38%～39%。兔乳乳糖含量最低，约占1.8%，马乳乳糖含量最高，约占7.6%。

乳糖是乳特有的糖类，乳糖在乳酸菌的作用下，分解成半乳糖和葡萄糖，为人类提供营养和能量。半乳糖对哺乳动物神经发育有重要影响。乳糖能促进人类肠道内乳酸菌的生长，从而抑制肠内异常发酵造成的中毒现象，有利于肠道健康。乳糖还与糖的代谢有关，食用乳制品有利于钙的吸收，能有预防小儿佝偻病、中老年人骨质疏松症。

乳糖不能在胃里消化，乳糖在消化器官内经乳糖酶作用水解成葡萄糖和半乳糖后才能被吸收。某些婴儿或成年人体内乳糖酶很少或者不存在，乳中的乳糖不能分解，即乳糖不被机体消化吸收，是出现乳糖不耐受症的原因。

（4）维生素

乳是各种维生素的优良来源。它含有几乎所有种类的脂溶性和水溶性维生素，可以提供相当数量的维生素B_2、维生素B_{12}、维生素A、维生素B_6和维生素B_5。牛乳中的烟酸含量不高，但由于牛乳蛋白质中的色氨酸含量高，可以帮助人体合成烟酸。牛乳中还含有少量维生素C和维生素D。牛乳呈淡黄色是因为其含有类胡萝卜素和维生素B_2。

（5）无机盐

乳中含有丰富的无机盐，如钙、磷、铁、锌、铜、锰、钼等。特别是含钙较多，而且钙、磷比例合理，吸收率高。牛乳中80%的钙以酪蛋白酸钙复合物的形式存在，其他无机盐也主要是以蛋白质结合的形式存在。牛乳中还有维生素D、乳糖等促进钙吸收的物质，因此牛乳是膳食中钙的最佳来源。

乳中的无机盐大部分与有机酸和无机酸结合以可溶性盐的状态存在。其中最主要的为以无机磷酸盐及有机柠檬酸盐的状态存在，但其中一部分则以不溶性的胶体状态分散于乳中。此外也有一部分与蛋白质结合存在。无机盐对牛乳的热稳定性、凝乳酶的凝固性等理化性质和乳制品的品质以及贮藏性等影响很大。

2. 蛋的成分及其性质

禽蛋的成分取决于家禽的种类、品种、饲养条件和产卵时间等。蛋的结构复杂，其成分也较为复杂。蛋含有水分、蛋白质、脂质、碳水化合物、无机盐、维生素、色素和酶等。虽然各成分的含量有较大的差异，但同一品种蛋的基本成分大致相似。

（1）蛋壳的成分

蛋壳由外蛋壳膜、石灰质硬壳和蛋壳下膜构成。蛋壳主要由无机物组成，无机物占整个蛋壳总量的94%～97%，有机物占蛋壳的3%～6%。有机物主要为蛋白质，属于胶原蛋白。另外，还含有一定量的水和少量脂质。禽蛋种类不同，蛋壳的化学组成也有一定的差异。

（2）蛋白的成分

蛋白结构由外向内分为外层稀薄蛋白、中层浓厚蛋白、内层稀薄蛋白、系带膜状层（浓厚蛋白）。蛋中的蛋白是一种胶体物质，蛋白的结构和种类不同，其胶体状态也不同，成分含量也有差异。以鸡蛋为例，蛋白的成分包括：水分约占86%、蛋白质约占12%、碳水化合物占0.7%～0.8%，灰分占0.6%～0.8%，脂肪占0.02%左右。蛋白的蛋白质包括卵白蛋白、卵伴白蛋白、卵黏蛋白、卵球蛋白和溶菌酶等。

（3）蛋黄的成分

蛋黄的干物质含量约为50%，蛋黄中的蛋白质大部分是脂蛋白，包括低密度脂蛋白、卵黄球蛋白、卵黄高磷蛋白和高密度脂蛋白。

蛋黄中的脂质含量最多，占32%～35%，其中属于甘油酯的脂肪所占比重最大，约占20%；其次是磷脂（包括卵磷脂、脑磷脂和神经鞘磷脂），约占10%；还有少量的固醇和脑苷脂等。蛋黄含有的脂类中不饱和脂肪酸较多，易氧化，在蛋品贮存上，即使是蛋黄粉和干全蛋品的贮存也应充分重视。

蛋中尤以蛋黄色素含量最多，使蛋黄呈黄色或橙黄色。这些色素大部分为脂溶性色素，属于类胡萝卜素。

鲜蛋中的维生素主要存在于蛋黄中，不仅种类丰富而且含量较高，维生素A、维生素E、维生素B_2、维生素B_6、维生素B_5较多，此外还有维生素D、维生素K、维生素B_1、维生素B_{12}、叶酸、烟酸等。

蛋黄中含1.0%～1.5%的无机盐，其中以磷最为丰富，占无机成分总量的60%以上；钙次之，占13%左右；还含有铁、硫、钾、钠、镁等，且蛋黄中的铁很容易被人体吸收。

第二节　易腐物品的物理性质

易腐物品的物理性质主要包括力学、热学、光学、电学等特性。还涉及水分活度与吸湿、界面、相的转变，声学和组织结构等特性。本书主要涉及冷链物流过程中易腐物品的物理变化，故重点讨论与冷链物流相关度较高的物理性质。

一、易腐物品的热学性质

食品材料等易腐物品的热物理性质的测量是从18世纪开始的。目前的数据中大约有2/3是在20世纪五六十年代发布的。严格地讲，实验数据应讲清实验方法、实验条件（如温度、压力、相对湿度等）及材料的情况和处理方法等；而实验结果应给出数据的偏差范围及测量精度。目前的数据大多达不到这些要求，很多数据离散度很大。

1. 比热容

一些蔬菜的含水量、比热容和融化热等数据，如表3–1所示。

表3–1 一些蔬菜的含水量、初始冻结温度、冻前比热容、冻后比热容和融化热数据

种类	含水量（%）	初始冻结温度（℃）	冻前比热容［kJ/（kg·K）］	冻后比热容［kJ/（kg·K）］	融化热（kJ/kg）
芦笋	93	–0.6	4.00	2.01	312
干菜豆	41	—	1.95	0.98	37
甜菜根	88	–1.1	3.88	1.95	295
胡萝卜	88	–1.4	3.88	1.95	295
菜花	92	–0.8	3.98	2.00	308
芹菜	94	–0.5	4.03	2.02	315
甜玉米	74	–0.6	3.53	1.77	248
黄瓜	96	–0.5	4.08	2.05	322
茄子	93	–0.8	4.00	2.01	312
大蒜	61	–0.8	3.20	1.61	204
姜	87	–1.98	3.85	1.94	291
韭菜	85	–0.7	3.80	1.91	285
莴苣	95	–0.2	4.06	2.04	318
蘑菇	91	–0.9	3.95	1.99	305
小葱	89	–0.9	3.90	1.96	298
干洋葱	88	–0.8	3.88	1.95	295
青豌豆	74	–0.6	3.53	1.77	248
四季萝卜	95	–0.7	4.06	2.04	318
菠菜	93	–0.3	4.00	2.01	312
西红柿	94	–0.5	4.03	2.02	315
青萝卜	90	–0.2	3.93	1.97	302
白萝卜	92	–1.1	3.98	2.00	308
水芹菜	93	–0.3	4.00	2.01	312

2. 焓值

原来多取 –20℃冻结态的焓值为其零点，近来多取 –40℃冻结态的焓值为其零点。在冻结过程中，食品的冰点是变化的，因此在计算热负荷时，一般用焓值较方便。

3. 热导率

一些食品热导率的实验数据如表3–2所示。

表3–2　一些食品热导率的实验数据

食品种类	温度（℃）	含水量（%）	热导率［kW/A（m·k）］（实验者）
苹果汁	20	87	0.599（Riedel）
	80	—	0.631
	20	70	0.504
	80	—	0.564
	20	36	0.389
	80	—	0.435
苹果	8	—	0.418（Gane）
干苹果	23	41.6	0.219（Sweat）
干杏	23	43.6	0.375（Sweat）
草莓酱	20	41.0	0.338（Sweat）
牛肉（含脂肪）	35	0	0.190（Poppendick）
	35	20	0.230
瘦牛肉	3	75	0.506（Lentz）
	–15	—	1.42
	20	79	0.430（Hill）
	–15	—	1.43
	20	79	0.408（Hill）
	3	74	0.471（Lentz）
	–15	—	1.12
	3	6	0.215（Lentz）
	–15	—	0.218
	4	72	0.478（Lentz）

4. 热扩散率

热扩散率的实测数据很少，而且均是针对未冻结食品的，ASHRAE（美国暖通空调工程师协会）手册给出了一些实测值，这些实测值绝大多数分布在0.10 ~ 0.13mm^2/s；而水在25℃时的值为0.145×10^{-6}m^2/s=0.145mm^2/s。

二、易腐物品的力学性质

易腐物品的力学性质是易腐物品物性中最主要的性质。除了对易腐物品进行各种机械处理需要了解其力学性质外，在影响易腐物品风味的各因素中，力学性质也占有很重要的位置。由于易腐物品大多为容易变形、流动或破碎的黏弹性体物质，所以，工业流变学的理论成为研究易腐物品力学性质的重要基础。

室温下呈液态的食品很多，主要有牛奶、汤、汁、酱等。这些食品多属分散相为蛋白质、碳水化合物、脂肪或纤维的乳浊液。对这些液态食品来说，最重要的流变性质就是黏度。因此，黏度测量是研究液体食品物性的重要手段。黏度测量也就是对液体流动性质的测量，常见的测定方法有毛细管测定法、圆筒回转式测定法和锥板回转式测定法等。测量液体食品的黏度时，一定要针对测定目的和被测对象的性质选择测定仪器。

固体和半固体食品物料的弹性参数测定采用工程力学的实验方法，测定具有明确意义的力学参数，如弹性模量、剪切模量、体积模量和泊松比等。各种食品物料，如水果、蔬菜、肉制品和蛋制品等的加载与卸载的应力-应变关系曲线中，卸载时总是存在一定的残余变形，表明存在一定黏性，但在黏性较小的应变情况下，应力-应变关系曲线往往会呈现出一定线性关系，表明在此小应变范围内存在胡克弹性。也有许多固体食品物料，如干面团、硬糖果、核桃、豆类等，在力的作用下其变形不大于1%，就能基本上满足理想弹性体的特性定义，呈现出胡克体的性质。对于符合上述条件的食品，就归属为弹性固体食品，这类固体食品物质的流变特性参数即为弹性参数。弹性参数的测定一般借助轴向应力、弯曲和剪切实验。

三、易腐物品的光学性质

易腐物品的光物性包括色彩，对可见光、不可见光波的吸收、反射、透过特性等。这些往往也是反映易腐物品品质的指标。尤其在食品的无损检验方面，通过对食品光物性的测定，检验其品质是目前比较常用和可靠的方法。

（一）颜色的物理表示与测定

1.颜色的物理表示

对于视觉来说，三原色实际上就是三种单色光波能量对视觉细胞的刺激。因此也把三原色的能量强度称为三刺激值。

通过改变三种光刺激值的相对量配比和亮度，可以配出不同颜色和亮度的光。那么，任何一种颜色都可以用三刺激值作为变量表示。这就是颜色数值表示的原理。

CIE（国际照明委员会）于1931年建立了两种颜色表示系统，简称表色系。一种为RGB表色系统，另一种为XYZ表色系统。建立这两种表色系的基本考虑是既然颜色可由三个变量表示，那么用矢量空间就可以表示一切色光。

2.颜色的测定

（1）比色分析法

该方法是指应用单色性较差的光（波长范围较宽）与被测物质作用而建立的分析方法。只在可见光区域内使用，可分为目视比色法、光电比色法。

目视比色法指用眼睛观察比较溶液颜色深浅来确定物质含量或溶液浓度的方法。常用的是标准系列法，包括标准色卡对照法和标准液比较法等。测定时要注意观察位置和光源、试样的摆放位置。

国际上出版的标准色卡，一般都是根据色彩图制定的。常见的有孟塞尔色图、522匀色空间色卡、麦里与鲍尔色典和日本的标准色卡等。

标准液测定法主要用来比较液体食品的颜色，其中标准液多用化学药品溶液制成。例如，橘子汁颜色管理中，采用重铬酸钾溶液作为标准色液。在国外，酱油、果汁等液体食品颜色也要求标准化质量管理。除目测法外，在比较标准液时也可以使用比色计来测定，如食用油就可以采用威桑比色计来进行颜色测定。这种简单的比色计可以大大提高比较的准确性。

光电管比色计实际上是以光电管代替目测，以减少误差的一种仪器测定方法。这种仪器由彩色滤光片、光电管和与光电管连接的电流计组成。该仪器主要用来测定液体试样的浓度，所以常以无色标准液为基准。

（2）光电反射光度法

光电反射光度计亦称色彩色差计，这种仪器可以用光电测定的方法，迅速、准确、方便地测出各种试样被测位置的颜色，并通过计算机直接换算成L^*、a^*、b^*值，对颜色进行数值化表示，还能自动记忆和处理测定数值，得到两点间颜色的差别，以ΔE^*_{ab}表示。

（二）光物性的测定

食品光物性检测设备可分为常规分光光度计和特种光物性检测设备。常规分光光度计由定型设备生产，测量的原理与光电比色法相同，只是分光光度计是用184单色器获得单色光，纯度较高。这种仪器主要用来测定各种波长光线的透过率。其原理是由棱镜或衍射光栅把白光滤成一定波长的单色光，然后测定这种单色光透过液体试样时被吸收的情况。测得的光谱吸收曲线可以取得以下信息：了解液体中吸收特定波长的化合物成分；测定液体浓度；作为颜色的一种尺度，测定某种呈色物质的含量，如叶绿素含量。常规分光光度计的光源如果采用紫外线或红外线，也可作为了解物质化学构造的手段。根据波长范围，常规分光光度计可分为紫外分光光度计、可见光分光光度计、红外分光光度计；根据光束的数量可分为单光束分光光度计、双光束分光光度计、双波长分光光度计。其中单光束分光光度计只用一条光束，比较简单，应用最普遍。常规分光光度计主要用来检测食物成分及含量，在分析化学、食品分析、仪器检测等课程中都会对这些测量手段进行讲解，因此这里不再赘述。

四、易腐物品的电学性质

按产生电的主被动关系，易腐物品的电特性可分为两大类，一类是主动电特性，另一类是被动电特性。前者是易腐物品中存在的某些能源而产生的电特性，这种存在于易腐物品中的能源可产生一个电动势或电势差，在生物系统中表示为生物电势，近年来生物电的研究就属主动电特性的研究范畴。后者则指易腐物品在直流电场中的导电性、在交流电场中的介电性以及由外力作用引起的压电效应、热电效应等，是由易腐物品物料的化学成分和物理结构所决定的固有特性。易腐物品物料的电特性，不仅取决于其自身性质，通常还受环境因素的影响。

随着科学技术的快速发展，关于易腐物品电学性质的理论研究，已从初期仅研究易腐物品的直流电、交流电等基本特性，发展到探讨分子和化学结构等构造因子以及含水率、温度、频率等因素对易腐物品电特性的影响机制。

水果、蔬菜、种子等在贮藏流通中，对其生理活动进行有效的控制往往是保鲜的主要手段。电磁场对生物的生理作用已经被证实：在促进或抑制包括生鲜食品在内的生物物质生理活动方面具有巨大潜力。

（一）电导特性

通常用电导率来表征食品物料的电导特性，它在确定农业物料及食品的含水率和其他物理化学特性方面有着广泛的应用。对于某些低电导率的物料，由于是良好的电介质，它们在加热、干燥、水分测定和质量检测与控制方面得到了广泛应用。

利用电导特性测定农业物料含水率是基于水的介电常数高达80，而农业物料其他成分的介电常数则低得多。例如，碳水化合物的介电常数为3～5，蛋白质的介电常数为4～6，脂肪的介电常数为2～5。通过实验研究已找出一些物料的含水率和介电常数的关系。例如，在肉类食品的加工中，通常畜类血液在0～80℃时，电导率非常相近。

（二）介电特性

介电特性是指物质受到电场作用时，构成物质的带电粒子只能产生微观上的位移而不能进行宏观上的迁移的性质。表现出介电特性的物质称为介电体。绝干食品以及较低含水率的食品是电介质。随着含水率的上升，食品中离子的迁移率增大，因此高含水率的食品表现出明显的导电性，而介电性不明显。

物料的相对介电常数ε_r'是物料在实际介质下电容器的电容量C与在真空介质下电容器的电容量C_0的比值。

$$\varepsilon_r' = C/C_0$$

电介质的实际介电常数ε可表示为相对介电常数ε_r'和真空介电常数ε_0的乘积。

$$\varepsilon=\varepsilon_r' \cdot \varepsilon_0$$

一般情况下，$\varepsilon_r' > \varepsilon_0$。空气的相对介电常数为1.0006，水的相对介电常数为81.57，食品物料的介电常数介于两者之间。

五、易腐物品的水分活度

水分是微生物生命活动的必要条件，微生物细胞组成不可缺少水，细胞内所进行的各种生物化学反应，均以水分为溶媒，在缺水的环境中，微生物的新陈代谢发生障碍，甚至死亡。但各类微生物生长繁殖需要的水分含量不同，因此易腐物品中的水分含量决定了生长微生物的种类。一般来说，含水分较多的易腐物品，细菌容易繁殖，含水分少的易腐物品霉菌和酵母菌容易繁殖。

在易腐物品中，水分以游离水和结合水两种形式存在。微生物在易腐物品中生长繁殖，利用的是游离水，因而微生物在易腐物品中的生长繁殖不是取决于总含水量，而是取决于水分活度（*Aw*）。因为一部分水与蛋白质、碳水化合物及一些可溶性物质，如氨基酸、糖、盐等结合，这种结合水对微生物是无用的。因而通常用水分活度来表示易腐物品中可被微生物利用的水。

水分活度（*Aw*）是指易腐物品在密闭容器内测得的水蒸气压力（*P*）与同温下测得的纯水蒸气压力（P_0）之比，即

$$Aw=P/P_0$$

根据拉乌尔定律，在一定温度下，稀溶液的蒸气压等于纯溶剂的蒸气压乘以该溶剂在溶液中的摩尔分数。

易腐物品中主要微生物类群生长的最低*Aw*值如表3–3所示。

表3–3　易腐物品中主要微生物类群生长的最低*Aw*值

微生物类群	最低*Aw*值	微生物类群	最低*Aw*值
大多数细菌	0.90 ~ 0.99	嗜盐性细菌	0.75
大多数酵母菌	0.88 ~ 0.94	耐高渗酵母	0.60
大多数霉菌	0.73 ~ 0.94	干性霉菌	0.65

新鲜的食品原料，如肉类、水果、蔬菜等含有较多的水分，*Aw*值一般在0.98 ~ 0.99，适合多数微生物的生长，如果不及时加以处理，很容易腐败变质。为了防止食品变质，最常用的办法，就是降低食品的含水量，使*Aw*值降至0.7以下，这样可以长期保存。*Aw*值在0.8 ~ 0.85的食品，一般只能保存几天；*Aw*值在0.72左右的食品，可以保存2 ~ 3个月；如果*Aw*值在0.65以下，则可保存1 ~ 3年。

在实际操作中，为了方便也常用含水量百分率来表示食品的含水量，并以此作为控制微生物生长的一项衡量指标。例如，为了达到贮藏目的，奶粉含水量应在8%以下，大米含水量应在13%左右，豆类含水量在15%以下，脱水蔬菜含水量在14% ~ 20%。这些物质含水量百分率虽然不同，但其*Aw*均在0.70以下。

第三节　易腐物品的腐败及其控制机理

微生物广泛分布于自然界，易腐物品不可避免地会受到微生物的污染。当环境条件适宜时，它们就会迅速生长繁殖，造成易腐物品的腐败与变质，不仅降低了易腐物品的质量，还可能危害人体的健康。

易腐物品腐败变质，是指易腐物品受到各种内外因素的影响，造成其原有化学性质或物理性质发生变化，降低或失去其营养价值和商品价值的过程，如肉类的腐臭、油脂的酸败、水果蔬菜的腐烂和粮食的霉变等。

易腐物品腐败变质的原因较多，有物理因素、化学因素和生物性因素，如动物、植物食品组织内酶的作用，昆虫、寄生虫以及微生物的污染等。其中由微生物污染所引起的易腐物品腐败变质是最为重要和普遍的。

一、腐败微生物

微生物在食品发生腐败变质过程中起重要作用。如果某一食品经过彻底灭菌或过滤除菌，则食品长期贮藏也不会发生腐败；相反，如果某一食品污染了微生物，一旦条件适宜，就会引起该食品腐败变质。所以说，微生物的污染是食品发生腐败变质的根源。

能引起食品发生腐败变质的微生物种类很多，主要有细菌、酵母菌和霉菌。一般情况下，细菌比酵母菌占优势。在这些微生物中，有病原菌和非病原菌，有芽孢菌和非芽孢菌，有嗜热菌、嗜温菌和嗜冷菌，有好气细菌或厌气细菌，有分解蛋白质、糖类、脂肪能力强的菌。

（一）分解蛋白质的微生物

分解蛋白质而使食品变质的微生物，主要是细菌、霉菌和酵母菌，它们多数是通过分泌胞外蛋白酶来完成的。

细菌中，芽孢杆菌属、梭状芽孢杆菌属、假单胞菌属、变形杆菌属、链球菌属等分解蛋白质能力较强，即使无糖存在，它们在以蛋白质为主要成分的食品上也能生长良好；肉毒梭状芽孢杆菌分解蛋白质能力很微弱，但该菌为厌氧菌，可引起罐头的腐败变质；小球菌属、葡萄球菌属、黄杆菌属、产碱杆菌属、埃希氏杆菌属等分解蛋白质的能力较弱。

许多霉菌都具有分解蛋白质的能力，霉菌比细菌更能利用天然蛋白质。常见的有青霉属、毛霉属、曲霉属、木霉属、根霉属等。而多数酵母菌对蛋白质的分解能力极弱，如啤酒酵母属、毕赤氏酵母属、汉逊氏酵母属、假丝酵母属、球拟酵母属等只能使凝固的蛋白质缓慢分解。

（二）分解碳水化合物的微生物

细菌中，能高活性分解淀粉的为数不多，主要是芽孢杆菌属和梭状芽孢杆菌属的某些种，如枯草杆菌、巨大芽孢杆菌、马铃薯芽孢杆菌、蜡样芽孢杆菌、解淀粉芽孢杆菌等，它们是引起米饭发酵、面包黏液化的主要菌株。能分解纤维素和半纤维素的只有芽孢杆菌属、梭状芽孢杆菌属和八叠球菌属的一些种，但绝大多数细菌都具有分解某些糖的能力，特别是分解单糖。某些细菌能分解有机酸或醇类。能分解果胶的细菌主要有芽孢杆菌属、欧氏植病杆菌属、梭状芽孢杆菌属中的部分菌株，它们能让果蔬腐败。

多数霉菌都有分解简单碳水化合物的能力。能够分解纤维素的霉菌并不多，常见的有青霉属、曲霉属、木霉属中的几个种，其中绿色木霉、里氏木霉、康氏木霉分解纤维素的能力极强。分解果胶质能力较强的霉菌有曲霉属、毛霉属、蜡叶芽枝霉等；曲霉属、毛霉属和镰刀霉属等还具有分解某些简单有机酸和醇类的能力。

绝大多数酵母不能使淀粉水解；少数酵母如拟内孢霉属能分解多糖；极少数酵母如脆壁酵母能分解果胶；大多数酵母有利用有机酸的能力。

（三）分解脂肪的微生物

分解脂肪的微生物能生成脂肪酶，使脂肪水解为甘油和脂肪酸。一般来说，蛋白质分解能力强的需氧性细菌，大多数也能分解脂肪。细菌中的假单胞菌属、无色杆菌属、黄色杆菌属、产碱杆菌属和芽孢杆菌属中的许多种，都具有分解脂肪的特性。

能分解脂肪的霉菌比细菌多，在食品中常见的有曲霉属、白地霉、代氏根霉、娄地青霉和芽枝霉属等。

能分解脂肪的酵母菌不多，主要是解脂假丝酵母，这种酵母对糖类不发酵，但分解脂肪和蛋白质的能力很强。因此，肉类食品、乳及其制品发生脂质酸败时，也应考虑是否因酵母菌而引起。

二、易腐物品腐败变质的化学过程

易腐物品腐败变质的过程实质上是易腐物品中蛋白质、碳水化合物、脂肪等被微生物的分解代谢作用或自身组织的酶进行的某些生化过程。例如，新鲜的肉类、鱼类的后熟，粮食、水果的呼吸作用等可以引起易腐物品成分的分解、易腐物品组织溃破和细胞膜碎裂，为微生物的广泛侵入与作用提供条件，结果导致易腐物品的腐败变质。由于易腐物品成分的分解过程和形成的产物十分复杂，因此建立易腐物品腐败变质的定量检测尚有一定的难度。

（一）易腐物品中蛋白质的分解

肉、鱼、禽蛋和豆制品等富含蛋白质的易腐物品，主要以蛋白质分解为其腐败变质特征。由微生物引起蛋白质易腐物品发生的变质，通常称为腐败。

蛋白质在动物、植物组织酶以及微生物分泌的蛋白酶和肽链内切酶等的作用下，首先水解成多肽，进而裂解形成氨基酸。氨基酸通过脱羧基、脱氨基、脱硫等的作用进一步分解成相应的氨、胺类、有机酸类和各种碳氢化合物，易腐物品即表现出腐败特征。

蛋白质分解后所产生的胺类是碱性含氮化合物，如胺、伯胺、仲胺及叔胺等具有挥发性和特异的臭味。各种不同的氨基酸分解产生的腐败胺类和其他物质各不相同，甘氨酸产生甲胺，鸟氨酸产生腐胺，精氨酸产生色胺进而又分解成吲哚，含硫氨基酸分解产生硫化氢、氨和乙硫醇等。这些都是蛋白质腐败产生的主要散发臭味的物质。

（二）易腐物品中脂肪的分解

脂肪发生变质虽然主要由化学作用引起，但它与微生物也有着密切的关系。脂肪发生变质的特征是产生酸和刺激的“哈味”。一般把脂肪发生的变质称为酸败。

易腐物品中油脂酸败的化学反应，主要是油脂自动氧化过程，其次是加水水解。油脂的自动氧化是一种自由基的氧化反应；而水解则是在微生物或动物组织中解脂酶的作用下，使食物中的中性脂肪分解成甘油和脂肪酸等。

脂肪酸可进而断链形成具有异味的酮类或酮酸，不饱和脂肪酸的不饱和键可形成过氧化物，脂肪酸也可再氧化分解成具有特臭的醛类和醛酸，即所谓的“哈味”。这就是食用油和含脂肪丰富的易腐物品发生酸败后感官性状改变的原因。

脂肪自动氧化和加水分解所产生的复杂分解产物，使食用油或易腐物品中的脂肪带有若干明显特征：首先是过氧化值上升，这是脂肪酸败最早期的指标；其次是酸度上升，羰基（醛酮）反应呈阳性。脂肪酸败过程中，由于脂肪酸的分解，其固有的碘价（值）、凝固点（熔点）、比重、折光指数、皂化价等也发生变化，所以脂肪酸败有其特有的“哈味”。肉类、鱼类易腐物品脂肪的超期氧化变黄，鱼类的“油烧”现象等也常常作为油脂酸败鉴定中较为实用的指标。

易腐物品中脂肪及食用油的酸败程度，受脂肪的饱和度、紫外线、氧气、水分、天然抗氧化剂以及铜、铁、镍离子等触媒的影响。油脂中脂肪酸不饱和度、油料中动植物残渣等，均有促进油脂酸败的作用。而油脂的脂肪酸饱和程度、维生素C、维生素E等天然抗氧化物质及芳香化合物含量高时，则可减慢氧化和酸败。

（三）易腐物品中碳水化合物的分解

易腐物品中的碳水化合物包括纤维素、半纤维素、淀粉、糖原、双糖和单糖等。含这些成分较多的食品主要是粮食、蔬菜、水果和糖类及其制品。在微生物及动植物组织中各种酶及其他因素的作用下，这些易腐物品的组成成分被分解成单糖、醇、醛、酮、羧酸、二氧化碳和水等低级产物。由微生物引起的糖类物质发生的变质，习惯上称为发酵或酵解。碳水化合物含量高的易腐物品发生变质的主要特征为酸度升高，并有带甜味、醇类气味的气体产生等。

三、各类易腐物品的腐败变质

易腐物品从原料到加工产品，随时都有被微生物污染的可能。这些微生物在适宜条件下即可生长繁殖，分解易腐物品中的营养成分，使易腐物品失去原有的价值。下面介绍各类主要食品的腐败变质。

（一）肉类的腐败变质

1. 肉类中的微生物

参与肉类腐败过程的微生物是多种多样的，一般常见的有腐生微生物和病原微生物。腐生微生物包括细菌、酵母菌和霉菌，它们污染肉品，使肉品发生腐败变质。

细菌主要有需氧的革兰氏阳性菌，如蜡样芽孢杆菌、枯草芽孢杆菌和巨大芽孢杆菌等；需氧的革兰阴性菌，如假单胞菌属、无色杆菌属、黄色杆菌属、产碱杆菌属、埃希氏杆菌属和变形杆菌属等；此外还有腐败梭菌、溶组织梭菌和产气荚膜梭菌等厌氧梭状芽孢杆菌。

酵母菌和霉菌主要包括假丝酵母属、丝孢酵母属、交链孢霉属、曲霉属、芽枝霉属、毛霉属、根霉属和青霉属。

病畜、禽肉类可能携带各种病原菌，如沙门氏菌、金黄色葡萄球菌、结核分枝杆菌、炭疽杆菌和布氏杆菌等。它们对肉的主要影响并不在于使肉腐败变质，而是传播疾病，造成食物中毒。

2. 肉类变质现象和原因

肉类腐败变质时，往往在肉的表面产生明显的感官变化，常见的有以下几种。

（1）发黏

微生物在肉类表面大量繁殖后，肉品表面会产生黏状物质，这是微生物繁殖后所形成的菌落，以及微生物分解蛋白质的产物。这主要是由革兰氏阴性菌、乳酸菌和酵母菌产生。

（2）变色

肉类腐败变质后，肉的表面会出现各种颜色变化。最常见的是绿色，这是由于蛋白质分解产生的硫化氢与肉品中的血红蛋白结合后形成的硫化氢血红蛋白造成的，这种化合物积蓄在肌肉和脂肪表面，即呈暗绿色。另外，黏质赛氏杆菌在肉品表面产生红色斑点，深蓝色假单胞杆菌能产生蓝色斑点，黄杆菌能产生黄色斑点。有些酵母菌能产生白色、粉红色、灰色等斑点。

（3）霉斑

肉的表面有霉菌生长时，往往形成霉斑，特别是干腌肉制品中更为多见。如美丽枝霉和刺枝霉在肉表面产生羽毛状菌丝；白色侧孢霉和白地霉产生白色霉斑；草酸青霉产生绿色霉斑；蜡叶芽枝霉在冷冻肉上产生黑色斑点。

（4）气味

肉类腐烂变质，除上述肉眼观察到的变化外，通常还伴随一些不正常或难闻的气味，如微生物分解蛋白质产生恶臭味，在乳酸菌和酵母菌的作用下产生挥发性有机酸的酸味，霉菌生长繁殖产生的霉味等。

3.鲜肉变质过程

健康动物的血液、肌肉和内部组织器官一般是没有微生物存在的，但由于屠宰、运输、保藏和加工过程中的污染，致使肉的表面污染了一定数量的微生物。这时，若能将肉及时通风干燥，使肉品表面的肌膜和浆液凝固形成一层薄膜时，可固定和阻止微生物侵入内部，从而延缓肉品变质。

通常鲜肉保藏在0℃左右的低温环境中，可存放10天左右而不变质。当保藏温度上升时，肉品表面的微生物就会迅速繁殖，其中细菌的繁殖速度最快，它沿着结缔组织、血管周围或骨与肌肉的间隙蔓延到组织的深处，最后使整块肉变质。宰后的畜禽的组织中由于有酶的存在，组织会产生自溶作用，结果使蛋白质分解产生蛋白胨和氨基酸，这样更有利于微生物的生长。

随着保藏条件的变化与变质过程的发展，细菌由肉品的表面逐渐向深处浸入，与此同时，细菌的种类也发生变化，呈现菌群交替现象。这种菌群交替现象一般分为三个时期，即需氧菌繁殖期、兼性厌氧菌繁殖期和厌氧菌繁殖期。

（1）需氧菌繁殖期

细菌分解开始的3～4天，主要在表层蔓延，最初产生各种球菌，继而出现大肠杆菌、变形杆菌、枯草杆菌等。

（2）兼性厌氧菌繁殖期

细菌分解3～4天后，细菌已在肉品的中层出现，产生产气荚膜杆菌等。

（3）厌氧菌繁殖期

细菌分解7～8天后，肉品深层已有细菌生长，主要是腐败梭菌。

值得注意的是，这种菌群交替现象与肉的保藏温度有关，当肉的保藏温度较高时，杆菌的繁殖速度比球菌快。

（二）乳及乳制品的腐败变质

各种不同的乳，如牛乳、羊乳、马乳等，其成分虽有差异，但都含有丰富的营养成分，容易消化吸收，是微生物生长繁殖的良好培养基。乳一旦被微生物污染，在适宜条件下，就会迅速繁殖引起腐败变质而失去食用价值，甚至可能引起食物中毒或传播传染病。

1.乳中微生物的来源及主要类群

牛乳在挤乳过程中会受到乳房和外界微生物的污染，乳中微生物根据其来源，可以分为两类：乳房内的微生物和环境中的微生物。

（1）乳房内的微生物

牛乳在乳房内不是无菌状态，乳房中的正常菌群主要是小球菌属和链球菌属。由于这些细菌能适应乳房的环境而生存，称为乳房细菌。乳畜感染后，体内的致病微生物可通过乳房进入乳汁传染给人类。常见的引起人畜共患疾病的致病微生物主要有结核分枝杆菌、布氏杆菌、炭疽杆菌、葡萄球菌、溶血性链球菌、沙门氏菌等。

（2）环境中的微生物

环境中的微生物污染包括挤奶过程中细菌的污染和挤后食用前所有环节中受到的细菌的污染。

污染的微生物的种类、数量直接受畜体表面卫生状况、畜舍的空气、挤奶用具和容器、挤奶工人个人卫生情况的影响。另外，挤出的奶在处理过程中，如不及时加工或冷藏不仅会增加新的污染机会，而且原来存在于鲜乳内的微生物数量会增多，这样很容易造成鲜乳变质。所以挤奶后要尽快进行过滤、冷却。

2.乳液的变质过程

鲜乳及消毒乳都残留一定数量的微生物，特别是污染严重的鲜乳，消毒后残存的微生物还很多，常引起乳的酸败，这是乳发生变质的重要原因。

乳中含有溶菌酶等抑菌物质，使乳汁本身具有抗菌特性。但这种特性持续时间的长短，因乳汁温度高低和细菌的污染程度高低而有所不同。通常新挤出的乳，迅速冷却到0℃可保持48h，迅速冷却到5℃可保持36h，迅速冷却到10℃可保持24h，迅速冷却到25℃可保持6h，迅速冷却到30℃仅可保持2h。在这段时间内，乳内细菌是受到抑制的。

当乳的自身杀菌作用消失后，将其静置于室温下，可观察到乳特有的菌群交替现象。这种有规律的交替现象分为以下几个阶段。

（1）抑制期

抑制期也称为混合菌群期，在新鲜的乳中含有溶菌酶、乳素等抗菌物质，对乳中存在的微生物具有杀灭或抑制作用。在杀菌作用终止后，乳中各种细菌均开始繁殖，由于营养物质丰富，暂时不发生互联或拮抗现象。该阶段持续12h左右。

（2）乳链球菌期

鲜乳中的抗菌物质减少或消失后，存在于乳中的微生物，如乳链球菌、乳酸杆菌、大肠杆菌和一些蛋白质分解菌等迅速繁殖，其中以乳链球菌生长繁殖居优势，分解乳糖产生乳酸，使乳中的酸性物质不断增高。由于酸度的增高，抑制了腐败菌、产碱菌的生长。以后随着产酸增多，乳链球菌本身的生长也受到抑制，数量开始减少。

（3）乳酸杆菌期

当乳链球菌在乳中繁殖，乳的pH值下降至4.5以下时，由于乳酸杆菌耐酸力较强，尚能继续繁殖并产酸。在此时期，乳中可出现大量乳凝块，并有大量乳清析出，这个时期约有2天。

（4）真菌期

当酸度继续升高至pH值为3.0～3.5时，绝大多数的细菌生长受到抑制或死亡。而霉菌和酵母菌尚能适应高酸环境，并利用乳酸作为营养来源而开始大量生长繁殖。由于酸被利用，乳的pH值回升，逐渐接近中性。

（5）腐败期

腐败期也称为胨化期，经过以上几个阶段，乳中的乳糖已基本消耗完，而蛋白质和脂肪含量相对较高，此时能分解蛋白质和脂肪的细菌开始活跃，凝乳块逐渐被消化，乳的pH值不断上升，向碱性转化，同时伴随芽孢杆菌属、假单胞菌属、变形杆菌属等腐败细菌的生长繁殖，牛奶出现腐败臭味。

在菌群交替现象结束时，乳亦产生各种异色、苦味、恶臭味及有毒物质，外观上呈现黏滞的液体或清水。

（三）鱼类的腐败变质

1.鱼类中的微生物

新捕获的健康的鱼，其组织内部和血液中常常是无菌的，但在鱼体表面的黏液中、鱼鳃以及肠道内存在微生物。当然由于季节、渔场和鱼种类的不同，体表所附细菌数有所差异。

存在于鱼类中的微生物主要有假单胞菌属、无色杆菌属、黄杆菌属、不动杆菌属、拉氏杆菌属和弧菌属。淡水中的鱼还有产碱杆菌、气单胞菌属和短杆菌属。

2.鱼类的腐败变质

一般情况下，鱼类比肉类更易腐败，因为通常鱼类在捕获后，不是立即清洗处理，多数情况下是带着容易腐败的内脏和鳃一起运输，这样就容易引起腐败。其次，鱼体本身含水量高，组织脆弱，鱼鳞容易脱落，细菌容易从受伤部位侵入，而鱼体表面的黏液又是细菌良好的培养基，因而鱼类死后很快就发生了腐败变质。

（四）鲜蛋的腐败变质

1.鲜蛋中的微生物

通常新产下的蛋里是没有微生物的，新蛋壳表面有一层黏液胶质层，具有防止水分蒸发、阻止外界微生物侵入的作用。在蛋壳膜和蛋白中，存在一定的溶菌酶，也可以杀灭侵入壳内的微生物，所以正常情况下鲜蛋可保存较长时间而不发生变质。然而鲜蛋也会受到微生物的污染，当母禽不健康时，机体防御机能减弱，外界的细菌可侵入输卵管，甚至卵巢。而蛋产下后，蛋壳立即受到环境中微生物的污染，如果胶质层被破坏，污染的微生物就会透过气孔进入蛋内，当保存的温度和湿度过高时，侵入的微生物就会大量生长繁殖，造成蛋的腐败。

鲜蛋中常见的微生物有大肠菌群、无色杆菌属、假单胞菌属、产碱杆菌属、变形杆菌属、青霉属、枝孢属、毛霉属、枝霉属等。另外，蛋中也可能存在病原菌，如沙门氏菌、金黄色葡萄球菌。

2.鲜蛋的腐败变质

由于上述多种原因，鲜蛋也容易发生腐败变质，其变质有两种类型：腐败和霉变。

（1）腐败

腐败主要是由细菌引起的鲜蛋变质。侵入蛋中的细菌不断生长繁殖并形成各种相适应的酶，然后分解蛋内的各组成成分，使鲜蛋发生腐败、产生难闻的气味。腐败主要由荧光假单胞菌引起，使蛋黄膜破裂，蛋黄流出与蛋白混合（散蛋黄）。如果进一步发生腐败，蛋黄中的核蛋白和卵磷脂也被分解，产生恶臭的硫化氢等气体和其他有机物，使整个内含物变为灰色或暗黑色。这种黑腐病主要是由变形杆菌属和某些假单胞菌和气单胞菌引起。

（2）霉变

霉菌菌丝经过蛋壳气孔侵入后，首先在蛋壳膜上生长，逐渐形成斑点菌落，造成蛋液粘壳，蛋内成分分解并有霉变气味产生。

（五）果蔬及其制品的腐败变质

1.微生物引起新鲜果蔬的变质

水果和蔬菜的表皮和表皮外覆盖着一层蜡质状物质，这种物质有防止微生物侵入的作用，因此一般正常的果蔬内部组织是无菌的。但是当果蔬表皮组织受到昆虫的刺伤或其他机械损伤时，微生物就会从伤口侵入并进行繁殖，从而使果蔬腐烂变质，尤其是成熟度高的果蔬更易受损伤。

水果与蔬菜的物质组成特点是以碳水化合物和水为主，水分含量高，这是果蔬容易变质的一个重要因素。由于果蔬偏酸性，引起水果变质的微生物，开始只能是酵母菌、霉菌；引起蔬菜变质的微生物是霉菌、酵母菌和少数细菌。

最常见的现象是霉菌先在果蔬表皮损伤处繁殖或者在果蔬表面有污染物黏附的区域繁殖，侵入果蔬组织后，组织壁的纤维素被破坏，进而分解果胶、蛋白质、淀粉、有机酸等，继而酵母菌和细菌开始繁殖。由于微生物繁殖，果蔬外观上就表现出深色的斑点，组织变得松软、发绵、凹陷、变形，逐渐变成浆液状甚至是水液状，并产生了各种味道，如酸味、芳香味、酒味等。

2.微生物引起果汁的变质

（1）引起果汁变质的微生物

水果原料携带一定的微生物，在果汁生产过程中，不可避免地还会受到微生物的污染，因而果汁中存在一定数量的微生物，但微生物进入果汁后能否生长繁殖，主要取决于果汁的pH值和果汁中糖度。由于果汁的pH值为2.4～4.2，且糖度较高，因而在果汁中生长的微生物主要是酵母菌、霉菌和极少数的细菌。

果汁中的细菌主要是植物乳杆菌、乳明串珠菌和嗜酸链球菌，它们可以利用果汁中的糖、有机酸生长繁殖并产生乳酸、二氧化碳和少量丁二酮、3-羟基-2-丁酮等香味物质。乳明串珠菌可产生黏多糖等增稠物质而使果汁变质；当果汁的pH＞4.0时，酪酸菌容易生长且丁酸发酵。

酵母菌是果汁中所含数量和种类最多的一类微生物，它们是从鲜果中带来的或是在生产过程中环境污染造成的，酵母菌能在pH＞3.5的果汁中繁殖。果汁中的酵母菌主要有假丝酵母属、圆酵母属、隐球酵母属和红酵母属。此外，苹果汁保存于低二氧化碳气体中时，汉逊氏酵母菌会生长，此菌可产生水果香味的酯类物质；柑橘汁中常出现越南酵母菌、葡萄酒酵母菌、圆酵母属和醭酵母属的酵母菌，这些菌是在加工中污染的；浓缩果汁由于糖度高、酸度高，细菌的生长受到抑制，其中生长的是一些耐渗透压的酵母菌，如鲁氏酵母菌、蜂蜜酵母菌等。

霉菌引起果汁变质时会产生难闻的气味。果汁中存在的霉菌以青霉属最为多见，如扩张青霉、皮壳青霉，其次是曲霉属的霉菌，如构巢曲霉、烟曲霉等。原因是霉菌的孢子有强的抵抗力，可以较长时间保持其活力。但霉菌一般对二氧化碳敏感，所以充入二氧化碳的果汁可以防止霉菌的生长。

（2）微生物引起果汁变质的现象

微生物引起果汁变质一般会出现浑浊、产生酒精和导致有机酸的变化。

果汁浑浊除了化学因素外，大多数是由于酵母菌发酵产生酒精而造成的，当然有时也可由霉菌发酵。通常引起浑浊的是圆酵母属中的一些种，以及一些耐热性的霉菌，如雪白丝衣霉菌、纯黄衣霉菌和宛氏拟青霉等，但霉菌在果汁中少量生长时，并不发生浑浊，仅使果汁的味道变差，产生霉味和臭味等，因为它们能产生果胶酶，对果汁起澄清作用，只有大量生长时果汁才会浑浊。

引起果汁产生酒精而变质的微生物主要是酵母菌，常见的酵母菌有葡萄汁酵母菌、啤酒酵母菌等。酵母菌能耐受二氧化碳，当果汁含有较高浓度的二氧化碳时，酵母菌虽不能明显生长，但仍能保持活力，一旦二氧化碳浓度降低，即可恢复生长繁殖的能力。此外，少数霉菌和细菌也可使果汁产生酒精变质，如甘露醇杆菌属、明串珠菌属、毛霉属、曲霉属、镰刀霉属中的部分菌种。

果汁变质时可导致有机酸的变化。果汁中含多种有机酸，如酒酸、柠檬酸、苹果酸，它们以一定的含量形成果汁特有的风味，当微生物生长繁殖后，分解或合成了某些有机酸，从而改变了它们的含量和比例，因而使果汁原有的风味被破坏，有时甚至产生了一些异味，如解酒石杆菌、黑根霉、葡萄孢霉属、青霉属、毛霉属、曲霉属和镰刀霉属等。

四、易腐物品低温保藏的原理和条件

（一）易腐物品低温保藏的原理

易腐物品在常温下贮存较长时间后，就会腐败变质，其主要原因是微生物的生命活动和易腐物品中的酶进行的生化反应而造成的。微生物的生命活动和酶的催化作用，都需要在一定的温度和湿度条件下进行。如果降低贮藏温度，微生物的生长、繁殖就会减慢，酶的活性也会减弱，就可以延长易腐物品的贮藏期。此外，低温下微生物新陈代谢会被破坏，其细胞内积累的有毒物质及其他过氧化物能导致微生物死亡。当易腐物品的温度降至-8℃以下时，易腐物品中90%以上的水分都会变成冰，形成的冰晶还会破坏微生物细胞，细胞或失去养料、或因部分原生质凝固、或因细胞脱水等，从而造成微生物死亡。因此，冻结易腐物品可以延长易腐物品的贮藏期并保证其原有的品质。

生鲜食品可分为植物性食品和动物性食品两类。由于它们具有不同的特性，因此利用低温进行贮藏时，应采用不同的处理方法。

对于果蔬等植物性食品，为了保持其鲜活状态，一般都在冷却的状态下进行贮藏。果蔬仍然是具有生命力的有机体，还在进行呼吸作用，能控制引起食品变质的酶的作用，并对外界微生物的侵入有抵抗能力。降低贮藏环境的温度，可以减弱其呼吸强度、降低物质的消耗速度，延长贮藏期。但是，贮藏温度也不能过低，否则会引起果蔬活体的生理病害，以至冻伤。所以，果蔬类食品应放在不发生冷害的低温环境下贮藏。此外，鲜蛋也是活体食品，当温度低于冻结点，其生命活动也会停止。因此，活体食品一般都在冷却状态下进行低温贮藏。

对于禽、鱼、畜等动物性食品，在贮藏时，因物体细胞都已死亡，本身不能控制引起食品变质的酶的作用，也无法抵抗微生物的侵袭。因此，贮藏动物性食品时，要求在其冻结点以下的温度保藏，以抑制微生物的繁殖、酶的作用和减慢食品内的化学变化，食品就可以较长时间地维持其品质。

（二）易腐物品冷藏条件

易腐物品的冷藏要求，主要指冷藏时的最佳温度和空气中的相对湿度。有些易腐物品在冷藏前要经过加工处理（如腌、熏、烤、晒等）。贮藏温度是指长期贮藏的最佳温度，它是指易腐物品的温度，而不是空气的温度。

储存、运输、销售环节温度控制要求

第四节　易腐物品的冷加工工艺

一、肉的冷加工工艺

肉的贮藏保鲜方法很多，有物理贮藏方法（低温、高温、辐射等）和化学贮藏方法（盐脆、烟熏、气调、添加化学制剂等）。其中，低温贮藏方法是应用最广、效果最好的一种方法，因为低温能够抑制酶和微生物的生命活动，且不会引起肉组织结构和性质发生根本的变化，能保持肉固有的特性和品质。

（一）肉的冷却工艺

肉的冷却工艺有一次冷却工艺、二阶段冷却工艺等。

1.一次冷却工艺

我国的肉类加工企业普遍采用一次冷却工艺。为了缩短冷却时间，在装入鲜肉之前，应将冷却间内空气温度预先降到-3～-1℃。在大批鲜肉入库的同时，开启干式冷风机，进行供液降温。但由于肉热量的散发，冷却间的空气温度会急剧上升，但温度最高应不高于3～4℃且不低于0℃。经过10h后，室内温度应稳定在-1～2℃，不能有较大的波动幅度。肉类一次冷却工艺技术参数如表3-4所示。

表3-4　肉类一次冷却工艺技术参数

冷却过程	半片猪胴体		1/4牛胴体		羊整腔	
	库温（℃）	相对湿度（%）	库温（℃）	相对湿度（%）	库温（℃）	相对湿度（%）
冷却间进货之前	-4～-3	90～92	-1	90～92	-1	90～92

续表

冷却过程	半片猪胴体		1/4牛胴体		羊整腔	
	库温（℃）	相对湿度（%）	库温（℃）	相对湿度（%）	库温（℃）	相对湿度（%）
冷却间进货结束后	0～3	95～98	0～3	95～98	0～4	95～98
冷却10h后	1～2	90～92	−1～0	90～92	−1～0	90～92
冷却20h后	−3～0	90～92	−1～0	90～92	−1～0	90～92

冷却开始时，相对湿度一般在95%～98%，随着肉温下降和肉中水分蒸发强度的减弱，相对湿度逐渐降低至90%～92%。库内的相对湿度对肉的冷加工质量有直接的影响，过高会造成微生物繁殖；过低会使肉中水分蒸发而引起质量损失。

空气的温度和流速影响着冷却速度和冷却期的食品干耗。在冷却间内肉胴体之间的空气流速一般为0.5～1.5m/s，其平均干耗量为1.3%。如果将热肉送入温度为−5～−3℃、风速为1～2m/s的冷却间内冷却，比同风速下在−1℃的冷却间冷却24h要少15%的冷却干耗。

在一定的空气温度和流速下，肉的冷却时间主要取决于肉的肥瘦、肉块的厚薄以及肉的表面积大小。猪胴体和1/4牛胴体的冷却时间一般为20h左右，羊整腔的冷却时间为10～12h，肉胴体最厚的部位（一般指后腹）中心温度降至0～4℃即可结束冷却过程。国际上有些国家要求经屠宰加工后的肉胴体应在1h之内冷却，山羊肉和羔羊肉应当在12h内将肉胴体中心温度冷却至7℃，猪肉、牛肉和小牛肉应当在15～20h内将肉胴体中心温度冷却到10～15℃。当胴体最厚部位中心温度冷却到7℃以下时，即认为冷却完成。

2.二阶段冷却工艺

在国际上，随着冷却肉消费量的不断增加，各国对肉类的冷却工艺加强了研究，重点围绕加快冷却速度、提高冷却肉质量等方面进行。较为广泛采用的是欧洲一些国家提出的二阶段快速冷却工艺方法，其特点是采用较低的温度和较高的风速进行冷却。第一阶段是在快速冷却隧道或在冷却间内进行，空气温度降得较低，一般为−15～−10℃，空气流速一般为1.5～2.5m/s，经过2～4h后，胴体表面在较短的时间内降到接近冰点，迅速形成干膜，而后腿中心温度还在16～25℃；然后再用一般的冷却方法进行第二阶段的冷却，在该阶段，冷却间温度逐步升高至0～2℃，以防止肉的表面冻结，直到肉的表面温度与中心温度达到平衡，一般为2～4℃，冷却间内空气循环同时随着温度的升高而缓慢下来。采用二阶段冷却工艺的方法有两种：一种是全部冷却过程在同一冷却间完成，另一种是在分开的冷却间进行。

3.冷却肉的冷藏

经过冷却的肉，若不能及时加工和销售，应该立即送入冷却肉冷藏间短期贮藏。肉的冷却贮藏是使肉深处的温度降低到0～1℃，然后在0℃左右贮藏的方法。此种方法不能使肉中的水分冻结（肉的冰点为−1.2～−0.8℃）。由于这种温度下仍有一些嗜低温细菌可以生长，因此，贮藏期不长，一般猪肉可以贮藏1周左右。经冷却处理后，肉的颜色、风味、柔软度都变好，这也是肉成熟的过程。这一过程是生产高档肉制品必不可少的。现在发达国家中消费的大部分生肉均是这种冷却肉。

经过冷却的肉胴体可以在安装了轨道的冷藏间内短期贮藏。冷却肉在冷藏时，库内温度以-1～1℃为宜，相对湿度应保持在85%～90%。相对湿度过高，有利于霉菌等微生物的繁殖，不利于保证冷却肉的质量。如果采用较低冷藏库温时其湿度可大些。

为了保证冷却肉在冷藏期间的质量，冷藏间的温度应保持稳定，尽量减少开门次数，不允许在贮存已经冷却好的肉胴体的冷藏间内再进热货。冷藏间的空气循环应当均匀，速度应采用微风速。一般冷藏间内空气流速为0.05～0.1m/s，接近自然循环状态，以维持冷藏间内温度均匀即可，减少冷藏期间的干耗损失。

冷却肉的冷藏时间按肉的温度和冷藏条件来确定。试验表明，在0℃左右库温、相对湿度90%左右的条件下，猪胴体冷藏时间为10天左右。表3-5为国际制冷学会推荐的冷却肉冷藏期限，但在实际应用时应将此表所列时间缩短25%左右为宜。

表3-5　　国际制冷学会推荐的冷却肉冷藏期限

种类	温度（℃）	贮藏期（周）
猪肉	-1.5～0	1～2
羊肉	-1～1	1～2
牛肉	-1.5～0	4～5

（二）肉的冻结工艺

肉类冻结工艺通常分为：两阶段冻结工艺和直接冻结工艺。

1. 两阶段冻结工艺

中华人民共和国成立初期，我国肉类的冻结普遍采用在两个蒸发温度系统下进行，即将经加工整理后的肉胴体先送入冷却间冷却，待肉胴体温度冷却至0～4℃时再送入冻结间进行冻结。经过冷却的肉在室温-23℃、空气流速为0.5～2.0m/s的条件下，约24h深层肌肉温度可降到-15℃。目前，美、英、德、日等国仍然对肉类的冻结采用两阶段冻结工艺方法。

供冻结用的肉类，以肥度良好的牲畜最为适宜，因皮下脂肪能很好地预防干缩；而瘦畜的肉类，不宜冻结，因在冻结和冷藏期间的质量损失较多，其外形的变化也较大。

2. 直接冻结工艺

由于两阶段冻结时间长、效率低，可把两阶段冻结工艺改为在一个蒸发温度系统下进行冻结，即在牲畜屠宰加工整理后，滴干体表水后，直接送入冻结间冻结。对肉类加工而言，直接冻结是一项较新的工艺。过去由于受国外提出的出口冻肉技术条件的影响，要求肉胴体必须先经过24h的冷却后才能冻结。根据此规定，必须建立冷却间，生产周期长，限制了生产力的发展。新的直接冻结工艺不仅效率高，而且冻结质量更好。我国自20世纪70年代以来设计建造的冷库较广泛地采用了这一工艺。

3. 冻结肉的冻藏

冻结肉的冻藏是将冻结后的肉送入低温条件下的冷库中进行长期贮存。在冻藏过程中，由于条件和方法不同，冻结肉的质量也会发生变化。因此研究和制定冻结肉的冻藏条件对保证肉的质量具有重要意义。

冷库的温度是由冻结后的肉胴体的最终温度决定的，需要长期贮藏的肉类进入冷库前肉温必须在–15℃以下。冷库内空气温度不得高于–18℃，因为在这样的温度条件下，微生物的繁殖几乎完全停止，肉类的生物化学变化受到了抑制，表面水分蒸发量也较小，能够保持较好的质量。此外，从制冷设备的运转费用上分析也是较经济的。我国肉类低温冷库大都采用–18℃库温。也有一些大型贮备型冷库采用–20℃库温，以保证长时期贮存的肉类产品的质量，如济南维尔康集团。表3–6为冻结肉类冻藏温度和贮藏期。

表3–6　冻结肉类冻藏温度和贮藏期

种类	温度（℃）	贮藏期（月）	种类	温度（℃）	贮藏期（月）
牛肉	–12	5～8	羊肉	–12	3～6
牛肉	–15	6～9	羊肉	–18	6～10
牛肉	–18	8～12	羊肉	–23	8～10
小牛肉	–18	6～8	猪肉	–12	2～3
肉酱	–12	5～8	猪肉	–18	4～6
肉酱	–18	8～12	猪肉	–23	8～12

对生产性冷库来说，冻肉进入冷库时，其中心温度在–15℃以下；而对于分配性冷库来说，由于冻肉经长途运输，因此肉温有所上升，但其也应在–8℃以下进库，如果高于–8℃，即说明冻肉已经开始软化，必须进行复冻后才能进入冷库贮存。

冷库的温度应保持稳定，其波动范围要求不超过±1℃。如果温差过大，会造成组织内冻晶体融化和再结晶，增加干耗损失，加速脂肪酸败。空气相对湿度要求越高越好，并且要求稳定，以减少水分蒸发。一般要求空气相对湿度保持在95%～98%，其变动范围不能超过±5%。

二、鱼类的冷加工工艺

（一）鱼类的冷却和微冻保鲜

鱼类的低温保鲜分为冻结方法和非冻结方法两种。如果我们对渔获物的保藏期要求是首位的，那么最好采用冻结或部分冻结的方法来保质；如果我们对渔获物的质量要求是首要的，则要采用非冻结的方法。一般非冻结的方法有冰藏保鲜法、冷海水保鲜法、微冻保鲜法和超冷保鲜技术。

1. 冰藏保鲜法

冰藏保鲜法是鱼货保鲜最常用的方法。可以使用机制冰或天然冰，最好使用机制冰，将冰块砸碎后使用。撒冰要均匀，一层冰一层鱼。一般鱼层厚度为50～100mm，冰鱼混合物堆装高度一般为75cm，否则易压伤鱼体。鲜鱼的加冰数量取决于冷却鱼货和保鲜过程中维持低温所需的冷量。此方法冷却鱼的速度较慢，鱼体温度达不到0℃，只能达到1℃左右。鱼体冷却用时和加冰量的关系如表3-7所示。

表3-7　鱼体冷却用时和加冰量的关系

冷却程度	加冰量（相对于鱼）				备注
	100%	75%	50%	25%	
20℃→1℃	134mim	139min	310min	冷却不到1℃	每尾鱼平均质量为1.25kg，厚度5.5cm。冰块约为4cm
20℃→5℃	63min	68min	110min	236min	

鱼体冷却速度与鱼的品种、大小也有关，多脂鱼或大型鱼的冷却速度慢。当冰的质量为鱼的质量的200%，由20℃冷却到1℃时，鱼体厚度为50mm，需110min；鱼体厚度为60mm，需150min；鱼体厚度为70mm，需235min；鱼体厚度为80mm，需325min。

用海水冰藏鱼类比用淡水好，因海水冰的溶点比淡水冰低，并有较强的抑制酶活性的作用。用冰藏保鲜的鱼不能长期保藏，一般淡水鱼为8～10天，海水鱼为10～15天。在冰中加入适当的防腐剂，如氯化物、臭氧、过氧化氢等成为防腐冰，可延长冷却鱼的贮藏期。总之，低温、清洁、迅速这三点是此方法最基本的要求。

2.冷海水保鲜法

冷海水保鲜法是把渔获物保藏在-1～0℃的冷海水中，从而达到贮藏保鲜的目的。这种方法适合于围网作业捕捞所得的中上层鱼类。这些鱼大多数是红肉鱼，活动能力强，即使捕获后也仍然活蹦乱跳，很难做到一层冰一层鱼那样贮藏。如果不立即降低温度使其冷却，其体内的酶就会很快作用，造成鲜度的迅速下降。

具体的操作方法是将渔获物装入隔热舱内，同时加冰和盐。加冰是为了将温度降低到0℃左右，用量与冰藏时一样。同时还要加入冰质量3%的食盐以使冰点下降。待满舱时，注入海水，这时还要启动制冷装置进一步降温和保温，最终使温度保持在-1～0℃。海水的量与渔获物的量之比为3∶7。

这种保鲜方法的优点是鱼体降温快，操作简单迅速。如再配以吸鱼泵操作，则可大大降低装卸劳动强度，渔获物新鲜度好。其不足之处是需要配备制冷装置，随着贮藏时间的增加，鱼体开始逐渐膨胀、变咸、变色。在实际应用中还存在一些有待解决的问题。

3.微冻保鲜法

微冻保鲜法是将渔获物保藏在其细胞汁液冻结温度以下（-3℃左右）的一种轻度冷冻的保鲜方法，也称为过冷却或部分冷冻。在该温度下，能够有效地抑制微生物繁殖。

鱼类的微冻温度因鱼种类的不同而略有不同。一般淡水鱼的冻结点在-0.7～-0.2℃，海水鱼的冻结点在-0.75℃，洄游性海水鱼的冻结点在-1.5℃，底栖性海水鱼的冻结点在-2℃。根据这些特点，微冻范围一般在-3～-2℃。

微冻保鲜的基本原理是利用低温来抑制微生物的繁殖和酶的活力。在微冻状态下，鱼体内的部分水分发生冻结，微生物体内的部分细菌就开始死亡，其他一些细菌虽未死亡，但其活动也受到抑制，几乎不能繁殖，于是就能使鱼体在较长时间内保持鲜度而不发生腐败变质。与冰藏比较，能延长保鲜期1.5～2倍。

4. 超冷保鲜技术

超冷保鲜技术（超级快速冷却）是一种新型保鲜技术。具体的做法是把捕获后的鱼立即用-10℃的盐水做吊水处理，根据鱼体大小的不同，可在10～30min之内使鱼体表面冻结而急速冷却，这样缓慢致死后的鱼处于鱼仓或集装箱内的冷水中，其体表解冻时要吸收热量，从而使得鱼体内部初步冷却，然后根据不同保藏目的及用途确定贮藏温度。

现在渔获物被捞起后，大多数都是靠冰藏保鲜的。虽然冰藏可使保藏中的鲜鱼处于0℃左右，但是冰量不足，与冰的接触不均衡，使鲜鱼冷却不充分，会造成鲜鱼憋闷死亡、肉质氧化、传热系数上升等。日本学者发现超级快速冷却技术对上述不良现象的出现有显著的抑制效果。

（二）鱼类的冻结与冻藏

冷藏保鲜的鱼体内部并未完全冻结，细菌和酶的活性也未完全失去，所以在鱼类死后，体内的某些生化反应还在继续进行，保鲜期一般在20天以内。因此，冷却或微冻的鱼类都不能长期贮藏，一般只用于鲜鱼运输、加工和销售的暂时贮藏。为了长期贮藏，必须除去鱼体的热量，使其温度降到-18～-15℃。

1. 鱼类的冻结工艺

1）鱼冻结前的清洗和整理工作

鲜鱼在冻结前必须经过挑选和整理。清洗时，首先排除已腐败变质、受机械操作破坏的鱼和杂鱼，然后将鱼放在3～4℃的清洁水中洗涤，以清除鱼体上的黏液和污物。无鳞而多脂的鱼，如带鱼、鲳鱼等冻结前则不必清洗，因洗涤会使其在冷藏过程中因脂肪氧化而迅速变黄。清洗时要轻拿轻放，在水中停留时间不得过长。清洗完毕后就要进行整理，对于要装盘的鱼，必须经过整理。要整理得平直整齐，否则会影响鱼的质量和损耗。不整齐的鱼不仅堆装困难，而且相互缠绕在一起，在销售过程中易断头、断尾，损耗会增加10%左右。

2）冻结及其方法

把鱼体的温度降到-18℃可贮藏2～3个月，降到-30～-25℃可贮藏1年。水被冻结成冰后，鱼体内的液体成分约有90%变成固体，使得大多数化学反应不能进行或不易进行。因此，要想使鱼贮藏时间较长就要用冻结的方法。按照冷却介质的不同，冻结的方法有以下几种。

（1）吹风冻结法

① 搁架式冻结法。将鱼盘放在管架上，再用风机吹风，风速为1.5～2m/s，鱼盘与管架接触传热且鱼与管架间的冷空气对流换热而散失热量。冻结间温度为-25～-20℃，相对湿度90%～95%。定时改变空气流动的方向，以保证冻结间内各部位降温一致。但风不能直接吹到鱼体上，以免引起鱼体因脱水过多而变白。这种方法设备简单，温度均匀，耗电量少，但用钢管多，劳动强度大。

② 强烈吹风冻结法。目前采用隧道式空气冻结装置。库温为-25～-20℃，鱼体终温达到-18～-15℃。鱼块大小为40cm×60cm×（11～12）cm，每块鱼的质量为15kg，放入冻鱼车的鱼盘内或吊轨（装鱼笼架）上，每辆冻鱼车装20盘鱼，冻鱼车双列布置，用冷风机强烈吹风，风速为3～5m/s，冻结时间在8～11h不等，一般是一日冻两次。隧道式空气冻结装置，冻结速度快，能力强，耗用劳力少，改善了操作条件，因此被渔业冷库广为使用。

（2）平板接触冻结法

①卧式平板冻结器。把鱼装在鱼盘中，鱼盘尺寸一般为375mm×595mm×75mm，每盘鱼的质量为10～12kg。鱼盘平放在冻结平板上，开动液压系统，使平板与鱼之间的接触压力为6864.66～29419.95Pa。然后关好进货门，对平板供液降温制冷，致使与平板接触的鱼迅速冻结。当鱼厚度为60～80mm，氨蒸发温度为-33℃时，经2～3h就可以将鱼冻好。

② 立式平板冻结器。将鱼装入各平板之间的空间，向平板供液降温制冷，鱼因两边平板迅速吸热而冻结成块。每块的厚度一般为80～100mm，质量一般为20～25kg，冻结时间为3～4h。

卧式平板冻结器可以冻结已包装的食品，对于体形较小的鱼甚为适宜。立式平板冻结器操作简便，适用范围较广，可以冻结各种中小型鱼，但不能冻结已包装的和大型鱼。

（3）盐水冻结法

用盐水作为介质来冻结鱼类，可分为接触式冻结和非接触式冻结两种。

① 接触式冻结。此方法是将低温盐水直接与鱼体接触，利用盐水的对流传热，使鱼体迅速冻结。它分沉浸式冻结和喷淋式冻结。沉浸式冻结是将鱼用铁丝笼装着浸入温度为-18℃的盐水中，在盐水搅拌器的作用下，使鱼体温度降到-5～-4℃。喷淋式冻结是将-20℃左右的盐水，以淋浇或喷雾方式迅速喷注到鱼体上。这种方法最大的优点是鱼体冻结迅速，耗冷量少，冻结时间一般为1～3h，在冻结过程中没有干耗。缺点是盐水会略微浸入鱼体表面，使鱼味变咸，鱼体变色，成形不规则。

② 非接触式冻结。将鱼放在容器中，再将容器放入低温的盐水中，使鱼体与盐水不直接接触。这种方法的优点是：冻结速度快，冻结时间短，干耗小，质量好。缺点是：盐水对设备的腐蚀性较大，设备使用寿命短，操作复杂，并要注意防止盐水漏入容器中。

（4）液化气体冻结法

将液化氮或二氧化碳喷射于鱼体上可快速冻结，也可以将鱼直接浸入液化气体中。液氮在大气压下的沸点为-195.56℃，其潜热为199.5kJ/kg；液态二氧化碳在-78.5℃蒸发，可吸收575.0kJ/kg的潜能。

3）冻鱼的脱盘和包冰衣

冻结完毕后的鱼应立即脱盘和包冰衣，然后进行冻藏。脱盘和包冰衣的场所应是阴凉的，并具有良好的给水、排水条件。

①冻鱼的脱盘。现在大多数采用浸水融脱的脱盘方法，即将鱼盘放在一个盛放常温水的水槽中，让鱼盘浮在水中，使鱼块与鱼盘冻粘的地方融化脱离，然后立即将盘反转，倒出鱼块。有些冷库采用机械脱盘装置，它是一个可以移动的翻盘机械，可将水槽

中的鱼盘推到脱盘机的台板上，利用翻板旋转动作将鱼盘翻到滑板上，使鱼和盘分离。

②冻鱼的包冰衣。脱离鱼盘的冻鱼块在进入冻藏间前必须立即包冰衣，其目的是使鱼体与外界空气隔绝，以减少干耗，防止鱼体产生冰晶升华、脂肪氧化和色泽消失等变化。包冰衣是冻鱼工艺的重要工序，也是保持冻鱼质量、延长保存时间的重要环节。包冰衣操作是将脱盘的鱼块立即运入一个水槽内浸泡3~5s，再使其滑到一条滑道上，滴除过多的水分，体外很快被包上一层冰衣。包冰衣前，鱼体温度最好在-15℃以下。包冰衣槽中的水应是预先冷却至5℃左右的清洁水。水槽上还应有补充冷却水和排水装置。补充的冷却水量随水的厚度和损耗情况决定。如果需要用坚厚的冰层保护鱼冻品，可在冻结过程中加水，使鱼类完全冻结在冰块中间。冻结虾时会采用这种包冰衣的工艺。

2.鱼类的冻藏

鱼类冻结后要想长期保持其鲜度，还要在较低的温度下贮藏，即冻藏。在冻藏过程中受温度、氧气、冰晶、湿度等影响，鱼类还会发生氧化、干耗等变化。所以，我国冷库的温度一般是-18℃以下，相对湿度为98%~100%，有些国家的要求是-30℃。

鱼类与牛肉、猪肉、禽肉等陆生动物相比，其性质不稳定，保鲜期短。为了保持冻结鱼类的良好品质，国际冷冻协会推荐水产品冻藏温度如下：少脂鱼（牙鲆等）为-20℃，多脂鱼（鲟鱼等）为-30℃，因此冷藏库设计时最低温度应达到-30℃。

三、果蔬的冷加工工艺

（一）果蔬的保鲜工艺

1.果蔬采收及入库前的准备工作

（1）采收

果蔬采收环节直接影响产品的品质及贮藏、运输等环节。为了保证果蔬的质量，要在最适宜的成熟度采收。果菜类宜在坚熟和完熟期采收，土豆和洋葱则宜在充分成熟后再采收。有后熟能力的果蔬，如苹果、梨、柑橘、番茄等可以在成熟度七八成时采收，香蕉可更早一些。

（2）分级分选

果蔬分级的主要目的是使之达到商品标准化。制定果蔬商品标准应从国家的整体利益出发，同时也要考虑生产者和消费者的实际要求，并以现有的生产技术水平为基础，使分级标准在经济和技术上发挥积极作用。果蔬的分级办法分品质分级与大小分级两种。

（3）包装

包装与果蔬的运输、销售、损耗、新鲜度、贮存期有着密切关系。目前，应特别重视包装的改进，以利于提高在国际市场上的竞争力。果蔬的包装容器多采用纸箱和木箱等，这类容器比较坚固、耐压，其容量固定，适于长途运输。果蔬的包装应遵循科学、经济、牢固、美观、适销的原则。

（4）预冷

预冷应遵循以下原则。一是采收后要尽早进行预冷处理，并根据果蔬种类和特性选择最佳预冷方式。一次预冷的数量要适当，要合理包装和码垛，尽快使产品达到预冷要求的温度。二是预冷的最终温度要适当，一般各种果蔬的冷藏温度就是预冷终温的大致标准。还可以根据销售时间的长短、产品的易腐性等适当调整终温。预冷要注意防止产品的冷害和冻害。三是预冷后必须立即将产品放入已经调整好温度的冷藏库或冷藏车内。常见果蔬的预冷温度与预冷方式如表3–8所示。

表3–8　常见果蔬的预冷温度与预冷方式

种类	预冷终温（℃）	预冷方法	预冷重要性	种类	预冷终温（℃）	预冷方法	预冷重要性
红富士苹果	0～1	库、差	★	豇豆	3～5	差、真	★★
嘎啦苹果	1～3	库、差	★★★	荷兰豆	0	真、差、冰	★★★★
新红星苹果	0～2	库、差	★★	胡萝卜（粗）	0	水、冰、差	★★
砀山梨	0～10	库	★★	西葫芦	5～10	库、差	★★★
黄金梨	0～1	库、差	★★★	黄瓜	10～13	库、差	★★★★
西洋梨	0	库、差	★★★	豆薯	13～18	水、冰	★
蓝莓	–0.5	差、真	★★★★	芹菜	0	真、湿真	★★★★
草莓	0	差、真	★★★★	甘薯	13～16	库、差	★
红提葡萄	–1～–0.5	差	★★★	芋头	7～10	库、差	★
秦美猕猴桃	–0.5	差	★★★★★	番茄	8～10	库、差	★★
柿子（涩）	0	水、差	★★	樱桃番茄	3～4	库、差	★★★★
水蜜桃	–0.5	库、差	★★★	土豆（早熟）	7～10	库、水	★★
油桃	–0.5	水、差	★★★	土豆（晚熟）	4～7	库、水	★
甜樱桃	–0.5	水、差	★★★★	菠菜	0	真、水、差	★★★★
鲜枣	0	水、差	★★★	西蓝花	0	水、冰、差	★★★★
李子	–0.5	水、差	★★★★	韭菜	0	真	★★★★
杏	0～1	差	★★★★	大白菜	0	真、差	★★
阳桃	9～10	差	★★★	甘蓝（早熟）	0	真、差	★★★
荔枝	1.5	水、差	★★★★	茄子	8～12	库、差	★★
桂圆	1	差	★★★★	洋葱	0	库、差、真	★★
杧果	13	差	★★	甜椒	7～13	差、真	★★
菠萝	7～13	差	★★	大蒜	0	库、差	★★★
甜橙	3～9	库、差	★	西芹	0	真、湿真	★★

续表

种类	预冷终温（℃）	预冷方法	预冷重要性	种类	预冷终温（℃）	预冷方法	预冷重要性
蜜柑	4～6	库、差	★★★	结球生菜	0	差、真	★★★★★
柠檬	11～13	库、差	★	大葱	0	冰、真	★★★★
西瓜	10～15	水、差	★	芦笋	0～2	真、水	★★★★★
哈密瓜	3～7	水、冰、差	★★	蒜薹	0	真、差	★★★★
冬瓜	10	库、差	★★	甜玉米	0	水、冰、真、差	★★★★★
甜瓜	10	水、冰、差	★★★	生菜	0	差、真	★★★★★
佛手瓜	3～5	库、差	★★	辣椒	0～10	差、真	★★★
南瓜	10～13	库	★★	蘑菇	0	差、真	★★★★★

注：①库——冷库预冷，水——水预冷，冰——加冰预冷，差——差压预冷，真——真空预冷，湿真——加湿真空预冷；②五角星越多代表采用预冷的重要性越强。

（5）入库堆码

经过挑选，质量好的水果如要长期冷藏，应逐个用纸包装，然后装箱、装筐。有柄的水果在装箱或装筐时应特别注意，是箱装还是筐装，最好采用“骑缝式”或“并列式”（每层垫木条）的堆垛方式。地面上要用垫木垫起，垛与垛、垛与墙、垛与风道之间都应留有一定距离，便于冷空气流通。尽管货垛外部已被冷却，但货垛内部由于呼吸热积聚，出现高温、高湿现象，就会造成果蔬腐烂。在冷藏的过程中，还应经常对果蔬质量进行检查，从冷藏间内各个不同位置抽验，对不能继续进行冷藏的果蔬应及时剔除，防止大批腐烂。

2.果蔬的冷藏工艺

（1）贮藏温度

一般来说，果蔬的冷藏温度在0℃左右，但由于果蔬的种类、品种不同，对低温的适应能力也各不相同。就水果来讲，生长在南方或是夏季成熟的水果，适宜较高温度贮藏，不适当的低温或冻结会影响果实的正常生理功能，使品质、风味发生变化或产生生理病害，不利于贮藏。例如，香蕉长期放在低于12℃的温度下便不能催熟，即使是短期遭受低温危害，催熟后仍果心发硬、果皮发黑。从生产实践得知，金冠苹果、红星苹果宜在0.5～1℃下贮藏，鸡冠苹果、国光苹果宜在-1～0℃下贮藏。大白菜、毛豆、洋葱、大蒜宜在-1～1℃下贮藏，刀豆、青豌豆宜在1～3℃下贮藏。因此，果蔬的冷却贮藏应根据不同品种控制其最适贮藏温度，即使是同一类，也会由于品种、成熟程度、栽培条件等有所不同。所以在进行大量贮藏时，应事先对它们的最适贮藏温度做好选择试验。在贮藏期间，要求贮藏温度稳定，避免剧烈振动。

为了提高贮藏质量，减小果蔬在冷藏过程中发生生理病害的可能，在贮藏中对某些品种采用变温贮藏的方法来防止。例如，鸭梨采收后直接放入0℃冷库迅速降温，易发生黑心病，黑心病率达40.7%。如果将鸭梨先放在15℃的库内，预藏10天左右，再在6℃温度条件下贮藏一段时间，然后每隔半个月降低1℃，一直降到0℃贮藏。结果表明，采用这种逐步降温的方法，对防止鸭梨黑心病的发生有良好的效果。

（2）相对湿度

果蔬在贮藏过程中逐渐蒸发失水，一般来说如果质量损失达到5%，新鲜度就会明显下降。果蔬水分蒸发的量主要取决于贮藏的条件，其中湿度条件与蒸发作用关系甚大，一般以85%～95%湿度贮藏。如果湿度过高，虽然可减少水分的蒸发量，避免了因干燥而造成的质量下降，微生物的繁殖却旺盛起来，果蔬容易腐烂；如果湿度过低，虽然微生物的危害小，但又会因干燥而引起质量下降，不仅使果蔬失去新鲜饱满的外观，而且降低了对病害的抵抗能力，对长期贮藏十分不利。所以在贮藏果蔬时，不仅要保持最适温度，而且要保持最适湿度。

（3）气体浓度

在正常的空气中，氧气的含量为20.95%，二氧化碳的含量为0.03%。如果把空气中的氧气含量降低，适当地增加二氧化碳的浓度，可以减弱果蔬的呼吸作用，其新陈代谢也就减弱了，从而推迟了水果、蔬菜的后熟。同时在较低的氧气浓度和较高的二氧化碳浓度下，能抑制乙烯的生成，延长果蔬的贮藏期。根据果蔬品种的生理特性，合理控制贮藏环境的氧气、二氧化碳浓度，及时清除乙烯气体。常见果蔬的最适贮藏温湿度如表3-9所示。

表3-9　常见果蔬的最适贮藏温湿度

种类	推荐温度（℃）	相对湿度（%）	预期贮藏期（d）
苹果（富士苹果）	-1～1	90～95	150～210
苹果（嘎啦苹果）	0	90～95	120～150
梨（库尔勒香梨）	-1～0	90～95	180～240
梨（丰水梨）	0～1	90～95	90
梨（鸭梨）	10～12→0	90～95	150～240
水蜜桃	0～1	90～95	30～50
李子	0～1	90～95	30～50
甜樱桃	-1～0	90～95	30～60
葡萄	-1～0	90～95	＜135
蓝莓	0～2	85～95	30～90
鲜枣（普通）	-1～0	90～95	30～50
鲜枣（冬枣）	-2～-1	90～95	60～90
板栗	入库至次年1月底为0℃，次年2月后为-3℃	85～95	＞180

续表

种类	推荐温度（℃）	相对湿度（%）	预期贮藏期（d）
猕猴桃	0 ~ 1	90 ~ 95	＞150
甜橙	5 ~ 8	90 ~ 95	120
宽皮柑橘	5 ~ 8	85 ~ 90	90
柚子	5 ~ 10	85 ~ 90	120
柠檬	12 ~ 15	90 ~ 95	150
香蕉	13 ~ 15	80 ~ 90	60 ~ 100
杧果（桂香杧）	12 ~ 15	85 ~ 90	25
杧果（吕宋杧）	9 ~ 10	85 ~ 90	14 ~ 21
杧果（青皮杧、爱文杧）	10	85 ~ 90	21
龙眼	3 ~ 5	90 ~ 95	20 ~ 30
荔枝	3 ~ 5	90 ~ 95	30
菠萝	8 ~ 10	85 ~ 95	11 ~ 17
枇杷	3 ~ 6	90 ~ 95	20 ~ 50
芦笋	1 ~ 2	90 ~ 95	15 ~ 20
洋葱	−1 ~ 1	≤75	180 ~ 270
黄瓜	7 ~ 10	90 ~ 95	10
胡萝卜	0 ~ 2	90 ~ 95	90 ~ 180
菜豆	6 ~ 8	90 ~ 95	10 ~ 30
豇豆	7 ~ 9	85 ~ 90	10 ~ 30
青豌豆	1 ~ 3	90 ~ 95	10 ~ 30
毛豆	0 ~ 2	90 ~ 95	10 ~ 30
辣椒	7 ~ 9	90 ~ 95	20 ~ 35
甜椒	9 ~ 11	90 ~ 95	20 ~ 35
茄子	10 ~ 13	85 ~ 90	20 ~ 35
番茄	10 ~ 13	80 ~ 90	20 ~ 35
樱桃番茄	2 ~ 4	85 ~ 95	20 ~ 35
蒜薹	−1 ~ 0	90 ~ 95	240 ~ 300

（二）果蔬速冻工艺

1.蔬菜速冻工艺

生产优质的速冻蔬菜，一定要严格遵守速冻蔬菜的加工工艺，如原料收获后运输、水洗、挑选、除去次要部分、烫漂、冻结和包装等作业条件及加工技术对速冻蔬菜制品的初期品质均有影响。销售时，除了以上因素对品质有影响外，冷藏、配送、销售等环节的温度条件对其影响也很大。

由于蔬菜的种类和制品的形状不同，处理的工序也有差异。一般蔬菜的前处理包括除去异物和沙子后用水洗涤，除去根、皮、种子等不可食部分，依成熟度、形态、大小进行挑选、成形、烫漂、冷却、包装等。在前处理过程中原料不能直接与铜或铁制成的容器直接接触，否则产品易变色变味，所以加工过程中应使用不锈钢器具。

（1）烫漂

烫漂处理就是把蔬菜放入热水或高温蒸汽中进行短时间的加热处理。其方法一般可分为热水烫漂和蒸汽烫漂两种。热水烫漂的水质应符合生活饮用水水质标准，多采用饮用水，水温为80～100℃，多用93～96℃。由于水的热容量大，传热速度快，因而热水烫漂时间较同温下的蒸汽烫漂时间短，而且品温升高较均匀一致，适用的品种范围较广。

蒸汽烫漂是把蔬菜放入流动的高温水蒸气中进行短时间的加热处理，然后用低温空气进行快速冷却。蒸汽温度为100℃或100℃以上，压力在100kPa以上。这种热烫和冷却方法对蔬菜细胞组织破坏性小，可减少水溶性营养成分的损失，营养和风味保持较好，同时可减少污染和废水量。它主要适用于叶菜类、果菜类和根菜类，但是该方法热量损失较大。除了上述两种基本烫漂方法外，近几年还出现和应用了微波烫漂、高温湿蒸汽烫漂、常温酸烫漂等新的烫漂方法。

（2）冷却和沥水

冷却方法有浸入水中冷却、用冷水喷淋冷却、用冰水（或碎冰）冷却、冷风冷却。用冷水或者冰水冷却的方法比用冷风冷却要快得多；另外用冷风冷却有使产品减重的缺点，如用冷水或冰水就避免了这个缺点。但是有的蔬菜与冷水或冰水接触时，其表皮将剧烈收缩，甚至会破裂（如蚕豆），这种情况下分段降低水温冷却是必要的。蔬菜的可溶性成分会溶于冷水中而流失，在设计时，应尽可能快地使品温降低至所需的温度。

用水冷却时，冷却后必须沥水，特别是叶菜类。残留的水分在冻结前包装时，会积聚于包装袋的底部，冻结过程中会形成冰块而影响成品外观。

（3）速冻

常用于蔬菜冻结的速冻装置大体分为送风式（我国多用流化床速冻装置）、接触式和其他形式（如液氮和不冻液等），速冻蔬菜时主要用前两种装置。无论采取哪种速冻装置，为了获得优良的产品，冻结速度和冻结品温这两点都显得非常重要。

对经受烫漂过程的蔬菜要立即用冷水或冷风冷却，尽量降低品温。冷却后的蔬菜品温越近于0℃，鲜度降低的可能性就越小；若冷却不彻底，品温仍处于较高状态，就将其放入冻结装置，这时为了使其温度降到安全品温以下，就要花费较长的时间，因此造成鲜度降低是不可避免的。所以前处理完成的原料若不能立即进行冻结，应立即设法将其品温降到近于0℃，并放到冷藏室中暂时贮藏，以免发生变质。

（4）包装与贮藏

包装必须保证在-5℃以下的低温环境中进行，温度在-4～-1℃时速冻蔬菜会发生重结晶现象，将大大降低冻蔬菜的品质。包装间在包装前1h必须开启紫外线灯灭菌，所有包装用工器具和工作人员的工作服、帽、鞋、手均要定时消毒。工作场地及工作人员必须严格执行食品卫生标准，非操作人员不得随便进入，以防止污染、确保卫生。内包装可用耐低温、透气性低、不透水、无异味、无毒性、厚0.06～0.08mm的聚乙烯薄膜袋。外包装用纸箱必须防潮性良好，内衬清洁蜡纸，外用胶带纸封口。所有包装材料在包装前须在-10℃以下低温间预冷。

速冻蔬菜包装前应按规格检查，人工封袋时应注意排除空气，排除空气对蔬菜在冻藏中干燥和氧化的程度将产生影响。尽管某些包装薄膜的水蒸气和气体透过性小，但是若在包装内留有空隙，水蒸气就会从冻结蔬菜向空隙处移动，并在包装材料的内侧面凝缩，由此而结霜，这种情况下透明的塑料薄膜内侧就会变得白浊，冻结蔬菜的表面就会变得粗糙而完全失去光泽，也因此而干燥。包装内部的空隙越大，冻藏蔬菜的干燥和氧化程度就越严重。一般用热合式封口机封袋，有条件的可用真空包装机装袋。装箱后整箱进行复磅，合格品在纸箱上打印品名、规格、质量、生产日期、贮存条件、期限、批号和生产厂家。用封口条封箱后，立即送入冷藏库贮存。

2. 水果速冻工艺

速冻水果的质量取决于原料的性质和速冻工艺。水果的速冻流程为：原料—预冷—清洗—分级—去皮、切分、去核—添加剂处理—速冻—包装—冻藏。限于篇幅，该部分作为扩展阅读内容。

第五节　影响冷链物流品质的因素

一、温度

（一）温度对微生物的影响

根据微生物对温度的适应性，微生物可分为三个生理类群，即嗜冷、嗜温、嗜热三大类微生物。每一类群微生物都有最适宜生长的温度范围，但这三个类群的微生物都可以在20～30℃生长繁殖，当食品处于这种温度的环境中，各种微生物都可生长繁殖而引起食品的变质。

低温对微生物生长极为不利，但由于微生物具有一定的适应性，在5℃左右或更低的温度（甚至-20℃以下）下仍有少数微生物能生长繁殖，使食品发生腐败变质，我们称这类微生物为低温微生物。低温微生物是引起冷藏、冷冻食品变质的主要微生物。在低温下生长的微生物主要有：假单胞菌属、黄色杆菌属、无色杆菌属等革兰氏阴性无芽孢杆菌；小球菌属、乳杆菌属、小杆菌属、芽孢杆菌属和梭状芽孢杆菌属等革兰氏阳性细菌；假丝酵母属、隐球酵母属、圆酵母属、丝孢酵母属等酵母菌；青霉属、芽枝霉属、葡萄孢属和毛霉属等霉菌。易腐物品中不同微生物生长的最低温度如表3-10所示。

表3–10　　易腐物品中不同微生物生长的最低温度

种类	微生物	生长最低温度（℃）	种类	微生物	生长最低温度（℃）
猪肉	细菌	–4	乳	细菌	–1 ~ 0
牛肉	霉菌、酵母菌、细菌	–1 ~ 1.6	冰激凌	细菌	–10 ~ –3
羊肉	霉菌、酵母菌、细菌	–5 ~ –1	大豆	霉菌	–6.7
火腿	细菌	1 ~ 2	豌豆	霉菌、酵母菌	–4 ~ 6.7
腊肠	细菌	5	苹果	霉菌	0
熏肋肉	细菌	–10 ~ –5	葡萄汁	酵母菌	0
鱼贝类	细菌	–7 ~ –4	浓橘汁	酵母菌	–10
草莓	霉菌、酵母菌、细菌	–6.5 ~ –0.3			

这些微生物虽然能在低温条件下生长，但其新陈代谢极为缓慢，生长繁殖的速度也非常迟缓，因而它们引起冷藏食品变质的速度也较慢。

有些微生物在很低温度下能够生长，其机理还不完全清楚。但至少可以认为它们体内的酶在低温下仍能起作用。另外也观察到嗜冷微生物的细胞质膜中不饱和脂肪酸含量较高，推测可能是由于它们的细胞质膜在低温下仍保持半流动状态，能进行活跃的物质传递。而其他生物则由于细胞质膜中饱和脂肪酸含量高，在低温下成为固体而不能发挥其正常功能。

（二）温度对果蔬运输的影响

1. 温度对果蔬呼吸的影响

运输温度对果蔬产品品质起着决定性的影响。果蔬运输分为常温运输和冷藏运输两类。运输中，果蔬产品装箱和堆码紧密，热量不易散发，呼吸热的积聚常成为影响运输的一个重要因素。在常温运输中，果蔬产品的温度很容易受外界气温的影响。如果外界气温高，再加上果蔬本身的呼吸热，品温很容易升高。一旦果蔬温度升高，就很难降下来，这就会使产品大量腐败。在冷藏运输中，由于堆垛紧密，冷气循环不好，未经预冷的果蔬冷却速度通常很慢，而且不同位置的冷却速度也不均匀。有研究表明，没有预冷的果蔬，在运输中的大部分时间，产品温度都比要求温度高。可见，要保证运输质量，预冷是非常重要的。

2. 温度对果蔬水分蒸发的影响

温度升高，空气的饱和湿度就会增大，果蔬水分蒸发加快，容易失水萎蔫，降低耐贮性。在一定的空气湿度下，降低运输环境的温度能抑制果蔬的水分蒸发，保持果蔬的新鲜品质，有利于运输。

3. 温度对冷害的影响

冷害是指0℃以上的低温对果蔬造成的生理伤害。冷害的症状大都是表面出现凹点或凹陷的斑块；局部表皮组织坏死、变色，出现水渍斑块；不能正常成熟，有异味；果皮、果肉或果心褐变等，具体症状随果蔬种类不同而不同。部分果蔬发生冷害的临界温度及症状如表3–11所示。

表3-11　　部分果蔬发生冷害的临界温度及症状

种类	温度（℃）	症状
苹果	-2.2 ~ -1.5	橡皮病、烫害、果肉褐变
绿番茄	7.2 ~ 10.0	水浸状软烂
香蕉	12.8	果皮出现褐色条纹、不能正常成熟
西瓜	4.0	凹陷、异味
黄瓜	7.2	表皮凹陷、果肉褐变、萎蔫
茄子	7.2	表皮凹陷、烫伤症状
甜椒	7.2	表皮水浸状凹陷
葡萄柚	10.0	烫害、凹陷、水浸状软烂

冷害破坏了呼吸过程的协调性，引起果蔬不正常的呼吸，导致生理失调，耐贮性和抗病性下降，极易被微生物侵染，如香蕉的腐生菌、黄瓜的灰霉菌、柑橘的青霉菌和绿霉菌、番茄的交链孢霉菌，使受冷害的果蔬迅速腐烂。

影响冷害严重程度的因素包括以下几点。①运输温度。在导致冷害发生的温度下，温度越低，发生速度越快，如甘薯在0℃下1天就受冷害。②持续时间。持续时间越长，冷害越严重，如蜜柚在0℃下4天尚无明显伤害，10天后损伤严重。③种类。不同种类和品种的果蔬对于低温的敏感性不同，使发生冷害的温度、严重程度有所不同。一些原产热带、亚热带的果蔬，如香蕉若在低温下贮藏，则易受冷害。

防止果蔬冷害的措施包括以下几点。①低温锻炼。增加抗寒性，可减缓冷害。②逐步降温法。使之适应低温环境，有时比单纯低温更好，适用于跃变型果实。③热处理。运输前在30℃以上的环境中短时间处理，可以降低热带、亚热带果蔬对低温的敏感程度，缓解冷害的发生。④提高运输环境的相对湿度。采用塑料薄膜包装，可以保持运输环境的相对湿度，减轻冷害症状。⑤调节气体组分。在运输过程中，适当地提高CO_2的浓度，降低O_2的浓度有利于减轻冷害。⑥化学物质处理。经氯化钙处理可减轻苹果、梨、番茄的冷害，经脱落酸、乙烯、外源多胺处理也可能减轻冷害症状。

冻害是指温度低于0℃时的低温对果蔬造成的生理伤害。果蔬处在其冰点以下的温度，在组织内细胞间隙中水分结冰，如果温度继续降低，则会引起细胞内的水分外渗，进入细胞间隙而结冰，细胞液浓度增高，某些离子的浓度增加到一定程度，pH值改变，使细胞受害，代谢失调，再加之水结冰后体积膨胀，对细胞产生膨胀压力，引起机械损伤，细胞就会受到破坏而死亡，在解冻以后汁液外流，不能恢复原来的鲜活状态，风味也受到影响。

果蔬受冻害的严重程度取决于受冻时的温度及持续的时间。温度低、时间长，果蔬受冻害严重；环境温度不太低或持续时间并不长，组织的冻结程度轻，仅限于细胞间隙的水结冰，细胞结构还未遭到破坏，解冻后果蔬组织可以恢复生机。但是解冻时应注意：不宜搬动、翻动，要缓慢解冻，逐步升温使细胞间隙的冰缓慢融化，重新被细胞吸收，解冻温度以4.5℃以下为宜，否则会影响品质。

4. 温度对乙烯的产生速度和作用效应的影响

温度对乙烯的产生速度和作用效应的影响：高温会刺激乙烯的产生，对于大部分果实来说，温度为16.6～21.2℃时乙烯的催熟效应最大。

5. 果蔬的冷链物流温度控制

从理论上来说，果蔬的冷链物流温度与最适贮藏温度保持一致是最为理想的。但是，在实践中这样做成本往往非常高，不经济。在现代运输和销售条件下，果蔬的陆上运输很少大于10天，因此，果蔬运输和销售只相当于短期贮藏，没有必要套用长期冷藏的指标。

一般而言，根据对运输和销售温度的要求，可把果蔬分为以下四大类：

第一类为适于低温运输和销售的温带果蔬，如苹果、桃、梨，最适温度为0℃；

第二类为对冷害不太敏感的热带、亚热带果蔬，如荔枝、柑橘、石榴，最适温度为2～5℃；

第三类为对冷害敏感的热带、亚热带果蔬，如香蕉、杧果、黄瓜、青番茄，最适温度在7～15℃；

第四类为对高温相对不敏感的果蔬，适于常温运输和销售，如洋葱、大蒜等。

一些果蔬对长途运输温度的要求如表3-12所示。

表3-12　一些果蔬对长途运输温度的要求

种类	运输温度（℃）	种类	运输温度（℃）
木瓜	7～13	胡萝卜	0～2
番荔枝	15～20	芦笋	0～2
菠萝	8～13	土豆	2～5
香蕉	12～15	黄花菜	0～2
草莓	0～3	芹菜	0～2
葡萄	0～3	绿番茄	14～16
柑橘	4～8	初熟番茄	7～10
柠檬	10～13	成熟番茄	0～5
苹果、梨	0～4	黄瓜	10～13
桃	0～3	辣椒	7～13

二、气体

（一）气体对微生物的作用

微生物与氧气有着十分密切的关系。一般来说，在有氧的环境中，微生物进行有氧呼吸，生长、代谢速度快，食品变质速度也快；在缺乏氧气的环境中，由厌氧性微生物引起的食品变质速度较慢。氧气存在与否决定着兼性厌氧微生物是否生长和生长速度的快慢。例如，当Aw=0.86时，无氧存在情况下，金黄色葡萄球菌不能生长或生长极其缓慢，而在有氧情况下则能良好生长。

新鲜食品原料中，由于组织内一般存在着还原性物质（如动物性原料组织内的巯基），因而具有抗氧化能力。在食品原料内部生长的微生物绝大部分应该是厌氧微生物，而在原料表面生长的则是需氧微生物。食品经过加工，物质结构改变，需氧微生物能进入组织内部，食品更易变质。

另外，氢气和二氧化碳等气体的存在，对微生物的生长也有一定的影响，可通过控制它们的浓度来防止食品变质。

（二）气体对果蔬运输的影响

1. 氧气的影响

环境中氧气的含量直接影响果蔬的呼吸强度，从而影响贮运效果。一般大气中的氧气含量为20.95%，当氧气浓度低于10%时，呼吸强度会有明显降低。低氧气浓度会降低促进成熟的植物激素的产量，从而延缓成熟衰老的进程。

2. 二氧化碳的影响

二氧化碳是果蔬呼吸代谢的产物之一，在大气中的含量约为0.03%，提高贮运环境中二氧化碳浓度，会抑制呼吸作用。对多数果蔬来说，适宜的二氧化碳浓度为1%～5%，浓度过高，达10%时，反而会刺激呼吸作用，严重时引起代谢失调，即二氧化碳中毒。二氧化碳中毒的危害甚至比无氧呼吸造成的伤害更严重。一定浓度的二氧化碳能减少促进成熟的合成反应，从而有利于延长果蔬的贮运寿命。

3. 乙烯的影响

乙烯是一种促进果实成熟的植物激素，正常条件下为气态。随着果实的成熟，其体内产生乙烯，而新产生的乙烯促进果实的成熟。果实内部发生一系列变化，如淀粉含量下降，可溶性糖含量上升；叶绿素含量下降，有色物质增加；水溶性果胶含量增加，果实的硬度降低，表现出成熟果实特有的色、香、味及质地。

不同种类及同一种类不同品种的果实中乙烯生成量有较大差异。呼吸跃变型果实产生的乙烯较多，非呼吸跃变型果实产生的乙烯相对较少。

无论是内源乙烯还是外源乙烯都能使果实成熟衰老，即使在很低的浓度下，也具有催熟效应。在贮藏中避免不同跃变类型的果实同库存放，同时要尽量控制和减少贮藏环境中的乙烯含量。

三、湿度

（一）湿度对微生物的影响

空气中的湿度对微生物生长和食品质量有重要的影响，尤其是未经包装的食品。例如，把含水量少的脱水食品放在湿度大的环境中，食品则易吸潮，表面水分迅速增加。长江流域梅雨季节，粮食、物品容易发霉，就是因为空气湿度太大（相对湿度70%以上）。

Aw值反映了溶液和作用物的水分状态，而相对湿度则表示溶液和作用物周围的空气状态。当两者处于平衡状态时，$Aw \times 100\%$ 就是大气与作用物平衡后的相对湿度。每种微生物只能在一定的 Aw 值范围内生长，但这一范围的 Aw 值要受到空气湿度的影响。

（二）湿度对果蔬运输的影响

1. 相对湿度

空气的相对湿度是影响果蔬水分蒸发的直接因素，一般用绝对湿度占饱和湿度的百分率来表示，也可用水蒸气压表示。

2. 结露

在果蔬贮运过程中，当贮运环境中水蒸气的绝对含量不变，而温度降到露点温度时，空气中水蒸气达到饱和，会使过多的水蒸气在果蔬表面、塑料包装袋内壁等处凝结成水珠，这种现象称为结露。

3. 容易出现结露现象的原因

①果蔬入库初期，水分蒸发量大，环境湿度高，库温骤然下降；

②果蔬在库内堆积过多，通风散热缓慢，造成堆内外温度、湿度的差异；

③利用塑料袋包装时，塑料袋内果蔬释放的呼吸热及水分蒸发造成袋内高温、高湿的环境，使塑料薄膜处于冷热交界面；

④冷藏后的果蔬，未经升温而直接放置于高温场所，空气中的水汽在果蔬表面（果蔬本身是冷源）形成水珠。

4. 控制相对湿度和结露的注意事项

不同种类的果蔬有其最适宜的贮运湿度。不是所有的果蔬都适合高湿度，如温州蜜柑在高湿条件下果皮容易吸水而产生“浮皮”，果肉内的水分和其他成分向果皮转运，结果是果实外表虽然饱满，但果肉干缩、风味淡，易发生枯水生理病害，其最适宜的贮运相对湿度为85%左右。

在果蔬贮运中，应严格防止产生结露现象，如维持稳定的低温状态，保持稳定的相对湿度，库内外温差较大时缓慢通风，产品堆积不宜过多，堆垛之间留有一定空隙，果蔬预冷后入库，升温后出库等。

四、振动

振动对易腐货物尤其是果蔬有一定的影响。振动的物理特征是用振幅与频率来描述的，振动强度以振动所产生的加速度大小来分级。振动可以引起多种果蔬组织的伤害，主要为机械损伤和导致生理失常两大类，最终导致果蔬品质的下降。

机械损伤会刺激呼吸作用。任何的机械损伤，即使是轻微的挤伤或压伤，都会刺激呼吸作用。因为损伤破坏了完好的细胞结构，加速了气体交换，提高组织内氧气的含量，同时增加了组织中酶与底物接触的机会。

机械损伤还会刺激乙烯合成。机械损伤使果蔬组织内氧气的含量增加，促进乙烯的合成，加快了成熟衰老的进程。

机械损伤给微生物浸染创造了条件，果蔬受到机械损伤时，果蔬会产生保卫反应，使呼吸作用加强。

在实际运输中，果蔬能承受的振动加速度是多少这是一个非常复杂的问题。一般而言，按照果蔬的力学特性，可把果蔬划分为耐碰撞和摩擦、不耐碰撞、不耐摩擦、不耐碰撞和摩擦、脱粒等类型（见表3–13）。

表3–13　各种果蔬对振动损伤的抵抗性

类型	种类	运输振动加速度的临界点
耐碰撞和摩擦	柿子、柑橘类、青番茄、甜椒、根菜类	3 g
不耐碰撞	苹果、成熟番茄	2.5 g
不耐摩擦	梨、茄子、黄瓜、结球生菜	2 g
不耐碰撞和摩擦	桃、草莓、西瓜、香蕉、绿叶菜类	1 g
脱粒	葡萄	1 g

注：g表示重力加速度。

水果速冻工艺

思考与练习

（1）肉类和乳的蛋白质、糖类的成分区别是什么？
（2）易腐物品的物理性质有哪些？
（3）微生物引起变质的基本条件有哪些？
（4）气体对果蔬运输品质有哪些影响？
（5）易腐物品冷加工的原理是什么？
（6）肉类的蛋白质种类有哪些？
（7）水分活度对易腐物品有什么影响？
（8）生鲜食品低温保藏的原理是什么？
（9）影响易腐物品冷链物流品质的因素有哪些？
（10）肉类的冻结工艺流程是什么？

第四章　冷链物流中心规划与冷库管理

学习目标

通过本章的学习，了解冷链物流中心的概念、分类和发展趋势，冷库的分类及特点；理解冷链物流中心的功能、冷链物流中心规划的目标、原则、内容和程序，冷库的基本组成结构；掌握冷链物流中心布局规划方法，土建式冷库、装配式冷库、夹套式冷库、气调冷库的技术特点，以及冷库设计基本要求和方法。会进行冷链物流中心的作业流程规划，冷库的隔热和防潮设计、节能设计；会用SLP法进行冷链物流中心的布局规划。

第一节　冷链物流中心概述

一、冷链物流中心概念与分类

（一）冷链物流中心概念

冷链物流中心是冷链物流网络的节点，也是冷链物流实施过程中一个重要的环节。冷链物流中心可定义为：从事冷链物流活动的场所或组织，应基本符合以下要求：①主要面向社会服务；②冷链物流功能健全；③库房温度符合不同货物的需求；④完善的物流信息网络；⑤辐射范围大；⑥适用于少品种、大批量的货物；⑦存储吞吐能力强；⑧冷链物流业务统一经营管理，具有完善的管理规范和物流设施。

冷链物流中心不但要具有普通物流中心的基本特征，还要提供冷链货物所需的环境条件（温度、湿度、气体等）。冷链物流中心与冷链物流配送中心也是有区别的，冷链物流中心主要面向社会服务，辐射范围大，存储吞吐能力强；而冷链物流配送中心主要为特定客户或末端客户提供配送服务，辐射范围较小。此外，冷链物流中心也不同于冷链物流园区。一般而言，冷链物流园区辐射范围更大，功能更加齐全，是为了实现冷链物流设施集约化和物流运作共同化，或者出于城市物流设施空间布局合理化的目的而在城市周边等区域，集中建设的冷链物流设施群与众多物流业者在地域上的物理集结地。

引例

（二）冷链物流中心分类

1. 按服务的物品对象划分

（1）专业冷链物流中心。这种冷链物流中心专门服务于某品类的货物。如肉类冷链物流中心、水产品冷链物流中心、果蔬冷链物流中心、冷冻饮品冷链物流中心、花卉冷链物流中心、药品冷链物流中心、化学品冷链物流中心等。

（2）综合冷链物流中心。这类冷链物流中心能向多个品类的货物提供物流服务。目前大多数冷链物流中心均是综合冷链物流中心。

2. 按温度适用范围划分

冷链物流中心按温度适用范围可以分为：低温冷链物流中心、高温冷链物流中心、多温冷链物流中心和气调冷链物流中心。

（1）低温冷链物流中心：能提供−18℃及以下物流服务的冷链物流中心。

（2）高温冷链物流中心：能提供0～15℃物流服务的冷链物流中心。

（3）多温冷链物流中心：能提供一种以上温度范围物流服务的冷链物流中心。

（4）气调冷链物流中心：具有气调冷库的冷链物流中心。气调冷库储存新鲜水果和蔬菜，温度一般控制在0～12℃。

3. 按运作流向设计划分

根据运作流向的不同，冷链物流中心一般分为I型、L型、U型和环型。

（1）I型冷链物流中心

I型冷链物流中心也称为直线型冷链物流中心，它们的发货站台和收货站台分布在冷链物流中心的两端（见图4–1），所以I型冷链物流中心的发货站台和收货站台相距较远，增加了货物运输路线的距离。但由于它的运作流向是直线型，线路简单，且在流向的时候都是呈平行线的方式流动，所以不管是物流还是人流，相互碰撞的机会是最少的。

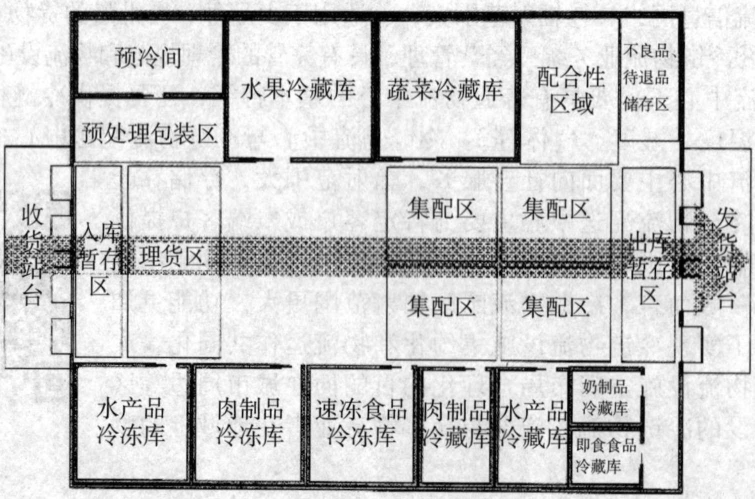

图4–1　I型冷链物流中心

（2）L型冷链物流中心

L型冷链物流中心通常用于需要快速处理的货物。L型冷链物流中心能够把处理货物的路径缩至最短。它与I型冷链物流中心有很多类似之处，比如它们都有两个独立站台，这样能够减少碰撞交叉点、适合处理快速流转的货物。这种类型的物流中心特别适合进行交叉式作业，或是只在物流中心停留很短时间的货物（见图4–2）。

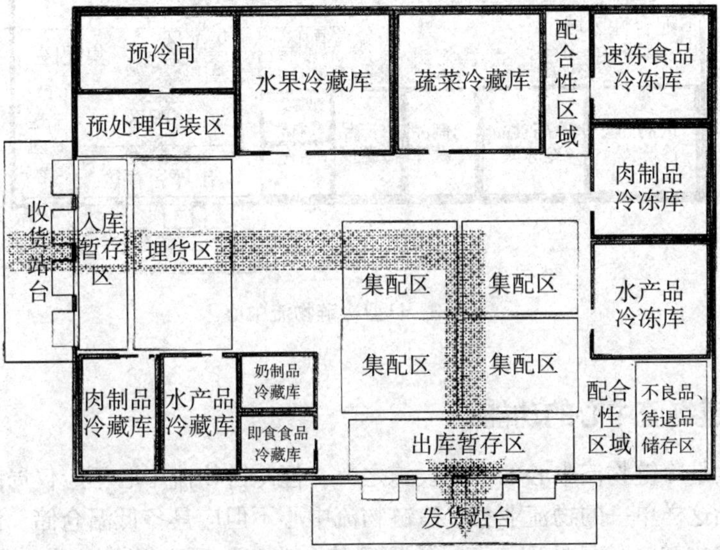

图4–2　L型冷链物流中心

（3）U型冷链物流中心

U型冷链物流中心的发货站台与收货站台集中在一起。繁忙的时段，这种U型的设计会使收发货比较混乱，各功能区的运作范围重叠，会降低运作效率。适用于冷链物流中心只有一个出入口的情形。不过U型冷链物流中心可以设计成图4–3所示的形式以解决收发货站台在一起的问题。

（4）环型冷链物流中心

环型冷链物流中心其外形与U型类似，但它的物流通道长度近似于整个建筑物外围的周长，适用于作业物料需要返回到作业起点的情况。

现代冷链物流中心和传统物流中心最大的差别是冷链物流中心在内部的功能分区布局上能够更加有效，运作效率更高。因此，冷链物流中心结构模式通常并不是由单一的模式构成，而是由四种基本模式组合而成。

此外，冷链物流中心按服务区域可以分为城市冷链物流中心、区域冷链物流中心和国际冷链物流中心。按作业类型可以分为仓储型冷链物流中心、流通型冷链物流中心、加工配送型冷链物流中心等。按物品的流向可分为产地冷链物流中心、销地冷链物流中心。

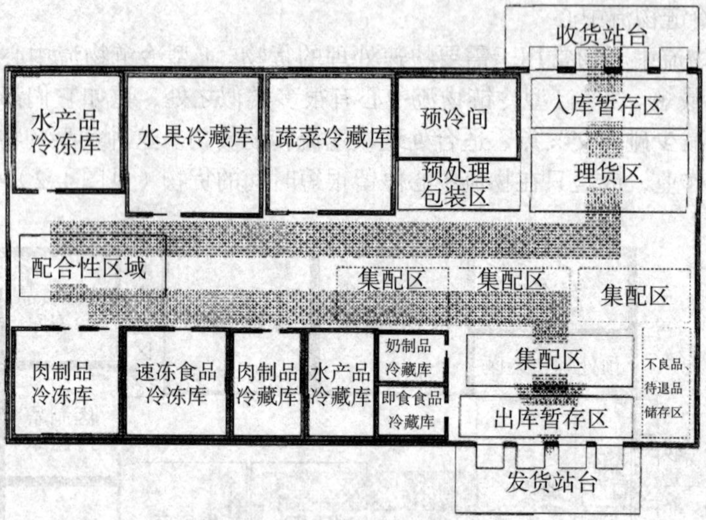

图4-3 U型冷链物流中心

二、冷链物流中心的功能

冷库虽然是冷链物流中心的主要设施之一，但冷链物流中心不应仅局限于利用冷库进行低温仓储这样单一的物流业务。冷链物流中心不但应具备低温仓储、流通加工、分拨配送、运输中转、信息处理、车辆管理等基本功能，还应提供展示交易、综合管理、餐饮休闲服务等增值服务。

1.低温仓储功能

低温仓储是冷链物流中心的主要功能，包括冷链物品的入库、保管、出库、退货等作业。如今的冷链仓储已从单纯地利用冷库进行冷链物品的储存保管，发展到担负冷链物品的验收、分类、计量、储存等多种功能，不但能满足冷链物品低温储存的要求，还要求能适应现代化生产和商品流通的需要。在实际运营中，由于冷链物品大多是易腐食品，退货往往不可避免，因此需要在规划设计冷链物流中心时考虑单独设置保存库区及销毁处置区。

2.流通加工功能

流通加工功能虽然不是每个冷链物流中心都具有的，却是冷链物流中心的特色功能之一，其主要作用就是对冷链物品进行预冷处理、包装、标识和加工等。需要特别注意的是，由于冷链物品需在恒定低温环境下进行物流作业，因此流通加工的实施也应处于特定的低温环境中。在规划设计时，需要考虑加工作业区、原料储存区和成品储存区，以及依据加工工艺设计各区域温层及设施配置。

3.分拨配送功能

分拨配送是利用配送车辆把用户订购的物品从供应商、经销商或冷链物流中心送到用户的手中，一般距离较短。车辆调度的职能是对车、货进行匹配，按照客户的需求把货物送到目的地，同时还要考虑各个作业环节在车辆的使用上应进行合理的分配，完成高峰作业期对运输车辆的分配和调节。

4. 运输中转功能

冷链运输是指使用专门的冷链运输装备，按照冷链物流的基本要求，将易腐货物在适宜的低温条件下从供应地向需求地完好地运送的专门技术与方法。冷链运输距离较长，运输工具装载量大，有时还要在冷链物流中心进行中转作业。

5. 展示交易功能

展示交易是冷链物流中心的增值服务，主要进行冷链物品的展销、配送信息的发布、客户信息的收集和处理等工作，以及为众多冷链物品生产、加工、销售企业以及相关冷链物流企业提供良好的办公环境、一流的商务服务，为生产、经销企业提供设施完善的商品展示销售服务。

6. 综合管理功能

综合管理是冷链物流中心的信息管理与办公中枢，主要为政府相关部门及物流中心内各进驻企业提供办公场所和信息管理等，同时为货运和货代公司提供物流信息服务。主要实现以下四个方面的服务。

（1）为冷链物流中心管理机构提供舒适的办公环境；

（2）为入驻的企业提供办公场所及便捷的商务服务；

（3）构建物流信息平台，为货运和货代公司提供完善的信息服务；

（4）建立现代化的监控中心，对冷链物流中心进行监控。

冷链物流中心信息服务主要包括电子商务、物流信息管理系统开发及策划、流通信息服务，建立农产品生产、流通、销售和消费的综合性信息数据库和信息服务平台，形成具有信息采集、信息处理、信息查询、信息发布、供求对接等功能的综合平台。信息功能的特点是为政府、企业、农户、农业合作组织、安全监管机构、投资者、消费者等提供公共的信息服务平台，涵盖农产品（食品）信息网络、金融服务、质量安全追溯、价格监测预警等。

7. 车辆管理功能

冷链物流中心的车辆管理功能主要指以下四个方面：

（1）为在冷链物流中心进行作业的冷藏运输车辆和冷藏集装箱提供停放场所；

（2）根据冷链物流中心作业与管理需要制订车辆调度计划；

（3）为冷链物流中心的冷藏运输车辆和冷藏集装箱进行检查、保养等提供场所；

（4）由于业务和交流的需要，为外来车辆提供停放场所。

8. 餐饮休闲服务功能

冷链物流中心还需要为在冷链物流中心进行交易的人员、工作人员、司机等提供包括停车、餐饮、住宿、休闲娱乐等方面的服务。因此，冷链物流中心的建设和规划，不仅要设计物流作业的区域，同时也要为冷链物流中心进驻的企业以及企业的员工提供良好的生活和休息条件。

以上是冷链物流中心应具备的功能，在实际规划建设中不同功能类型的冷链物流中心其功能有所侧重。如仓储型的冷链物流中心一般位于大型生鲜产品生产基地附近，其功能应偏向于生鲜产品的预冷处理、包装及储藏，而配送型的冷链物流中心多位于城市近郊，其功能应偏向于对城市大型超市、便利店等进行配送服务。在规划项目中，应根据实际情况对冷链物流中心的功能进行调整与设置。

案例分析

三、冷链物流中心的发展趋势

随着我国国民经济的发展和对食品质量安全的重视，各级政府对冷链物流越来越重视，企业投入也越来越大。统计数据显示，我国成为仅次于美国的世界第二冷库大国。但是相对于发达国家而言，我国冷链物流中心不论从总体规模上还是技术水平上都还有很大的差距。未来我国冷链物流中心主要表现为以下几方面的发展趋势。

1. 基本形成以区域性冷链物流中心、地区性冷链物流中心、冷链配送中心（站）、零售终端冷柜和社区自提智能冷柜等为节点的多级冷链物流网络

与大生产、大消费、大流通的基本格局相适应，大型冷链物流企业加紧在全国范围进行冷链物流中心布局，形成以大型农产品批发市场为支撑的冷链物流骨干网络；以地区性或大城市的冷链物流中心为核心，形成地区性冷链物流分配网络；随着生鲜电商的快速发展，将形成冷链配送中心（站）、零售终端冷柜、家庭冰箱和社区自提智能冷柜为节点的末端配送网络。

2. 更加重视冷链配送功能

生鲜电商食品具有多品种、小批量、多批次出库的特点，因此需要大面积的分拣作业场地，低温穿堂不仅为搬运和装卸提供场地，其分拣、理货、配货的功能也明显加强。冷库不仅划分为低温库和高温库，而是根据不同品种的要求进一步细分，向多品种、多温区发展。配送型冷库、低温穿堂和封闭式站台成为设计主流。

3. 冷库的安全性显著加强

近年发生的冷库安全事故使得冷库安全成为社会各界关注的焦点。一方面，液氨作为环保、高效、经济的天然制冷工质，其优越性毋庸置疑。未来，氨仍将是主要的制冷工质已达成广泛共识。另一方面，应采用各种新技术、新方法、新设备，减少制冷系统灌氨量，提高液氨使用的安全性，如NH_4/CO_2复合型制冷系统已开始应用。

4. 现代物流技术和装备在冷链物流中心得到更为广泛的应用

新技术、新设备不断涌现，安全、节能、环保的理念越来越受重视。直接堆码方式已难以满足冷藏货物的需求，立体高层货架的使用将是必然趋势。通过先进的装卸设备、堆码设备、分拣设备、包装设备，以及条码、射频等信息技术，实现冷链物流中心作业的机械化、自动化、信息化。节能环保受到高度重视，注重冷库的节能环保，在整体设计、设备选型和运营管理上采取各种有效措施降低冷库能耗。

5. 质量和服务将成为竞争的关键因素

随着我国冷库规模迅速扩大，一些地方已开始出现冷库过剩、租金下降的情况。目前冷库行业总体不足与局部过剩、高端不足与低端过剩并存，未来冷链物流中心的竞争将更多体现在质量和服务上，而不仅仅是价格的竞争。在提高质量、完善服务、满足客户多样性需求的前提下，采取标准化的流程和精细化的管理、更好地控制成本是进一步增强竞争优势的有效途径。

第二节 冷链物流中心规划方法

一、规划目标与原则

冷链物流中心规划设计的最终目标是降低冷链物流成本、提高冷链物流效率和服务水平，增强冷链物流服务的竞争力。冷链物流中心规划目标一般包括以下内容：①提高冷链物流中心的吞吐能力，适应业务增长的要求。②建立一个柔性系统，以适应冷链物品经常变换的状态。③对运行过程中可能出现的各种意外情况和随机变化能及时做出反应。④改善劳动条件，降低工人的劳动强度。⑤对冷链物流中心内的物品进行实时监控。

冷链物流中心规划应满足以下原则。

1. 内部布局合理化

第一，冷链物流中心要具有与装卸、搬运、加工、保管、运输等作业活动完全相适应的功能区；第二，必须满足易于管理、能提高物流效益、对作业量的变化和商品形态的变化能灵活适应等要求；第三，运用系统分析的方法进行内部布局整体优化，把定性分析、定量分析和个人经验结合起来，以动态的观点作为布局规划的出发点，并贯穿于布局规划的始终；第四，应减少或消除不必要的作业流程；第五，要重视人的因素，以人为本，人性化地布局设计。

2. 内部作业标准化

冷链物流中心只是冷链物流系统的一个节点，且往往是衔接环节，所以在内部作业设计时必须考虑整个冷链物流系统的标准化。在冷链物流中心内，应尽量使搬运方法、搬运设备、搬运器具和容器标准化。另外，不同类型的冷链物流中心，虽然其作业内容有所不同，但一般来说都执行以下作业流程：进货—验收—入库分类—存放—加工—标识包装—出库检查—装货待运—配送，流程设计尽量标准化。

3. 作业规模经济化

一般不能仅根据规模经济性来选择冷链物流中心规模，而应根据市场容量、发展趋势以及该区域的发展现状，确定目标的份额，来设计该冷链物流中心的规模。规模设计中应该注意两个方面：第一，要充分了解社会经济发展的大趋势；第二，要充分了解已有市场的状况，包括生产能力、市场占有份额、经营特点、发展规划等。

4. 作业能力弹性化

因为流通相对于生产而言具有一定的波动性，所以在设计冷链物流中心作业能力时，必须要考虑弹性化问题，要对冷链物流中心的进出能力、加工能力、存储能力、转运能力等做出一定的弹性安排。例如，我国生鲜电商目前还处于快速增长期，未来市场规模、运作模式、经营品类等还具有很大不确定性，所以在设计面向生鲜电商的冷链物流中心时要充分考虑未来的能力需求和可扩展性，使方案具有一定的弹性。

5. 技术设施适用化

冷链物流体现的是“现代物流技术 + 制冷技术 + 食品工程”，是各种先进技术的集成，技术难度大，投资也大，因此冷链物流中心必须合理配置物流设施设备，以适用的设备、适当的投资规模，实现预定的物流作业活动功能。

二、规划内容与程序

冷链物流中心规划是一项极其复杂的系统工程，其系统规划包括多方面内容。从冷链物流中心的构成角度看，包括物流系统规划、信息系统规划、运营系统规划三大层面。其中，物流系统规划包括设施布置设计、物流设备规划设计、作业方法设计；信息系统规划包括信息管理系统、监控系统以及决策支持系统规划；运营系统规划包括组织机构、人员配备、作业标准和规范等的设计。

从功能角度看，冷链物流中心规划包括设施选址、规模确定、设施布置、设备规划、信息系统规划、配送系统规划、分拣系统规划、组织管理系统规划等内容。

为避免由于规划设计错误而产生投资风险，规划设计过程中必须遵循正确的规划程序。冷链物流中心的规划程序分为五个主要阶段，分别是筹建准备阶段、总体规划阶段、方案评估阶段、详细设计阶段、项目实施阶段。图4-4是冷链物流中心规划的基本程序。

三、作业流程规划

冷链物流中心作业流程规划应有系统工程观念，系统工程的主要精神体现在以下几个方面。

（1）合理化。各项作业流程具有必要性和合理性。

（2）简单化。整个系统的物流作业简单、明确、易操作，并努力做到作业标准化。

（3）机械化。力求减少人工作业，尽量采用机械或自动化设备来提高生产效率。

通常，冷链物流中心作业流程设计要点有以下两点。

（1）去掉不合理和不必要的作业，力求剔除冷链物流中心可能出现的不必要的处理程序，尽量减少重复堆放所引起的搬运翻堆和暂存等工作。

（2）如果储运单位过多，应将各储运单位予以分类合并，避免在内部作业过程中出现过多的储运单位转换。其做法是用标准托盘或储运容器，把体积、外形差别大的物品归类成相同标准的储运单位。

一般情况下，冷链物流中心作业包括仓储、分拣和配送作业（见图4-5）。

（1）仓储作业。包括冷链物品的收货、预冷、入库、冷库管理、盘点、出库等作业环节。

（2）分拣作业。包括冷链物品的分拣、贴物流标签、拣后暂存等作业环节。

（3）配送作业。包括出货、装车、送货、退货等作业环节。

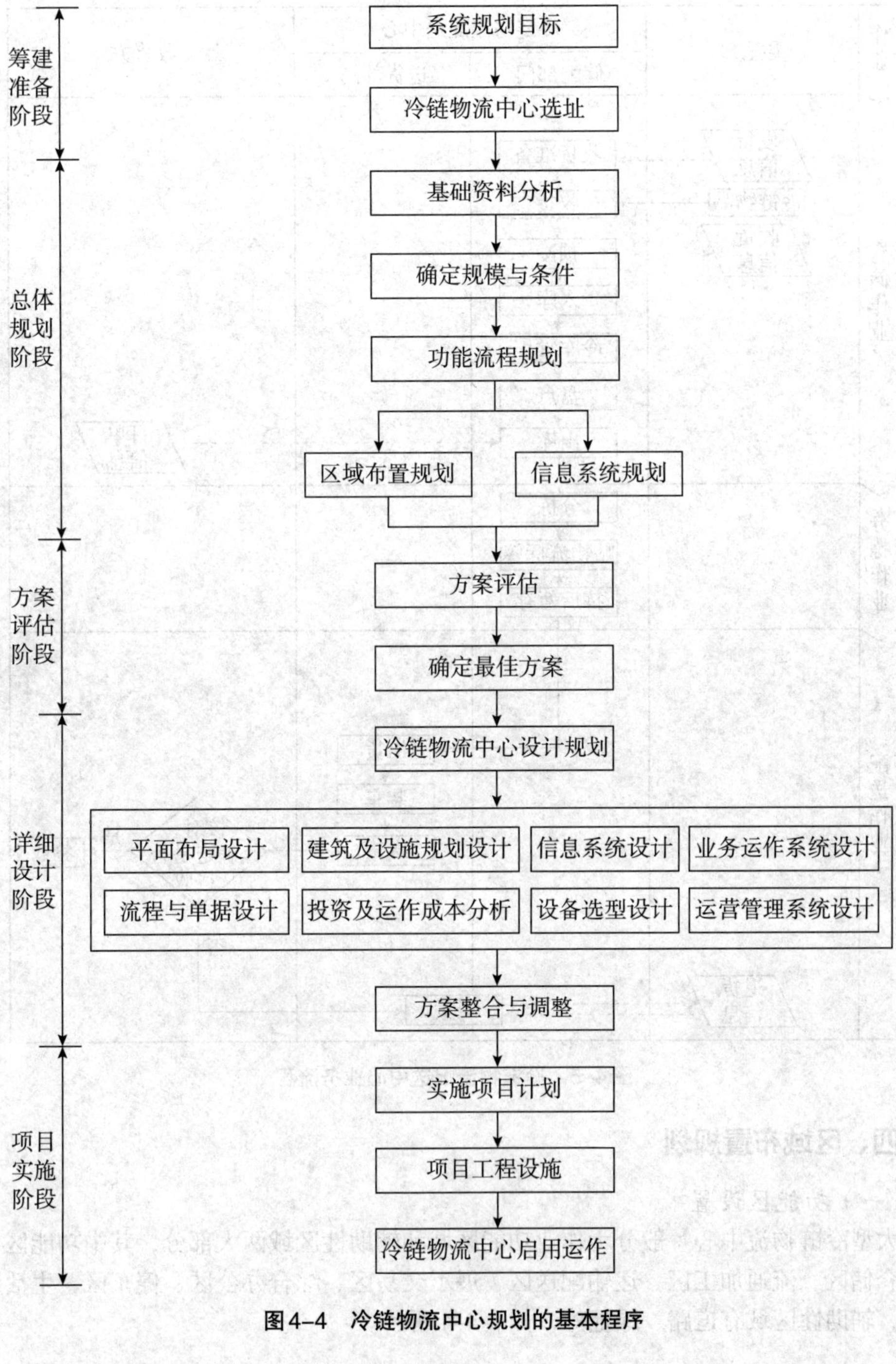

图4–4　冷链物流中心规划的基本程序

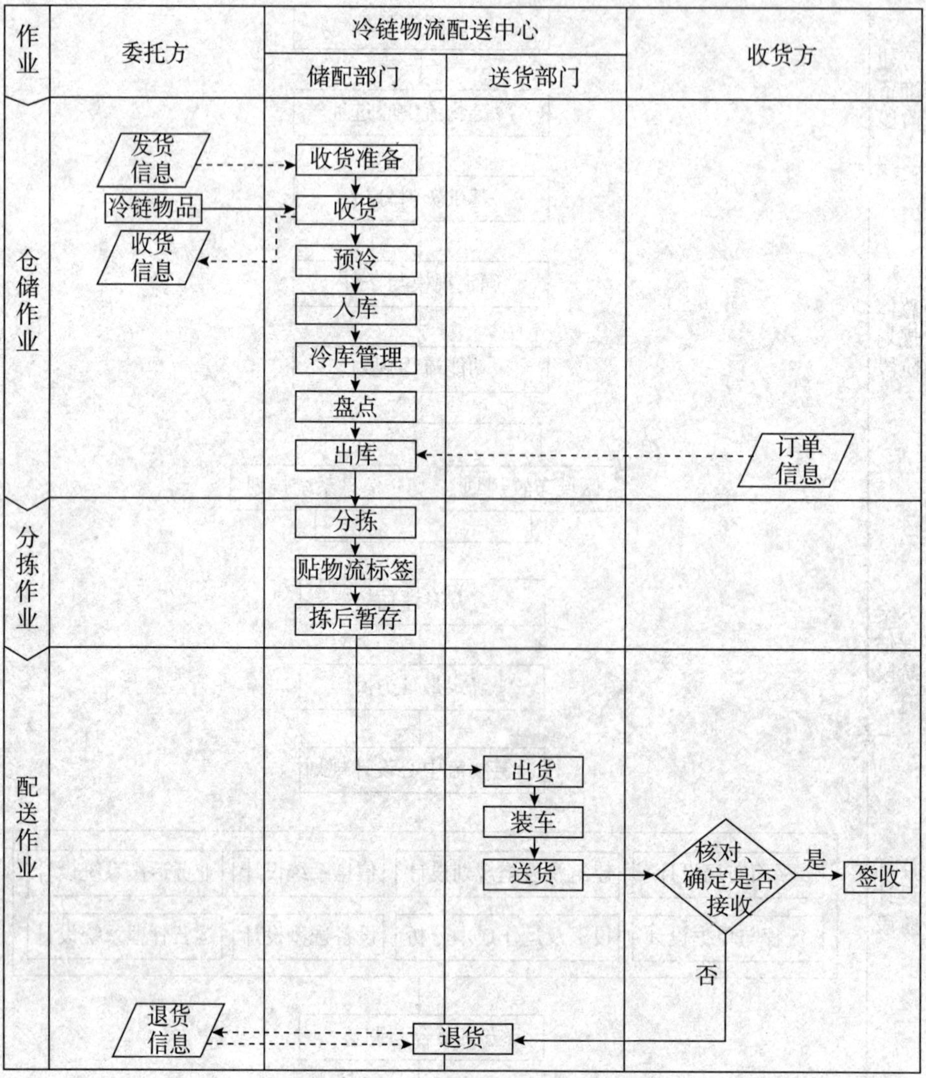

图4–5　冷链物流配送中心业务流程

四、区域布置规划

（一）功能区设置

大型冷链物流中心一般分为作业功能区域和辅助性区域两大部分，其中功能区域有低温仓储区、流通加工区、运输配送区、展示交易区、综合办公区、停车区、生活服务区等，辅助性区域有道路、绿地等，如表4–1所示。

表4-1　冷链物流中心功能区设置

分类	名称
作业功能区域	低温仓储区
	流通加工区
	运输配送区
	展示交易区
	综合办公区
	停车区
	生活服务区
辅助性区域	道路
	绿地
	其他

（二）功能区布局

1. 布局的原则

冷链物流中心布局规划任务包括合理划分功能分区、确定各功能分区的面积规模以及优化各功能分区的相对位置。冷链物流中心规划合理与否，直接决定了冷链物流是否便捷、高效、节约、畅通。通常，冷链物流中心在布局时需要遵循以下原则。

（1）功能分区须明确、合理、得当，布局紧凑，节约设备、空间、能源和人力资源。

（2）设施的规划及布局应该留有发展的空间。

（3）与外界保持良好的交通和运输联系，出入口和内部道路符合客流与车流的集散要求，各动线保持顺畅、快捷。

（4）最大限度地减少物料搬运，简化作业过程。物流量大的设施与设备设置得近一些，物流量小的设施与设备可设置得远一些，同时尽量避免货物运输的迂回和倒流。

（5）建筑物布置应与周边环境相协调。

2. 布局的方法

冷链物流中心布局规划主要应用的方法有以下几种。

（1）摆样法

摆样法利用二维平面比例模拟方法，按一定比例制成的样片在同一比例的平面图上表示设施系统的组成，通过对货物流向关系的分析，调整样片的位置可得到较好的布置方案。这种方法适用于较简单的冷链物流中心布局设计。

（2）数学模型法

运用运筹学、现代优化技术等研究最优布局方案，以提高系统布置的精确性和效率。常用的方法有：线性规划法、随机规划法以及多目标规划法等。但是当条件过于复杂时，简化的数学模型很难得出贴合实际情况的准确结果；而且冷链物流中心布局设计最终希望得到的布局图用数学模型不能直接得到。

（3）图解法

图解法有螺线规划法、简化布置规划法及运输行程图等。其优点在于将摆样法与数学模型结合起来，但在实践中应用较少。

（4）SLP法

系统布置设计（SLP）是当前冷链物流中心布局规划的主流方法。其步骤是先分析冷链物流中心物料流程与作业单位的相关关系，得到作业单位的相关关系图，再对冷链物流中心的物流、车流的动线进行分析，将建筑物、运输通道和场地进行合理配置，达到系统内部布局的最优化。SLP操作程序如图4-6所示。

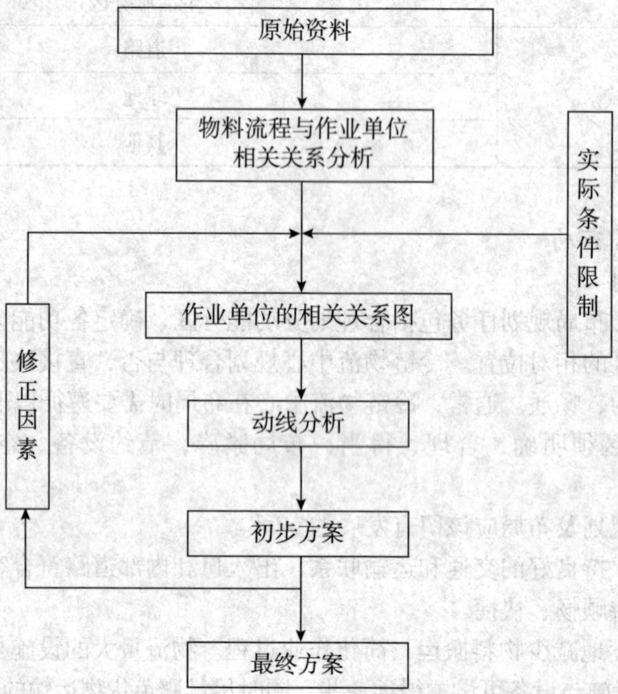

图4-6 SLP操作程序

（5）计算机仿真设计法

随着计算机技术的发展，把计算机技术引入平面布置及其优化的问题研究中，产生了许多用高级语言编成的平面布置程序，如CRAFT（定量布置程序）、CORELAP（计算机关系布置规划）、ALDEP（自动布置设计程序）、COFAD（计算机化设备设计）等程序。这些计算机辅助设计程序极大丰富了冷链物流中心布局方法，将各种布局备选方案用逻辑关系或数学关系表示，再经过逻辑推理或者模拟计算之后，就寻找出最优布局方案。

3.功能区布局

（1）作业单位相关关系分析

在功能区布局中，各个区域除了通过物流联系外，还有工作事务、行政事务等活动，对这类布局的基本出发点是人员联系、信息联系和生产管理方便，生产环境对人员影响小等。这种联系都可以表示为各作业单位之间的联系，通过单位之间活动的频繁程度可以说明单位之间关系密切或者疏远，再根据单位之间关系的密切程度来布置设施设备。采用“密切程度”代码反映不同单位之间的密切关系，“密切程度”代码如表4–2所示。

表4–2　作业单位“密切程度”代码

密切程度代码	A	E	I	O	U	X
实际含义	绝对必要	特别重要	重要	一般	不重要	不要靠近

对冷链物流中心内部布局来说，低温仓储区、流通加工区、运输配送区、展示交易区、综合办公区、生活服务区和停车区是主要的功能区块。对以上作业单位进行作业相关性的分析从而得到作业单位之间的密切程度，作为冷链物流中心布局规划的基础。如图4–7所示，左侧为需要进行设施布置的各作业单位，右侧的每个菱形框表示和左侧相对应的两个作业单位之间的关系。

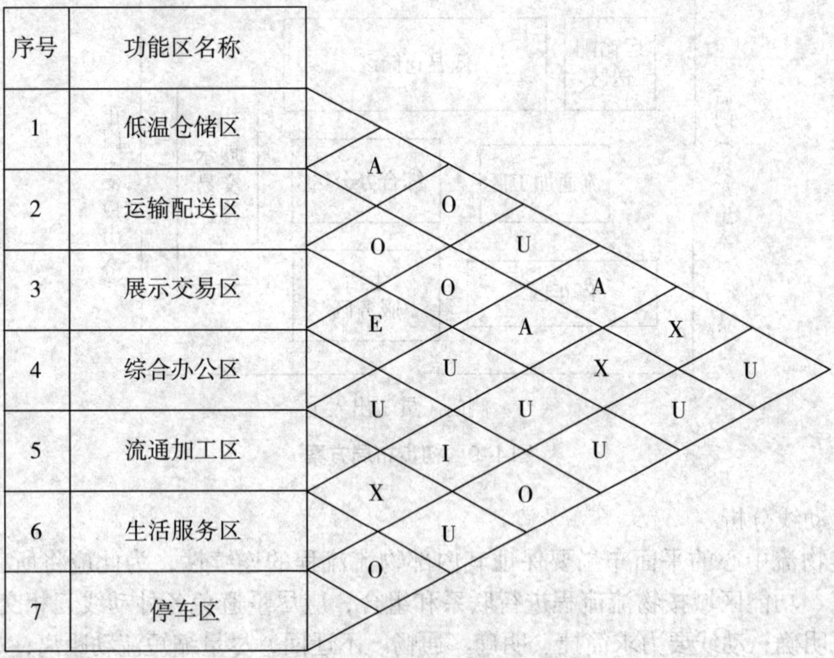

图4–7　作业单位相关关系

（2）作业单位相关关系图

根据上述作业单位相互关系表，画出作业单位关系连线图（见图4–8）。该图比较直观地反映出各作业单位之间的关系密切程度，作业单位间连线越粗表示关系越密切，反之则不密切。

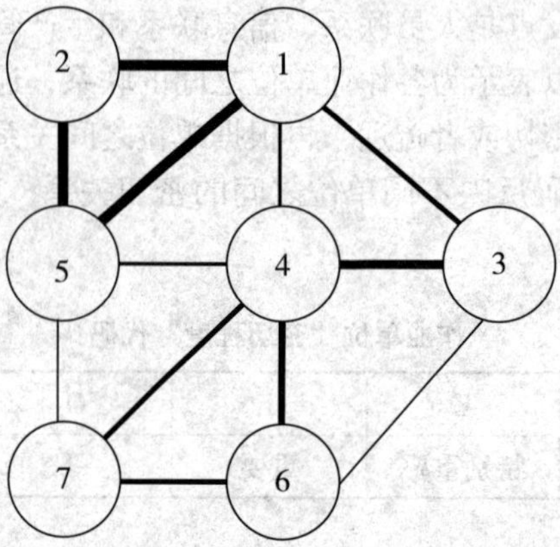

图4-8 作业单位关系连线图

根据各作业单位的关系连线图，考虑到相关作业单位的要求，结合规划布局的原则等，以一定比例关系初步规划出块状区域布局方案（见图4-9）。

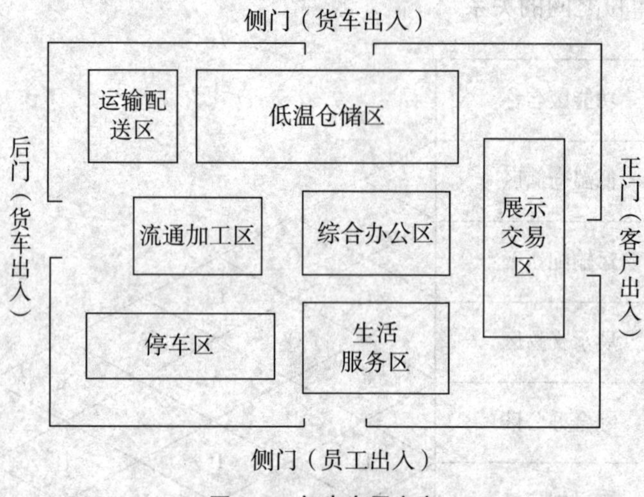

图4-9 初步布局方案

（3）动线分析

冷链物流中心的平面布局要保证其内部物流流程的连续性，为此应将所有的建筑物、道路、功能区域按物流流程进行联系和组合，应尽量避免各种动线互相交叉干扰，保证分区明确；动线要力求简捷、明确、通畅、不迂回，尽量缩短流动距离；尽量避免车流、人流混杂拥挤，最后根据物流动线及作业流程确定各区域的位置。物流动线分析流程如图4-10所示。

4.辅助性区域及设施规划

对冷链物流中心的辅助设施进行合理规划，能够使冷链物流中心的功能区域划分明确，运输管理方便、生产协调、生活便利。同时冷链物流中心的规划风格与城市规划及周围的环境协调统一，也能够树立良好的企业形象。

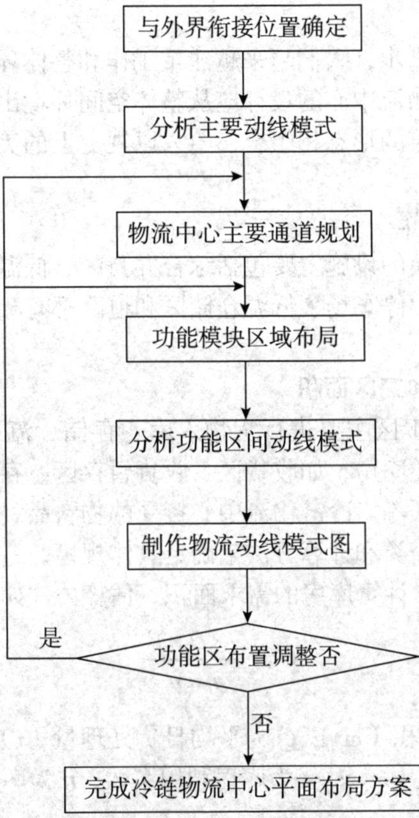

图4–10 物流动线分析流程

（1）道路

冷链物流中心内部的道路主要分为货运车辆道路、小型车辆道路及人行道路。在作业区，小型车辆道路应尽量避免与货运车辆道路发生平面交叉，在生活区则避免人行道路与车辆道路发生平面交叉。道路与相邻建筑物的距离应尽量取较小值以节约用地，同时布局道路网时也应考虑防火、急救等方面的要求，此外还应考虑工程管线的设置及绿化用地的要求。

（2）防火通道与消防设施

由于冷库的特殊性，需要特别注意劳动安全。冷库大多采用氨作为制冷剂，氨在我国国家标准中属于轻度危害（Ⅳ级）的有毒物质，当空气中的氨体积分数达到16%~25%时，遇明火会引起爆炸。因此对冷链物流中心消防安全防范提出了更高要求，在规划设计冷链物流中心时必须考虑消防通道的通畅。

冷链物流中心外侧应设有环行消防通道。建筑物与周边建筑物之间保持足够的防火间距并留有环形车道。消防通道的宽度不应小于3.5m，道路上空遇有管架等障碍物时，其净高不应低于4m。环形消防车道至少应有两处与其他车道连通，尽头或消防通道应设回车道或面积不小于12m × 12m的回车场，供大型消防车使用的回车场面积不应小于15m × 15m。

（3）绿地

随着社会的不断发展进步，人们越来越注重工作和整体环境的质量，因而冷链物流中心绿化相当重要。冷链物流中心的设计应从整体空间环境出发，充分发挥绿化的环境效用，与不同功能区内建筑的形态相组合，给人以视觉上的美感，在绿地规划时应符合当地规划部门的相关要求。

（三）功能区面积计算

决定冷链物流中心规模的设施主要包括综合办公区、低温仓储区、流通加工区、停车区、道路、绿化等，其中停车场、低温仓储区和道路都有相应的设计规范或标准。部分设施面积计算方法如下。

1. 低温仓储区、流通加工区面积

低温仓储区、流通加工区主要进行货物入库、存储、流通加工、分拣、出库等作业，物流设施主要包括各类库房，如收货区、收货暂存区、存储区、流通加工区、拣货区、废弃物集中区、发货区等。冷链物流中心接受的物料品种繁多，并且特性各异，所以无法通过现行物流中心分类和计算方法来确定具体规模，一般根据货物的密度、保存期限、仓库的利用率等因素计算库房的需求面积，估算公式如下：

$$C=\frac{Q\times\alpha\times\beta}{m\times n} \tag{4-1}$$

式中：C 为库房需求面积（m^2）；Q 为平均日货处理量（t）；α 为货物平均存储天数；β 为每吨货物平均占用面积（m^2）；m 为库房利用系数；n 为库房空间利用系数。

2. 停车场面积

冷链物流中心停车场面积可采用如下公式计算：

$$T=k\times S\times N \tag{4-2}$$

式中：T 为停车场面积（m^2）；k 为单位车辆系数（k=2～3）；S 为单车投影面积（m^2）；N 为停车场容量。

可以通过市场调查或预测的方法来确定停车场容量，单车投影面积根据选取主要车型的投影面积来确定。

3. 内部道路、绿化面积

冷链物流中心内部车流量较大、车型也有所区别，所以对于内部线路的规划一般都要遵循单向车道、分门进出的原则。冷链物流中心内主干道可按企业内部道路标准设计为双向四车道，次干道设计为双车道，辅助道路为单车道，每车道宽3.50m，单侧净空0.50m。冷链物流中心道路面积一般占总面积的12%～15%。则中心内部道路面积：

$$S=\sum_{I=1,2,4,6}L_i(N_i\times 3.50+1.00) \tag{4-3}$$

式中：S 为道路总面积（m^2）；L_i 为第 i 条车道道路长度（i=1，2，4，6）；N_i 为有 i 条车道道路。

绿化面积。物流中心用地范围周边及各功能区之间应规划绿化带，将各功能区分隔，以满足生产工艺和卫生要求。冷链物流中心属于工业和仓储用地，绿化面积一般控制在总面积的20%以内。

4. 其他建筑面积

根据市场调查分析，对可能进入冷链物流中心的企业进行商务办公区的规划。其他辅助生产和生活的设施规模则可依据增值服务功能的不同来确定。

5. 发展预留用地

考虑冷链物流中心在不断变化和发展的过程中，所以一般应预留5%~10%的空地作为冷链物流中心未来发展的建筑用地。

6. 容积率

容积率是项目用地范围内总建筑面积与项目总用地面积的比值，即容积率=总建筑面积/总用地面积。当建筑物层高大于8米时，在计算容积率时该层建筑面积应加倍计算。冷链物流中心用地建筑容积率由政府规划部门根据建筑的用途与性质而决定。

第三节 冷库的分类及特点

冷库是用隔热材料建筑的低温密闭库房，具有结构复杂，造价高，需要防潮、防水、防热气、防湿冷等特点。

一、冷库的分类

1. 按结构形式分类

冷库按建筑结构形式不同可以分为土建式冷库、装配式冷库、夹套式冷库和气调冷库，各种冷库的特点如表4–3所示。

表4–3 冷库按结构形式分类及其特点

冷库种类	特点
土建式冷库	主体结构和地下荷重结构都采用钢筋混凝土，围护结构的墙体都用砖砌成，具有坚固、隔热性能好、造价低、建设周期长等特点
装配式冷库	主体结构都采用轻钢结构，围护结构使用预制的聚氨酯或聚苯乙烯夹芯板材拼装而成
夹套式冷库	在常规冷库的围护结构内增加一个内夹套结构，夹套内装设冷却设备，冷风在夹套内循环制冷
气调冷库	主要用于新鲜果蔬、农作物种子和花卉较长期贮存，除了要控制库内温度、湿度外，还要控制库内O_2、CO_2、N_2和乙烯的含量，抑制果蔬等植物的呼吸作用

2. 按使用性质分类

冷库按使用性质不同可以分为生产型冷库、储备型冷库、中转型冷库、分配型冷库和零售型冷库。各类冷库的特点和建设地点如表4–4所示。

表4–4　　冷库按使用性质分类及其特点和建设地点

冷库种类	特点	建设地点
生产型冷库	具有大批量、连续性的冷加工能力，加工后的食品必须尽快运走；冷冻能力大，并设有一定容量的周转用冷藏库	主要建在食品原料基地、货源较集中地区或交通便利地区
储备型冷库	具有对肉禽类、食糖、果蔬等大宗民生物资进行战略储备的能力；库容大，品种单一，贮存时间较长。一般为国家租赁或享受专项补贴	通常建在农产品主产区或大城市周边
中转型冷库	承担大批量食品的中转功能；冷库容量大，储存时间较短	通常建在重要物流枢纽或基地
分配型冷库	冷藏容量大，冻结能力小，适用于多种食品的贮存	通常建在大中城市或人口比较集中的地区
零售型冷库	供临时储存零售食品之用，库容量小、储存期短，库温随使用要求不同而调整	通常建在大中城市、人口较多的工矿企业或大型副食品店、菜场内

3. 按容量分类

冷库按容量可以分为大型冷库、大中型冷库、中小型冷库和小型冷库。一般情况下，当冷库容量大于10000吨时，可以认为是大型冷库，而小于500吨的冷库是小型冷库。另外，各类冷库冷冻能力的要求也不同。各冷库容量和冷冻能力如表4–5所示。

表4–5　　冷库容量及冷冻能力

冷库种类	冷库容量（t）	冷冻能力（t/d）	
		生产型冷库	分配型冷库
大型冷库	＞10000	120 ~ 160	40 ~ 80
大中型冷库	5000 ~ 10000	80 ~ 120	40 ~ 60
中小型冷库	500 ~ 5000	40 ~ 80	20 ~ 40
小型冷库	＜500	20 ~ 40	＜20

4. 按温度分类

冷库按温度通常可以分为高温冷库、低温冷库和超低温冷库，其温度和用途如表4–6所示。有时还将温度范围在15 ~ 20℃的冷库称为恒温冷库。

表4–6　　冷库按温度分类及其用途

冷库种类	冷库温度（℃）	用途
高温冷藏库	–2 ~15	冷却物冷藏
低温冷藏库	–30 ~ –10	冻结物冷藏
超低温冷藏库	< –60	金枪鱼等食品冷藏

5. 按冷加工能力分类

按冷库冷加工能力的不同，可以将其分为预冷式冷库、冷却物冷库、冻结物冷库、速冻冷库、贮冰冷库和气调库等。

二. 冷库的组成结构

1. 冷间

由于冷链物品容易造成交叉污染、气味容易互串、各类物品所需储藏条件有所不同等原因，应将冷库按温度分成相互独立的冷间，分别储存不同类别的物品。冷库储存物品类型及储存条件如表4–7所示。

表4–7　　冷库储存物品类型及储存条件

冷间名称	室温（℃）	相对湿度（%）	储存物品类型
预冷间	0~4	—	需要预冷的食品
冻结间	–23~ –18	—	肉类、速冻食品等
	–30~ –23	—	鱼、虾等
冷藏间	食品的冰点 ~0	90~95	耐低温的水果蔬菜、水产品、肉制品
	–1~4	90~95	冰鲜鱼等
	0~4	85~90	冷却后的肉、肉类加工速食品
	2~10	95~100	鲜牛奶、酸奶、乳酪等
	2~4	85~90	土豆、橘子、荔枝等
	11~16	85~90	香蕉等
恒温库	15~20	85~90	巧克力等
低温库	–20~–15	85~90	冻肉
	–25~ –18	90~95	冻鱼、虾等
超低温冷库	–60	90~95	金枪鱼等

2. 冷库辅助设施

1）制冷机房

制冷机房简称机房，是冷库的心脏，安装了制冷压缩机、中间冷却器、调节器、控制台等。机房必须有独立外开门，氨机房必须设置紧急状态自动开启门和应急风机。

2）设备间

设备间应靠近机房，安装了冷凝器、储氨器、气液分离器、氨泵等制冷系统。

3）配电室

配电室要求单独建造，通风良好，防鼠防雀，有高压配电器、变压器、电容器等设备。

4）锅炉房

锅炉房要求全年处于下风向，尽可能靠近使用气量最大的车间，防火等级不低于二级。

5）水泵房

水泵房包括水泵、水分配调节器等设备。

3.冷库配套设施

冷库的配套设施主要有冷库门、门帘、门斗、空气幕及货物装卸设施等。

1）冷库门的设计要求

（1）具有良好的隔热性能、气密性能，减少冷量损失。

（2）轻便、启闭灵活、有一定的强度。

（3）设有防冻结或防结霜设施。

（4）坚固、耐用和防冲撞。

（5）设置应急安全灯以及操作人员被误锁库房内的呼救信号设备和自开设备。

（6）门洞尺寸应满足使用要求，方便装卸作业，同时又减少开门时外界热量和湿气的侵入。

（7）能有效防止“冷桥”产生。

2）冷库门的分类及特点

按冷间的性质，冷库门可分为高温库冷库门、低温库冷库门和气调库冷库门等。常以冷库门的结构和开启形式来分类，如卷帘门、滑升门和平移门。

3）门帘和门斗

减少冷库开门冷量损失，防止外界热湿负荷进入的基本设施是门帘和门斗。冷库门帘一般挂在库门内侧紧贴冷库门的位置。早期多使用棉门帘，现在一般使用PVC（聚氯乙烯）软塑料透明门帘。

冷库门斗设在冷库门的内侧，其宽度和深度约3m。门斗的尺寸既要方便作业，又要少占库容。门斗的制作材料以简易、轻质和容易更换为宜。门斗地坪应设电热设施，以防止结冰。

4）空气幕

空气幕结构如图4-11所示。空气幕的主要作用是减少库内外热量和湿气的交换，方便装卸作业。此外，空气幕还可以阻止尘埃、昆虫、污染、异味、废气等侵入库内。

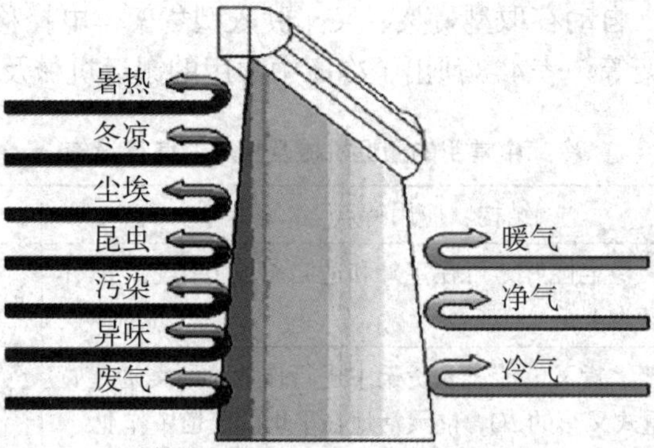

图4-11 空气幕结构

5）货物装卸设施

冷库进出货作业时，要保持冷链不会“断链”，必须在装卸口设置保温滑升门、月台高度调节板和密封设施等，这些设施的组合如图4-12所示。

图4-12 装卸口设施组合

1—保温滑升门；2—冷库月台；3—充气套式密封设施；4—冷藏车；5—月台高度调节板。

月台高度调节板的作用是将封闭式站台和冷藏车连成一个整体，方便叉车的机械化作业。现在常见的调节板有机械式、液压式和气袋式等。

6）库内搬运和储存设施

（1）手推车和输送机。手推车是冷库或配送中心常用的搬运工具之一，承载量大、灵活轻便。常用的手推车有尼龙轮手推车、小轮胎手推车和液压托盘搬运车等。输送机分为辊子输送机和电动带式输送机，电动带式输送机的传动带自动传送货物，效率较高。

（2）冷库搬运机械。冷库常用的搬运机械有平衡重式叉车、前移式起重叉车、伸缩臂式起重叉车、巷道特高起重铲车、电控堆垛型起重机，升降拣货型铲车和轻便拣货型起重车等。

（3）储存设施。冷库储存设施主要有各种货架系统，如标准型托盘货架、双重深储型货架、巷道型货架、自动存取型货架、叉车驶入型货架、电控移动型货架、托盘自滑动型货架、后推型货架等。表4–8列出了冷库中常用的搬运机械及相应的储存设施。

表4–8　　冷库中常用的搬运机械及相应的储存设施

名称	结构、应用特点	储存设施
平衡重式叉车	采用大轮胎，稳定性好，可在室外和适当斜坡上作业，其作业通道的宽度为4 m	适用于多种储存货架
前移式起重叉车	设有举重门架、货叉，能进入货架中进行作业，所需通道宽度仅为平衡重式叉车的2/3，能灵活地在平坦的窄道中作业	适用于多种储存货架
伸缩臂式起重叉车	由具有伸缩功能的货叉，上下滑动的门架及撑脚组成，其货架可深入深储型货架中存取货物，并具有良好的稳定性	适用双重深储型或电控移动型货架
巷道特高起重铲车	通道比托盘宽度稍宽即可。通常提升高度可达14 m，沿导轨存取货物极为迅速，货物流动量大	适用于巷道型货架
电控堆垛型起重机	当货架高度大于14 m时尤为适用。它是在移动货架的塔架上装配伸缩型货叉，通常每一条通道配置一台起重机，但当货物流量较低时，也可转轨而用于多条通道。其控制方式有手动、半自动和全自动操作	适用于巷道型货架或自动存取型货架
升降拣货型铲车	该铲车有一个升降平台，能将操作人员提升到各货架前，在一个托盘或一个货格中，对某一商品小批量选取。其移动方式同巷道特高起重铲车	适用于巷道型货架或自动存取型货架
轻便拣货型起重车	是一种轻便型电动堆垛起重机，人工操作可达10 m高度。一般将其固定安装在构架上，故运行操作安全	适用于巷道型货架或自动存取型货架

第四节　冷库运营管理

一、冷库的操作管理

通常，冷库使用过程中要注意以下问题。

（1）防止水、汽渗入隔热层。

（2）防止因冻融循环把冷库建筑结构冻酥。

（3）防止地坪（楼板）冻臌和损坏。

（4）保证货位堆垛与墙、顶、排管和通道的距离要求。冷库内货位的间距要求如表4–9所示。

（5）冷库门要经常进行检查，尽量减少库门的开启。

（6）库内排管扫霜时，严禁用钢件等硬物敲击排管。

表4–9　　商品货位的堆垛与墙、顶、排管和通道的距离要求

建筑物名称	货物应保持的距离（mm）	建筑物名称	货物应保持的距离（mm）
高温库顶棚	≥300	低温库顶棚	≥200
顶排管	≥300	墙	≥200
墙排管	≥400	风道底部	≥200
冷风机周围	≥1500	手推车通道	≥1000
铲车通道	≥1200		

另外，还要做好冷库温湿度控制。

（1）在库内外适当地点放置“干湿球温度计”，一般可在每个库房内的中部悬挂一个，悬挂的高度离地面不低于1.8米。建筑面积100平方米以上的冷库，温度传感器不少于2个。

（2）自动或指定专人每天按时观察和记录。

（3）按月、季、年统计分析该时期内最高、最低和平均温湿度。

（4）当发现库内温湿度超过要求时，应立即采取相应措施，以达到安全储存的目的。

二、冷库的卫生管理

1.冷库的卫生和消毒

冷库内应保持良好的环境卫生，防止食品受到污染。保持库房和工具设施的卫生与消毒。常用的消毒方法有漂白粉消毒、次氯酸钠消毒、乳酸消毒、紫外线消毒。

2.工作人员的个人卫生

冷库工作人员经常接触多种食品，若本身患有传染病，又不注意卫生，就会成为微生物和病原菌的传播者。因此对冷库工作人员的健康状况和个人卫生应有严格的要求。

3.食品冷加工过程中的卫生管理

（1）食品冷加工的卫生要求。具有强烈气味的食品（如鱼、葱、蒜、乳酪等）和贮藏温度不一致的食品，严禁混存在一个冷藏间内。

（2）对冷藏的食品，应经常进行质量检查。

（3）食品全部取出后，库房应通风换气。

4.除异味

库房中产生异味一般是由于贮藏了具有强烈气味或腐烂变质的食品所致。臭氧具有清除异味的功能。甲醛水溶液（福尔马林溶液）或5%~10%的醋酸与5%~20%的漂白粉水溶液，也具有良好的除异味和消毒作用。

5.灭鼠

冷库的灭鼠工作应着重放在防止鼠类进入上。消灭鼠类的方法很多，可用机械捕捉、毒性饵料诱捕、气体灭鼠等方法，用CO_2气体灭鼠效果较好。

三、冷库安全管理

冷库安全管理包括：①防止冻伤；②防止人员缺氧窒息；③避免人员被锁库内；④妥善使用设备；⑤防火，防氨泄漏。

因此，从制度建设方面，冷库管理机构应当：①建立冷库安全管理制度，并设有专门的安全管理人员；②应制定冷库漏氨事故的紧急处置预案，当制冷系统发生漏氨事故时，能及时应对，妥善处理。

冷库安全管理紧急预案主要包括以下几方面。

（1）报警——紧急通知企业管理、维修、应急抢险等相关人员到达现场处置。拨打消防电话119、急救电话120，向消防等部门报警。

（2）事故排风及紧急停机——当发生漏氨事故时，应迅速启动事故排风及紧急停机装置。

（3）关阀——关闭相关阀门，切断事故源头。

（4）人员疏散——根据地形、风向、风速、漏氨程度等组织好人员疏散，必要时实施交通管制和交通疏导。

（5）泄压排空——以漏氨点为中心，及时有效地对储罐或容器进行泄压排空，同时用喷雾水枪稀释降毒。

（6）器具堵漏——可用专门的堵漏工具和管夹、盲板封堵。

（7）现场洗消处理——根据液氨的理化性质和受污染的程度，采用不同的方法进行洗消，减少对环境的污染。

四、冷库的库存管理

冷库的库存管理包括安全库存管理、储备库存管理和进出货量管理。应用RFID（射频识别技术）等信息技术可以建立数字化的库存管理系统。

RFID系统的软硬件可以和库存管理及自动控制实现集成，顺畅地实现数据识别、数据采集、数据交换及存储，保证了仓储环节对整个冷链的支撑。由RFID系统实现数据录入的自动化，可以减少大量的人力物力消耗，同时还可以对冷库库存实行实时动态控制。

入库、出库及移库的操作：当贴有RFID标签的货物进出仓库时，出入口处的读写器将自动识读标签，不需要人工扫描。根据得到的信息，管理系统会自动更新存货清单，实现自动操作。结合库管人员的手持终端设备与电脑及货物RFID标签的数据交互，可以实现货物与库位的精确对应，从而实现完整的出入库和移库控制。

库存盘点：盘点库存时不需要人工检查或扫描条码，因此库存盘点的工作量和损耗大大减少，通过RFID的跟踪操作，货物位置的确定更为精确具体。

实时监控货物温度变化：将温度传感器采集的温度定时写入RFID标签的芯片中，当RFID标签接到RFID读写器天线信号时，将RFID芯片内的温度数据上传给RFID读写器，交后端系统处理。

案例分析

思考与练习

1.练习题

（1）冷链物流中心的基本要求有哪些？

（2）冷链物流中心与冷链物流配送中心、冷链物流园区有哪些区别？

（3）冷链物流中心的功能主要有哪些？

（4）冷链物流中心规划的原则是什么？有哪些规划内容和程序？

（5）按建筑结构形式不同冷库可分为哪几类？各有什么特点？

（6）冷库的组成结构主要有哪些？

（7）气调冷库的工作原理以及优缺点是什么？

（8）冷库的运营管理要注意哪些？

（9）某冷库需要贮藏一批冻猪肉1000吨，试计算所需的冷藏间容量（已知冻猪肉密度为400kg/m^3，冷藏间利用系数为0.6），如堆货高度为6m，需要的冷库面积是多少？

2.综合题

某公司拟投资建设一处生鲜农产品冷链物流中心，经营品类包括粮油及其制品、生鲜蔬菜和生鲜水果，具备物流、综合服务、交易、展览等功能。项目占地面积为80000平方米；南北两侧都有公路通过，方便重型卡车进出。生鲜农产品物流中心年吞吐量如表4-10所示。生鲜农产品冷链物流中心如图4-13所示。

设计内容如下：

（1）规划该冷链物流中心的功能分区，并详细计算各分区的面积；

（2）合理规划冷链物流中心布局，并绘制物流中心的布局规划图。

表4-10　　生鲜农产品物流中心年吞吐量

货物品类	年吞吐量（万吨）	冷藏率	年周转次数（次）
粮油及制品	80	20%	20
生鲜蔬菜	40	20%	75
生鲜水果	30	50%	36

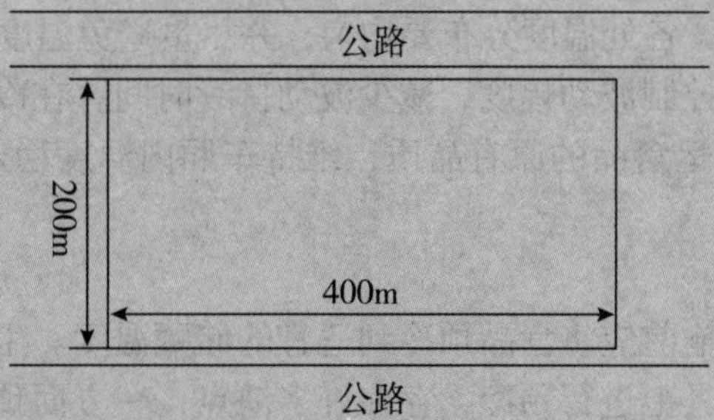

图4-13　生鲜农产品冷链物流中心

第五章　冷链运输

学习目标

了解各种冷链运输方式及适用范围，掌握易腐货物的冷链运输流程、作业要求及其组织形式，并能运用于具体实践中，进行冷链运输的操作指导、过程控制；了解货物预冷和运输工具预冷的作用、原理和方法；掌握影响冷链运输方式选择的主要因素，并能进行冷链运输和配送优化；掌握冷藏集装箱运输组织方式。

第一节　冷链运输工具

一、冷链运输工具的要求及管理

由于受地理分布、气候条件以及其他因素的影响，冷藏货物的原料产地、加工基地与消费地往往相距很远，为了供应各地消费需要，维持市场供应均衡，必须进行调度运输。尤其对于易腐食品来说，在常温下很快就会腐烂变质，失去食用价值，其运输必须处在最适合的温度和相对湿度条件下，这对运输工具及运输管理提出了一定的要求，并在运输组织过程中，要使各个环节都合理化。

（一）冷链运输的基本要求

不同的冷藏货物有不同的储藏温、湿度条件的要求。在冷链运输中应满足这些条件的要求，并保持稳定。因此，在冷链运输中必须进行控温，车厢内温度应与所运易腐食品的最佳储藏温度一致，各处温度分布要均匀，并尽量避免温度波动。如果不可避免出现了温度波动，也应当控制波动幅度，减少波动持续时间。在冷链运输过程中为了保持所运食品的原有品质，维持车厢内温度稳定，可从以下两个方面考虑。

引例

1. 温度要求

易腐食品在低温运输前应将食品预冷到适宜的储藏温度。生鲜易腐食品在冷链运输工具上进行预冷，存在许多缺点：一方面预冷成本成倍上升，另一方面运输工具上提供的制冷能力有限，不能用来降低货物的温度，只能有效地平衡环境传入的热负荷，维持货物的温度不超过要求的最高温度。因而在多数情况下不能保证冷却均匀，而且冷却时间长、品质损耗大。因此，易腐食品在运输前应当采用专门的冷却设备和冻结设备，将温度降低到最佳存储温度以下，再进行冷链运输，这样更有利于保持储运食品的质量。

2. 湿度要求

运输过程中，冷藏食品的水分在食品和冷空气处于热平衡状态下蒸发，特别是用能透过蒸气的保护膜包装的或无任何保护膜包装的食品，其表面不但有热量散发出来，同时还有水分向外蒸发，造成失水干燥。水果、蔬菜中的水分蒸发，导致其失去新鲜的外观，当减重达到5%时，会出现明显的凋萎现象，影响其柔嫩度和抗病性。肉类食品除重量减轻外，其表面还会收缩、硬化，形成干燥皮膜，肉色也会发生变化。鸡蛋水分蒸发会造成气室增大、重量减轻、品质下降。因此，车厢内的相对湿度大于食品的水分活度，才是合理的。但是各种食品都对环境有一定的湿度要求，过高或者过低对食品的质量及其稳定性都是不利的。在运输过程中，含水量充足、水分活度高的新鲜食品应在相对湿度较大的车厢环境中储运，以防水分散失；含水量少、水分活度低的干燥食品可在相对湿度低的车厢环境中储运，以防吸附水分。

（二）冷链运输工具的要求

运输工具是冷链运输环节中最重要的设施，运输工具的质量直接影响运输质量，也就直接影响冷藏货物的质量。对于不同的运输方式，有不同的运输工具，但它们应该满足以下几方面的要求。

1. 要有冷源

运输工具上应当具有冷源，如干冰、冰盐混合物、碎冰、液氮或机械制冷系统等，能产生并维持一定的低温环境，保持食品的品温，利用冷源的冷量来平衡外界传入的热量和货物本身散出的热量。例如，果蔬类在运输过程中，为防止车厢内温度上升，应及时排除呼吸热，而且要有合理的空气循环系统，使得冷量分布均匀，保证各点的温度均匀一致并保持稳定，最大温差不超过3℃。有些冷藏货物对温度的要求较高，如运输速冻食品的冷链运输工具必须有机械制冷装置提供冷源。

2. 良好的隔热性能

冷链运输工具应当具有良好的隔热性能，总的传热系数K要求小于0.4W/（m^2·K），甚至小于0.2W/（m^2·K），能够有效地减少外界传入的热量，同时保持机械制冷产生冷源，避免车厢内温度波动，防止设备过早地老化。一般来说，K值平均每年要递增5%左右。车辆或集装箱的隔热板外侧应采用反射性材料，并且保持其表面清洁，以降低对辐射热的吸收。在运输工具使用期间应避免厢体结构部分的损坏，特别是厢体的边和角，以保持隔热层的气密性，并且应该定期对冷藏门的密封条、跨式制冷机组的密封、排水洞和其他孔洞等进行检查，以防止因空气渗透而影响隔热性能。

3. 温度检测和控制设备

运输工具的储藏间必须具有温度检测和控制设备，温度检测仪必须能准确连续地记录储藏间的温度，温度控制器的精度要求高，为±0.25℃，以满足易腐食品在运输过程中的冷藏工艺要求，防止食品温度大幅波动。

4. 车厢的卫生与安全

车厢内有可能接触食品的所有内壁必须采用对食品味道和气味无影响的安全材料。车厢内壁包括顶板和地板，必须光滑、防腐蚀、不受清洁剂影响，不渗透、不腐烂，便于清洁和消毒。除了内部设备需要和固定货物的设施外，车厢内壁不应有凸出部分，设备不应有尖角和褶皱，使货物进出困难、脏物和水分不易清除。在使用中，车辆和集装箱内的碎渣屑应及时清扫干净，防止产生异味、污染货物、阻碍空气循环。对冷板所采用的低温共熔液的成分及其在渗透时的毒性应予以足够的重视。对公路运输来说，公路冷藏汽车的清洗频率较高，每次运输结束回场后都应该清洗冷藏车厢。

二、公路冷链运输技术及装备

（一）冷藏汽车的类型及应用

冷藏汽车具有使用灵活，建造投资少，操作管理与调度方便的特点。它是食品冷链运输中不可缺少的运输工具之一。它既可以单独进行易腐食品的短途运输，也可以配合铁路冷藏车、水路冷藏船进行短途转运。

1. 冷藏汽车的类型

冷藏汽车实际上称为冷藏保温汽车，它分为冷藏汽车和保温汽车两大类。保温汽车是指具有隔热车厢，适用于食品短途保温运输的汽车；冷藏汽车是指具有隔热车厢，并有制冷装置的汽车。冷藏汽车可以按以下方式分类。

（1）按制冷装置的制冷方式分类。可分为机械冷藏汽车、冷冻板冷藏汽车、液氮冷藏汽车、干冰冷藏汽车和冰冷冷藏汽车等。其中机械冷藏汽车是冷藏汽车中的主型车。

（2）按专用设备的功能分类。根据《关于易腐货物的国际运输及其使用的专用设备的国际协议》（简称ATP），冷藏汽车分类如下。

①按隔热汽车车体传热系数可划分为：普通隔热型，$0.4\text{W}/(\text{m}^2\cdot\text{K}) < K \leqslant 0.7\text{W}/(\text{m}^2\cdot\text{K})$；强化隔热型，$K \leqslant 0.4\text{W}/(\text{m}^2\cdot\text{K})$。

我国标准为：A类，$K \leqslant 0.4\text{W}/(\text{m}^2\cdot\text{K})$；B类，$0.4\text{W}/(\text{m}^2\cdot\text{K}) < K \leqslant 0.6\text{W}/(\text{m}^2\cdot\text{K})$。

②机械冷藏汽车按外温（t_w）为30℃时，车厢内温度（t_n）可持续保持的温度范围分为：A级，t_n为0～12℃；B级，t_n为-10～12℃；C级，t_n为-20～12℃；D级，$t_n \leqslant 2$℃；E级，$t_n \leqslant -10$℃；F级，$t_n \leqslant -20$℃。

③非机械冷藏汽车按外温（t_w）为30℃时，车厢内温度（t_n）可持续保持的温度范围分为：A级，$t_n \leqslant 7$℃；B级，$t_n \leqslant -10$℃；C级，$t_n \leqslant -20$℃。

④具有加热装置的冷藏汽车，按其车厢内温度可升至12℃以上，维持某一温度12h，其允许的外温条件分为：A级，允许外界平均温度为-10℃；B级，允许外界平均温度为-20℃。

2. 对冷藏汽车的使用要求

作为冷链的一个中间环节，冷藏汽车的任务是：当没有铁路时，长途运输易腐物品；作为分配性交通工具进行短途运输。

虽然冷藏汽车可采用不同的制冷方法，但设计时都应考虑如下因素：车厢内应保持的温度及允许的偏差；运输过程需要的最长时间；历时最长的环境温度；运输的食品种类；开门次数。

（二）机械冷藏汽车及机械式冷藏挂车

机械冷藏汽车中安装了蒸气压缩式制冷机组，能够直接吹风冷却，车厢内温度实现自动控制，很适合短、中、长途或特殊货物的冷藏运输。

机械冷藏汽车基本结构及制冷系统如图5-1所示。该冷藏汽车属于分装机组式，由汽车发动机通过传动带带动制冷压缩机，通过管路与车顶的冷凝器和车内的蒸发器，以及有关阀件组成制冷循环系统，向车内供冷。车厢内的温度由驾驶员直接通过控制盒控制。这种由发动机直接驱动的汽车制冷装置，适用于中、小型机械冷藏汽车，其结构比较简单，使用灵活。

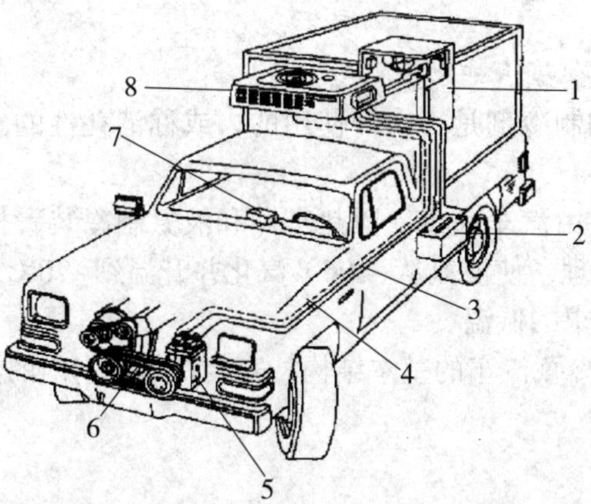

图5-1 机械冷藏汽车基本结构及制冷系统

1—冷风机；2—蓄电池箱；3—制冷管路；4—电器线路；
5—制冷压缩机；6—传动带；7—控制盒；8—风冷式冷凝器。

（三）冷冻板冷藏汽车

冷冻板冷藏汽车简称冷板冷藏汽车。它利用有一定蓄冷能力的冷冻板进行制冷。冷冻板冷藏汽车在一些短途公路运输中已有应用。

冷藏汽车用的冷冻板为100～150mm厚的钢板壳体，壳体内充注了特殊的溶液——共晶液，并铺设制冷蒸发盘管。它通过制冷机与冷冻板相连，且向冷冻板充冷，使板内的共晶液在一定温度下冻结。冷冻板依靠冻结的共晶液融解时向周围吸热的原理，对汽车储藏间起制冷降温作用，实现制冷。选用不同性质的共晶液就会有不同的冻结温度，进而可以得到不同的制冷温度。通常冷冻板冷藏汽车使用的共晶液的冻结温度为-40～-25℃。冷冻板式的蓄冷器不仅可用于冷藏汽车，还可以用于铁路冷藏车、冷藏集装箱和小型冷库等。

冷冻板冷藏汽车在外温35℃，货件温度-20℃时，蓄冷时间为8～12h。特殊要求的冷冻板冷藏汽车可蓄冷2～3d。冷冻板冷藏汽车的保冷时间，除取决于冷冻板共晶液容量，还取决于汽车车体的隔热性能。采用厚100mm的聚氨酯泡沫塑料隔热的冷冻板冷藏汽车，其车体传热系数约为0.29W/（m^2·K）。

运转中的冷冻板冷藏汽车，进场停用后，可使用外接制冷机组向冷冻板充冷。一般8～12h即可充冷结束，板内共晶液全部冻结，等待出车装货使用。小型冷冻板冷藏汽车可直接取下冷冻板，送至充冷站充冷，使用时重新装上已冻结的冷冻板供冷藏车使用。若暂时不出车，则已充冷的冷冻板可存放在低温库内备用。另一种自带制冷机的冷冻板冷藏汽车，在进场停用时，可借地面电源启动制冷机完成自身充冷。

冷冻板冷藏汽车具有车厢温度稳定，制冷时无噪声，故障少，结构简单，投资费用较低等特点。但其制冷的时间有限，仅适用于中、短途公路运输。长途运输用的冷冻板冷藏汽车，可安装发电机组，在汽车行驶中可随时开启冷冻机使其晶液冻结，进行自动蓄冷。冷藏汽车用的冷冻板，还能用于航空集装箱运送珍贵水果、海鲜等各类易腐食品。

（四）液氮/干冰冷藏汽车

液氮或干冰制冷的制冷剂是一次性使用的，或称消耗性的。常用的制冷剂包括液氮、干冰等。

液氮冷藏汽车主要由汽车底盘、隔热车厢和液氮制冷装置构成。液氮冷藏汽车是利用液氮汽化吸热的原理，使液氮从–196℃汽化并升温到–20℃左右，吸收车厢内的热量，实现制冷并达到要求的低温。

图5–2为一种液氮冷藏汽车的基本结构。安装在驾驶室内的温度控制器用来调节车内温度。

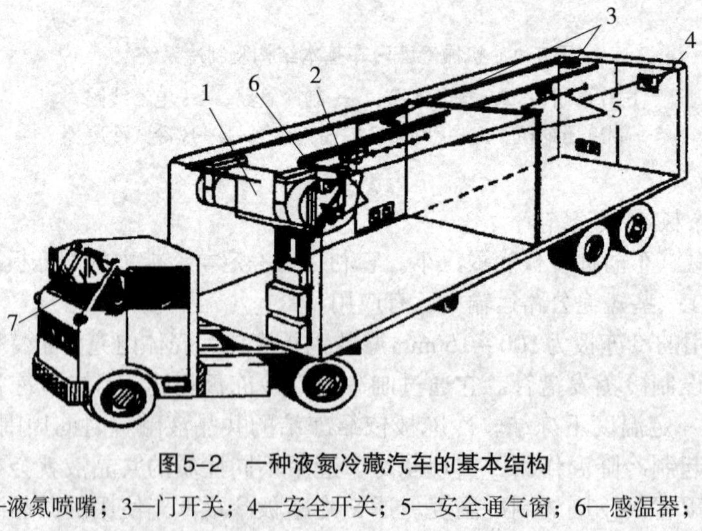

图5–2　一种液氮冷藏汽车的基本结构

1—液氮罐；2—液氮喷嘴；3—门开关；4—安全开关；5—安全通气窗；6—感温器；7—温度控制器。

三、铁路冷藏运输技术与装备

铁路冷藏运输是铁路货物运输的重要组成部分。铁路冷藏车是冷藏运输的重要装备，是保证和提高易腐货物运输质量的必要前提。经过半个多世纪的发展，我国形成了加冰冷藏车（简称冰冷车）、机械冷藏车（简称机冷车）为主，少量冷板冷藏车、隔热车为辅的基本格局。但随着2006年铁道部（2013年已撤销）做出冰冷车退出市场的决定后，新的冷藏运输装备发展问题已提上日程，铁路冷藏运输市场必将有大的变动。

（一）机械冷藏车

我国机械冷藏车是1949年以后逐步发展起来的。1956年和1961年我国分别进口了23辆一组的B16型和12辆一组的B17型机械冷藏车，B16型机冷车共进口10组230辆，B17型机冷车共进口30组360辆。现在还在使用的有原来进口的B18型机冷车（共20组200辆）、1976年进口的B20型机冷车9节车组（共300辆）、1984年进口的B21型机冷车5节车组（共200辆）和1987年陆续进口的B22型机冷车5节车组（共1000辆）。我国最早的国产机冷车是1958年试制的JB5型机冷车5节车组。1973年武昌车辆厂设计试制了B19型机冷车5节车组（共370辆，已于1988年停产），1993年试制了B23型机冷车5节车组（一组5辆）。国产车全部由武昌车辆厂承造。上述车辆，目前部分已被淘汰或改造。目前，中车长江车辆有限公司正在研制新型机械冷藏车。

（二）冷板冷藏车

冷板冷藏车作为新型冷藏运输工具，从20世纪80年代初期投入使用。至今已有40多年，其车型已经从依靠地面充冷站充冷的第一代冷板冷藏车发展到自带制冷机组、依靠地面电源驱动制冷机组充冷的第二代冷板冷藏车（机械冷板冷藏车）。目前第一代冷板冷藏车仅有18辆（10辆路用车，8辆自备车），第二代冷板冷藏车在铁路上运行的有4辆。2002年，为适应铁路货运全面提速的需要，广州铁道车辆厂、四方车辆研究所、同济大学、铁道科学研究院机车车辆研究所、武昌车辆厂共同研制成功速度高达120km/h的快速机械冷板冷藏车，将其称为第三代冷板冷藏车。目前，中车长江车辆有限公司正在研制新型蓄冷冷藏车。

（三）隔热车

我国铁路部门曾在“七五”期间用B17型机械冷藏车改造的隔热通风车进行运输。在第一、第四季度把蔬菜和水果从广州、南宁、福州运到北京，运输品种包括菜花、番茄、冬瓜、青椒、茄子、柑橘、香蕉等。但直到目前铁路易腐货物运输仍无真正意义上的隔热车，也未进行研制与生产，现有的隔热车也只是将部分淘汰下来的B16型、B17型、B18型机冷车改成隔热车使用，其效果并不能达到新造隔热车的水平。

四、水路冷链运输技术及装备

冷藏船舶包括海上渔船、商业冷藏船、海上运输船的冷藏货舱和船舶伙食冷库，此外还包括海洋工程船舶的制冷及液化天然气的储运槽船等。

1.船舶冷链运输的分类

冷藏船舶可分为三种：冷冻母船、冷冻渔船和冷冻运输船。冷冻母船是万吨以上的大型船，它配备冷却、冻结装置，可进行冷链运输。冷冻渔船一般是指具有低温装置的远洋捕鱼船或船队中较大型的船。冷冻运输船包括集装箱船和冷藏运输船，它的隔热保温要求很严格，温度波动不超过±5℃。冷藏运输船又有以下四种基本类型。

（1）专业冷藏运输船：主要用于城市之间或城市内冷藏运输易腐食品。可用作渔船船队，收集和储运渔获物的冷藏船及鱼品加工母船也属于此类。

（2）商业冷藏舱：一般货船设置的冷藏货舱。冷藏货舱主要用于运输冷藏货，但也可用于装运非冷藏货。

（3）冷藏集装箱运输船：这类船上设有专门的制冷装置与送、回风设备，为外置式冷藏集装箱供冷。

（4）特殊货物冷藏运输船：典型的特殊货物冷藏运输船有液化天然气运输船、化学品或危险品运输船等。

2. 船舶冷链运输的特点

（1）保温绝热。具有隔热结构良好且气密性好的冷藏舱船体结构，必须通过隔热性能实验鉴定平均传热系数是否在规定范围内。其传热系数一般为0.4～0.7W/（$m^2 \cdot K$），具有足够的制冷量和运行可靠的制冷装置与设备，以满足在各种条件下为货物的冷却或冷冻提供制冷量。

（2）结构灵活。冷藏船舶在结构上应符合货物装卸及堆码要求，设有舱高2.0～2.5m的冷舱2～3层，并在保证气密性好或启、闭灵活的条件下，选择大舱口及舱口盖。

（3）具有自动控制功能。船舶冷链运输的制冷系统应有良好的自动控制功能保证制冷装置的正常工作，为冷藏货物提供一定的温度、湿度和通风换气条件。水路冷藏对制冷系统及其自动控制器、阀件技术等的要求比陆用制冷系统要求更高，如性能稳定性、使用可靠性、运行安全性及工作抗震性和抗倾斜性等。

3. 船舶冷藏制冷设备与陆用冷藏制冷设备的区别

船舶冷藏制冷设备应具有更高的使用安全可靠性，较高的耐压、抗湿、抗震性能及耐冲击性；具有一定的抗倾覆性能，在航行时能抗风浪及在一定的倾斜条件下保证压缩机正常、安全工作；船用制冷装置的用材应有较好的耐蚀性能；船用制冷装置的安装、连接应具有更高的气密性及运行可靠性；船用制冷装置选用的制冷剂应不燃、不爆、无毒，对人体无刺激，不影响健康；船用制冷装置应具有更好的适应性，安全控制、运行调节及监视、记录系统更加完备。船用制冷设备及备用机的主要要求应以我国《钢质海船入级与建造规范》为依据，渔船应以我国《钢质海洋渔船建造规范》为依据，所有设备配套件均应经船舶检验部门检验并认可后才能装船。

五、冷藏集装箱运输技术及装备

1. 冷藏集装箱的定义

集装箱是一种标准化的运输工具，根据国际标准化组织的定义，它应具备下列条件。

（1）具有足够的强度，可长期反复使用。

（2）适用于一种或多种运输方式，途中转运时，箱内货物不需要换装。

（3）具有快速装卸和搬运的装置，特别便于从一种运输工具转移到另一种运输工具。

（4）便于货物装满和卸空。

（5）具有$1m^3$及其以上的容积。

根据中华人民共和国国家标准《系列1：集装箱的技术要求和试验方法 保温集装

箱》（GB/T 7392—1998）的分类，保温集装箱是一个总称。凡具有隔热的箱壁（包括端壁和侧壁）、箱门、箱底和箱顶，能阻止内外热交换的集装箱称为保温集装箱（thermal container）。

2.冷藏集装箱的类型

（1）耗用冷剂式冷藏集装箱

此类集装箱主要包括冷冻板冷藏集装箱、干冰冷藏集装箱和液氮冷藏集装箱。

冷冻板冷藏集装箱是指采用冷冻板，利用低温共晶液进行储冷和供冷的集装箱。

干冰冷藏集装箱和液氮冷藏集装箱是利用干冰或液氮在大气压力下汽化温度低的特点，用干冰或液氮在汽化时所吸收的潜热和升温显热达到制冷效果。采用干冰或液氮制冷所用设备简单，无运动部件，降温快，制冷过程中无须动力电源。

耗用冷剂式冷藏集装箱的特点是在运输过程中，不需要外接电源或燃料供应，无任何运动部件，维修保养要求低。主要缺点是无法实现连续制冷；蓄冷剂放冷或消耗后必须重新充冷或补充；较难实现精确温度控制；制冷设备占用空间较大。耗用冷剂式冷藏集装箱只能适用小型冷藏集装箱的短距离运输。目前耗用冷剂式冷藏集装箱只有在区域性短途冷藏运输中尚有使用，而在国际冷藏运输中已无使用，并有逐步淘汰的趋势。

（2）机械式冷藏集装箱

根据GB/T 7392—1998的分类，机械式冷藏集装箱是指设有制冷装置（如制冷压缩机组、吸收式制冷机组等）的保温集装箱。制冷/加热集装箱是指设有制冷装置（机械式制冷或耗用制冷剂制冷）和加热装置的保温集装箱。在实际应用中，通常把这两类保温集装箱统称为机械式冷藏集装箱。

机械式冷藏集装箱不仅有制冷装置，而且具有加热装置，可以根据需要开启制冷或加热功能，使冷藏集装箱的箱内温度控制在设定的温度范围内。一般机械式冷藏集装箱的箱内控制温度范围为-18～38℃。

机械式冷藏集装箱以压缩式制冷为主：当机械式冷藏集装箱在船上运输或集装箱堆场时，由船上或陆上电网供电；而当机械式冷藏集装箱在陆上由集装箱专用拖车运输时，一般由车载柴油发电机供电。

机械式冷藏集装箱是当前技术最为成熟，应用最为广泛的一种冷藏运输工具。

（3）隔热集装箱

隔热集装箱是指不设任何固定的、临时附加的制冷或加热装置的保温集装箱。隔热集装箱是具有良好隔热性能的集装箱。为实现其保温功能，必须要有外接制冷或加热设备，向箱内输送冷风或热风以达到保温目的。

隔热集装箱的特点是箱体本身结构简单。箱体货物有效装载容积率高，造价便宜。适合大批量、同品种冷冻或冷藏货物在固定线路上运输。缺点是缺少灵活性，对整个运输线路上的相关配套设施要求高。

隔热集装箱在20世纪70年代以前是国际上运输易腐货物的主要运输工具之一，20世纪80年代以后随着机械式冷藏集装箱的大量使用，隔热集装箱已逐步被取代，但在某些具有稳定货源的航线上仍有使用。

（4）气调冷藏集装箱

气调冷藏集装箱具有一般机械式冷藏集装箱的制冷或加热功能，同时气调冷藏集装箱具有一种气调设备，可以调节和控制箱体内的空气成分，以减弱新鲜果蔬的呼吸和新陈代谢强度，从而减缓果蔬的成熟进程，达到保鲜的目的。

气调保鲜的关键是调节和控制货物贮存环境中的各种气体的含量。目前最常见的是采用充氮降氧方法来降低环境中的氧气含量，控制乙烯含量，减缓果蔬成熟。气调冷藏集装箱的气密性要求较高。一般要求漏气率不超过2m^3/h。

气调冷藏集装箱具有保鲜效果好、贮藏损失少、保鲜期长和对果蔬无任何污染的优点。但由于技术要求高、冷藏集装箱价格高，并且气调在大批量货物的贮存和运输中才更具优势，因此目前使用还不普遍。

目前实际应用中主要以机械式冷藏集装箱和隔热集装箱为主，尤其以机械式冷藏集装箱为主。

3.冷藏集装箱的尺寸和计量单位

国际通用冷藏集装箱作为一种标准化的运输工具，其外观尺寸必须符合ISO 668：2020和《系列1集装箱　分类、尺寸和额定质量》（GB/T 1413—2008）的有关规定，而冷藏集装箱内部尺寸则由于制造厂家的不同而有所变化，但冷藏集装箱的最小内部高度为其外部高度减241mm，最小内部宽度为2330mm，最小门框开口宽度为2286mm，冷藏集装箱最小内部长度和门框开口高度可参见GB/T 1413—2008的有关规定。

目前国际标准冷藏集装箱的宽度均为2438mm，长度有12192mm、9125mm、6058mm及2991mm四种。箱高为2438mm的集装箱的型号为1A、1B、1C及1D；箱高为2591mm的集装箱为高箱，其型号为1AA、1BB及1CC；箱高为2896mm的集装箱为超高箱，其型号为1AAA和1BBB。

国际上集装箱的计量单位用TEU来表示，TEU（Twenty-feet Equivalent Unit）又称20ft换算单位，是计算集装箱箱数的换算单位。目前各国大部分集装箱运输，都采用20ft和40ft这两种集装箱。为使集装箱箱数计算统一化，20ft集装箱作为一个计算单位，40ft集装箱作为两个计算单位，以便于统一计算集装箱的运量。

第二节　冷链运输的组织形式

一、冷链运输组织原则

冷链运输是指使用专门的冷链运输装备，按照冷链物流的基本要求，将易腐货物在其适宜的低温条件下从供应地向需求地完好地运送的专门技术与方法。冷链运输中的易腐货物若按常规条件运输极易受到外界环境的影响而腐烂变质。无论采用何种冷链运输方式，都必须坚持“及时、准确、经济、安全”的基本原则。

1. 及时

及时把货物送到指定地点是最重要的，同时也是最难做到的。在实际运输中，经常出现货物延迟送达的现象，这对于企业的销售有很大影响，甚至会因此失去客户。对于冷链运输来说，不能将货物及时送到，会影响货物的质量。尤其是没有机械制冷装置的运输工具，如保温汽车，路上运输的时间越长，对货物的影响就越大。

2. 准确

在运输的整个过程中，要防止各种差错的出现。比如，货物多发、少发、漏发等。另外，在冷链运输开始之前，承运人应该掌握准确的卸货地点，核对联系人的姓名、电话等，防止冷藏货物长时间存放在运输工具上。

3. 经济

这主要是运输成本的问题。在运输方式和路线的选择、运量和运价的确定等各个环节都要考虑运输成本。冷链运输的运价都比较高，尤其是在高温季节，冷链运输往往供不应求，价格很高，所以应该从运输组织的角度，合理地组织货源、采用正确的包装、提高装卸效率、选用正确的运输方式。

4. 安全

安全就是要顺利地把货物送到客户手中，包括车辆的运行安全和货物的安全等。从车辆安全的角度来说，应该保持运输车辆良好的性能，选用驾驶技术好、经验丰富的司机。从货物安全的角度来说，要做好防盗、防腐损等措施。

二、易腐货物的运输方法

为了保持适宜的运输温度，需要根据货物特性及不同的外温条件，采用不同的运输方法。易腐货物常用的运输方法有冷藏运输、气调运输、通风运输、保温运输、防寒运输和加温运输等。

（一）冷藏运输

冷藏运输是指通过一定的制冷方式，在运输工具内保持低于外界气温的温度，使货物保持在适宜的温度条件下的运输方法。装运易腐货物的运输车或集装箱，必须具有隔热设施和制冷设备（冰箱、制冷机和其他冷源装置），并在运输时不断制冷，使货物处于规定的温度条件下。目前采用的制冷方式一般有冰盐制冷、机械制冷、冷冻板制冷、液氮制冷等。

（二）气调运输

气调运输是指运输过程中通过对运输环境中的空气成分、浓度及温湿度等条件的控制和调节，保证易腐货物的新鲜度和质量。先进的冷藏技术和气调系统相结合可以大幅扩大水产品类易腐货物的冷链运输范围。

气调运输的特点是：低温可以抑制易腐货物的新陈代谢和细菌繁殖；低氧可以抑制果蔬呼吸作用、推迟后熟、抑制叶绿素降低、减少乙烯产生、降低抗坏血酸的损失、改变不饱和脂肪酸的比例，降低不溶性果胶的变化等，适宜的贮运氧气含量一般为2%～5%，氧含量过低会产生厌氧性呼吸障碍；适宜的二氧化碳浓度可以抑制呼吸作用、延缓后熟，降低果蔬的成熟反应速度，改变各种糖类的比例，适宜的贮运含量一般为2%～10%；较高的相对湿度；控制乙烯含量，乙烯具有催熟作用，研究表明，其对叶绿素分解、果实蒂分解具有促进作用，往往造成蒂落后褐变，影响外观质量。比如贮运苹果的乙烯含量最高允许值为0.3%。

（三）通风运输

通风运输是指在运输全过程或部分区段需要开启门、窗、通风孔或吊起运输工具侧板进行通风的运输方法。通风运输时进入车厢内的空气温度应低于车厢内温度，否则不宜通风，以防因通风提高车厢内温度。

（四）保温运输

保温运输是指不采用任何制冷、加温措施，仅利用车体的隔热结构，使易腐货物本身蓄积的冷量或热量以较为缓慢的速度散失，在一定时间内维持低于或高于外界气温的温度，保持车内适宜温度的一种运输方法。

（五）防寒运输

防寒运输实质上是指加强隔热性能的保温运输，但只用于寒季运送易发生冷害或冻害的易腐货物。即在寒季运输怕冻的易腐货物，用保温运输工具还不能保证车内温度是货物适宜的运输温度条件时，必须采用补充的隔热措施以防止货物发生冻害、冷害的一种运输方法。防寒措施一般是在车内壁、车门处加挂草帘、棉被等防寒物，车底板铺稻草、稻壳，并用稻草、棉絮等堵塞排水管、泄水孔。在外界气温不低于-15℃、运输时间不超过7个昼夜时，可用加防寒设备的冷藏车或隔热车进行防寒运输。

（六）加温运输

加温运输是指由运输工具提供热源（开启电热器或燃烧火炉），使车厢内保持高于外界气温的适宜温度以运输易腐货物的一种方法。我国用于铁路运输的机械冷藏车采用电热器加热。

第三节　冷链运输作业流程

冷链运输作业流程一般包括承运、运输工具准备、装卸作业、转运接驳作业、运行组织、途中服务等环节。

一、承运

易腐货物的承运是冷链运输作业的初始环节，是保证运输质量的第一步。承运工作要把握好易腐货物的热状态、货物质量、容许运输期限、货物预冷、包装和检疫检验。

（一）承运质量要求

1. 热状态

目前我国易腐货物按其热状态可分为冻结货物、冷却货物和未冷却货物三大类。货物的热状态不同，其承运温度也不同。国家标准《易腐食品控温运输技术要求》（GB/T 22918—2008）规定，冻结货物（如速冻果蔬、冻鱼、冻肉）的承运温度为-18℃以下，运输工具保持的温度为-15℃以下。如果承运时温度过高，易腐货物在运输途中容易软化，失去商品价值，即使再复冻，其品质也会降低，重量还会损失。冷却货物（如叶类蔬菜和部分水果）的承运温度为0～3℃，运输工具保持的温度为0～3℃。冷却货物的承运温度不能高于应保持的运输温度的上限。

易腐货物的热状态是选择运输方法的重要依据，如果冻结货物温度偏高，则货物积蓄的冷量就少。同时，冷藏车的制冷能力有限，冻结货物降温难度较大。一般冻结货物的库存温度应低于承运温度5℃以下，以补偿装车过程中或在站台停放时温度上升的损失。装车场地离冷库较远，或用保温汽车向铁路冷藏车直接过车装载时，货物温度应保证在装车完毕时不高于承运温度。对温度敏感的冷却货物，其温度在温热季节应掌握在承运温度的下限，寒季则应掌握在承运温度的上限。

托运人应根据货物的热状态、外温等条件确定采用冷藏运输、保温运输或通风运输等不同运输方式，并应在货物运单内注明“途中制冷”“途中不制冷”等字样。承运人应严格按照不同热状态各自的承运温度接收、承运货物。

2. 货物质量

冷链运输只能最大限度地保持货物质量，而不能提高其质量。如果承运时货物本身的质量不合要求，运输中必然容易引起腐烂变质。因此，把好进货质量关对确保运输质量至关重要，要注意检查货物的外观、色泽、气味是否正常，是否存在腐烂变质现象。水果、蔬菜类易腐货物在运输过程中损耗较大。

3. 容许运输期限

易腐货物由于自身的特性，各有不同的容许运输期限，超过了这一期限，就不能保证其质量。承运人在现有技术设备条件和运输组织水平下，将易腐货物运送到目的地有一个时间限度，称为“货物运到期限”，其长短取决于货物的种类、性质、状态、产地、季节、运输工具等因素。只有当易腐货物的容许运输期限大于易腐货物运到期限时，才能保证货物的运输质量。

4. 货物预冷

这里的预冷主要是指在装车前将易腐货物的温度降至适宜承运温度。易腐货物应预冷以去除加工热、田间热，并存储在适宜的温度下。在装车前，应采用手持式温度计测量温度。如果装载之前货物没有预冷到其所需要的温度，运输工具的制冷机组就很难有足够的时间在运输过程中将货物降温至该温度。

5. 包装

（1）包装的基本作用

保护货物安全，提高运输工具装载能力，便于贮运、装卸和提高作业效率，对冻结和冷却货物还可起到在装卸搬运中减少外界气温对货温影响的作用。采用高质量的抗压包装将会降低货物损坏的可能性，冻结货物一般包装在实心的、没有通风孔的包装盒中；新鲜果蔬，一般采用带有通风孔的包装盒，这样可以使货物周围有连续的冷气流，并且不断地带走货物的呼吸热。

（2）货物包装应符合国家标准有关规定

未对包装做具体规定的货物，托运人应根据易腐货物的性质、重量、运输方法、运输距离、气候及货车装载条件等，使用适合运输需要和能保证运输安全的必要包装。包装应适合货物性质，包装材料和结构能满足货物要求，娇嫩货物的包装要坚固，有足够的强度承受堆码的压力。堆码到规定高度，下层包装应不变形。对需要通风的货物，包装还应具有适当的间隙或特设的通风孔，空隙总面积占包装总面积的5%~10%即可。每件包装重量要适当，以便于装卸和搬运。

（3）易腐货物包装的外形尺寸应规格化、标准化

易腐货物包装的外形尺寸规格化、标准化可以提高包装生产率，便于装载、堆码定型和实现自动化，加速易腐货物流通。

6.检疫检验

托运人托运需要检疫运输的禽畜产品和鲜活植物时，必须提供检疫证明（并在运单内注明），保证托运的易腐货物不致扩散疫病。

（二）承运作业过程

1.检查货物运单

易腐货物的承运作业是发运工作的初始环节。这个环节的工作质量，直接影响运输过程的其他环节。承运作业从检查货物运单开始。检查时应像检查普通货物一样，首先核对货物运单上所记载的事项是否符合易腐货物运输的基本条件、到站的营业办理范围、到站与需求地是否相符、托运人和收货人名称及地址是否填写清楚、准确。除此之外，还应着重检查标志易腐货物特点的事项是否填记完全、准确。

2.确定货物运到期限

易腐货物在承运后，应尽可能缩短货物的容许运输期限，尽快将货物运到目的地。易腐货物运到期限的长短以及能否按规定的容许运输期限将易腐货物运到目的地，也反映了冷链运输组织工作质量的好坏。同时易腐货物运到期限也是判定货物可否承运的条件。

铁路货物运到期限包括下列三部分。

（1）货物发送期间：1d。

（2）货物运输期间：铁路货物运输，每250运价公里为1d，不足250运价公里时，按250运价公里计算；快运货物运输，每500运价公里为1d，不足500运价公里时，按500运价公里计算。

（3）途中作业时间：整车分卸的易腐货物，每增加一个分卸站增加2d。起止时间从承运次日起至卸车或货车到交接地点止。

运价里程按照发站至到站间的最短路径计算。不包括专用线、货物支线的里程。因货物性质、自然灾害、政府指示或不是由于承运人责任、托运人要求等而绕道运输时，运价里程按实际计算。

按快运计算的运到期限，不仅作为退还货物时快运加成运费的依据，也作为承运货物的根据。

3.承运质量检查

托运人准备易腐货物货源时，一定要认真检查货物质量是否符合运输要求。对已经开始腐烂、变质或有可能腐烂变质的货物，应就地加工处理，不要投入运输，以免造成更大的损失。某些不宜经受水湿的水果或蔬菜，如已发生浸泡现象，也不要投入

运输，更不要签订“免责特约”。所以托运人托运的货物一定要符合国家标准所规定的质量要求。为此，发站应会同托运人抽查货物质量，对于不合规定的易腐货物不予承运是完全必要的，这是因为托运人与承运人之间权责分割。另外，如果允许不符合要求的易腐货物投入运输，就无异于人为地造成货物的污染，把优质的货物资源白白地浪费。

在检查货物质量时，还应同时检查货物的热状态及卫生状态。对于有国家标准的货物，应按国家标准核对货物质量。对需要检疫的畜禽产品和鲜活植物必须有检疫证明方可承运。

对未冷却货物主要检查货物表面是否有污染、发霉、腐烂现象；色泽是否新鲜，有无不正常气味；植物类鲜活货物有无机械伤；成熟度是否适于运输以及有无不必要的“拖泥带水”等情况。对冷却或冻结货物，除上述有关情况外，尤其应注意准确测定货物的温度是否符合规定的标准。易腐货物的温度是选择运输方法、确定控温范围的依据。

4. 承运证件检查

承运易腐货物时，除应对货物运单的填记进行核查外，还应对货物质量、包装、证明文件以及与押运相关的事项进行检查。

为了加强物资管理，相关部门对某些易腐货物有一定的政令限制。对这些物资的运输应附有省、自治区、直辖市或其他部门出具的相应证明文件。如进出口物资应有对外贸易部门签发的许可证，需要检疫的易腐货物应有检疫机构出具的检疫证明，方能承运。

5. 承运注意事项

托运人托运非易腐货物但要求冷藏运输时，应谨慎处理。因为冷藏运输主要针对的是易腐货物，且绝大多数为食品，而需要冷藏运输的非易腐货物，有些是危险品，有些是污染品，这些非易腐货物的运输条件与易腐货物差别很大，如果不加以区分，则会造成运输工具损坏或污染食品，都将造成严重后果。

在铁路运输中，发站承运易腐货物后，应在货物运单、票据封套、车牌和列车编组顺序单内分别填记红色“△K”标记，以引起有关作业人员的注意，加速运输工具取送、编挂和运行等作业。红色“△K”标记代表“快”，是要求“快运”的意思。

由于托运人的责任取消运输时，托运人应支付冷藏车回送费，已经预冷的冷藏车应支付制冷费。

二、运输工具准备

运输工具准备包括运输工具的选用、检查和厢体预冷。冷藏车的配车时间应根据装车时间提前进行，以保证在装车前有足够的时间进行运输工具清扫、洗刷、风干、加冰、预冷等作业。

（一）运输工具选用

1. 选用依据

为了保质保量、快速安全地进行易腐货物的冷链运输，装运易腐货物时，首先必须根据货物的特性及运输线路配拨适当的运输工具，尽可能使用冷藏车、保温车运输易腐货物。由于我国地区广阔，物产丰富，托运人和承运人对易腐货物的性质和质量，以及不同去向、不同距离的实际变化情况要协定一致。

装运易腐货物时，还应根据货物种类、数量、热状态、外界气温和运距等选用合适的冷藏车，既保证运输质量，又经济合理地使用运输工具。如运输冻结的水果、蔬菜、冰激凌、冰砖等应选用机械式冷藏车，按照货物要求保持车厢内温度，确保运输质量。温热季节运输未冷却的娇嫩水果和叶菜也应优先选用机械式冷藏车，因为其产冷量大，又有强制性循环装置，可以较快地冷却。一般冻货（如冻肉、冻鱼、冻家禽）、水果、蔬菜运输可选用各型冷藏车。在外温适宜时某些果蔬也可用棚敞车通风运输，特别是青番茄、南瓜、土豆、白菜、萝卜等坚实耐压的蔬菜。

2. 注意事项

（1）为防止冷藏车内设备被损坏、污染，也为了方便装卸货作业、加速运输工具周转，无包装的水果、蔬菜等可能会污染、损坏车内设备的易腐货物不得使用冷藏车运输，但西瓜、哈密瓜、南瓜、冬瓜除外。

（2）铁路机械冷藏车组两站分卸或分装时，两站间的距离不得大于400公里，第一装车站的装车数或第二卸车站的卸车数均不得少于全组车数的一半（枢纽地区除外）。

（3）为了更好地组织易腐货物的装货工作，协调货源与车源，发站应密切联系托运人，共同商定易腐货物的进货、装货有关事项和运输工具取送时间，做到一手抓车源、一手抓货源，防止有货无车或有车无货的现象发生。

（二）运输工具检查

装货前应对车辆进行检查，这是保证易腐货物运输质量的重要前提之一。检查包括技术检查与货运检查。

1. 技术检查

技术检查应仔细检查定检（厂修、段修、辅修）是否过期，如果过期就不能使用，防止使用定检过期的运输工具以致发生不必要的倒装、途中扣修等，影响货物运到期限或造成货损事故。

2. 货运检查

货运检查主要应检查运输工具的制冷/加热设备，是否能正常工作；检查运输工具的隔热壁是否正常，门的密封性是否完好；检查冰箱、通风及循环装置是否作用良好，底格板是否齐全等；应检查运输工具是否清洁，包括有无异味、有无外来污染物等。不能保证货物运输质量和安全的运输工具不应使用。

（三）厢体预冷

1. 厢体预冷的作用

厢体预冷是指在装车前将冷藏车厢的温度冷却到货物适宜的运输温度。这样可以减少运行途中的热负荷，对保证易腐货物运输质量有很重要的意义。对未冷却货物来说有利于降温和保持车厢内适宜的温度；对冻结和冷却货物来说可防止货温的波动，有利于提高运输质量。有时对提高易腐货物装载数量也有积极作用。

2. 厢体预冷的操作

预冷时应紧闭厢门。装货前开启厢门应关闭制冷机组，尽量减小厢内温度波动。如果不关闭机组，厢内冷空气在蒸发器风扇的搅动下流出厢体，而外部的暖湿空气将流入厢内，导致内部温度变化，更严重的是，流入的暖湿空气在遇到冷空气时，会在蒸发器出口处结霜或者结冰，严重影响蒸发器的排风。可采用门帘或风幕减小内外空气交换的不利影响。

3.预冷时间

厢体预冷时间与外温、应达到的预冷温度、运输工具种类和制冷能力等因素有关。如果时间允许，最好将其预冷到货物要求的运输温度。具体运输温度参考国家标准《易腐食品控温运输技术要求》（GB/T 22918—2008）。在寒冷季节装运冻结货物或在温热季节装运其他货物时，可不预冷。

预冷时间对预冷效果影响很大，一定要加以重视。机械式冷藏车要预冷到规定的温度相对比较容易，但应注意的是应把“厢体温度”降到规定的标准，而不是把“车厢内空气温度”降低到规定标准。车厢内空气温度往往不等于厢体的温度。一般在温热季节厢体的含热量比较高，如果只是降低了车厢内空气的温度，一旦停止制冷车厢内温度很快就会回升，起不到预冷的作用。

三、装卸作业

（一）装货作业

装货作业是冷链运输作业中的重要环节，正确的货物准备和装载操作将有助于确保货物的运输质量。在操作环节中，显著影响易腐货物运输质量的因素有：操作技术与方法；制冷设备的运行；装载前和运输过程中的货物温度；车厢内气流分布；装载前的包装和装载方法。

1.装货速度和时间

在装货过程特别是搬运过程中，货物或货物包装将直接暴露于空气中，这必然引起货温的升高，货温升高的幅度与货温和外温之间的温差、装货时间、厢体预冷温度、每批货物的表面积等因素有关。试验和计算表明，搬运时间每增加1分钟，用编织袋包装的2500kg左右的冻分割肉，温升约增加0.1～0.2℃；外温每升高5℃，温升约增加0.1～0.2℃。

发运人和收货人双方确认易腐货物的名称、重量、数量、包装等信息无误后，应尽快将易腐货物装入运输工具。在向冷藏车装货时，应尽快且不得中断。

装货过程中应尽量减少开门时间和次数。当预冷的易腐货物被合理地装入预冷厢体并关闭车厢门后，制冷机组开始运行。由于装载过程中的冷量损失，制冷机组不得不花费一定的时间将温度重新降至设定的温度。

2.装货作业过程

装货作业前待运的易腐货物应自冷库提取出来。冷库宜建造封闭式月台，如有封闭式月台，冷库操作人员可适当提前将待装运的货物从冷库运送至月台，操作人员将运输工具停靠在冷库月台靠近易腐货物处，运输工具门对准封闭式月台的门套，并调整好二者的连接高度；如无封闭式月台，宜用活动式连接器将冷库门与运输工具门对接。

装货作业过程中不应使用可能会损坏设备的工具，不要损坏冷藏车的底格板和车厢门，以免影响冷藏车的气密性。装货时轻拿轻放，宜使用叉车和托盘，装载不稳固的，应采取加固措施，一旦装载完毕，货物应固定在厢体内，避免在运输途中因货物移动冲撞而受到损坏。

用棚敞车通风运输的货物，可开启棚车车门，吊起敞车侧板，加以固定，并用栅栏将货物挡住，以免运输过程中发生意外事故。

装货完毕，离开并关闭车厢门。及时记录车厢内温度。启动制冷机组，确认正确的运行模式及温度设定。采用手动除霜模式，除去蒸发器盘管上的霜或者冰，以达到最佳的制冷效果。发站应认真填写“冷藏车作业单”随车递送。采用铁路冷藏车运输时，对同一到站和要求同一温度的货物，可不限车数填写一份，由冷藏车司乘人员递交到站。“冷藏车作业单”是全面掌握易腐货物运输过程的单据。始发地、中途站及到站都应按照要求逐项登记，以便作为总结易腐货物运输经验和检查分析运输事故、划分工作责任的依据，并作为吸取教训改进工作的参考。易腐货物发运流程如图5-3所示。

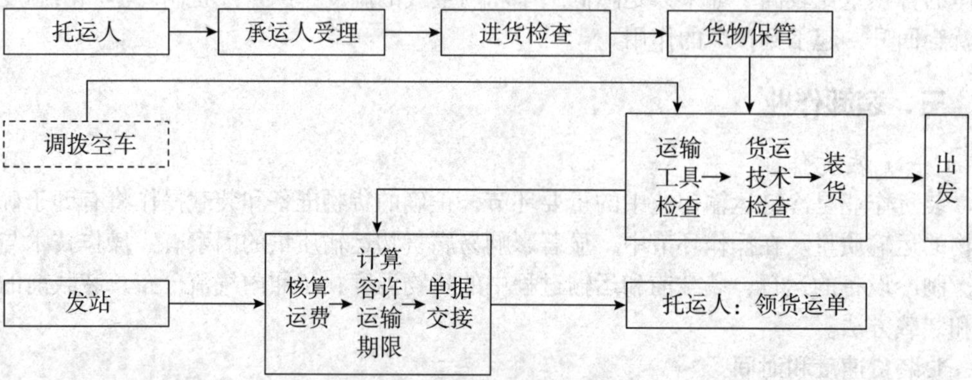

图5-3　易腐货物发运流程

3. 常见易腐货物装货作业

（1）装货品种为冷鲜肉时，待运的胴体（1/2或1/4胴体），必须采用防腐支架装置悬挂式运输，其高度以鲜肉不接触车厢底为宜。分割肉应避免高层垛起，最好车厢内有货架或使用集装箱，并且留有一定空间，以便于冷气顺畅流通。装货品种为冻肉、冻鱼等冷冻货物时，由于这类货物自身不会发出热量，而且在装车前已预冷到设定的运输温度，要求紧密堆码。不仅可以提高冷藏车的容积利用率，而且可以减少与空气的接触面，降低能耗。

（2）装货品种为水果、蔬菜等冷却货物时，因呼吸作用产生二氧化碳、水、少量乙烯及其他微量气体和热量。装载方式应稳固并留有通风空隙，以免在运输过程中造成货件间的相对运动引起产品的震动。留有通风空隙可使冷空气在包装材料和整个货物之间循环流动，带走因呼吸产生的气体和热量，补充新鲜空气。若必须同时装载货件大小不一的纸箱，堆码时应将大而重的纸箱放置于车厢底层。此外，还应留有平行通道，以便空气在货堆间流通。堆码完毕后，最后一排包装箱与车厢后门应由支撑架隔开，同时货堆还应加固绑牢，避免货件间的运动影响货堆间的空气流通，以防货物运达目的地后，打开车厢门时包装箱下坠给工人带来危险。可根据实际需要安装一个简单的木制支架。

装载前应对车厢内空气初始温度进行调控，温度适宜时方可装载。在环境温度高于运输温度时，车厢内空气初始温度应至少调整为运输温度范围的上限；在环境温度低于运输温度时，车厢内空气初始温度应至少调整为运输温度范围的下限，如无法达到，运输工具应提前预冷。可参考国家标准《易腐食品控温运输技术要求》（GB/T 22918—2008），最大温度偏差应不大于3℃。

装载过程中应实时监控车厢内温度，时刻注意观察制冷机组的显示屏或者其他测温装置，以确保温度的合理性。任何的温度偏离都必须及时解决，即使是短时间内很小的温度波动，货物的质量也有可能受到影响。若温度超出规定范围，应停止装货，并对运输工具进行检查，如仍无法维持其内部温度，应更换运输工具。装载过程中易腐货物温度变化应不大于3℃。同时也要具备温度监控的记录措施。

另外，货物温度以及外观质量的检测只有在低温环境下方可进行。

装货时应确保厢体的六个面都有足够的空间保证合理的气流分布，良好的气流模式是保证温度及货物质量的关键因素。即使制冷机组有很好的制冷效果，但如果气流模式不合理，也会导致货物品质下降。任何的堵塞或者障碍都可能导致冷气流的“短路”，导致某个区域的温度较高，产生“局部热区”，如图5-4所示。车厢内蒸发器的回风口必须保持通畅。松软的物质，例如纸屑、塑料包装等很容易被吸入蒸发器，导致气流堵塞。

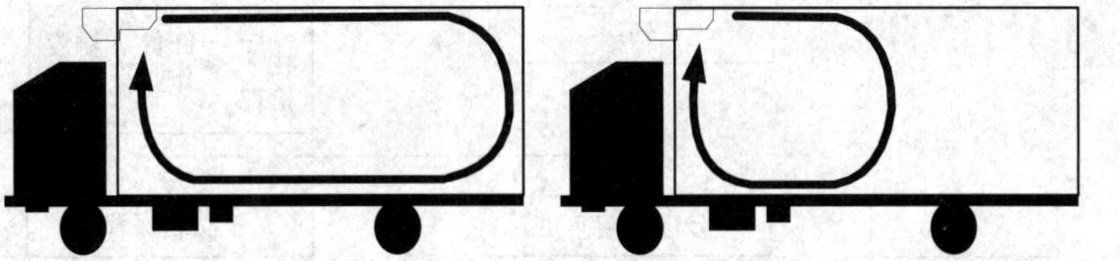

（a）合理的气流布局　　（b）气流“短路”及局部热区

图5-4　冷藏车气流分布

使用托盘装货其底部应有开口，能使空气从其底部顺利穿过。如果使用塑料包装，不能包住托盘的底部开口。滑托板和手工堆放则不利于气流的合理分布。

在堆放的货物与车厢壁之间以及各个货件之间，尽可能确保气流均匀分布，空气能顺着厢体中心到壁端自由流通。最好也能保证空气能顺着车厢上部到下部的方向自由流通，这点在冬季加温运输时尤为重要。因此，装货时每件货物都不应直接接触车厢底板和壁板，在货物与底板和壁板之间必须留有空隙。以免通过车厢壁和底板进入内部的热量直接传给货物，引起货物温度上升。装载对低温较敏感的果蔬时，货件不能紧靠车厢的出风口，以免发生低温伤害，必要时可在上述部位的货件上遮盖草席或草袋，这样低温空气不会直接与货物接触。另外货物也不要紧靠制冷机组放置，以免堵住气流。

（二）卸货作业

卸货作业是运输过程的终了作业，也是决定运输质量的最后环节，处理不当也可能“前功尽弃”，因此必须善始善终地把卸货作业认真做好，基本要求是防护妥当、清洁快速。

1. 卸货作业过程

收货人要求组织直接卸货时，应由收货人自卸，并要求组织不中断卸货作业，缩短运输工具待卸时间。到站对本站负责的冷藏车进行卸货作业必须派货运员监卸。对收货人负责卸货的也应派人检查，确认货物质量，并做好卸货作业记录，重点是货物质量的准确判定和交接温度的确认。

到站在接到货物到达预报后，应及时通知收货人准备卸货。交接双方应预先明确卸货的相关信息，包括时间、地点、货物名称、货物重量和数量、货物包装、货物在运输工具内部的堆放形式、测温记录等。交接双方确认信息无误后，应尽快将易腐货物由运输工具卸至冷库月台，尽快装入冷库，如无封闭式月台应尽量缩短卸货时间。需要冷链运输的易腐货物，须防护妥当以避免低温敏感货物的冷害、冻害或冻结货物软化等现象的发生。收货人应准备防护用品及搬运工具，组织直接卸货。易腐货物卸货作业程序如图5-5所示。

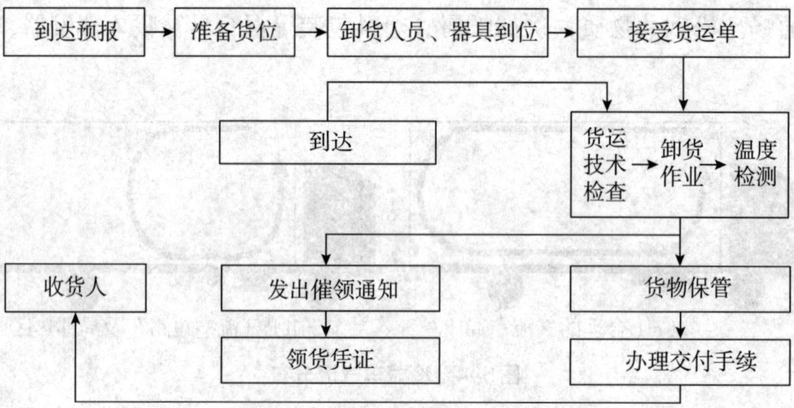

图5-5 易腐货物卸货作业程序

到站在必要时应抽查易腐货物的质量和冻结、冷却货物的温度。检测冻结货物的卸车温度，可在卸完车厢门部位的货物时（从车厢门附近卸下的货物温度一般偏高，没有代表性，不宜用作测温货件），在车内抽查2～3件货物（操作方法与装货时相同），以所测货物的温度平均值作为交接温度计入卸货作业单有关栏目内。货物腐烂变质时，应编制记录。因收货人不能及时卸货致使货物温度升高或变质，由收货人负责。

2. 卸货作业注意事项

（1）卸货时宜使用叉车和托盘，卸货过程中测得的货物温度超过允许值时，应尽快采取措施恢复至规定的温度。货物温度变化应不大于3℃。

（2）卸货前应检查易腐货物的清洁、品质状况；检查冷链运输工具的制冷/加热设备，应能正常工作；检查冷链运输工具的隔热层是否正常，门的密封是否完好；检查冷链运输工具内部温度是否符合所运易腐货物的温度要求，宜在冷链运输工具的前、中、后段分别抽样测试。卸货后应及时将运输工具清扫干净。装过水产类、肉类及被其他易腐货物污染的冷链运输工具，应进行彻底洗刷除污，必要时进行消毒，通风、晾干后关门。

（三）装卸作业应共同注意的问题

第一，组织装卸作业时，发站和托运人应加强装卸作业的组织工作，互相配合，力争缩短作业时间。采用机械装卸和托盘装载是加快装卸速度的有效手段。积极推行多式联运中不同冷链运输方式之间（如冷藏汽车和冷藏船舶）的对装、对卸也是加快装卸速度的有效措施。在对装、对卸的作业间隔期间，应及时将冷藏车的车厢门关闭，以免浪费冷量，影响货物质量。

第二，每次装卸货物的开门时间越长，机组用来降温的时间就越长。因此，加快装卸速度、改善搬运作业条件、加大每次搬运的货件数量、采取必要的隔热防护措施，对减少货物温升十分必要。

第三，易腐货物的装卸作业最好安排在夜间进行，因为夜间没有太阳照射，温度较低，同时，夜间比较安静，尘土也较少，对保持货物的热状态及卫生状态有利。若必须在白天作业，为了减少日晒、雨淋、风吹等自然条件对货物质量的影响，装卸场地应尽可能安排在有防晒、防雨设施的地点，并尽量组织快装、快卸。同时，装货作业应尽量做到快速平稳，避免发生撞击、挤压、震动、跌落等。

第四，发站发现装卸作业存在问题时，应及时联系收货人、托运人共同解决。装货完毕，相关人员应检查车厢门是否关闭严密，并及时记录车厢内温度。

第五，冷藏车（船）的装卸尽可能使用机械，装运应简便快速，尽量缩短交运时间。

四、转运接驳作业

转运接驳时，易腐货物交接双方应预先明确易腐货物的识别、堆放形式等相关信息。在确认易腐货物的名称、重量、数量、包装、堆放形式、测温记录等信息无误后，应尽快利用叉车和托盘将易腐货物由待卸运输工具转至待装运输工具。两种运输工具就近停靠，卸货之前做好易腐货物品质状况的检查。装载之前应检查运输工具的清洁状况、设备制冷是否正常，并调节待装运输工具车厢内的空气初始温度。转载过程中宜采取遮阳防雨措施，易腐货物温度变化应不大于3℃，且暴露在常温环境的时间应不大于0.5h。转载完成后应及时清理运输工具。

在运输途中，运输工具应按国家标准《易腐食品控温运输技术要求》中规定的速冻食品、水产品、肉类及肉类制品、乳制品、果蔬等温控要求维持运输温度。在外部环境温度较高时，应尽量使用调温的运输工具运输；在运输时间较短，外部环境温度允许时，可采用隔热车运输，但运输途中货物温度变化应不大于3℃。

特别要注意的是，当运输工具车厢内空气温度与外部环境温度存在15℃以内温差，在充分保温或预冷的条件下，运输时间少于12h的，可用隔热车保温运输易腐货物；当运输工具车厢内空气温度与外部环境温度存在15～30℃温差，运输时间少于6h的，可用隔热车保温运输易腐货物；当运输工具车厢内空气温度与外部环境温度存在30℃以上温差，运输时间少于3h的，可用隔热车保温运输易腐货物。城市内的多点配送运输宜使用调温的冷藏运输工具。

运输工具在运输易腐货物的途中，应尽量保持平稳，减少起伏和震动。在运输未冷却水果或蔬菜时，宜根据货物性质选择适当的时机进行通风换气。最低要求每隔2h记录一次运输工具车厢内温度，并进行实时控温。

装有易腐货物的运输工具，在运输途中不宜长时间停留。遇特殊情况需要停留时，应立即采取措施转运或就近妥善处理。运输工具操作人员应做好隔热围护结构和系统装置的日常维护保养，并做好记录。运输工具发生故障不能继续运输，应尽快抢修，不能及时修复时，应立即采取措施转运或就近妥善处理。

铁路冷藏车运送易腐货物，除发站应及时取送编挂外，编组站、区段站也应注意及时中转、编挂快运货物列车或最近的直达、直通列车。运输工具的中转停留时间，不得超过本站平均中转停留时间。

易腐货物在运输过程中最基本的要求是把货物温度保持在一定的范围内，以保证货物不因温度变化而发生腐烂或变质。

在确定冷藏车的装载量时，除应考虑上述要求外，还应考虑货物性质、冷藏车的技术特性、运输距离、运送季节等因素。多数易腐货物在装载方法上与一般货物的差别很大。因为许多易腐货物都不耐挤压，装载高度常受限制，不少货物还要人为地留间隙从而有利于车内空气循环。此外，易腐货物的单位容积装载重量一般都不太大（见表5–1），所以多数易腐货物不能充分利用冷藏车的载重力或容积。有些冷藏车的比容系数设计不合理、有些易腐货物的包装规格与运输工具内部尺寸不匹配，都会影响冷藏车载重力的利用。

表5–1　　各类易腐货物的单位容积装载量

品名	单位容积装载量（kg/m^3）
冻牛肉	400
冻鱼	450
冻禽（箱）	350
鲜蛋（箱）	320
冻羊肉	300
块状冻肉或冻副产品	650
冻鱼（箱）	350
冻鱼（盘）	300
鲜水果	340
冰蛋（听）	550
冰块	800
冻鱼片（箱）	550
动物油脂（箱）	630
罐头食品	600
其他食品	300

考虑各种因素的影响后，易腐货物使用冷藏车的装载量一般可按式（5–1）确定。

$$M_{货} = V\gamma\varphi \tag{5–1}$$

式中：$M_{货}$ 为货物的装载量，单位为kg；V为冷藏车的有效装载容积，单位为m^3；γ为易腐货物的单位容积装载量，单位为kg/m^3；φ为冷藏车的容积充满系数，冻结货物和不发热的冷却货物该系数取0.9～1.0，有呼吸热的货物该系数取0.5～0.8，也可采用经验数值。

目前，水果、蔬菜（主要是叶菜）如不能在装入冷藏车运输前预冷，对制冷能力小的冷藏车而言，应减少装载吨数，以保证货物安全。如发站有条件在叶菜内夹入碎冰，则可不减少装载吨数，这样虽然额外耗费了冰，但由于运费节省更多，在经济上还是合适的。

五、运行组织

（一）运行组织方法

易腐货物的特性要求从产地到消费者手中，要不间断地保持一定的温度，同时以最快的速度运输。因此易腐货物冷链运输要求设备、运输方式的组织和各冷链节点上的生产、运输、销售部门要充分协作、紧密配合，保证多式联运环环相扣，每一个环节都要符合要求。只有这样，才能保证货物的质量。若从生产到销售的过程中有一个环节、一个阶段不能保持合适的温度，或运输速度太慢，就不可避免地要降低货物质量甚至使其完全变质腐烂。

易腐货物冷链运输组织工作的协调配合，包括设备和组织工作两方面的内容。

（1）在设备上，生产采购部门、运输部门和销售部门都必须具有冷链设备，形成一个完整的冷链。

生产性冷库生产或加工出来的易腐货物，由冷链运输工具运到区域中心的分配性冷库或港口的换装冷库暂时贮存，接着由短途运输的冷藏汽车从分配性冷库运到区域内各销售点的小型冷库或冷藏柜，或由水路冷藏船运往其他地区，使易腐货物从生产到消费始终处在同一标准的冷链条件下。

同时，冷链节点上的生产、运输、销售各部门的设备（如各种冷库、铁路冷藏车、公路冷藏汽车、水路冷藏船以及冷藏集装箱）在数量、质量和规格上都应协调配合。冷链设备发展的数量、速度和标准要根据客观需要，互相配合地发展。在规格上，如易腐货物包装和托盘规格，铁路冷藏车、公路冷藏汽车和水路冷藏船的装载重量和容积，以及它们适合的低温和高温货物的类型，也需要统筹考虑，以免互相脱节，造成设备的闲置或浪费。

（2）在运输组织工作上，生产部门的货源准备、车辆准备，途中的运行组织，销售部门的分配安排和贮存准备以及与其他运输方式的衔接等，都要按照冷链运输过程的客观要求，做到相互沟通与协调，共同完成运输任务。

涉及具体某种易腐货物的冷链运输时，往往受到当时特定的运输环境的制约，因而必须综合判断。需要考虑以下因素。

①货物种类。货物的形状、单位容积装载量、危险性、变质性等。比如冷冻肉、冷冻禽类，既可以采用公路冷藏汽车运输，也可以采用铁路冷藏车运输，但液态奶一般只

能采用公路冷藏汽车运输，水产品多采用水路冷藏船运输。

②运输量。一次运输的批量不同选择的运输方式也不同。一般来说，原材料等大批量的货物运输适合采用铁路运输或水运。

③运距。一般来说，中短距离的运输比较适合采用公路运输。

④交货时间。货物运输时间长短与交货时间有关，应该根据交货期选择合适的运输方式。一般国际之间的冷藏货物大多采用冷藏集装箱或航空冷藏运输。

⑤运输成本。货物价格和运输费用是选择运输方式时要重点考虑的内容。并且还必须从物流成本的角度综合考虑。

（二）冷链运输组织工作应注意的基本问题

要保证易腐货物运输质量，必须从货源准备开始，做好有关冷链运输的各项工作，达到理想的冷链运输效果。易腐货物的冷链运输可采用铁路运输、公路运输、水路运输及航空运输等运输方式，运输方法应与货物特性和气候条件相适应。

由于易腐货物本身具有与一般货物大不相同的特性，在进行易腐货物冷链运输时，温度是主要的条件，但不等于说温度控制好了，什么问题都解决了。事实上，贮运环境的湿度、通风状况和清洁状况都对易腐货物的质量产生直接的影响。而且温度、湿度、通风状况、卫生条件是易腐货物冷链运输组织工作应注意的基本问题。

（三）冷链运输组织运行

1.建立运输工具的快速取送制度

根据统计资料，在运输组织不佳的情况下，冷藏车在发站的作业时间占10%，运行时间占40%，中途停留时间占50%，而在中途停留时间中，运输工具的待解、待送、待取和待发的时间又占80%以上。由此可见，要加速冷藏运输工具的运行，压缩货物在途时间，建立运输工具的快速取送制度是十分必要的。

冷藏车的编挂应做到尽量缩短在编组站的停留时间，做到快解、快编、快发；除中间站装卸货物外，均应根据作业计划将冷藏车编入快运列车或直达、直通、区段列车中。组织开行快运列车是加速易腐货物运输的好办法。

铁路快运货物列车运送易腐货物的办理范围主要是出口物资、支农物资。快运货物列车的基本特点是“定点、定线、定编组、定时”，即从发站至到站一贯到底。不论列车的编成站，还是沿途站以及到站均应严格按列车时刻表组织各项工作，使运输工具的非生产停留时间缩短到最少，极大地提高运输速度。

铁路快运货物列车还实行了发站作业定型化，如定时送车、定时装车、定时取车、定时挂车等制度。为了把快运货物列车停车站以外的其他车站的运输工具挂入快运列车，还在运输方案中规定了衔接快运列车的运行线，从而扩大了快运列车的吸引范围。

2.加强冷藏车的管理

加速冷藏车的运行，提高其运输和运用效率与加强对冷藏车的监督和管理密不可分。为了加强冷藏车的管理，必须建立冷藏车各级管理机构和管理制度，对冷藏车实现按车组的动态监督和管理，内容包括：车号、厂段修理日期、空重车状态、装货品名、装货站、卸货站、到达车次、到达时间、出发车次、出发时间、管辖范围内的停留时间、现车所在地及去向等。通过对上述内容的监督和管理，可让调度员随时掌握运输工具的装卸转运动态，检查和督促冷藏车的快运，加速周转，提高运用效率。

六、途中服务

易腐货物运输的途中服务视货物性质及运输工具类型不同而有所区别。机械冷藏车装运易腐货物主要由司乘人员进行操作，正确控制运输温度，除运行一定时间后需要进行加油、上水外，沿途各单位不提供其他服务。

另外，由于我国幅员辽阔，南北方气温悬殊，因此根据运输易腐货物的气温条件选择运送服务方法时，应全面考虑各站的气温情况，按照冷藏的条件选用运输工具并采用相应的装载和途中服务方法，根据“特殊地段”的温度（温热季节考虑较高温度地段，寒冷季节考虑较低温度地段）采用较高要求的服务方法。

如运输全程兼及两种或两种以上服务方法，则发站在运输工具整备上要兼顾几种服务方法的需要。例如，12月由四川向东北发运柑橘，发站温度在10℃以上，到站温度在-20℃以下，这时按发站温度需要冷藏车运输，而按到站温度则需要防寒。在这种情况下，装货前就需要在车内加挂棉门帘等防寒材料，到0℃以下地段即处于保温防寒状态。用机械冷藏车运输时也要按南段制冷、中后段保温的方法操作，必要时还可以加温。

为了明确途中服务方法，便于机械冷藏车司乘人员正确操作，以免发生差错造成事故。托运人在办理托运时，也应在运单上注明运输方法，如“途中制冷”“途中加温”“途中不制冷”“途中不加温”等。

根据易腐货物运输的具体情况，需要对冷藏车进行通风。机械冷藏车由于结构上有自然通风与强制通风两套装置，途中和停站通风都方便操作。

（1）适当通风

为排除车内不良气体及杂味、多余的水汽并更换新鲜空气或帮助降低车厢内温度，冷藏车运输未经冷却的水果、蔬菜、蛋类及熏制品时，在途中均应视货物状态及外界气温进行适当的通风。

（2）通风要求

进入车厢内的空气要干净、无煤烟、无水汽和尘土，以免污损货物。

在温热季节要求进入车内的空气温度低于车内温度，如高于车内温度时，应进行预冷，否则不宜通风，防止因通风而提高车内温度。一般来说，温热季节应在夜间或清晨通风为宜，受到太阳直接照晒的车厢门禁止开启；寒冷季节则应在白天进行通风。雨天、大雾天气如有必要进行通风时，不要打开通风盖，以免影响车内温度和湿度，列车进入隧道较多的地段，不要进行通风，以免烟雾进入车厢影响货物质量。在寒冷季节一般不进行通风，以免冻坏货物。车厢内底层温度达到3℃左右时，应关闭通风口盖、车厢门。外温低于-10℃时，一切易腐货物都应停止通风，以免冻坏货物。

第四节　集装箱运输的组织及管理

为了提高冷链运输过程中的作业效率，减少易腐货物损耗，冷链运输多式联运一般采用冷藏集装箱运输。冷藏集装箱具有一定的隔热性，能保持一定低温。按制冷方式划分，冷藏集装箱有保温集装箱、外置式冷藏集装箱、内藏式冷藏集装箱、液氮和干冰冷藏集装箱。

1. 技术经济特点

冷藏集装箱装载容积率高，运输能力大，具有足够的强度，可长期反复使用，途中转运时，箱内货物不需要换装。适用于一种或多种运输方式运送。

冷藏集装箱具有快速装卸和搬运的装置，在使用中可以实现整箱吊装机械化装卸作业，装卸效率高。在冷链运输的起点和终点便于易腐货物的装卸，装卸转运时间达到最佳水平，加之冷藏集装箱人工费用低，降低了运输费用。

冷藏集装箱调度灵活，周转速度快，能够满足批量灵活的运输需求，也适用于小批量易腐货物，是一种经济合理的运输方式。

箱内温度可在一定范围内调节。箱体上还设有换气孔，而且温差可以控制在 ±1℃之内，避免了温差波动对货物质量的影响，可以实现与冷库“门对门”装卸，实现从产地到销售地“门到门”的运输，避免“断链”。例如，冷藏集装箱可利用大型拖车直接开到果蔬产地，产品收获后直接装入箱内降温，果蔬在短期内即处于最佳储运条件，保持新鲜状态，直接运往目的地。这种优越性是其他运输工具不可比拟的。

2. 特点

冷藏集装箱的优点包括以下几点。

（1）有利于确保易腐货物冷链运输条件的连续与稳定，减少冷却、冻结货物在装卸场地的暴露时间。避免易腐货物受外温影响而升温或导致低温病害，降低了食品品质下降和被污染的风险。从而保证了易腐货物的品质，减少和避免了运输的货损和货差。

（2）运送途中各种冷链运输方式联运时不需要倒装易腐货物，减少运输环节、加速货物送达、保证易腐货物质量、增加外汇收入。以洪泽湖螃蟹运到香港为例，航空运输的运费比冷藏集装箱运输的运费贵12倍。

（3）按市场需要供货、保证市销价格稳定。用冷藏集装箱运货，到达目的地后若市场供大于求，则可以继续制冷，市场需要时再卸货上市，可保证好价出售。而使用其他冷链运输工具，就很难做到这一点。

（4）扩大易腐货物的运销范围。冷藏集装箱可控制适宜的恒温，易腐货物又不需要倒装，可延长易腐货物的运输时间，扩大运销范围。

陆运集装箱还具有独特的优点。与铁路冷藏车相比，陆运集装箱在产品数量、品种和温度上的灵活性大大增加。铁路冷藏车的大列挂有20节冷藏车厢，小列挂有10节冷藏车厢，不管货物多少，只能有两种选择，而陆运集装箱的数量可随意增减。陆运集装箱可以连续运行，由于柴油发电机的开停受箱内温度的控制，避免了其空转耗油，集装箱在7d运行期间，中途不用加油；陆用集装箱的箱体构造轻巧、造价低；能最大限度地保证食品质量，减少运输途中的损失。如运输新鲜蔬菜时，损耗率可从棚敞车运输的损耗率30%～40%降到1%左右。

3.适用范围

冷藏集装箱适用于各类易腐货物的冷藏贮运，近年冷藏集装箱的发展速度已经超过其他冷藏运输工具的发展速度。冷藏集装箱可在世界范围内流通使用，是陆海空冷链运输工具中发展最快、应用最多的重要运输工具，具有冷链运输通用性且实现了国际标准化。

新型冷藏集装箱结构和技术性能更合理先进，有广泛的适用性。标准的冷藏集装箱可与火车底盘相匹配，通过铁路进行运输。这些集装箱满足了国际标准化组织（ISO）的统一标准，运输者也可以将这些冷藏集装箱通过水路或者公路来运输。冷藏集装箱是一种最适宜运送易腐货物的运输工具。

冷藏集装箱能促进易腐货物的外贸发展，增加外汇收入。国际食品市场对易腐食品的质量要求相当高，没有先进的、具有一定规模的冷链运输工具，易腐货物的运输质量很难保证。比如新西兰苗圃业不仅出口叶菜类观赏蔬菜，还出口季节性和常绿的苗木。新西兰用海运代替空运，使用国际标准化冷藏集装箱不仅大大降低了运费，而且保证了销路。因此可以说，没有冷藏集装箱就没有蓬勃发展的新西兰出口业。这一结论，对我国也同样适用。

案例分析

思考与练习

（1）冷链运输有哪几种运输方式？各种运输方式的特点及适用范围是什么？

（2）易腐货物有哪几种运输方法？

（3）易腐货物和车厢预冷的作用是什么？

（4）冷藏集装箱在装货作业时需要注意的事项。

（5）谈谈装货作业时如何装载货物以保证车厢内气流分布。

（6）易腐货物冷链运输有哪些基本要求？

（7）技术先进的国家是如何进行果蔬采后处理的？

（8）谈谈哪些因素影响货物预冷速度。

（9）某配送中心需要运输一批冻牛肉（单位容积装载量为400kg/m^3），现有13米半挂冷藏车（有效装载容积为61m^3，容积充满系数取0.95），试计算冻牛肉的装载量。

第六章 冷链商品配送管理

学习目标

本章主要介绍冷链商品配送管理，包括冷链配送基础、冷链配送管理、冷链商品配送设施设备与管理以及生鲜电商配送模式创新，通过对冷链配送基础理论以及设施设备的学习，对冷链配送过程的特点以及管理方式有一定的了解；由于生鲜电商的迅速发展，使得我国生鲜电商的配送模式在不断地创新，通过对各种创新配送模式的学习，有助于对生鲜电商配送管理的认识。

第一节 冷链配送基础

随着经济发展，全国性冷链商品需求快速增长，冷链配送需求也不断增加。本节主要介绍冷链配送的基础内容，首先介绍的是冷链配送的内涵与特点，接着介绍冷链配送的产生、发展历程以及未来发展趋势。通过学习本节，能够对冷链配送基础知识有比较完整的认识，为继续深入学习冷链配送知识打好基础。

一、冷链配送内涵与特点

（一）冷链配送内涵

《物流术语》（GB/T 18354—2006）提出了低温条件下的食品冷链物流网络论，标准中称冷链（cold chain）是为保持物品品质而采用的从生产到消费的过程中始终处于低温状态的物流网络。并定义了温度保持在0~10℃范围内的仓库区域为冷藏区，温度保持在0℃以下的仓库区域为冷冻区。从国外关于冷链的定义来看，冷链商品不但包括食品还包括需要低温运输的医药产品，如疫苗等。而国内冷链和冷藏基本上就是指食品的冷链，虽然冷链的定义众多，但都大同小异，在对象（食品、药品等）、冷链运作条件（低温）、涉及环节（生产加工、贮藏、运输、销售、消费）、目的（保证食品质量、减少食品损耗）等方面都是一致的。

引例

配送（distribution），是一种现代物流方式和新型的流通体制。在日本工业标准（JIS）中，配送定义为：将货物从物流节点送交收货人，也强调了送货的含义。我国的国家标准《物流术语》将配送定义为："在经济合理区域范围内，根据客户要求，对物品进行拣选、加工、包装、分割、组配等作业，并按时送达指定地点的物流活动。

冷链配送是冷链物流的一个重要环节，随着技术的不断进步和消费者要求的不断提升，冷链配送的重要性日益突出。和普通配送相比，冷链配送在技术上和设施设备上的要求都很高，冷链技术是指保证产品在生产、运输、销售和储存的全过程中，能够将温度控制在产品所需温度范围内的各项技术；冷链配送的设施设备包括专业冷藏车、冷柜、冷藏箱和制冷机等。

冷链配送是配送的一种特殊方式，相对于一般的配送，冷链配送有很高的技术和环境要求。Arsdel等人于1965年提出了著名的"3T"原则：产品的质量取决于时间（Time）、温度（Temperature）、耐藏性（Tolerance）。"3T原则"为产品质量和技术要求建立了关系，也对评价冷链物流正式提出了测量指标，要求不同的产品有不同的温控和贮藏要求，成为冷链物流领域的基本原则之一。根据冷链运输温度的要求，可将冷链配送分为三大类：冷冻配送、冷藏配送和恒温配送，而每种配送方式由于温度不同，所需的设施设备也不尽相同。根据《冷链运营管理规范》，食品运输（配送）作业的基本要求是：①食品运输与配送应选择合适的冷冻冷藏车或其他有温控设施的车辆。车辆应安装定位与温度记录及传感设施。非冷冻冷藏车不得长途运输温控食品，没有安装蓄冷材料的车辆不得短途配送温控食品。②食品不得与任何有毒、有害、有异味的货物同车装。不同温度要求的物品不得混装。③温度记录仪应在车辆装运货前开启并进行记录，运输途中应该检查厢体内温度变化情况，发现温度异常的，应采取措施，确保温控食品的温度达标。

本书认为冷链配送是指利用冷链技术和设施设备满足不同物品对温控和储存的要求，对物品进行拣选、加工、包装、分割、组配等作业，并按时送达指定地点的物流活动。

（二）冷链配送流程

消费者或者零售商客户产生配送需求后，通过电话、网络、邮件等方式下单。

1. 入库

配送中心先接收供应商送达的冷链商品。接着对冷链商品进行检验，检验活动主要包括核对冷链商品有无损坏变质，商品种类、数量及品质是否与供应商订单一致等。经检验合格后配送中心对冷链商品进行入库作业，录入入库信息。

2. 储存

入库之后的冷链商品将上架并在配送中心短暂储存，配送中心设有专门的冷藏区、冷冻区以满足冷链商品的仓储需求，但冷链商品在配送中心的储存时间一般较短。

3. 分拣

工作人员根据拣货单对仓储区货架上的冷链商品进行拣选，并将拣选完毕的商品转移至流通加工区进行流通加工。

4. 流通加工

流通加工包括包装、组装、贴标签等作业活动。配送中心工作人员对分拣后的商品进行组合、包装、贴标签等操作以满足冷链商品配送过程中的温控要求和出库要求。

5. 出库

配送中心根据配送计划下达出库通知，出库作业也需要对冷链商品进行检验，检验活动主要包括核对冷链商品有无变质、包装是否完好、商品种类数量及品质是否与出库单一致等。经检验核对之后将出库商品信息录入信息系统。

6. 装车运输

配送中心对出库后的冷链商品按照配送计划和装车单进行装车，然后运输车辆将按照指定的路线运送至客户，完成配送工作。

冷链配送流程如图6-1所示。

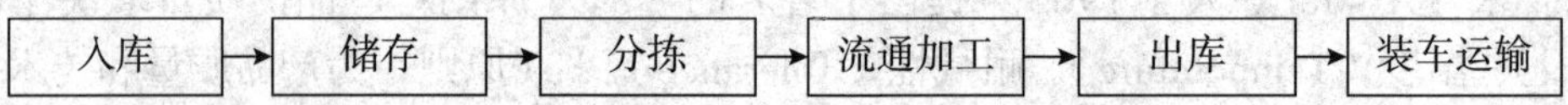

图6-1　冷链配送流程

（三）冷链配送特点

1. 配送时效性

冷链商品的生命周期短，在运送过程中运送时间长会造成产品品质下降，如果运送时间增加，虽然品质不至于达到不可食用的地步，但是人们购买此类产品的概率会降低，销售量会减少，从而造成损失。这部分虽然是销售商的损失，但是因为运送时间的延误而造成销售上的损失，理应由配送商承担。因此冷链商品销售商为了保证产品质量，在货物到达销售端时，往往会有时间窗（time windows）的限制，要求运送者必须在事先约定的时段内送达。因此事先规划配送路线，考虑时间窗的限制，不仅可以降低运输企业的营运成本，还可以提高销售商的服务水准，满足顾客的需求。

2. 设备特殊性

和常温配送相比，冷链配送由于要在冷藏库、进出通道、保温车辆等硬件方面和作业环节有明确的温度、湿度要求，因此，冷链配送体系建设的初始投入较大，技术含量高。保温、保鲜、节能、环保技术应用于库房规划设计、进出库作业、在途运输、商品交接的各个环节。相应的投资成本、管理成本和营运成本较常温物流系统更为突出，一般中小型企业难以自建冷链物流系统。一天之中气温会随着时间的变化而变化，在不同气温下为维持产品适宜的低温，冷藏运输车的油耗会随着温度的上升而增加，这就使得冷链配送商在配送时必须额外考虑气温的变化。

3. 安全防护要求高

食品占冷链配送品项的70%以上，在运送过程中由于各种原因会使货物品质逐渐下降。冷链商品品质随时间推移而变化的过程中，温度是影响其品质最重要的因素。因此食品安全防护是冷链配送质量的重要内容。而冷冻食品从生产到消费的过程中，经过加工、冷藏、运输及销售环节的冷藏，各环节的冷藏温度皆不相同。冷链食品安全防护贯穿于冷链配送的各个环节，从供应链收货过程、在冷库进行分拣配货作业、配送途中车辆的温度监控到最终入库（上架）并交付给最终客户，商品有效期、温度、湿度、鲜度控制，装运器具的清洁卫生以及配送人员的健康状况，都是冷链食品安全管理涉及的内容。

二、冷链配送产生与发展

（一）冷链配送发展历程

1. 国外冷链配送发展历程

第一阶段，由于制冷机、冷冻剂和电冰箱的发明，制冷技术开始广泛应用于食品工业，食品工业得到了迅猛发展。随后制冷技术向规模化、工业化发展。1908年，工程师Albert Barrier在说明控制低温条件能确保冷链商品品质时，用法语第一次使用了冷链（Chainedu Froid）这一术语，冷链初步形成。

第二阶段，冷链物流已逐渐走向成熟，运输品类更加多样化，制冷技术和运输设备更加先进。但是由于这一时期仍然处于传统工业化时代，冷链商品零售业刚刚兴起，零售商对冷链物流效率要求不高，交通设施相对落后，因此冷链物流在运行效率和配送衔接上还不够完善。

第三阶段，这时的冷链物流已演化成多品种、小批量、标准化和规范化模式，“冷链”的概念已由之前的“原产地—初预冷—冷库—冷藏运输—批发站点冷库”发展为“原产地—初预冷—冷库—冷藏运输—批发站点冷库—零售商场冷柜—消费者冰箱”。这一阶段的冷链物流已基本发展成熟。

2. 国内冷链配送发展历程

（1）冷链配送的起源阶段

中华人民共和国成立后，受国外先进冷链物流体系的影响，我国最早在肉食品外贸出口业务中开展冷链物流服务。1982年中国颁布了《中华人民共和国食品卫生法（试行）》，对冷链物流起到促进作用。

（2）冷链配送的初始发展阶段

21世纪，人们的生活水平普遍提高，对生鲜食品的需求不断增加，对食品新鲜度提出了更高要求。2001年中国物流与采购联合会的成立以及政府和社会对物流业发展的广泛关注，促使我国冷链配送初步发展。同年，中国成功加入WTO，更为冷链配送发展注入了新鲜血液。中国物流与采购联合会成立后，冷链物流基础工作全面展开，如冷链物流标准化、信息化的建设，冷链物流理论研究以及冷链物流业总体规划等，促使我国冷链物流企业朝着国际化、规范化的方向发展。

这一时期许多生产企业处在初创阶段，规模比较小，为提高核心竞争力，生产企业将物流业务外包给传统物流企业。因此，一部分物流企业开始承担易腐产品的配送任务。这一阶段，由于传统物流企业刚刚接触易腐产品配送业务，还是采用原有的物流设施设备，对易腐产品配送要求也不是非常熟悉，造成较多的产品损耗，使得生产企业的物流成本高昂。

（3）冷链配送的蓬勃发展阶段

从2009年开始，我国生鲜电商发展速度较快，生鲜电商企业进入高速发展期，伴随着生鲜电商的发展，冷链配送也迎来了黄金发展阶段。随着物流业务的发展，许多传统的物流企业也纷纷加入冷链配送行业的大军，许多快递企业也纷纷抢夺冷链配送业务，如顺丰速运、韵达速递。物流企业纷纷投入大量资金建造冷链电商企业需要的专业物流设备，构建自动化冷藏仓库，购买冷藏车辆，极大地提高了冷链配送的服务能力，提高了客户满意度。

也有许多有实力的大型生鲜电商企业选择自建物流公司，如盒马鲜生，京东生鲜等。这些大型生鲜电商企业普遍拥有多个物流中心多种配送设备与专业物流工具，同时也拥有高素质的专业管理人才，极大地提高了冷链配送的服务能力，保证了配送质量，提升了客户满意度，也有效降低了配送成本，减少了车辆油耗与碳排放。

（二）冷链配送发展趋势

1.冷链商品市场容量将进一步扩大

① 卖场、连锁超市、便利店等新型业态的持续发展，使得生鲜冷冻区在各业态中的比重也在不断地增加，并且这些业态把冷冻产品作为重要的经营品类，是冷链商品销售不可替代的主渠道，从而扩大冷链商品的市场容量。

②随着人们受教育程度的不断提高和竞争的日益激烈，人们逐渐倾向于通过节省“厨房时间”来增加自己的学习、工作或休息时间，这也使冷链商品的销售量不断增加。

③年轻消费者在顾客群中所占的比重不断扩大，加上消费理念的更新，年轻消费者大多不愿将太多的时间花费到厨房里，对冷链商品的认可程度却在不断提高，这同样促进冷链商品市场的不断扩容。

④市场的激烈竞争促使冷链商品加工企业不得不提高产品质量、服务质量，无论是在产品上，还是在包装上都竭力吸引顾客消费，相应地也就提高了冷链商品的质量，使更多的消费者倾向于冷链商品的消费。

⑤冷链商品种类的不断增加。传统的水饺、汤圆、包子等速冻产品已发展到了极致，企业必须不断地开发新的产品。而菜肴作为新型的冷链商品将会受到企业的关注，使中华传统美食延伸到冷链商品中。

2.冷链物流将重新整合，形成完善的冷链物流系统

冷链商品为达到保鲜的目的，要求快速、及时进入消费环节，流通环节越少越好，以确保冷链商品的新鲜度和食用安全性。但农产品生产和消费上的分散性又使冷链商品在流通中不可避免地要进行一次或多次集散。因而需要建立冷链物流系统，将易腐、生鲜食品从产地收购，再进行加工、储存、运输、销售，直到消费的各个环节都处于适当的低温环境中。因此，冷链物流转向多品种、小批量的运输已成为必然趋势。冷链物流的重新整合有两种形式。一是通过生鲜加工配送中心的建设和运作，对连锁企业内部的销售能力和库存进行重组，可以提高门店冷冻冷藏产品的质量控制水平，加强采购谈判能力，有效地建立起统一的冷链商品采购验收标准并在经营中统一执行，减轻单店生鲜冷冻区的管理压力。二是以冷链商品加工配送中心为核心，向冷链的上游延伸，使卖场、连锁超市、便利店等与冷链上游的沟通更加顺畅，商品采购供应更有保障。

由于冷链商品的特性，对配送的要求较高，从单个企业来讲要实现多方位、门到门的通路配送服务则是不现实和不经济的，同时企业的产品想要辐射全国，就必须借助提供完整服务的第三方物流，使冷链商品配送服务更大限度地适应企业的发展需求，解决企业冷链物流的发展瓶颈。因此，第三方物流在冷链物流中占有一席之地。

3.冷链物流基础设施将进一步完善

冷库作为冷链物流的中枢，在我国近年来得到了显著的发展，不仅建库的规格和容量急剧增长，冷库管理与控制也日趋完善。这主要表现在以下方面。

①冷库容量逐年快速增长，稳中趋缓。从2014年至2018年全国冷库总容量逐年增长，年增长率保持在10%左右。整个冷库市场处于新旧动能转换的过渡时期，很多旧冷库面临整顿和拆迁。

②冷库地区分布均匀化。冷链配送发展初期，冷库主要集中在大中城市，随着全国消费水平的整体提升以及全国性冷链商品需求的上涨，冷库建设趋向城镇化、乡村化。随着产地冷库建设，冷库地理分布更加均匀，深入乡村。

③冷库建设私营化、小型化。冷链物流发展初期，我国冷库均为公有制。随着冷链物流的蓬勃发展，越来越多的私营企业投资自建冷库。私营企业根据市场需求调整冷库规模，出现小型化趋势。

国外冷链物流之所以发展迅速，冷藏运输装备的发展起到了极为关键的作用。发达国家已逐步淘汰了冰冷车和机冷车，在20世纪50年代后以年均15%的速度递增推广使用冷藏集装箱，目前已广泛采用机械式冷藏集装箱，并有通风、气调、液氨、保温、冷板等多种类型的冷藏集装箱，极大地促进了冷链运输的发展。针对当前冷链物流的发展，我国冷链运输应积极发展适应多品种、小批量的小编组机冷车，满足市场对多品种、小批量货源运送的需要，同时应积极发展机械式冷藏车和冷藏集装箱。冷藏集装箱改变了冷链商品依靠冷藏车的状况。冷藏集装箱单独供电制冷，可以使用集装箱平车和敞车装运，既具有冷藏车的制冷作用，又具有集装箱的灵活性、安全性，便于实现计算机管理，便于多式联运等特点，这是未来冷链运输的发展方向。

4.广泛采用信息技术

发达国家在冷链物流中广泛采用先进的信息技术，对冷链商品的生产、储存、运输、销售实施全过程控制，如美国、日本的计算机联网管理系统和欧洲的电子数据交换系统，都在冷链物流中发挥了很好的作用。我国也应积极建立有统一标准数据的计算机管理信息系统和电子交换系统，为冷链物流有关方面提供准确的市场动态和信息沟通，通过计算机系统可及时了解冷链商品的生产、加工、储存信息，掌握供应链中冷链商品的数量及位置，及时地提货和补货，从而提高冷链物流的作业效率与管理水平。同时也对各种冷藏车的运输进行全面的动态监控，为冷链商品安全审查提供可溯源性信息支持，对于问题商品可以追查到底。

与国外较为成熟的冷链物流市场相比，我国还应该在多个方面加强发展。

①规范冷链物流市场。我国的冷链物流与发达国家相比差距十分明显。要建立完整独立的冷链物流体系，首先要建设一个规范的市场，用道德和法律的手段保证冷链物流市场的良性竞争和发展，同时要加强供应链上下游之间的整体规划与协调。

②提高冷链物流的市场化程度，加速第三方物流企业的介入。从冷链物流行业的发展趋势、市场的需求导向以及企业长期发展来看，专业的第三方冷链物流企业是未来参与冷链物流市场竞争的主体。

③加强冷链物流的硬件设施建设。一个冷链物流中心的建设不仅需要大量的资金，

而且需要大量的技术支持。由于其自身的特点决定其投资收回的周期较长，运营时的维护资金需求也较多，仅依靠政府或者仅依靠企业不能完全完成冷链物流硬件设施的建设需要，需要企业与政府联合起来，共同投资，共同管理。

④加强冷链物流标准化和监管机制的完善。现在我国的一部分法律法规并不是从冷链物流全程的角度进行制约的，即使有规范也缺乏统一、严格、科学的高标准，亟待完善。国家有关部门要制定有利于冷链物流产业发展的相关法规和制度，尽快完善冷链配送标准，将其纳入冷链市场准入制度中，建立有效的监管机制，严密监测冷链商品在冷链各环节中的运行状况。

⑤加强对冷链操作标准执行的监督力度。有些国家的冷链物流之所以发展得很好，一方面是政府制定了严格的标准和行业行为规范；另一方面是企业受到了来自社会多方面的监督。加大监督力度是促进冷链物流发展的手段之一。此外，还要实施HACCP（危害分析关键控制点）体系，确保冷链商品在各环节中的质量。

第二节　冷链配送管理

通过上一节的学习，已经对冷链配送的内涵与特点、产生与发展等基础内容有了一定了解。本节将从冷链配送战略管理、冷链配送运营管理以及冷链配送绩效管理三个方面来介绍冷链配送管理，帮助了解冷链配送中心选址及冷链配送服务设计，了解冷链仓储及冷链最后一公里配送管理，掌握冷链配送绩效指标体系及冷链配送管理绩效优化方法。

一、冷链配送战略管理

（一）冷链配送中心选址

1.冷链配送中心概念

冷链配送中心是冷链物流网络中的重要节点，依托不同层次物流设施设备展开一系列的物流活动，是冷链物流实施过程中一个重要的环节。

常温配送中心与冷链配送中心特征比较如表6-1所示。

表6-1　常温配送中心与冷链配送中心特征比较

	常温配送中心	冷链配送中心
主要功能	以储存、分拣、配送常温商品为主	包括加工、保鲜、包装等附加功能
所处位置	通常在供应链中游	在供应链下游接近消费环节
辐射范围	较大，一般跨省市	相对较小，多数半径小于50千米
服务对象	通用性和综合性强	专业性和针对性强
业务特征	品种单一、大批量、供应商相对单一	多品种、小批量、多供应商

本书将冷链配送中心定义为冷链物流功能健全，具有加工、保鲜、包装等附加功能，辐射范围相对较小，具备完善的物流信息网络，且能够为不同商品提供适宜储藏温度的从事冷链物流服务的场所或组织。

2.冷链配送中心选址原则

（1）成本效益原则

成本效益原则是冷链配送中心选址最基本的原则，是在保证企业服务质量的基础上尽量压缩配送成本。主要考虑冷链配送中心的建设运营成本以及环境污染、交通压力等城市综合成本。

冷链配送中心建设运营成本要考虑初始建设投资成本和投资建成后的日常运营成本，前者主要包括用地成本、冷藏设备等固定资产投入；后者主要包括日常维护、与吞吐量相关的加工费用、与物流流量相关的运费及配送过程中的能耗成本、与配送时间和数量相关的腐坏货损成本、用户满意度成本等。

城市综合成本是指由于冷链及配送中心建设运营给城市带来的交通拥堵、噪声、废料、尾气排放等交通环境成本。

（2）战略性原则

冷链配送中心的建设需要大额投资，建成后沉没成本很可能成为拖垮整条冷链的巨大隐患。因此冷链配送中心选址需要在兼顾城市整体发展规划要求以及企业的可持续健康发展的基础上，对选址进行战略性考虑。

（3）系统整体性原则

配送规划决策过程中的相关变量往往具有效益悖反（trade-off）的性质，通俗地说就是一个成本参数的降低往往会造成另一个相关成本参数的升高。这就需要对不同成本变量之间的冲突进行取舍，在满足时效性冷链配送质量和相关约束条件的制约下，平衡各项成本参数，做到总成本的最优化。

（二）冷链配送服务设计

1.冷链配送服务设计的概念及特点

冷链配送服务设计是以用户为中心，考虑配送对象的环境温度需要，对冷链配送全过程进行系统性设计，从而提高用户体验和服务质量的一系列活动。冷链配送服务设计的两个关键点是时效性和便利性，这会影响到冷链配送服务的质量和用户满意度。通常，冷链配送服务时效性越强，服务质量越高；冷链配送服务便利性越好，用户越满意。

但冷链配送服务设计中高时效性和便利性的服务通常伴随着高成本，且用户通常并不愿意为高时效性和便利性的服务承担很高的价格，需要平衡时效性、便利性与用户满意度之间的关系。管理者必须仔细考虑并处理以下矛盾问题。

①降低时效性可以减少成本，但这可能使用户满意度大幅降低。

②采用集约型的生鲜自提柜/自提点能够减少人工成本，但是这种方法不能满足客户对便利性的需求。

③让兼职员工或未经过培训的员工参与弹性配送服务可能会降低服务质量。

2. 冷链配送服务设计原则

冷链配送服务是一种特殊服务，因此在进行服务设计时，除了要遵循一般服务设计应遵循的原则，还有需要遵循的独特原则。

（1）全程温控

由于不同的冷链商品在冷链配送过程中对环境温度的要求不同，因此需要针对不同温区要求的商品进行独立包装并分区存放，确保不同温区的商品之间不会发生热量交换从而导致商品质量问题。

（2）可视化

将不可见的冷链配送服务，通过可视化的界面或可视化的内容来呈现，这就是冷链配送服务设计的可视化原则。该原则是对系统信息包含的符号、图示语言、服务场景进行视觉逻辑的构建，以此强化其服务的特征与文化特性，并通过清晰、丰富的图示激发协同创新的兴趣。

（3）整体性

从全局上把握细节，为用户带来完整的体验。对冷链配送服务系统间复杂的关系进行逻辑梳理，无论是头脑风暴期间的快速概念模型，还是设计阶段展现细节的系统模型，都更强调在不同情境下，有效、合理地对资源进行配置与重组。

二、冷链配送运营管理

（一）冷链配送仓储管理

1. 冷链商品分区管理

规范冷链单元的作业和管理要求，合理选配冷链仓储的组成单元，合理规划多温区冷链配送仓储中心。如将具体温区设置为：常温干库，存放各种纸杯、包装盒和包装袋等无须冷藏冷冻的货物；冷冻库，设定温度为-18℃，储存冰激凌、牛羊肉等冷冻食品；冷藏库，设定温度为1~4℃，储存蔬菜、鸡蛋等冷藏食品。此外，根据仓库空间可利用率，设计规划出合理的布局，在常温干库和冷藏库、冷藏库和冷冻库之间，均设置一个保温隔离带，通过自动门等装置控制，以防止常温干库的热气和冷库的冷气相互干扰，从而根据储存物品的特性，进行合理的温湿度精准控制与储存管理。

2. 冷链商品越库作业

冷链商品越库作业是指收到来自不同供应商的整车货物后，立即根据用户需求及交货地点加以分拣，进而装到准备好的配送工具上，送往各用户要求的交货地点。其中，所有货物均不进入仓库的储存间。越库作业适用于要求快速处理的订单，适用于零售商向客户直接配送商品的情形。

（1）冷链商品越库作业的流程

冷链商品越库作业的流程一般为：分销商先将采购订单发往供应商，同时向供应商说明各店所需商品的具体情况。供应商将订单中各店所需的商品按对应温区集中到一个或多个货箱或SKU（最小存货单位），并将代表商品号和店号的条码贴在外包装上，再通过冷藏运输车把货物运至分销商处。分销商扫描所有货物外包装上的条码进行验货，确保订购的所有货物都收齐，然后立即按照不同交货地点进行分装，将货物运出，这一步是越库作业的关键，所有操作均在特定环境温度下由自动化分拣设备或分拣员执行。

（2）冷链商品越库作业的优点

越库作业与传统仓储库存的不同之处在于：在传统的仓储模式中，由仓库持有存货，客户下达订单后，工作人员依据订单从货架上拣选货物，然后打包运出，其补货策略主要基于仓库存货量来制订。在越库作业中，配送中心库存极少，接到客户订单后再向上级供应商提货，其补货策略基于客户订单需求而制订，不长期储存货物。

与传统仓储库存相比，越库作业的优势显而易见。如降低分销成本，减少货物的仓储空间，降低销售商的库存，减少整个供应链的仓库数量，降低库存成本及装卸成本，降低货物破损率，降低装卸操作带来的失温风险，提高分销中心的利用率，整合订单以提高客户响应水平等。

（二）冷链最后一公里配送管理

1.冷链最后一公里配送概念

冷链最后一公里配送是指客户通过生鲜电商等电子商务平台购物后，购买的冷链商品被配送到冷链配送中心，再通过冷链运输工具，将冷链商品送到客户手中，实现门到门服务的末端冷链物流过程。由于其运输的商品易腐败变质，生鲜运输需要以冷链方式运行，因此对时效性要求极高。它也是整个冷链物流过程中唯一直接和客户接触的环节，意义重大。

2.冷链最后一公里配送模式选择

冷链最后一公里的配送存在多种模式，以三种模式为主，分别是自营冷链配送模式、第三方生鲜配送模式以及O2O模式。（详细讲解请见本章第四节）

随着经济的快速发展，冷链商品市场的潜力逐渐被激发出来，冷链商品的需求量逐渐上升，当前的配送网络将越来越难以适应日益增长的订单需求。因此需要进行有效的趋势预测，对市场商品需求、商品配送的相关信息进行有效合理地收集、分析，选择适合的冷链最后一公里配送模式。

3.冷链商品无接触配送

2020年年初新冠肺炎疫情的暴发，对冷链商品最后一公里配送提出了新要求，无接触配送的冷链最后一公里配送模式随之产生。

冷链商品无接触配送是指将冷链商品放在用户指定的位置，如公司前台、家门口，通过减少面对面接触，保障用户和配送人员在冷链商品交接环节的安全。

用户可通过两种方式选择无接触配送，一种是在下单页面备注，另一种是直接与配送人员沟通，告知使用该服务，从而与配送人员协商一个商品放置的指定位置。在配送过程中，配送人员也会提前给用户打电话确认是否选择该服务，得到肯定的答复后会进一步确定商品放置的位置。冷链商品无接触配送流程如图6-2所示。

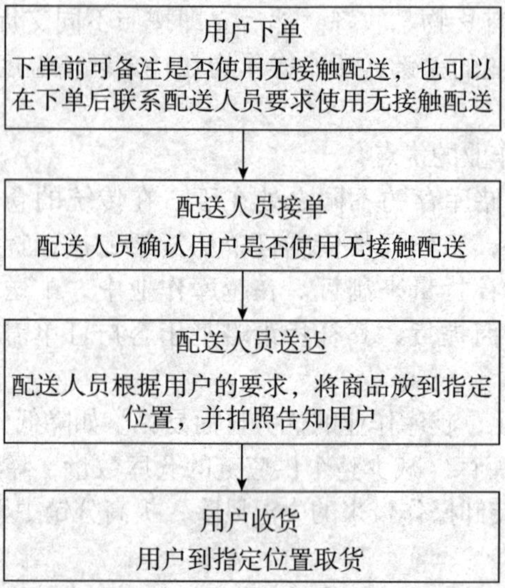

图6-2　冷链商品无接触配送流程

三、冷链配送绩效管理

（一）冷链配送绩效指标体系

要进行冷链配送绩效管理，首先需要建立恰当的指标体系，本书给出冷链配送绩效评价指标体系以做参考如表6-2所示。

表6-2　冷链配送绩效评价指标体系

总指标	一级指标	二级指标
冷链配送绩效评价指标	储存指标	冷库商品周转率
		冷库库容占仓库总库容的比重
		冷库利用率
		冷链商品库存损耗率
		正确分拣率
	最后一公里配送指标	订单配送时间
		冷藏车配送满载率
		冷藏车配备率
冷链配送绩效评价指标	最后一公里配送指标	冷链商品配送准确率
		冷链商品配送灵活性
		冷链商品配送损失率

续表

总指标	一级指标	二级指标
冷链配送绩效评价指标	信息指标	信息及时性
		信息准确性
		信息共享性
		信息安全性
		信息化覆盖率
		冷链信息监控能力
		温度控制差错率

1.储存指标

（1）冷库商品周转率

冷库商品周转率是指冷链商品在冷库的周转速度，用来衡量储存系统运作效率，即冷链商品在冷库储存的时间和在库保质期之比，此指标属于定量指标。

（2）冷库库容占仓库总库容的比重

冷库库容占仓库总库容的比重即冷库库容和仓库总库容之比，是配送中心冷库储存规模的体现，此指标属于定量指标。

（3）冷库利用率

冷库利用率是指储藏冷链商品使用冷库的次数与总储藏次数之比，此指标属于定量指标。

（4）冷链商品库存损耗率

冷链商品库存损耗率是指冷链商品在冷库内储存的损耗量和冷链商品总量之比，此指标属于定量指标。

（5）正确分拣率

正确分拣率是指在对冷链商品分拣的过程中正确的分拣次数占总分拣次数的比重，此指标属于定量指标。

2.最后一公里配送指标

（1）订单配送时间

订单配送时间是指收到订单后，根据配送冷链商品的具体要求，分拣、配送、装货、送货整体配送过程所耗费的时间。由于冷链商品自身的特点、配送要求、距离等原因，订单配送时间也不相同，为方便计算订单配送时间取平均值，也就是配送的总效率，此指标属于定量指标。

订单配送时间＝总配送时间/总配送次数

（2）冷藏车配送满载率

冷藏车配送满载率是评价冷藏车在冷链配送过程中利用有效性的指标，即冷藏车实际装载量（重量或体积）和理论装载能力（重量或体积）之比，此指标属于定量指标。

（3）冷藏车配备率

冷藏车配备率是指冷藏车的数量占配送车辆总量的比重，此指标属于定量指标。

（4）冷链商品配送准确率

冷链商品要求准确配送到指定地点，并且保证其种类、数量的准确性满足零售商的需求，冷链商品的准确配送对于冷链配送尤为重要，差错率增加会给供应商、配送中心以及零售商带来巨大的损失，此指标属于定量指标。

冷链商品配送准确率=冷链商品准确配送次数/冷链商品配送总次数

（5）冷链商品配送灵活性

冷链商品配送灵活性是指当外界环境发生变化时，配送中心以及配送人员面对突如其来的变化调整配送计划以适应外部环境的反应，特别是冷链商品的配送对配送中心和配送人员的灵活性考验更加严格，因为时间和温度对冷链商品而言比对常温商品更加重要。配送的灵活性主要体现在两个方面。一是处理客户特殊要求的能力。面对客户的特殊要求要积极和客户沟通，对冷链商品配送的信息应及时交流，了解客户的想法，制订相应的冷链商品配送计划。二是面对突然发生的故障，要有快速处理以及快速恢复准确高效的冷链配送的能力。此指标属于定性指标。

（6）冷链商品配送损失率

冷链商品配送损失率是指冷链商品在冷藏车配送过程中的损失量占总配送量的比重，此指标属于定量指标。

3.信息指标

（1）信息及时性

信息及时性是指冷链商品流动过程中相关信息处理应及时有效，以保证冷链商品的质量安全，提高配送效率，此指标属于定性指标。

（2）信息准确性

信息准确性是指信息传递过程中信息的准确程度，此指标属于定量指标。

信息准确性=1-（信息传递出错次数/信息传递总次数）×100%

（3）信息共享性

信息共享性是指冷链商品从供应商到达配送中心、从配送中心到达销售商环节中，各部门之间相互协调合作、共享配送及运营信息的程度，此指标属于定性指标。

（4）信息安全性

信息安全性是指保证用户的信息安全，防止用户信息泄露，信息服务不被中断的水平，此指标属于定性指标。

（5）信息化覆盖率

信息化覆盖率是指冷链商品在流通加工、储存、配送过程中信息覆盖水平，此指标属于定性指标。

（6）冷链信息监控能力

冷链信息监控能力是指为了确保冷链商品在流通加工、储存和配送环节的质量，对各个环节进行监控的能力，此指标属于定性指标。

（7）温度控制差错率

温度控制差错率是指冷库以及冷藏车对温度控制的水平，由于果蔬类、蛋类、鲜活类冷链商品和肉、禽、鱼类等冷链商品的储存温度各不相同，如果温度控制错误，冷链商品极易损坏，温度控制水平高可以保证冷链商品的品质，此指标属于定量指标。

温度控制差错率 = 当期温度控制出错次数 / 当期温控开启总次数 × 100%

（二）冷链配送管理绩效优化方法

1. 提高冷链配送资源利用率

工作人员在配货和装货时应充分考虑冷链配送的成本问题，在配货、装货之前，应充分了解客户的要求、需要配送的地点，在尽量保持配送效率稳定的同时降低配送成本、提高冷藏车辆的满载率，同时增强流通加工方面的服务，为用户提供高质量，方便快捷的冷链配送服务。

2. 完善配送中心的服务质量，实施监管机制

冷链配送中心应增强工作人员的服务意识，让工作人员了解用户需求，与此同时，增加服务质量的监管部门，设置客户反馈热线，客户提出的意见要及时采纳，不断提高服务质量。

3. 重视人才的培养

重视引进冷链人才，特别是增加高素质的技术人员和管理人员，也应加强对工作人员进行冷链物流专业知识的培训，提高员工在公司的自我归属感和对公司的满意度，避免人才的流失从而提高企业的核心竞争力。

4. 加强信息化建设

现如今信息技术已经成为衡量企业竞争力的重要因素，增强冷链配送中心的信息化建设，提高信息的及时性、准确性、安全性、信息的覆盖率以及冷链信息的监控能力，是确保冷链商品的温度和质量的前提，同时加强信息化建设对于提高服务品质、提升用户满意度有着重要作用。

第三节　冷链商品配送设施设备与管理

为保证冷链商品在整个冷链配送过程中维持恒定温度，需要对各种设施设备进行实时管理。基于前文冷链配送管理相关基础理论，本节将阐述冷链商品配送设施设备与管理的基本内容，主要包括冷链商品配送设施设备分类及特点、冷链商品配送相关技术、冷链商品配送设施设备的配置方法、使用原则以及保养方式等。

一、冷链商品配送设施设备分类及特点

（一）仓储设施设备

1. 冷库货架

与常温库相比，冷库的建筑造价、日常管理及维护费用较高，这要求冷库必须具有

较高的储存量和有效使用率。所以在选择冷库货架的类型时，首先考虑储存量高的货架，比如驶入式、后推式、重力式、窄巷道式和搁板式货架等。其次，冷库货架对钢材的材质、荷重、货架的跨度设计均有特殊要求。冷库货架原材料一般采用应力小、韧性好的优质冷轧板，材料材质为Q235钢，由专用模具冲压制成，货架的表面须采用防锈层和冷冻层进行双重保护。

2.冷库分拣设备

冷链配送对冷库分拣设备也有一定的要求。第一，每个订单都有时效性，需要尽快拣货、出库并配送到客户手中。第二，冷链商品对配送要求较高，分拣设备应具有完善的监管和输送系统。因此，在冷链配送过程中，冷库分拣设备不仅要保证订单分拣的时效性，也要保证分拣质量，比如分拣准确率、货损率等。

3.耐低温搬运设备

冷链物流中心内部的搬运设备主要包括各型叉车、托盘车以及冷库内的堆垛机等。一般情况下这些搬运设备应是耐低温的专用型设备。与冷库及物流动线配合的皮带式或滚轮式的流水线也属于冷链物流中心内部的搬运设备。因此冷链搬运设备的选择应考虑以下两个方面。

①冷库属于较为特殊的工作环境，低温、冷凝水以及货物自身的某些要素都形成了冷链仓储中的不稳定因素。例如，冷库地面可能出现结冰的现象，但为了保证储存密度，搬运通道往往又比较狭窄。因此，容易发生叉车刹车不力而撞翻整排货架的事故。

②冷库中使用的叉车基本都以电为能源，在低温下蓄电池会自放电。因此，选择设备时，需要注意电池的容量，否则设备可能无法支持单班次作业，影响搬运效率。

（二）最后一公里配送设施设备

1.冷藏汽车

冷藏汽车具有能保持一定低温的货厢，是用于载运需要保持低温或易腐货物的专用汽车。冷藏汽车按专用设备功能分为保温汽车和冷藏汽车。

按制冷装置的制冷方式可以划分为机械冷藏汽车、冷冻板冷藏汽车、液氮冷藏汽车、干冰冷藏汽车。其中机械冷藏汽车是冷藏汽车中的主要车型，国内大多数冷藏汽车也都是机械冷藏车。

按底盘承载能力可以划分为微型冷藏车、小型冷藏车、中型冷藏车和大型冷藏车。

按车厢样式可以划分为面包式冷藏车、厢式冷藏车和半挂冷藏车。

但我国冷藏车行业仍有很大发展空间，需要进一步加强和完善冷藏车设计，以适应不同客户对配套车型及厢内布局的要求。

2.蓄冷保温箱

蓄冷保温箱是一种高效、安全的冷链配送装备，具有优良保温性、运输灵活性、环保性、经济性等特点，能满足各种运输要求。蓄冷保温箱既适用于短途最后一公里配送，又适用于普通厢式货车进行中长途运输。

箱体的保温性和蓄冷剂量主要决定运输距离的长短，在保温箱体不变的条件下，蓄冷剂的量的多少对蓄冷保温箱恒温时间的长短至关重要，蓄冷剂多则重量大、减少箱体可用空间，蓄冷剂少则降低冷链配送质量。蓄冷剂按照材料的组成成分可以分为：有机蓄冷剂、无机蓄冷剂和复合蓄冷剂三类。随着纳米材料的迅速发展，近年来国内外也开发出制冷效果稳定、特性优良的新型蓄冷剂，例如微胶囊蓄冷剂、纳米蓄冷剂和可降解凝胶蓄冷剂等。

3.冷藏集装箱

冷藏集装箱可简单定义为专为运输环节要求保持一定温度的冷冻货物或低温货物而设计的集装箱，因其具有良好的隔热、抗震、可维持较为稳定的低温等特点，故广泛应用于各类冷链商品的运输。冷藏集装箱作为具有特殊作用的集装箱，在现代冷藏运输行业中，可实现整体式运输，提高货物运输效率，增加货物的保鲜效果。

按箱体材料分类，冷藏集装箱可分为：钢制集装箱、铝合金集装箱、玻璃钢集装箱、不锈钢集装箱等。

按集装箱结构分类，冷藏集装箱可分为：内柱式集装箱、外柱式集装箱、折叠式集装箱、固定式集装箱、预制式集装箱、薄壳式集装箱等。

按制冷方式分类，冷藏集装箱可分为：保温集装箱、离合式冷藏集装箱、机械式冷藏集装箱、液氮冷藏集装箱、干冰冷藏集装箱、冷冻板冷藏集装箱、气调冷藏集装箱等。

（三）末端销售设施设备

1.商用冷柜

商用冷柜是指商超、冷饮店、冻货店、酒店餐馆等商业经营渠道专门用于储存冰激凌、饮料、乳品、速冻食品、肉类等的冷藏或冷冻冰柜。商用冷柜具有很强的专业性，不仅有专业的存储温度要求，而且对展示性也有较强的要求，展示性好的冷柜可以促进销售。因此，商用冷柜的典型特点是多采用单层或多层透明玻璃门，消费者不打开冷柜门即可看到内部商品，并能自行从冷柜取物。

近几年来，大型超市客流量和年均购物量下跌，超市企业趋向精品超市等小而精的业态发展。随着城镇化发展，生活节奏加快，便利店文化从大城市逐渐向二、三线城市扩展，小型便利店以各种形式密集地圈地抢占市场。因此近几年超市行业精品化和零散化趋势明显，驱使超市单位面积的制冷设备配备率大幅提高，市场需求量也大大增加。同时随着健康意识的提升，消费者对商超的蔬菜、肉类储存方式更加关注，也带动了商超冷柜市场规模的增长。

2.速冻机

速冻机是一种将新鲜原料经过适当的处理，在极短时间内冻结大量产品的高效率冻结设备，以达到营养成分不流失，品相不变的效果。速冻机的优势包括稳定可靠，节能显著，冻结速度快和节省占地面积等。常见的速冻机包括隧道式速冻机、流化床速冻机、推进式速冻机、螺旋式速冻机和平板速冻机等。

隧道式速冻机结构简单，是一种高效的速冻机类型，可经济、高效地冻结单体或盘装的多种形状、多种类型的产品。

螺旋式速冻机可分为单螺旋和双螺旋两类。螺旋式速冻机的特点是占地面积小，能提供优势产品速冻所需的均匀、高效的封闭循环气流。单、双螺旋式速冻机应用领域完全相同，广泛应用于多种食品的快速冻结，比较适合冻结面点、水产、肉类、调理食品、蔬菜、油炸食品等。

流化床速冻机传送带一般为不锈钢网状，比较适合颗粒状、片状或块状食品，在强烈气流自下而上的作用下，使食品呈现“流态化”运动，颗粒能够均匀并快速冻结。全封闭式的保温结构，最大限度减少了冷量损失，提高节能效果。

平板式速冻机具有设备体积小、占地面积小等特点，并且容易操作，是渔船速冻设备的理想选择。此外，平板速冻设备的特点还包括传热效率高、冻结速度快、冻结时间短以及冻结品质高。我国小型一体式平板速冻机也广泛用于饭店、酒店、超市、酒吧等轻商行业。

3. 制冰机

制冰机是一种将水通过蒸发器由制冷系统制冷剂冷却后生成冰的制冷设备，根据生成冰形的不同，可以分为片冰机、板冰机、颗粒冰机等，其工作原理完全相同，许多制冰机也可以设定制成不同形状的冰体。制冰机根据制冰周期内制冰总量可分为家用制冰机、商用制冰机和工业用制冰机。

近年来，出于保鲜、卫生、安全的需要，我国农产品、生鲜食品和商超零售等市场对冰的需求日益增加，将继续带动制冰机市场的稳步发展。

二、冷链商品配送设施设备管理

（一）冷链商品配送设施设备配置

冷链的高效运行依赖于冷链物流设备的匹配。设备的合理配置对于提高冷链物流的效率，保持产品的质量，节约能源和降低运营成本具有重要的作用。

1. 设施设备配置原则

选择冷链商品配送设施设备的总体原则为：技术上先进、经济上合理、生产作业上安全适用、无污染的原则。其中，制冷设备的选用主要考虑以下因素：主要能量消耗、制冷剂及制冷量、二氧化碳排放量、外部安全性、内部安全性、噪声水平、运行费用。针对具体的问题，各因素重要性各不相同，只有总体考虑所有准则才能选出最合适的制冷设备。

2. 设施设备配置方法

在进行冷链商品配送设施设备选型时，应结合产品的特点、要求和相应的机械设备发展现状及趋势来综合考虑，本节以乳制品为例考虑冷链配送设施设备配置的方法。

（1）乳制品冷链模式

乳制品须在低温环境下保存，否则质量就会降低，甚至发生酸败。根据冷链定义及乳制品特点，构建出乳制品冷链的链式结构模型。乳制品在冷链中的基本模式如图6–3所示。

图6–3　乳制品在冷链中的基本模式

（2）技术选型

乳制品的冷链配送设施设备包括冷藏车、冷藏箱和商用冷柜等。大部分设施设备采用压缩式制冷，这种制冷机由压缩机、冷凝器、节流阀和蒸发器等构成。压缩机是制冷系统中的主要设备，在制冷系统中起关键性作用，压缩机满足了制冷要求则达到了冷库的技术要求。

制冷量是压缩机单位时间内产生的冷量，是制冷压缩机的重要性能指标之一。制冷量达到要求则可认为技术上满足了需求。

（3）经济选型

经济上常用以下四个指标来评价经济效益：平均报酬率（ARR）、净现值（NPV）、内部收益率（IRR）、盈利能力指数（PI）。

冷链商品配送设施设备涉及的费用主要包括安装费用、配套设施费用、运输费用、运行费用、人工费用、维修费用和不可预计的费用5%。冷链商品配送设施设备所获收入主要包括设施设备的折旧费用、通过使用设施设备增加的收入，如跨季节销售增加的收入，应根据实际情况来具体确定。

把冷链商品配送设施设备对应的现金流出量的差值和现金流入量的差值都折算成投资时的现值，计算其ARR、NPV、IRR、PI；通过企业要求综合比较ARR、NPV、IRR、PI，选择经济效益好的方案。

除了要考虑技术、经济，还需要考虑卫生状况和对环境的影响。选用时，要根据企业决定的每个原则所占比例来选择适合的设备。最后综合考虑上述准则，调整一个最佳方案。

（二）冷链商品配送设施设备使用原则

冷链商品配送设施设备日常维护与管理是保证商品质量必不可少的前提条件。本节以疫苗配送为例，对常用的冷链设施设备的使用与维护进行介绍。

1.冷库使用原则

冷库的制冷机组应双路供电或配有备用发电机组，安装电压、电流指示仪表并配有备用制冷机组。同时还应配有自动监测、调控、显示、记录温度状况以及报警的设备，随时关注冷库内温度以及机器的运转情况。

2.冷藏车使用原则

冷藏车是运送疫苗的专用车辆，应办理特种车辆证。在运输过程中，冷藏车应保持机械和制冷系统的良好状态。每次运输应按规定对车厢内温度进行记录与监测，根据疫苗储存要求调整车厢内温度。同时，疫苗装车时应注意保留冷气循环通道。每次运输时随车携带外接电源线，如运输途中停车时间较长应接好外接电源以确保车内制冷系统正常运行。

3.冷柜（冰箱）使用原则

首先，冰箱内储存的疫苗要摆放整齐，疫苗与箱壁、疫苗与疫苗之间应留有1～2cm的空隙，并按品名和有效期分类摆放。其次，由于冰箱门经常开启，温度变化较大，门内搁架不宜放置疫苗。最后，每台冰箱应配有温度监测记录表，记录冰箱内温度及其运转情况。

4.冷藏箱（包）使用原则

运送和储存疫苗时，应按照要求在冷藏箱（包）内放置冻制好的冰排。并在冷藏箱

（包）的底层垫上纱布或纸，用来吸水和以防疫苗破碎。每次使用完冷藏箱（包），应清洗擦干后保存。冻制冰排前，需要向冰排内注入清洁水，注水量为冰排容积的90%，注水后冰排直立放置在低温冷柜的冷冻室，冻制时间不少于24小时。当冰排在低温条件下冻至结露状态后，方可使用。

（三）冷链商品配送设施设备保养方法

物尽其用的关键在于使用人员对设施设备的妥善管理。冷链商品配送设施设备主要通过擦拭、润滑和调整等方法对设备进行保养，以维持和保护设施设备的性能。下面列举了冷链商品配送设施设备的一般保养方法。

（1）保持冷链设备（商用冷柜、速冻机和制冰机等）外壳清洁、无灰尘、无油迹，冷凝器要经常清除灰尘。

（2）冷链设备需润滑的部件，要按时上油，并保持润滑油满足设施设备要求。同时，在电压不稳定的地区要配备电源稳压装置。

（3）冷藏车、商用冷柜、低温冷库不存放与冷链商品无关的物品，冷藏车运输途中要中速行驶，避免剧烈颠簸。

（4）商用冷柜蒸发器结霜厚度达4mm时，应及时化霜或除霜；长期停止使用时，应将冷柜内擦干净，每周开机两小时试运行。

第四节　生鲜电商配送模式创新

随着经济的发展和人们生活水平的提高，消费者对生鲜农产品的需求经历了量的增加向质的转化，更加安全、环保的生鲜农产品越来越受人们的青睐。冷链设施设备是冷链物流保障生鲜农产品质量的基础，而生鲜电商的快速发展使生鲜农产品直接从原产地送至消费者手中成为可能。科学合理的生鲜电商配送模式是降低生鲜农产品配送成本、提高生鲜电商竞争力及利润率的有效手段，所以适应消费者需求、提高生鲜电商竞争力的配送模式应运而生。

一、众包模式

（一）众包配送模式概念

众包这一概念是由美国《连线》杂志的记者Jeff Home在2006年6月提出的，随着研究的深入，Jeff Home不断完善众包概念的内涵，基于企业组织视角，认为企业或组织机构将原本应该由员工完成的工作任务，在互联网平台上以自由自愿的形式外包给非特定的社会群体大众，其中自主参与、自由协作、开放性思维和互联网因子是众包的主要特征。

2005年先后出现的Web2.0（由用户主导而生成的内容互联网产品模式）以及大量的UGC（用户生成内容）网站的蓬勃发展，都可以理解为众包模式的具体表现。其含义为：一个公司或机构把过去由内部员工执行的工作任务，以自由自愿的形式，外包给非特定的（通常是大型的）大众网络的做法。简单地说，众包是指组织将需要解决的项目发布到互联网，在社会大众中寻找自愿且合适的个人或多人协作的团队完成该任务，并给予一定的报酬。众包模式由发包方、中介机构和接包方三个主体构成：发包方是众包任务的发布者，通过在中介机构发布有偿任务，吸引大众群体的参与，以此获得众包任务的最优解决方案；中介机构是连接发包方与接包方的纽带，构建众包平台为发包方提供任务完成的进度、为接包方提供待完成任务的信息，同时对任务的完成情况进行审核，起到监督作用；接包方是众包任务的承担者，通过中介机构选择感兴趣的众包任务并完成，获得相应酬劳。

众包配送是将众包理念引入物流领域的新型配送模式，指将原来由企业内部的快递员承担的配送任务，分派给大众群体完成，实现配送力量的社会化、碎片化。在众包配送中，社会公众可以作为自由快递人，通过众包配送平台获取任务信息，根据自己的时间与行程安排选择合适的任务。

（二）众包配送模式的优缺点

1. 众包配送模式的优点

众包配送模式利用电商平台，通过大数据安排最优的线路来实现商品的配送，不仅可以实时跟踪商品的配送情况，还可以实现资源共享，大大降低成本。众包配送模式具有以下优点。

（1）众包配送模式成本低，能够有效地整合资源

众包配送模式的快递员都是根据自身情况自愿兼职的人员，人力资源成本较低，相对于传统企业的高人力资源成本有优势。除此之外，众包模式有利于有效地整合社会上的闲置资源，提高效率，缩短配送时间。

（2）众包配送模式速度快，提高送达效率

在众包配送模式下，附近的人员能够提供上门取货和送货到家的门到门服务。相比传统模式，缩短了取件、派件的时间，提高了效率。

2. 众包配送模式的缺点

众包配送模式的缺点主要包括配送人员难管理、市场风险难避免、配送质量难控制、企业形象难统一。

（1）配送人员难管理

在众包配送模式下，配送人员管理困难的原因包括三个方面：来源复杂、素质参差不齐、流动性大。由于参与接包的人员很多，既有正处于学习阶段的大学生，也有已经退休的老年人，既有业余时间接包的白领一族，也有以接包为主业的社会人员，这就导致了配送人员的来源十分复杂。另外，从受教育程度来看，参与配送的人员有初中毕业生也有大学毕业生。从个人素养来看，更是鱼龙混杂、良莠不齐。这样就无法保证配送人员的素质。配送人员的流动性大主要由于接包方是利用自己的空闲时间顺便赚取外快，具有随机性、灵活性，不能长期从事配送工作，而且这些接包方可以同时注册多个平台，根据利益最大化原则选取平台服务，转换很随意。这些都会增加电商企业日常管理的不确定性。

（2）市场风险难避免

众包模式下的配送人员构成复杂，在与终端客户的交接中，会接触到客户个人信

息，存在一定程度的安全隐患，可能导致信息泄露风险。在接包过程中，接包方有自己习惯的配送区域，可能影响电商企业的总体布局，对电商企业的市场维护和开拓存在投机风险。另外，电商企业的全职配送人员都难以保证快递物品安全，兼职的众包配送人员更容易出现物品丢失现象，并且一旦丢失，责任很难划分，也给电商企业带来了法律风险。

（3）服务质量难控制

成为众包配送人员的门槛低，只要在众包平台上经过注册、身份审核、简单培训就可以进行配送服务，这就会造成电商企业的服务质量难以保证。众包配送人员只是提供劳务的兼职人员，流动性大，一般企业对众包配送人员提供的培训，也只是在线的简单培训及考试，不能保证众包配送人员的服务质量，更不能保证兼职配送人员的专业性。

（4）企业形象难统一

在众包模式下，兼职配送人员需要自己配备所需的物流设备和交通工具，来完成平台发送的任务。这种情况下，客户很难从众包配送员的设备上识别电商企业。有的企业会向众包配送员发放具有企业标志的服装并要求工作时穿戴，这有利于突出企业的形象。如果众包配送员同时为几家平台服务，就很难做到及时更换服装，客户会混淆企业，不利于维护企业形象。另外，每一个企业都有自己的服务礼仪和服务规范，众包配送员接受的培训时间短，很难准确完整做到，这也会在一定程度上模糊企业的辨识度，影响企业的整体形象。

（三）“共享员工”模式

1. “共享员工”模式出现背景

在新冠肺炎疫情的影响下，中小企业还在逐渐恢复生产规模，经营压力较大。同时，由于网购需求激增，线上零售企业门店员工、配送员等职位出现大量空缺，在这样的情况下，企业、员工不得不考虑自身经营，由此，“共享员工”模式应运而生。“共享员工”模式与众包模式类似，众包模式是一种利用社会闲散运力搭建众包人力平台的模式，是个人在完成本职工作的同时兼职，而“共享员工”模式的协调对象从个人上升到企业层面，是组织之间的合作，是在2020年春节后新冠肺炎疫情影响下，一些暂时难以复工的中小企业将员工以共享模式进行短期人力输出的合作用工方式。

2. “共享员工”模式应用现状

“共享员工”先通过视频方式面试，再进行线上培训，培训合格后上岗，需要持有健康证等职业相关证明。虽然是暂时的“共享员工”，但也需要与企业签订劳务合同，企业也要支付报酬，计费方式根据数量或者时间来选择，因此“共享员工”模式不仅解决了餐饮业与零售业的燃眉之急，还会刺激服务众包和用工平台等业务的发展。

最先采用“共享员工”模式进行配送、打包、分拣等任务的是阿里巴巴旗下的盒马鲜生与餐饮品牌的合作，部分餐饮店员工入驻盒马鲜生部分门店，参与打包、分拣、配送等工作。这样“租借”员工的方式给其他企业或者行业起到示范作用。“共享员工”模式广泛兴起，成了新冠肺炎疫情关键时刻灵活自救的一种措施。可以说，“共享员工”模式让人力这一重要资源实现流动，有效提升了资源配置效率，也恢复了一定的社会产出水平。

3. “共享员工”模式未来发展

“共享员工”模式不仅是一种应急措施，也是未来的一种趋势。因为随着工作模式、工作体制的变化，越来越多的人将有机会把主要的精力集中在自己最擅长、时间最充裕、最能做的事情上，而并不一定要捆绑在某一个企业中。同时由于许多行业有淡旺季，在淡季时，如果要维持旺季时的人力规模，企业用工成本会增加；在旺季时，又可能面临无法迅速招聘员工的困境。对企业用工需求而言，“共享员工”这种灵活的用工模式在未来可能会成为一种趋势，未来使中国人力资源供给发生巨大的变化，通过借助数字经济的发展，解决资源壁垒，拉近人力过剩企业和人力紧缺企业的距离，实现供求双方快速、精准匹配，将能让劳动力资源得以更有效流动。

二、“分钟级”配送模式

（一）“分钟级”配送模式概念

中华人民共和国商务部流通产业促进中心高级经济师张晶指出，“分钟级”配送是指消费者网上下单，平台运用互联网、大数据、人工智能等技术手段，利用线下实体店或前置仓，将商品在30～120分钟内送达消费者的配送模式。清华大学互联网产业研究院副院长刘大成指出，“分钟级”配送重点在于速度，主要分为3种方式：第一种，消费者收件和企业配送时间都是以“分钟”来计算的；第二种，借鉴餐饮外卖模式，线上线下结合，缩短消费者从下单到收货的时间；第三种，利用先进技术，提升并优化仓配能力，短时间内进行配送。所以“分钟级”配送是速度响应较快的一种配送模式，显然，“分钟级”配送实现了对传统物流服务速度的突破。

新零售“分钟级”配送，依托线下门店的布局优势，完全打通了线上线下，通过彻底缩短物流时间和空间，改变消费者线上线下购物的区别体验，也成为新零售布局的闭环。消费者日益增长的周边生活服务需求直接驱动末端物流服务提速增效，推动了商超宅配模式迅猛发展，为“分钟级”配送提供了需求基础。物联网、大数据、人工智能等新技术的不断迭代，线上线下协同融合的新零售模式日益成熟，为“分钟级”配送模式的实现提供了技术条件。分钟级配送意味着快递送达速度不再以天计算，也不再满足于被树为标杆的“211”模式（当日上午11点前提交的现货订单，当日送达；晚上11点前提交的现货订单，次日15点前送达），而是缩短到以分钟为单位的“特快级”。“分钟级”配送延伸到外省市和海外，送达时限也不过是延长到“小时级”。

目前，“分钟级”配送已通过智慧物流、新零售提升了人们的生活体验。因为高效快捷的商品配送，可以带来颗粒度更高的极致购物服务。各大电商平台已敏锐地捕捉到这一商机，纷纷通过大数据和智慧算法，把商品提前布局到消费者身边，力求做到“未卜先知”。电商企业在需求侧驱动和先进技术的支撑下，将配送的计时单位由“天”缩短到“小时”，更进一步缩短到“分钟”的同时，也提高了用户幸福感，为新零售时代树立了速度标杆。同时，“分钟级”配送依托线下资源，通过打通物流网络的神经末梢，形成了“店仓合一”的零售新模式。

（二）“分钟级”配送模式特征

1. 配送速度快，效率高

以美团闪购业务为例，美团闪购涵盖超市便利、生鲜食品、鲜花绿植等众多品类，30分钟配送上门，24小时无间断配送。据官方介绍，只要打开美团App（应用程序），点击超市/便利店频道，选购下单之后，美团骑手30分钟即可把商品送到用户手中。京东推出“闪电送”，加速抢占3公里生活圈，用户下单了有“闪电送”标识的商品，京东会在几十分钟内将商品送至用户手中。阿里巴巴旗下的盒马鲜生30分钟达、天猫酒水29分钟达、淘鲜达1小时达等，都验证了“分钟级”配送速度快、效率高的优点。

2. 去中心化的配送体系

去中心化是中心多元化、节点高度自治、彼此自由连接、给予客户开放式管理、节点之间通过网络形成非线性因果关系，这种开放式、平等性系统现象或结构，称为去中心化。盒巴鲜生被誉为阿里巴巴新零售的1号工程，一方面是它对订单的快速响应能力，3公里内30分钟送达，另一方面是去中心化的物流体系。盒巴鲜生的“分钟级”配送模式的成功，其基础就是建设了一个去中心化的物流体系，使得盒巴鲜生门店面积都很大，仓配一体的同时还离消费者更近，物流作业更简洁高效。

3. “店仓结合”的物流服务模式

电商要运用“店仓结合”的物流服务模式，就需要精细化运营，就是“适合”，适合的场合、时间、商品、方式、消费群体。“店仓结合”的物流服务模式承载了线上商品化、线下会员化的精髓，以信息为导向，数据为驱动，带动市场消费，定位消费需求，使线下实体进入快车道，完成从量到质的飞跃。例如，阿里巴巴2016年开始尝试“店仓结合”的物流服务模式，盒巴鲜生自建的3公里商圈门店，小范围内30分钟超快物流试验获得成功。

4. 高频消费属性的商品

由于不同阶段人们的需求不平衡，导致不同时间阶段的单量杂乱，想要实施“分钟级”配送，商品必须具备高频消费属性，这对“分钟级”配送模式来说是至关重要的。“分钟级”配送的商品可以是人们日常生活的必需品，如蔬菜、水果等，需求量大且需求频率高。

（三）“分钟级”配送模式的挑战与机遇

1. “分钟级”配送模式的挑战

（1）满足客户的需求

需求是“分钟级”配送面临的第一个挑战，也是最核心的挑战。对以互联网为核心的企业、零售电商来说，如何把线上平台与各个网点、零售便利店有机结合起来，以“分钟”来要求商品配送，满足客户时效需求，是一个较大的挑战。

（2）准确性和前瞻性的预测能力

“分钟级”配送打通线上线下，线上加速向线下渗透，即网上下单，实体门店发货，即时送达。即使大部分电商还做不到“分钟级”配送，但随着零售业改革的深化，配送的商品必然会从小件、同城、餐饮外卖向生鲜、商超配送领域迈进，甚至达到更为广泛的领域。鉴于成本问题，要实行“店仓合一”，门店内应该储存大量需求量大的商品，这就需要对客户需求进行准确性和前瞻性的预测，以期达到“分钟级”配送。

（3）快速的资本回报

资本从投入到回报需要一个时间差，但现在人们更倾向于快速得到收益与回报，电商企业投资也不例外，选择“分钟级”配送模式前期需要企业进行较大的投资，用于线上线下的结合。资本投入大和快速回报的要求，对“分钟级”配送的健康发展，提出了非常严峻的考验。

2.“分钟级”配送模式的机遇

（1）各级政府与相关职能部门的大力支持

2017年7月，中华人民共和国商务部发布了《中国零售行业发展报告（2016/2017年）》，指出中国零售企业将呈现线上线下全方位融合；2018年国务院办公厅印发的《关于推进电子商务与快递物流协同发展的意见》称，要构建适应电子商务发展的快递物流服务体系。物流进入“分钟级”配送时代，不仅是先进科技手段推动零售业升级的结果，同时也是各级政府和相关职能部门大力支持的结果。

（2）物流基础设施建设

物流基础设施建设是物流发展的落脚点，是支撑物流实现“分钟级”配送的重要物质条件，也是连接制造业、服务业、电子商务、快递企业和终端消费者的中枢平台。《关于推进电子商务与快递物流协同发展的意见》称，要科学引导、高度重视快递物流的基础设施建设，其主要意义正在于此。

（3）快递物流业的快速发展

电子商务的发展与快递物流是分割不开的，快递物流进入“分钟级”配送时代，意味着快递送达速度不再以“天”为单位，而是缩短到以“分钟”为单位的“特快级”配送。快递物流业送件时间的缩短，意味着快递物流业的发展，推动着电子商务的发展，而电子商务的每一步变化，相应地都会促进一个新的物流模式的产生。

三、自提模式

（一）自提模式架构

相对于普通的快递配送而言，生鲜配送存在着冷藏车体积大、油耗高、派件时进出街道小区不便利、运输成本高等问题。另外，上门派件还经常出现客户不在家，需要多次派件等难题。生鲜电商自提模式的引入，则可以缓解电商“最后一公里”的物流压力。这里的“自提”是指消费者自主提货，提货地点可以是线下自有门店，也可以是专门的线下货架、货柜，还包括便利店等社会现有渠道。

生鲜电商自提模式主要流程如图6-4所示，客户在生鲜电商平台下单购买，商家通过冷链物流将货物送到区域生鲜配送点，配送点直接将货物配送至生鲜自提点，然后短信通知客户领取。

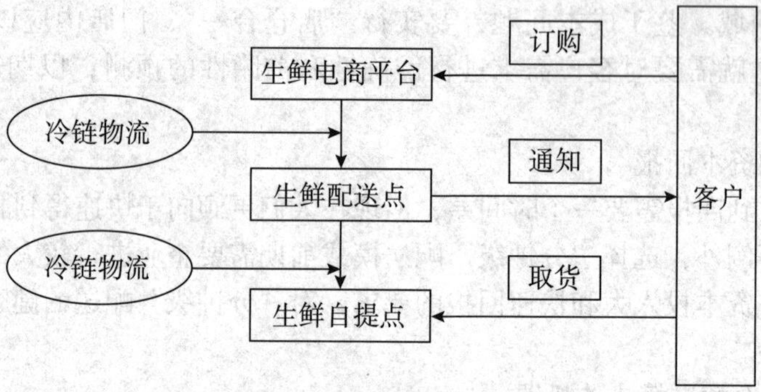

图6-4 生鲜电商自提模式主要流程

（二）自提模式分类

自提模式最早出现在欧美等发达国家和地区，早在十多年前，就开始通过集中交付点（CDP）推广包裹自提业务。其中，CDP分为有人值守式CDP（Attended CDP）和无人值守式CDP（Unattended CDP）。有人值守式CDP指电商企业或快递企业委托便利店、超市、加油站等商业机构向客户交付包裹；无人值守式CDP指电商企业或快递企业在公共区域设置包裹接收箱来实现客户自取服务。此外，还有自营自提点、快递网点自提点以及智能快件箱+自营自提点等自提模式。

由于生鲜食品对温度有较高要求，因此自提点的设置首先要能满足冷藏需求。根据目前的实际情况，自提点的构建主要采用以下两种模式。

1.生鲜智能快件箱

根据国家邮政局行业标准《智能快件箱》（YZ/T 0133—2013），智能快件箱的定义为：设立在公共场合，可供寄递企业投递和用户提取快件的自助服务设备。在行业实际应用中，智能快件箱又称智能快递箱、智能包裹柜、自提柜等，而且随着智能快件箱的发展，其功能不仅局限于寄递企业投递和用户提取快件，逐渐增加了用户寄件、临时存放等功能。此外，目前还出现了类似小型自动化立体仓库的新型大容量自提柜，不过仍处于试运营阶段。

带冷藏功能的生鲜智能快件箱与目前广泛使用的智能快件箱很相似，唯一的区别是这种箱子自带冷藏功能，能根据生鲜产品的需求设定冷藏温度。消费者根据收到的密码就可以打开柜门，取走货物。

智能快件箱的具体使用涉及快递员、智能快件箱系统和收件人三方，基本使用流程如图6-5所示。在电商企业、快递企业和智能快件箱企业信息充分共享情况下，电商企业或快递员可提前为快件预约锁定箱格，智能快件箱可以实现扫码后自动输入用户手机号、打开箱格等操作，从而提高投递效率。

2.驿站模式

当前我国生鲜电商生鲜配送末端驿站模式分为连锁驿站模式和非连锁驿站模式。其中连锁驿站模式是指生鲜电商与成规模的连锁便利店或连锁房产中介等连锁经营类企业合作推出自提服务；非连锁驿站模式是指生鲜电商直接或间接与洗衣店、宠物店、鲜花店、照相馆等个体经营门店和小型超市、便利店、药店等规模较小的连锁店合作推出自提服务。为了满足生鲜的冷藏需求，配送方可以使用合作驿站的商用冷柜，或者配送方在驿站设置专用的商用冷柜。

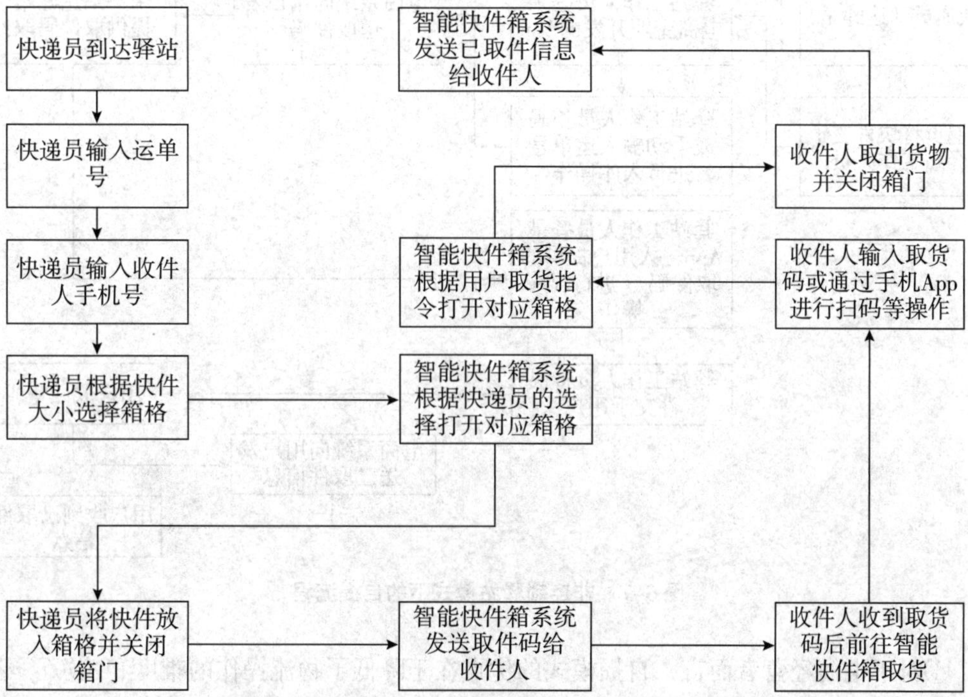

图6-5　智能快件箱基本使用流程

各大电商的连锁驿站自提服务模式大同小异，以连锁便利店自提流程为例，如图6-6所示。

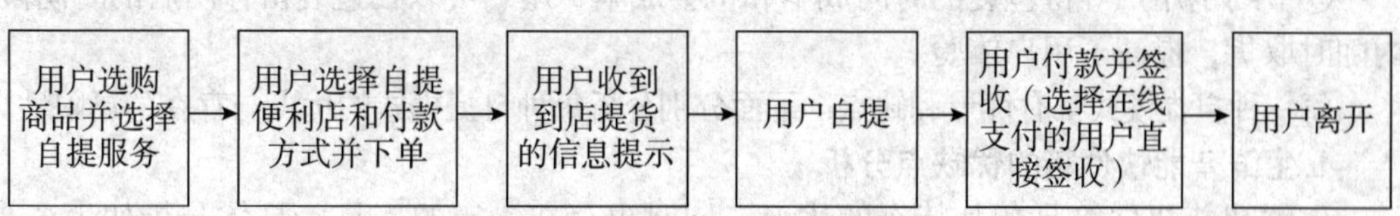

图6-6　连锁便利店自提流程

非连锁驿站模式的自提流程是电商企业与零散社会资源合作推出的自提服务。用户在电商网站购物并选择驿站（便民服务点）自提服务时，可选择附近小型超市等门店，系统会自动将用户的收货地址确认为用户所选的自提门店，随后所购商品会送至用户所选驿站，系统向用户发送取件码。图6-7为电商企业非连锁驿站模式下的自提流程。

（三）自提模式优缺点

自提模式将交货地点由极为分散的住宅等消费者所在地向前推移，降低了配送的零散性，通过调动消费者，减轻了物流方和背后电商企业的压力。从自提模式框架来看，自提模式与传统意义上的线上下单、线下消费模式具有天然的相关性，提货点对应线下的实体门店，网上订单通过提货点落地。生鲜电商自提模式主要有三个优点。

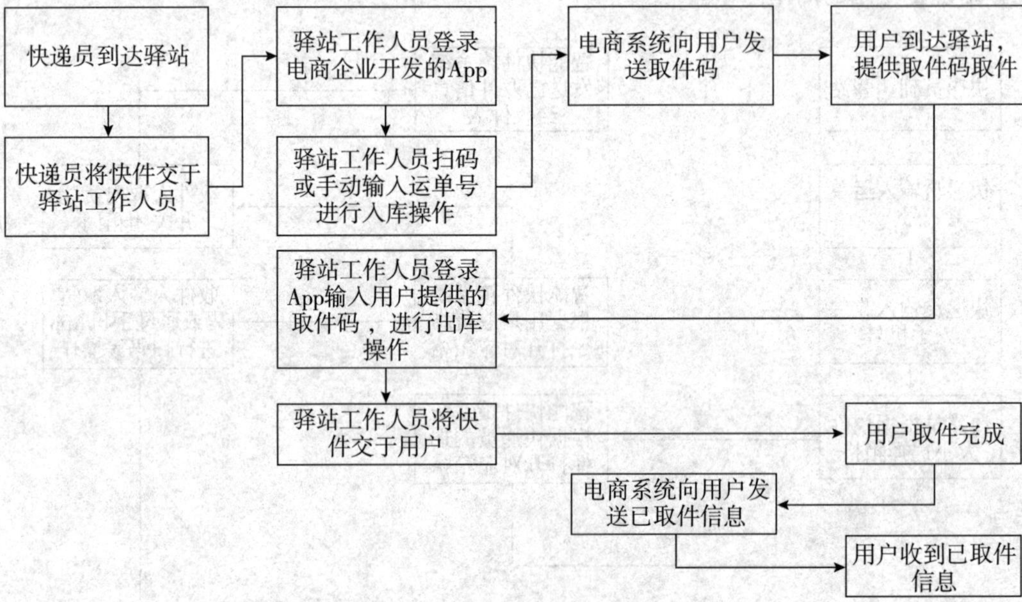

图6–7　非连锁驿站模式下的自提流程

①对于电商经营者而言，自提模式的优点在于降低了物流操作的难度和缩短了配送的周期，同时还将获得将线上的客流引至线下门店所产生的额外效益。目前的线下效益主要体现在通过门店自提带动门店的客流量，从而带动门店的销售。

②自提模式将点对点的配送简化成点对店（实质可能是点对区域）的配送，避免了二次或多次配送，减少了配送成本。尤其是在交通复杂、堵塞、管制严格的城市。

③节约了用户等待包裹的时间成本和机会成本，用户可以在包裹留存门店的时间段内随时取货，提高了用户体验。

每一种自提模式都有优点和缺点，下面分别分析每种自提模式的优点与存在的局限性。

1. 生鲜智能快件箱的优缺点分析

生鲜智能快件箱具备其特有的优点，同时也存在一定的不足，具体分析如表6–3所示。

表6–3　生鲜智能快件箱的优点与缺点

优点	缺点
安置地点灵活，靠近用户	成本高，盈利困难
保护用户隐私	针对破损件等问题快件，在责任纠纷问题
时间便利，24h提供自主服务	较大快件受箱格大小限制无法投递
较好的广告平台	—

2. 连锁驿站模式的优缺点分析

与生鲜智能快件箱相比，连锁驿站模式具备一定优点，同时也存在不足，如表6–4所示。

表6–4　连锁驿站模式的优点与缺点

优点	缺点
地理位置优越，靠近用户	存储面积有限，与营业面积冲突
覆盖范围广，可以覆盖大部分的居民区和办公区	便利店线下配送速度降低
时间便利	其他利益博弈问题
服务标准化	—

3. 非连锁驿站模式的优缺点分析

与生鲜智能快件箱和连锁驿站模式相比，非连锁驿站模式具有一定优点，同时也存在不足，如表6–5所示。

表6–5　非连锁驿站模式的优点与缺点

优点	缺点
店面数量多，覆盖范围广	服务水平参差不齐
靠近用户	时间不灵活，经营时间不统一
—	可用存储空间受限
—	责任纠纷问题

案例分析

思考与练习

（1）什么是冷链配送？

（2）简述冷链配送的内涵与特点。

（3）简述冷链配送中心选址的方法以及注意事项。

（4）简述冷链配送仓储管理的内容与特点。

（5）简述冷链商品配送设施设备的配置原则。

（6）简述众包模式、“分钟级”配送模式以及自提模式的概念及优缺点。

第七章 冷链物流安全与风险管理

学习目标

了解冷链物流安全和风险管理的内涵、我国食品安全管理体系和保证体系，掌握HACCP质量安全管理体系在食品安全管理中的应用方法，并能应用风险识别、风险评估、风险预测和风险控制等原理和方法进行易腐食品冷链物流风险管理指导。

了解食品安全的管控体系，掌握易腐食品冷链物流风险管理原理与方法，并能运用于具体的食品冷链物流的安全性分析和风险控制。

第一节 冷链物流安全和风险管理内涵

一、物流安全的概念

凡是人类生产和生活的空间领域，都普遍存在着安全问题。人类生存、繁衍和发展离不开生产与安全。人类在社会活动和经济活动中，既有创造物质财富、促进社会发展的一面，也有带来灾难的一面。在物流活动中，运输过程可能发生交通事故，装卸搬运过程可能发生物体砸落事故，储存过程可能发生火灾等。因此，安全科学和安全工作贯穿于物流活动的始终。

从安全的科学概念上看，“安全”通常是指免受人员伤害、疾病或死亡，没有设备、财产破坏或损失的状态。由安全的定义可以看出，它既涉及人，又涉及物，也涉及各种情况下的局部或整体损失。当人们给出约束条件时，该定义也可限定为“人的伤害或死亡”或“设备、财产损失”。

引例

安全科学是研究事物安全与矛盾运动规律的科学。它主要研究事物安全的本质规律，揭示事物安全相对应的客观因素及转化条件；研究预测、消除或控制事物安全与危险影响因素和转化条件的理论和技术；研究安全思维方法和知识体系。安全科学具有跨学科、交叉性、横断性、跨行业等特点，不仅包括工程科学和技术科学的知识，而且包括基础科学理论以及认识论和方法论的知识，运用安全的思维方法研究实现安全目标的技术方法和手段，实现本质安全，即从本质达到事物或系统的安全最优化。因此，将安全科学应用于物流领域，从思想上、技术上、管理上采用安全思维方式，可以提高各项物流活动的效率和效益，减少事故和人财损失，创造更多的经济效益。

在我国的物流发展过程中，物流安全也越来越受到重视，但系统化的物流安全理论和技术体系尚未形成。大部分的物流安全都只停留在各物流因素各自的领域内，没有形成物流安全的系统化理论。作为一个活动过程，物流安全就不是一个点上的研究或者是一类事故的控制，而是对所有和物流安全相关的方面进行综合分析和控制的全过程。基于这样的研究认识，物流安全所涵盖的内容也就是多样化和多层面的。而且各个方面的内容之间具有一定的关联性，相互影响，相互作用，不能分割。

根据现代物流发展情况和物流对安全的需求，可以认为，物流安全是为了保证物品从供应地向接收地的实体流动过程中的运输、储存、装卸搬运、包装、流通加工、配送、信息处理等基本功能的顺利实现，使人员免受伤害、疾病或死亡，引起设备、财产破坏或损失，确保最大的经济和安全效益。

二、冷链物流安全的内涵

冷链物流一般指冷藏冷冻类食品在生产、贮藏、运输、销售，到消费前的各个环节中始终处于规定的低温环境下，以保证食品质量，减少食品损耗、防止污染的一项供应链系统。它是随着科学技术的进步、制冷技术的发展而建立起来的，是以冷冻工艺学为基础、以制冷技术为手段的低温物流过程；是需要特别装置，需要注意运送过程、时间掌控、运输形态，物流成本占总成本比重非常高的特殊物流形式。冷链物流是提高食品质量安全的有效手段，冷链物流安全直接影响食品安全。

安全性作为食品最主要的特性之一。在世界卫生组织（WHO）早期文件中，曾把“食品卫生”和“食品安全”作为同义语，定义为：生产、加工、储存、分配和制作食品过程中确保食品安全可靠，有益于健康并且适合人们消费的种种必要条件和措施。后来，WHO把这两个概念加以区分，把食品安全解释为：对食品按其原定用途进行制作和（或）食用时不会使消费者受害的一种担保。把食品卫生解释为：为确保食品安全性和适合性在食物链的所有阶段必须采取的一切条件和措施。

随着科学技术的不断进步和研究手段的提高，在一些曾认为绝对安全、无污染的食品中也发现存在某些有毒有害物质，而许多被认为有毒的化学物质，实际上在环境和食品中含量都极低，在一定范围内对人体并无损害。因此，食品安全性又分为绝对安全性与相对安全性两种不同的概念。绝对安全性是指确保不可能因食用某种食品而危及健康或造成伤害的一种承诺，也就是食品应绝对没有风险；相对安全性被定义为一种食物或成分在采取合理食用方式和正常食量的情况下不会对健康产生损害的实际确定性。由于客观上人类的任何一种饮食消费甚至其他行为总是存在某些风险，绝对安全性或零风险是很难达到的，安全食品并不是没有风险的食品，而是在提供最丰富营养和最佳品质的同时，力求把可能存在的任何风险降至最低。

冷链物流安全是指食品在生产、加工、贮藏、运输、配送直至送达消费者的全过程中不使消费者受到损害的一种担保。冷链建设要求把所涉及的生产、运输、销售、经济性和技术性等问题集中起来考虑，协调相互间的关系，以保证易腐食品在加工、运输和销售过程中的安全。冷链物流安全定义与一般物流安全定义有三个不同点：①充分考虑了最终消费者的利益；②涉及了食品的生产和消费过程；③食品在物流过程中的安全范畴较广。

因此，冷链物流安全定义为在食品冷链物流过程中，不使消费者健康受到损害的一种担保，其有以下含义：①在食品物流过程中，必须有冷链提供技术支撑，由于冷链的不完善或操作等原因，可能导致食品不符合卫生要求；②研究的范围限于冷链物流过程中的食品品质安全，设备安全、人员安全、信息安全不在研究范围之内；③强调以消费者的健康作为食品冷链安全的评价标准，而不是设备是否正常运作。

另外，按照物流服务对象的不同，还可以将物流安全分为一般货物物流安全和特殊货物物流安全，这里的特殊货物包括易燃、易爆、易腐和有毒货物。显然，易腐食品物流属于特殊货物物流范畴。易腐食品物流与一般物流存在着本质的区别：

①更加注重物流过程中食品本身的安全水平；

②大部分易腐食品需要冷链平台支撑；

③易腐食品物流作业环节比一般物流复杂；

④易腐食品本身的特性决定了它比一般物流对时效性要求更高。

根据物流的基本作业环节不同，可以将易腐食品物流安全分为贮存安全、运输安全、包装加工安全三类。从作业环境的角度分类，易腐食品物流安全包括易腐食品“软安全”和易腐食品“硬安全”两类，易腐食品“软安全”包括信息安全、操作人员安全、设施设备标准的匹配程度、操作规程的完善程度；易腐食品“硬安全”主要是指设施设备安全，包括载运工具安全、冷库安全和装卸搬运机械安全等。从物流服务辐射范围角度，可以分为区域内易腐食品物流安全和跨区域易腐食品物流安全两类。从易腐食品物流服务的形态看，可以分为易腐食品供应物流安全和易腐食品销售物流安全两类。从物流组织主体类型角度，可以分为易腐食品自营物流安全和易腐食品外包物流安全两类。从易腐食品物流作业环节角度，物流安全可以分为运输、装卸、配送、包装、加工、仓储作业安全等子安全系统。

三、冷链物流风险管理的内涵

“风险”是与“安全”相对的概念，是指由于客观存在的各种因素和人们对事物及其规律认识的不确定性，非期望后果发生的潜在可能性。风险主要有不确定性、客观性、复杂性和可测性等特征。当风险因素增加到一定程度，遇到适宜的条件，就可能引发风险事故。风险事故导致损失的可能和控制风险事故的程度决定风险结果的大小。这种具有不确定性的损失即为风险，当风险成为现实，损失即成为事实。风险的存在，不等于事实的损失，是可能的损失。食品安全和食品风险管理是相辅相成的。对于食品生产和流通企业而言，安全管理的重点就在于管理和控制风险，而食品风险管理在控制风险的同时也保障了食品安全。易腐货物对于流通时间和运输条件要求很高，而我国物流业还处于粗放式发展阶段，冷链物流体系尚不完善，这就导致物流风险很高。至今，对于冷链物流系统风险分析和评价还没有形成一套行之有效的技术和方法。

冷链物流风险管理是为了减少食品流通过程中的风险带来的损失，相关企业或个人利用现代信息技术与方法识别、评估、预测、控制风险的活动。冷链物流风险管理的目标在于合理利用各种资源实现组织或个人的利益最大化。风险管理相关术语定义如下。

1. 风险

风险是指发生不幸事件的概率，是危险、危害事件发生的可能性与危险、危害事件后果严重程度的综合度量。衡量风险大小的指标是风险率，它等于事故发生频率和后果严重性的乘积。其中，事故发生频率通常定性地划分为极少、很少、经常和频繁，实际操作时赋予量的范围；后果严重性定性地划分为轻微、显著、严重和灾难性等，实际操作中可以通过不同的角度进行量化。例如，从易腐货物损失量（设备和人为）、污染量、腐烂变质量等方面进行量化，风险被赋予了量化的定义，就具有可度量性以及可分析性。

2. 风险识别

风险识别是指组织或个人利用信息技术、查找相关资料、归纳总结相关规律和采用问卷调查等方式辨别特定环境中的潜在风险因子及损失程度。掌握相关风险信息是进行风险识别的前提，这些信息主要包括风险历史发生概率、市场信息、财务信息、自然环境等。

3. 风险分析

风险分析是指对可能存在危害的预测，并在此基础上采取规避或降低危害影响的措施。

常用的风险分析方法主要包括以下几个。

（1）安全检查表法

安全检查表法是在对风险源系统进行充分分析的基础上，分成若干个单元或层次，列出所有的危险因素，确定检查项目，然后编制成表，按此表进行检查，检查表中的答案一般都是“是/否”。

（2）预先危险性分析法（PHA）

预先危险性分析法是在方案开发初期阶段或设计阶段对系统中存在的危险类别、危险产生条件、事故后果等概略地进行分析的方法。

（3）失效模式和后果分析法（FMEA）

失效模式和后果分析法在风险评价中占有重要地位，是一种非常有用的方法，主要用于预防失效，它是一种归纳法。对于系统内部每个部件的每种可能的失效模式或不正常运行模式都要进行详细分析，并推断它对于整个系统的影响、可能产生的后果以及如何才能避免或减少损失。

（4）事件树分析法（ETA）

事件树分析法是一种从原因推论结果的（归纳的）系统安全分析方法，它在给定一个初因事件的前提下分析此事件可能导致的后续事件的结果。整个事件序列成树状。

（5）故障树分析法（FTA）

故障树分析法又称事故树分析法，是一种演绎的系统安全分析方法。它是从要分析的特定事故或故障开始，层层分析其发生原因，一直分析到不能再分解为止。将特定的事故和各层原因之间用逻辑门符号连接起来，得到形象、简洁地表达其逻辑关系的逻辑树图形，即故障树。

4.风险评估

在特定条件下，当风险源暴露时，将评估其对人体健康和环境产生不良效果的事件发生的可能性。风险评估过程包括：危害识别、危害描述、暴露评估和风险描述。

5.风险描述

在危害识别、危害描述和暴露评估的基础上，定量或定性估计在特定条件下相关人群发生不良影响的可能性和严重性。

6.风险管理

根据风险评估的结果，对备选政策进行权衡，并且在需要时选择和实施适当的控制，包括管理和监控过程。

7.风险交流

在风险评估人员、风险管理人员、消费者和其他相关团体之间就与风险有关的信息和意见进行相互交流。

8.危害

危害指易腐食品污染、损坏、遗失和腐烂的潜在可能。

9.事故

事故指涉及易腐食品损耗、设施设备故障、财产损失、环境污染等意外事件。

第二节　食品安全管理体系

食品安全体系包括食品安全管理体系和食品安全保证（控制）体系。其中，食品安全管理体系包括食品安全管理机构、食品安全法律法规、食品安全、标准、食品认证制度、食品安全可追溯制度、食品包装标识制度、食品安全社会信用体系、市场准入体系等。食品安全保证（控制）体系包括GMP（良好生产规范）、SSOP（卫生标准操作程序）、HACCP（危害分析关键控制点）等。

一、食品安全管理体系

（一）食品安全管理机构

国际食品安全管理机构为国际食品法典委员会（CAC），国际食品法典委员会是由联合国粮食及农业组织（FAO）和世界卫生组织（WHO）共同建立，以保障消费者的健康和确保食品贸易公平为宗旨的一个制定国际食品标准的政府间组织，其职责是负责制定推荐性的食品标准和规范，协调各国的食品标准，指导各国建立食品安全体系。截至2021年10月，食品法典委员会已有188个成员国和1个成员组组织（欧盟），覆盖全世界99%的人口。中国于1984年正式加入国际食品法典委员会，1986年成立了中国食品法典委员会，由与食品安全相关的多个部门组成。根据《中华人民共和国食品安全法》规定，为贯彻落实食品安全法，切实加强对食品安全工作的领导，决定设立国务院食品安全委员会，作为国务院食品安全工作的高层次议事协调机构，负责分析食品安全形势，研究部署、统筹指导食品安全工作，提出食品安全监督管理的重大政策措施，督促落实食品安全监督管理责任。2018年3月，根据第十三届全国人民代表大会第一次会议批准的国务院机构改革方案，国务院食品安全委员会具体工作由国家市场监督管理总局承担。

（二）食品安全法律法规

我国主要的食品安全法律包括：《中华人民共和国食品安全法》《中华人民共和国农产品质量安全法》《中华人民共和国产品质量法》《中华人民共和国标准化法》《中华人民共和国计量法》《中华人民共和国消费者权益保护法》《中华人民共和国刑法》《中华人民共和国进出口商品检验法》《中华人民共和国进出境动植物检疫法》《中华人民共和国国境卫生检疫法》和《中华人民共和国动物防疫法》等。

行政法规包括：《国务院关于加强食品等产品安全监督管理的特别规定》《中华人民共和国工业产品生产许可证管理条例》《中华人民共和国认证认可条例》《中华人民共和国进出口商品检验法实施条例》《中华人民共和国进出境动植物检疫法实施条例》《中华人民共和国兽药管理条例》《中华人民共和国农药管理条例》《中华人民共和国标准化法实施条例》《无证无照经营查处办法》《饲料和饲料添加剂管理条例》《农业转基因生物安全管理条例》和《中华人民共和国濒危野生动植物进出口管理条例》等。

部门规章包括：《中华人民共和国工业产品生产许可证管理条例实施办法》《食品添加剂新品种管理办法》《农产品产地安全管理办法》《农产品包装和标识管理办法》等。

（三）食品安全标准

食品安全标准是以保障公众身体健康为宗旨，是政府管理部门为保证食品安全、防止疾病的发生、对食品生产经营过程中影响食品安全的各种要素以及各关键环节所规定的统一的技术要求。我国的食品安全标准按级别分为：国家标准、行业标准、地方标准、团体标准和企业标准。国家标准分为强制性标准、推荐性标准，行业标准、地方标准是推荐性标准。推荐性国家标准、行业标准、地方标准、团体标准、企业标准的技术要求不得低于强制性国家标准的相关技术要求。法律、行政法规和国务院决定对强制性标准的制定另有规定的，从其规定。

食品安全标准是食品生产经营者必须遵循的最低要求，是食品能够合法生产、进入消费市场的门槛；其他非食品安全方面的食品标准是食品生产经营者自愿遵守的，可以为组织生产、提高产品品质提供指导，以增强产品的市场竞争力。食品生产企业如果制定严于食品安全国家标准或者地方标准的企业标准应按照《食品安全法》规定报省级卫生行政部门备案。

截至 2020 年 5月，我国已制定发布食品安全现行的相关标准 1347项，其中国家标准1122项，主要有食品、食品添加剂、食品相关产品中的致病性微生物、农药残留、兽药残留、生物毒素、重金属等物质的限量规定；食品添加剂的品种、使用范围、用量规定；食品生产过程的卫生要求；与食品安全有关的食品检验方法和规程等。

食品安全标准包括食品质量标准、食品卫生标准、食品企业卫生规范、食品包装材料及容器标准、食品添加剂和食品标签标准、食品工业基础标准。其中，食品卫生标准包括食品原料与产品卫生标准、食品添加剂使用卫生标准、食品营养强化剂使用卫生标准、食品容器与包装材料卫生标准、食品中农药最大残留限量卫生标准、食品中霉菌和霉菌毒素限量卫生标准、食品中污染物限量卫生标准、食品中激素及抗生素的限量卫生标准、食品卫生检验方法等。

另外，我国鼓励采用国际标准，将国际标准的内容，经过分析研究，不同程度地转化为我国的国家标准、行业标准、地方标准和企业标准。我国食品安全国家标准的制定是运用我国监测数据和科学的评估方法，考虑到我国人群中特定危害的暴露情况，同时也参考了国际标准和部分发达国家的标准，经过我国食品安全国家标准审评委员会审评等一系列严格的科学程序制定的。简单地通过标准数量和指标来评判标准水平是片面的，适合本国食品消费量及健康保护水平的标准才是好标准。

（四）食品认证制度

根据2021年4月29日修正的《中华人民共和国食品安全法》及实施条例、2020年1月2日国家市场监督管理总局令第24号《食品生产许可管理办法》、2015年8月31日原国家食品药品监督管理总局令第17号《食品经营许可管理办法》，在中华人民共和国境内，从事食品、食品添加剂生产活动、食品销售和餐饮服务活动，应当依法分别取得食品、食品添加剂生产许可、食品经营许可。任何企业未取得食品生产许可证、食品经营许可证从事生产、经营活动的，由县级以上地方市场监督管理部门依照《中华人民共和国食品安全法》第一百二十二条的规定给予处罚。根据《中华人民共和国工业产品生产许可证管理条例》，国家对生产直接接触食品材料相关产品、制冷设备等的企业实行生产许可证制度。任何企业未取得生产许可证不得生产列入目录的产品，任何单位和个人不得销售或者在经营活动中使用未取得生产许可证的列入目录的产品。

2001年，原国家质量监督检验检疫总局为了全面负责食品生产加工领域食品质量安全的监督管理，从源头确保食品质量安全，制定了食品质量安全市场准入制度。根据制度规定，生产纳入食品质量安全市场准入制度管理的食品（如小麦、大米、植物油、乳制品、肉制品、饮料、调味品、冷冻食品、速冻食品等）的企业，必须获得食品质量安全准入资格，并将QS标志置于产品外包装上。《食品生产许可管理办法》规定，食品生产许可证编号由“SC”和14位阿拉伯数字组成，数字从左至右依次为：3位食品类别编码、2位省（自治区、直辖市）代码、2位市（地）代码、2位县（区）代码、4位顺序码、1位校验码。其中食品类别编号第1位，“1”代表食品，“2”代表食品添加剂；第2、3位按照《食品生产许可管理办法》第11条所列食品类别顺序依次是：“01”代表粮食加工品，“02”代表食用油、油脂及其制品，“03”代表调味品，以此类推……，“27”代表保健食品，“28”代表特殊医学用途配方食品，“29”代表婴幼儿配方食品，“30”代表特殊膳食食品，“31”代表其他食品（见图7-1）；食品添加剂类别编号标志为：“01”代表食品添加剂，“02”代表食品用香精，“03”代表复配食品添加剂。

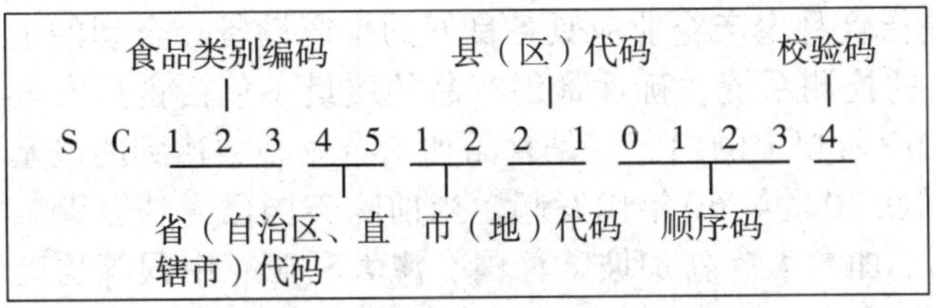

图7-1 SC食品生产许可证编号

（五）食品安全可追溯制度

食品安全可追溯制度是指为了确保食品质量安全，由生产者、加工者以及流通者分别将食品生产销售过程中可能影响食品质量安全的信息进行详细记录、保存并向消费者公开的制度。它主要由生产经营记录制度、包装与标识制度、编码与查询制度、消费者通报制度构成。食品安全可追溯制度的基本功能是实现消费者、企业与政府之间的信息共享，让消费者方便追溯，市场有序竞争，政府高效监管，食品安全得到保障。新修订的《中华人民共和国食品安全法》（以下简称《食品安全法》）明确规定，国家建立食品安全全程追溯制度。食品生产经营者应当依照《食品安全法》的规定，建立食品安全追溯体系，保证食品可追溯。国家鼓励食品生产经营者采用信息化手段采集、留存生产经营信息，依照食品安全法的规定如实记录并保存进货查验、出厂检验、食品销售等信息，建立食品安全追溯体系，保证食品可追溯。国务院食品安全监督管理部门会同国务院农业、行政等有关部门建立食品安全全程追溯协作机制。当今，物联网技术的兴起为食品安全追溯提供了更广泛、更先进的平台。

二、食品安全保证体系

食品生产和加工领域的质量安全控制已有成熟的理论与技术，并形成较为完善的管理体系，这些管理体系和控制技术包括ISO 9001、ISO 22000、HACCP、BRC（英国零售商协会）食品技术标准、IFS（国际食品标准）、Dutch HACCP（荷兰版危害分析关键控制点）、AIB（美国烘烤技术研究所）食品安全统一标准、FPA（美国食品协会认证）、Halal（马来西亚清真食品标准）、GAP（良好农业规范）等。从理论上来说，这些安全控制理论和管理体系同样适用于食品冷链物流领域。但食品冷链物流涉及的环节较多，一条完整的冷链往往跨越多个产业、多个企业、多个管理部门，造成上述质量安全控制的方法与技术在食品冷链物流中的应用更加复杂。因此，食品冷链物流的管理和技术人员更加有必要掌握这些原理和技术，并将其应用于具体的食品物流安全管理。

（一）GMP

GMP（良好生产规范）是特别注重生产过程中产品质量与卫生安全的自主性管理制度，也是一套适用于制药、食品等行业的强制性标准。世界卫生组织将GMP定义为指导食品、药品、医疗产品生产和质量管理的法规。GMP要求企业从原料、人员、设施设备、生产过程、包装运输、质量控制等方面按国家有关法规达到卫生质量要求，形成一套可操作的作业规范，帮助企业改善卫生环境、及时发现生产过程中存在的问题并妥善解决。

食品GMP是指食品生产企业应具备良好的生产设备、合理的生产过程、完善的质量管理和严格的检测系统，确保最终产品的质量（包括食品安全与卫生）符合法规要求。食品GMP所规定的内容，是食品加工企业必须达到的最基本的条件。食品GMP认证由美国在20世纪60年代发起，当前除美国已立法强制实施食品GMP外，其他国家如日本、加拿大、新加坡、德国、澳大利亚、中国等均尚采取劝导方式倡导业者自发实施。

食品GMP的特点是一套由表及里、由浅入深、点面结合的食品安全管理的系统模式和方法。在其严格规范下，可以降低食品生产过程中人为的错误、防止食品在生产过程中受到污染或品质劣变、建立健全的自主性品质保证体系。因此在食品行业实施GMP具有重大的经济和社会意义。

食品GMP管理体系的管理重点有4个方面，简称4M，分别是：人员（Man），即要由适合的人员来生产与管理；原料（Material），即要选用良好的原材料；设备（Machine），即要采用合适的厂房和机器设备；方法（Method），即要采用适当的工艺来生产食品。

食品GMP的实施要求包括以下内容：① 生产加工的每个操作环节布局合理；② 生产加工的硬件设施装备先进、科学；③ 操作流程连续化、自动化、密闭化；④ 包装、贮存、配送系统运行优质、安全；⑤ 生产环节卫生、营养、质量等控制系统完备；⑥ 卫生、营养、质量检测体系健全；⑦ 员工操作规程管理制度严格；⑧ 产品质量可追踪监管。

（二）SSOP

SSOP（卫生标准操作程序）是食品加工厂为了保证达到GMP所规定的要求，确保加工过程中消除不良的因素，使其加工的食品符合卫生要求而制定的，用于指导食品生产加工过程中如何实施清洗、消毒和卫生保持的操作规定。SSOP是由食品加工企业在食品生产中为维护GMP的全面目标而使用的程序。在某些情况下，SSOP可以减少在HACCP计划中关键控制点的数量。实际上危害是通过SSOP和HACCP的组合来控制的。

一般来说，涉及食品本身或某一工艺、步骤的危害应由HACCP控制，而涉及工作环境或人员等有关的危害通常由SSOP控制。在有些情况下，并不需要针对每个食品冷链物流操作都制订特定的HACCP计划，如危害分析显示没有显著危害时，不过所有的冷链运营商都必须对卫生状况和操作进行监测。建立和维护良好的“卫生计划”是实施HACCP计划的基础和前提。如果没有对食品生产和流通环境进行卫生控制，将会导致食品不安全。无论是从人类健康的角度，还是从食品国际贸易的要求角度，都需要食品的生产经营者创建良好的卫生条件。通过实行卫生计划，企业可以对大多数食品安全问题和相关的卫生问题实施最强有力的控制。事实上，卫生计划就是对导致食品不安全或不合法的污染源进行控制和预防。

我国食品生产和流通企业都制定了各种卫生规章制度，对食品生产和物流环境、加工卫生、人员健康进行控制。为确保食品在良好的卫生条件下生产和流通，达到GMP的要求，企业应针对产品或生产场所制定并且实施书面的SSOP或类似的文件。实施过程中还必须进行检查和监控，如果实施不力还要纠正。这些卫生方面的要求适用于所有种类的食品零售商、批发商、生产加工企业和物流企业，贯穿食品物流的全过程，其关键在于实施和监控。

（三）HACCP

HACCP（危害分析关键控制点）是国际上共同认可和接受的食品安全保证体系，主要是对食品中微生物、化学和物理危害进行安全控制。联合国粮食及农业组织和世界卫生组织在20世纪80年代后期开始大力推荐该食品安全管理体系。HACCP是一种简便、合理而专业性又很强的先进的食品安全质量控制体系，设计这类体系是为了保证食品生产系统中任何可能发生危害或存在危害的地方得到有效控制，以防危害公众健康的问题发生。HACCP是一个预防体系，但不是零风险。

开展HACCP体系的领域包括：饮用牛乳、奶油、发酵乳、乳酸菌饮料、奶酪、生面条、豆腐、鱼肉火腿、蛋制品、沙拉类、脱水菜、调味品、蛋黄酱、盒饭、冻虾、罐头、牛肉食品、糕点类、饮料、机械分割肉、盐干肉、冻蔬菜、蜂蜜、果汁、蔬菜汁、动物饲料等。

HACCP体系最早出现在20世纪60年代，美国的品食乐集团（Pillsbury）在为美国太空计划提供食品期间，率先应用HACCP概念。他们认为，以往对食品的质量和卫生状况的监督均是以最终产品抽样检验为主，当产品抽验不合格时，已经失去了改正的机会；即使抽验合格，由于抽样检验方法本身的局限，也不能保证产品100%合格。确保安全的唯一方法，是开发一个预防性体系，防止生产过程中危害的发生。我国食品生产较早引进HACCP体系。2002年我国正式启动对HACCP体系认证机构的认可试点工作。目前，在HACCP体系推广应用较好的国家，大部分是强制性推行采用HACCP体系。

GFSI（全球食品安全倡议）是全球最大的食品安全非政府组织，由国际知名食品零售商、生产商、上下游供应商、服务商及食品安全领域权威专家共同组成，倡导“一处认证，处处认可”以减少贸易摩擦、降低企业成本。

HACCP包括7个方面的内容：①进行危害分析；②确定关键控制点；③确定各关键控制点的关键限值；④建立各关键控制点的监控程序；⑤建立当监控表明某个关键点失控时应采取的纠偏行为；⑥建立证明HACCP等有效运行的验证程序；⑦建立记录保存系统。

HACCP相关术语定义及解释如表7–1所示。

表7–1 HACCP相关术语定义及解释

定义	解释
关键控制点（CCP）	食品安全危害能被控制的，能预防、消除或降低到可以接受水平的一个点、步骤或过程
控制点（CP）	能控制生物、物理或化学因素的任何点、步骤或过程
关键限值（CL）	与关键控制点相联系的预防性措施必须符合的标准
CCP判断树	用一系列问题来确定一个控制点是否是CCP

续表

定义	解释
操作限值（OL）	比关键限值更为严格的，由操作人员使用以降低偏离的风险标准
纠偏行动	当关键控制点从一个关键限值偏离时采取的行动
HACCP计划	在HACCP原理的基础上编制的文件，描述必须遵守的程序，来确保某一特定加工过程或程序的控制
危害	可能引发食品不安全消费的生物、化学或物理的因素
显著危害	可能发生的或一旦发生就会造成消费者不可接受的健康风险
监控	进行一个有计划的连续的观察或测量来评价CCP是否在控制之下，并做出准确记录以防将来验证时使用

GMP、SSOP、HACCP在食品质量与安全控制中所起的作用各不相同，控制对象和处理方法也有所不同，如表7-2所示。

表7-2　GMP与SSOP、HACCP的比较

项目	GMP	SSOP	HACCP
控制对象	通用卫生要求，通常包括厂房、设施设备、人员、加工工艺、原辅料、卫生管理等	关键卫生要求，一般涉及整个加工设施或一个区域，因产品而异，其内容可增减	特定的加工工艺步骤
涉及危害	食品加工过程可能存在的大部分危害	与食品加工环境和人员有关的危害	与产品本身或加工工艺步骤有关的显著危害，SSOP、GMP无法消除
处理方法	静态，通过产品检验判定是否符合要求	动态，包括确定对象、监控、纠偏、记录、验证	动态，包括确定HACCP、监控、纠偏、记录、验证

但是HACCP、GMP、SSOP三者并不是孤立的，它们是相辅相成的，其中GMP、SSOP是HACCP实施的基础，如图7-2所示。

HACCP体系已经被世界范围内许多组织和国家，例如国际食品法典委员会、欧盟以及加拿大、澳大利亚、新西兰、日本等认可。目前，HACCP正在我国食品全行业推广，包括生产、加工、运输、贮存及分销等方面。对大多数成功使用HACCP的组织来说，它可用于从农场到餐桌的任何环节。在农场上，可以采用多种措施使农产品免受污染。例如，监测好种子、保持好农场卫生、对养殖的动物做好免疫工作等。在食品加工环节，做好加工过程中的卫生工作。食品离开工厂后，还应做好运输、贮存和分发等方面的控制工作。在销售环节，要确保具有适合的卫生设施并对产品进行冷藏。最后，在餐馆、食品服务机构和家庭厨房等场所也应做好食品的贮藏、加工和烹饪的工作，确保食品安全。

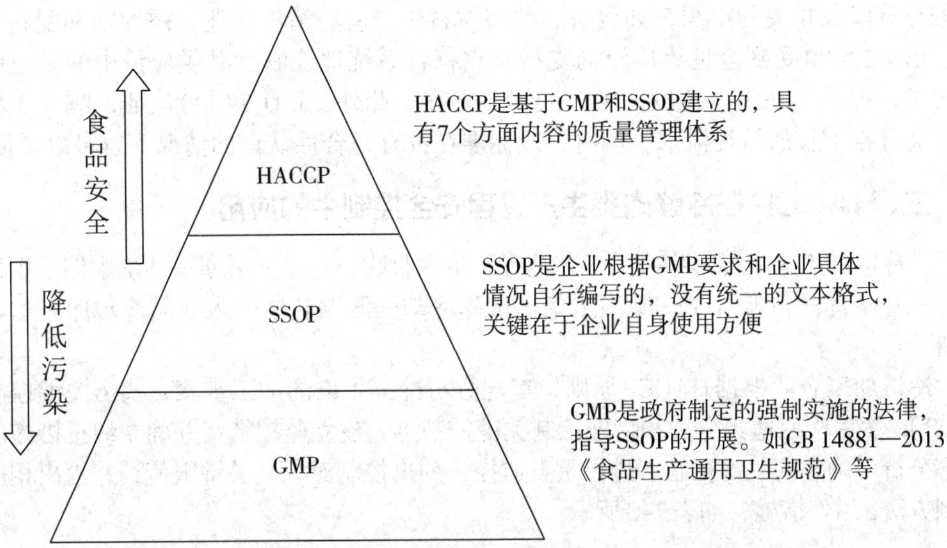

图7-2 HACCP、SSOP、GMP三者之间的关系

事实上，消费者在家里也可以实施HACCP体系。通过适当的贮存、处理、烹调和清洁程序，从购买生鲜食品到将这些食品摆上餐桌，在该过程中实施多个保障食品安全的步骤。例如，对肉和家禽进行适当的冷藏，将生肉和家禽与熟食隔离开，保证肉类煮熟，冷藏和烹饪的残留物不得有细菌滋生等。

国家认证认可监督管理委员会与全球食品安全倡议（GFSI）2015年11月2日正式承认中国HACCP认证制度，使得中国获得HACCP认证的食品企业进入GFSI成员供应链时，可以减少采购方审核或国外认证，从而降低贸易成本并提升在国际市场的品牌声誉。该备忘录于2019年到期，2019年10月16日在2019全球食品安全倡议中国主题日上签署合作备忘录，GFSI将继续承认中国HACCP认证。这意味着中国1.1万家以上获得HACCP认证的食品生产企业在进入GFSI成员供应链时能够继续享受贸易便利。

（四）ISO 22000

国际标准化组织（ISO）已发布了最新国际标准——ISO 22000：2018。ISO 22000是在食品部门专家的参与下开发的，联合国粮食及农业组织与世界卫生组织联合成立的食品法规委员会也参与了工作，它在一个单一的文件中融合了 HACCP的原则，包含了全球各类食品零售商关键标准的要求。此举将使全世界内各组织更容易地以统一的方法执行关于食品卫生的HACCP体系，不会因国家或食品的不同而不同。

食品通过食物供应链到达消费者手中可能连接了许多不同类型的组织，可能跨越了许多国家，一个有缺陷的连接就可能导致危害健康的不安全食品的产生，对消费者产生严重的危害，对食品供应链造成的损失也是相当大的，由于食品安全危害可以在任何阶段进入食品供应链，全过程的适当控制是必需的，保证食品安全是食品供应链中所有参与者共同的责任，需要大家共同努力。

ISO 22000的目的是让食品供应链中的各类组织执行食品安全管理体系，其范围从饲料生产者、初级生产者、食品制造商、运输和仓储企业、转包商到零售商和食品服务环节以及相关的组织，如设备、包装材料生产者、清洗企业、添加剂和配料生产者。ISO 22000受到全世界广泛的支持，它符合系统地控制食品供应链中的安全问题的要求，提供了在世界范围内唯一的解决方案。此外，ISO 22000认证，响应了食品供应商日益增长的认证需求，同时，该标准在没有符合性认证的情况下也可以贯彻。

三、HACCP在冷鲜肉类生产过程安全控制中的应用

某冷链加工企业冷鲜牛肉的工艺流程：生牛收购—暂养—屠宰—冲洗胴体—胴体消毒—胴体进库—分割加工—晾肉上架—进库冷却—测温包装—入成品冷藏库—运输—销售。

冷链加工企业根据HACCP原则，首先分析冷鲜牛肉的加工步骤，找出关键控制点（CCP），然后采取适当方法和措施控制关键控制点，建立监控档案并确立纠正措施。对危害分析中确定的关键控制点进行重点监控，列出控制对象与关键限值，并提出相应的控制方法、纠偏措施，如表7–3所示。

表7–3　冷鲜牛肉加工过程HACCP计划

关键控制点	监控对象	关键限值	监控方法	监控频率	纠偏措施
生牛收购	药物残留；微生物超标	符合国标规定；致病菌不得检出，细菌总数＜100个/g	化学分析检验；微生物学检验；鲜度感官评定	每批次抽检	不合格拒收
屠宰	屠宰工器具微生物污染	致病菌不得检出，工器具细菌总数＜2.48log cfu/cm^2	微生物学检验	每班检测3次	消毒液达到200×10^{-6}有效氯浓度进行消毒
去内脏	微生物、胆汁、内容物污染	无内脏破裂、污染	微生物学检验；感官评定	每头检验	对受污染胴体进行单独处理
分割	分割工器具微生物污染	致病菌不得检出，分割肉细菌总数＜4.48log cfu/g	微生物学检验	每班检测3次	消毒液达到200×10^{-6}有效氯浓度进行消毒
成品检验	微生物污染	成品微生菌落总数＜6log cfu/g	微生物学检验	每头检验	对受污染胴体进行单独处理

第三节　冷链物流风险管理原理与方法

一、冷链风险识别

（一）冷链风险识别的概念

风险管理是指通过识别风险、评估风险、评价风险，从而有效地控制风险，用最经

济的方法来综合处理风险，以实现最佳安全保障的科学管理方法。通过风险分析，得到特定系统中所有危险的风险估计，在此基础上，需要根据相应的风险标准判断系统的风险是否可接受，是否需要采取进一步的安全措施，这就是风险评价。风险分析和风险评价合称风险评估。

食品冷链风险识别是食品冷链风险管理的基础，即在食品冷链物流过程中，通过识别其存在的风险源和风险因素，对其进行研究、分析和归类。在食品风险管理体系中，正确处置食品风险的前提是明确食品风险的存在，估计食品风险发生的损失程度，为制订和选择食品风险应对方案奠定基础。而且，风险识别不是一项一次性的任务，必须在整个食品冷链运营过程中周期性地反复进行。

食品冷链成员面临的风险来自内部因素和外部环境因素。内部因素主要包括食品冷链运作流程、食品质量安全管理体系、人员素质、培训方法及激励机制等。因此，食品风险识别需要对食品冷链成员自身的经营状况，所在市场的情况，所处法律、社会、政治和文化环境有深入的认识和了解，同时要求食品冷链成员有明确的经营战略，才能由此识别促使战略成功的因素，以及那些威胁战略目标实现的因素。

（二）冷链风险识别的步骤

认知风险是风险识别的第一个关键环节。所谓认知风险就是对食品冷链企业所面临的风险，采取各种有效的方法进行系统考察，认识和了解风险的种类、性质以及可能发生的风险后果，使决策者增强风险识别和感知能力的过程。由于风险本身处于十分不确定的状态，对于食品冷链企业所面临的全部风险，往往难以用一种孤立的方法来考察和测量。虽然某种方法对这种风险有效，但对另一种风险却难以奏效，因此必须采用多种方法进行综合考察。

风险分析包括风险原因分析和潜在风险分析，主要指对风险种类的分析和对潜在风险威胁的分析。制作风险清单、分析风险种类是分析风险事件原因的最基本、最常用的方法。采用类似于备忘录的形式，将食品冷链成员所面临的各种风险逐一列举，并依据食品冷链的运营活动对这些风险进行综合考察。风险管理人员可在此基础上对风险的性质及其可能产生的损失做出合理的判断，并研究出防止风险发生的对策。风险清单的格式必须包括食品冷链企业所有的关键环节，以及食品企业活动所处的自然、经济、政治和社会环境。但是，由于风险清单只能列出各种已经存在的风险，容易忽视对潜在风险的深入研究。因此，在分析风险清单的同时，应密切注意其他潜在风险的威胁。

（三）冷链风险识别的原则

在进行食品冷链风险识别时，要求遵循以下原则。

①面向对象原则。不同的食品冷链风险识别对象、不同的食品冷链风险等级往往对应着不同的应对措施、不同的管理工具。因此，在进行食品冷链风险识别之前，应充分了解识别对象，详细了解可能存在的各种风险事件发生的概率与相应的损失以及食品风险扩散导致的灾害衍生链。

②专家参与原则。由于食品冷链的复杂性，在风险识别时需要专家参与。专家能够解释食品冷链风险识别的结论和科学数据，识别其所基于的假设和主观判断，能够解释食品风险识别过程中的不确定性，使食品风险管理者及有关各方能清晰地了解食品冷链 风险。

③科学平衡原则。食品冷链风险识别的目的在于规避食品冷链风险损失，以最小的成本投入获得最大限度的食品安全保障。在食品冷链风险识别过程中，不同的食品冷链成员应根据自身的企业规模和财务状况，合理选择食品冷链风险识别的目标，采取分层次、分步骤的科学决策方式，实现食品冷链风险识别成本与自身经济实力之间的科学平衡。

④定量分析原则。食品冷链风险的动态性和复杂性决定了食品冷链风险识别必须采用严格的数学理论方法，在综合考虑各种风险因素的基础上，对可能存在的食品冷链风险事件发生概率和损失程度进行量化，通过相对精确的定量分析给出食品冷链风险识别的结果和相应的控制措施。

⑤动态性原则。为了应对食品冷链外部环境的动态变化和风险的传播，食品冷链风险识别的对象、措施和过程也应该进行动态调整，形成一种立体的、多维的、螺旋式上升的食品冷链风险识别结构。

⑥系统性原则。食品冷链风险识别是一项系统性、综合性极强的工作，不仅在于食品冷链风险的成因复杂、后果严重，而且在于食品冷链风险识别的准确性直接影响着食品冷链风险评估、预警和控制的效果。因此，要科学准确地识别可能存在的食品冷链风险因素，必须采取系统性原则，运用系统科学的方法进行调查分析，揭示各种食品冷链风险的成因和后果，以保证食品冷链风险识别的准确性。

⑦透明性原则。为了使食品冷链风险管理者和相关人员都能接受食品冷链风险识别的结果，要求整个过程必须是透明的，除非出于法律原因需要保密（如专利信息或数据）。食品冷链风险中的透明性必须体现在食品冷链风险识别过程的公开性和可提供有关审议两个方面。

（四）冷链风险识别的方法

风险识别的方法很多。可以分为宏观领域中的决策分析（供应链分析法、市场环境分析法等）和微观领域的具体分析（流程分析法、风险追溯分析法等）。以下是一些常用的食品冷链风险识别方法。

①供应链分析法。食品冷链是一个复杂的过程，它贯穿于整个食品供应链，因此，食品冷链风险识别就应该贯穿于“从农田到餐桌”的整个食品供应链。从每一个食品供应链成员中采集和分析风险信息，准确地描述食品安全状况，描述存在的潜在食品冷链风险特性。

②市场环境分析法。由于食品的特性，许多食品冷链风险直接来自消费者，这些风险在给消费者带来健康危害后才被发现，因此，面向市场环境的食品冷链风险识别非常重要。食品冷链风险管理人员经过实际的市场调研，对相关食品在市场环境中的状况进行检测、分析，发现其潜在风险，并及时做出预警。

③流程分析法。食品流程分析法强调根据不同的流程，对每一阶段和环节，逐个进行调查分析，找出食品冷链风险存在的原因；从中发现潜在风险的威胁，分析食品冷链风险发生后可能造成的损失和对全部食品冷链过程造成的影响。

④风险追溯分析法。食品冷链风险追溯体系的建立，更加强调食品安全的全过程管理，以及依赖于关键环节的管理。食品冷链风险追溯分析需要以标准化和信息化为基础，从而进行潜在风险识别。

⑤专家调查列举法。由食品冷链风险管理人员对食品冷链企业或食品供应链可能面临的风险逐一列出，并根据不同的标准进行分类。

⑥背景分析法。对食品生产和经营过程中获得的各类食品检测数据，采用食品微生物预测技术，运用曲线和图表的形式描述食品状态的变化趋势，以研究引起有关风险的关键因素及其后果，当温度或时间等因素发生变化时，又将出现怎样的风险，其后果如何。背景分析法主要考察食品冷链风险的范围及事态的发展，并对各种情况做对比研究，选择最佳的食品冷链风险管理方案。

⑦分解分析法。首先将食品冷链风险分解为经济风险、技术风险、资源风险、人员风险、环境风险等不同要素，然后对每一种风险因素做进一步的分析。

食品冷链风险识别还有失误树分析法、事故分析法等。不过需要指出的是：没有任何一种方法是万能的。因此，在进行食品冷链风险识别时，必须综合应用各种方法进行分析。

二、冷链风险评估

（一）冷链风险评估的概念

食品冷链风险评估是利用现有的科学技术和科学资料，通过某些因素的暴露对人体健康产生的不良后果进行鉴定、确认和定量分析，做出风险特征描述的过程。在完成食品冷链风险识别之后，还需要对可能潜在的风险进行评估，评估风险可能造成的损失，并以此作为风险管理和控制的基准。在食品冷链风险评估过程中，应该尽可能包括科学准确的定量信息。

（二）冷链风险评估的原则

在进行食品冷链风险评估的过程中，应当遵循以下原则。

①标准性原则。食品冷链风险评估理论模型的设计和具体实施，应该依据国内外相关的标准进行。只有在一定的标准之上进行评估，才能保证评估的准确性。

②规范性原则。风险评估的过程以及过程中涉及的文档应该具有良好的规范性，以便于跟踪和控制。

③可控性原则。在食品冷链风险评估过程中，应该按照标准的项目管理方法对食品冷链企业或食品供应链的人员、组织、项目进行风险管理和控制，以保证食品冷链风险评估过程中的可控性。

④整体性原则。在评估的过程中，应从管理和技术两个角度对食品冷链企业或食品供应链进行评估，保证评估的全面性。

⑤最小化影响原则。食品冷链风险评估工作应尽可能小地影响食品企业或食品供应链的正常运行。

⑥保密性原则。食品冷链风险评估过程应该与冷链企业签订相关的保密协议，以承诺对食品冷链企业内部信息进行保密。

三、冷链风险控制

（一）控制机理

食品冷链风险控制是指依据在食品冷链风险识别、评估和预测基础上获得的风险信息而制订预防性对策，并采取一定方法控制食品冷链风险的过程，它是食品冷链风险管理体系中的一个关键环节，包括食品风险规划制订、食品风险解决方案编制、食品风险监控计划生成、食品跟踪和纠正等活动。

食品冷链物流风险控制机理如图7–3所示。第一步为风险分析阶段，即从具体作业环节入手进行风险识别、风险类型辨析、风险度量以及确定风险控制措施。风险控制措施涉及事前的控制和预防、物流过程中的实时监控、安全事故的应急处理、事后控制与处理等多个方面。通过冷链物流安全风险分析，能够初步分析各个易腐食品物流作业环节的安全风险的特征和水平。第二步为食品物流系统安全水平评价，依据系统可靠性和系统安全工程理论，包括物流系统可靠性评价和物流系统安全风险水平评价两个方面。系统可靠性越高意味着发生事故的概率越小，系统安全水平就越高。相对于物流系统安全风险水平评价，物流系统可靠性评价的周期短。通过物流系统安全风险水平评价结果判断现有的易腐食品安全风险水平是否超过系统内部主体可接受的水平，如果超过安全风险水平，转入物流系统安全风险控制步骤，从作业环境、设施设备和操作人员等方面入手，采取安全措施，进而再次进行安全风险分析，周而复始地进行系统物流安全控制；如果没有超过可接受水平，转入物流系统全流程实时监控。

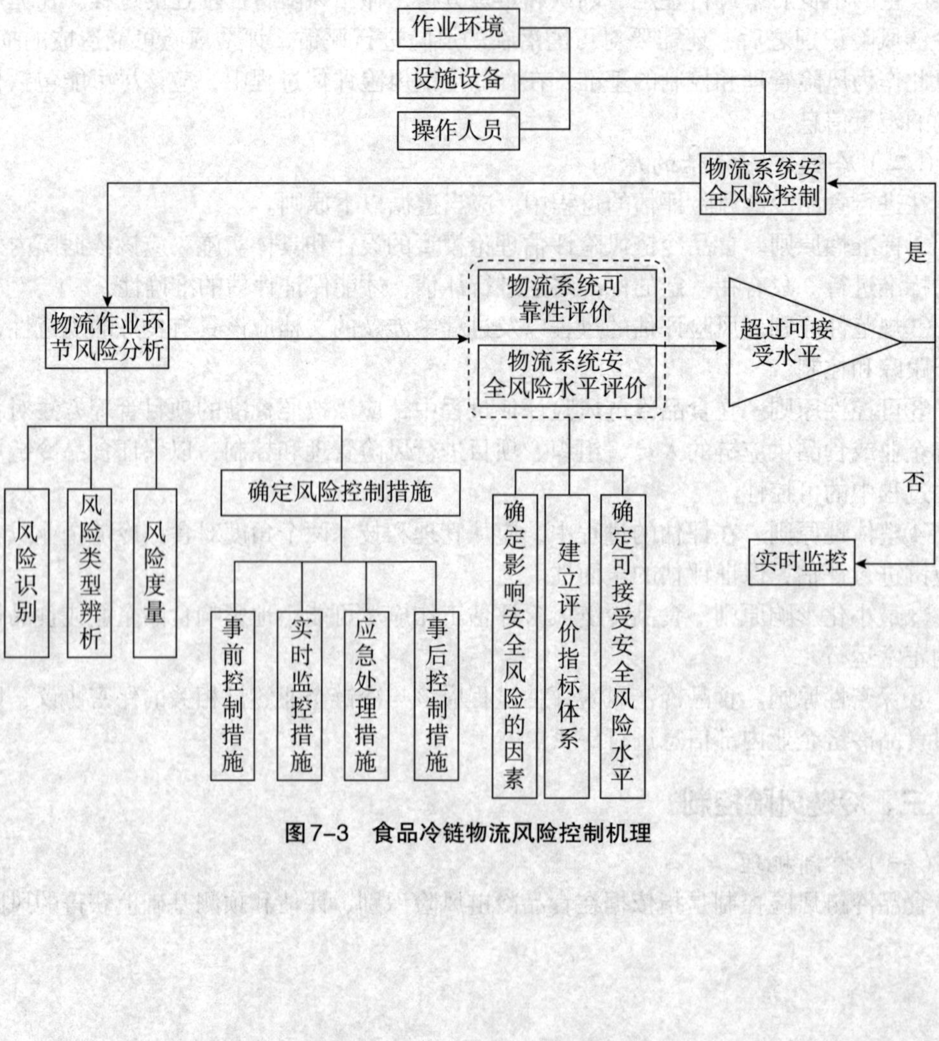

图7–3 食品冷链物流风险控制机理

可见，易腐食品物流系统安全风险控制是一个复杂的系统工程，涉及全流程的实时监控和物流安全风险的分阶段周期性控制。依据易腐食品物流安全风险控制的基本框架，将易腐食品物流安全风险控制的基本步骤和内容归纳在表7-4中。

表7-4　易腐食品物流安全风险控制的基本步骤和内容

步骤名称	基本内容
物流安全风险分析	从易腐食品本身角度分析物流安全风险类型和影响因素； 从系统的角度统计分析物流安全事故的发生概率和后果的严重程度
物流安全风险评价	从作业环节角度分析和总结影响易腐食品物流安全的主要因素； 建立易腐食品物流安全风险评价指标体系； 从运筹学、模糊数学和系统工程等角度实际评价易腐食品物流安全水平； 从安全系统工程和可靠性理论角度，评价系统总体安全可靠水平
物流安全风险控制	本着事前预防的原则，从易腐食品影响因素角度，系统地建立物流安全风险监控体系和平台； 依据具体系统或具体环节的安全事故分析，有针对性地提出应对措施； 依据安全风险水平的具体评价结果分析，本着事后控制的原则，有效完善现有安全控制体系

（二）冷链风险控制技术系统

在易腐食品风险管理体系中，控制技术系统是一个以食品冷链风险分析技术为基础，对借助食品冷链风险识别、食品冷链风险评估和食品冷链风险预测获得的相关数据进行食品冷链风险控制的技术体系。因此，一个食品冷链风险控制技术系统主要由食品冷链风险监控技术、食品冷链风险预警技术、食品冷链风险全程控制技术、食品规范标准技术等组成，如图7-4所示。这些技术是相互影响、相互作用的，在整个食品冷链的生产、加工、运输、销售过程中的作用越来越大。

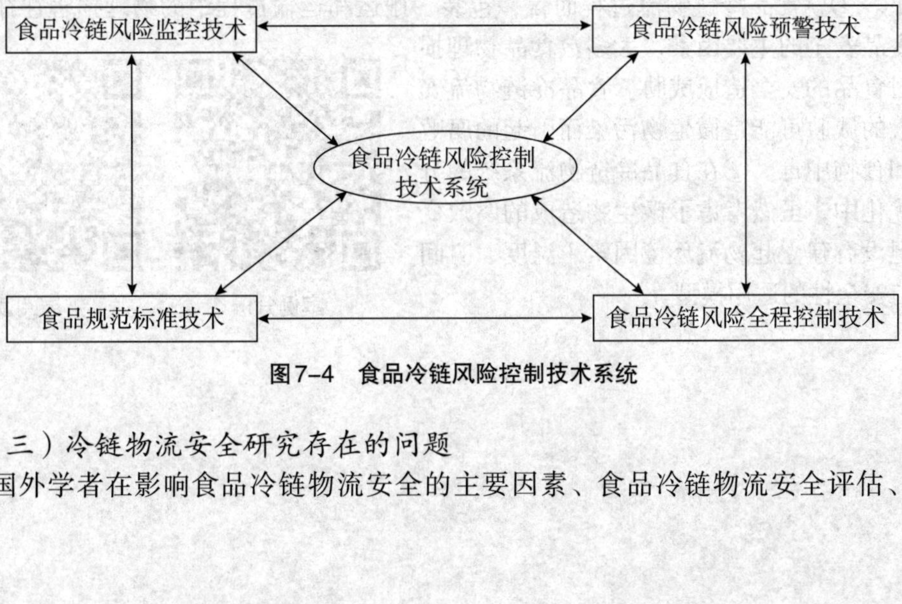

图7-4　食品冷链风险控制技术系统

（三）冷链物流安全研究存在的问题

国外学者在影响食品冷链物流安全的主要因素、食品冷链物流安全评估、食品冷链配送和库存系统分析以及食品供应链管理等方面进行了深入的研究，但是以下几个方面的研究仍待深入。

（1）衡量食品冷链物流安全性的量化指标。目前，对食品冷链物流过程中的安全性度量基本 上还是利用衡量食品安全的方法——食品中的微生物数量。但是，确定微生物的数量需要专业的知识和设备，而且需要在实验室条件下培养观察，从物流工程的角度而言，不能算是有效的方法。目前量化研究食品冷链物流过程中安全性的论文还很少，一般都是研究冷链物流过程中的品质损耗。

（2）食品冷链物流系统的安全性和经济性的综合研究。目前，大多数国外文献都从食品冷链物流过程中的品质改变、对人体的危害等方面进行研究，而较少将食品冷链物流系统的成本或利润等经济因素与食品冷链物流系统的安全性综合起来建模研究。食品供应链方面的研究虽然考虑了经济因素，但这些研究主要还是以博弈论为基础，从供应链管理的角度考虑，与食品冷链物流系统的安全性结合不够。

（3）食品冷链物流安全的系统性研究。多数文献对食品安全性研究还只涉及物流过程中的某个或某几个环节（食品的存储和货架期是较多的研究领域），较少用系统工程的理论对食品冷链物流全过程（从生产到消费）进行安全性分析研究。

（4）国内食品冷链物流安全方面的相关研究主要处在介绍和应用国外已有成果的基础上。在食品冷链物流风险评价、食品冷链物流系统优化方面已取得不少成果，但与国外的研究相比还有一定的差距。

（5）宏观层面的食品冷链物流安全发展战略、监控体系和制度法规研究成果较多，这对于提高我国食品冷链物流安全整体水平，尽快缩小与发达国家在食品冷链物流方面的差距有很大意义。但是，食品冷链物流安全微观层面的运作策略研究还显薄弱，量化研究不够，不适应我国食品冷链物流集约化发展的趋势。

（6）食品冷链物流系统优化较多沿用一般物流系统的方法，主要从系统的经济性（物流成本最小或利润最大）方面入手研究，安全性方面较少涉及。少数文献在进行食品冷链物流系统优化时，虽然也考虑了食品冷链物流过程中的货损，但存在以下两方面的不足。①就食品冷链物流过程而言，包装、搬运和运输过程中的物理损害往往不是影响食品安全的主要因素，大多数食品物理损害不对食品的安全造成威胁。食品冷链物流安全最大的威胁可能是微生物污染而引起的腐败变质和食物中毒。②在食品冷链物流系统的分析和优化中，虽然考虑了微生物造成的腐败变质，但没有建立起物流环境因素（温度、时间等）与安全性的适用模型。

案例分析　　扩展阅读

思考与练习

(1) 食品安全的含义是什么? 安全管理和风险管理的关系是什么?
(2) 请简述我国食品安全管理体系及其存在的主要问题。
(3) HACCP质量安全管理体系的执行步骤有哪些?
(4) HACCP与SSOP、GMP的关系是什么?
(5) 请简述易腐食品冷链物流的风险控制机理。
(6) 影响食品冷链物流安全的主要因素有哪些?

第八章　冷链物流标准化

学习目标

了解冷链物流标准体系概况和体系发展的构成；熟练掌握冷链物流管理相关标准、物流各环节作业标准、温度检测标准和设备设施性能相关标准等。

第一节　冷链物流标准化概述

一、冷链物流标准体系概况

标准化工作是事关经济社会发展全局的战略工程，是实施创新驱动发展战略的内在要求，是实现产业发展规模化、集约化、现代化的重要途径。加强标准化工作，实施标准化战略，是一项重要和紧迫的任务，对经济社会发展具有长远的意义。标准是国际经济科技竞争的“制高点”，是企业、产业、装备走出去的“先手棋”。既要着力提高中国标准水平，增强中国标准硬实力；又要全面谋划和参与国际标准化战略、政策和规则的制定，提高我国在全球经济治理中的制度性话语权。标准决定质量，有什么样的标准就有什么样的质量，只有高标准才有高质量。谁制定标准，谁就具有话语权；谁掌握标准，谁就占据制高点。完善冷链物流标准化体系建设，对于引导冷链行业健康有序发展，推动产业衔接，促进企业降本增效，保障食品安全具有重要意义。

随着国民经济的快速发展，人们生活水平逐渐提高，对食品质量的要求也越来越高，尤其对生鲜农产品品质和安全的要求更高，冷链物流行业随之快速发展。随着市场需求的进一步扩大，基础设施建设不断完善，再加上国家政策和标准环境的持续推动，可以预计未来数年我国冷链物流行业仍将保持快速增长的趋势。与此同时，我国的冷链物流标准化工作起步较晚，标准化进展相对缓慢、冷链物流标准规模数量和标准质量、标准宣贯工作仍需进一步加快推进。

冷链物流是一个上下游各环节协同运作的过程，在产品流通的各个环节中，要保证产品质量安全就必须要做到有标可依。目前，我国冷链物流系统企业之间的关系较为松散，缺乏协同合作的意识及标准依据，导致我国冷链物流效率低下，产品品质安全难以保障。冷链物流标准体系要求各流程之间有标准规范，各流程交接有标准明确。冷链物流标准体系是指导性的技术文件，标准体系的建立有利于加强冷链物流标准的统一，促进冷链物流标准的协调发展，因此，科学合理的标准体系建设是冷链产业的顶层设计，也是产品质量安全的重要前置条件和保障。构建农产品冷链物流标准体系是为了减少资源浪费，降低交易、谈判成本，提高运作效率。一方面，冷链物流过程需要全程进行温度控制，这是高耗能过程，需要从能源节约的角度制定完善的标准体系。另一方面，冷链物流对象多为易腐产品，如果过程管理不规范，极易造成产后损耗，造成极大的资源浪费，完善的标准体系可有效减少社会资源的浪费。

二、冷链物流标准体系构成

冷链物流标准服务的对象包括初级农产品（水果、蔬菜、肉、禽、蛋、水产品和花卉等）、加工食品（速冻食品、禽、肉和水产品等包装熟食、冰激凌和奶制品、快餐原料）等。冷链物流标准体系涉及仓储、运输、配送、装卸搬运、包装、流通加工等环节。冷链物流标准体系以对温度和保鲜程度等有要求的特定产品为研究对象，以冷链物流作业环节为主线，以电子商务、供应链为延伸，主要包括通用基础标准，技术、信息、管理、作业和服务标准等。

（一）通用基础标准

通用基础标准是在一定范围内作为其他标准的基础并普遍适用，同时又具有广泛指导意义的标准，应随着标准化基础工作的发展适时完善，包括标准化工作导则与指南、术语与缩略语标准、符号与标志标准、物流模数标准、量和单位标准、物流测量标志标准、物流分类和代码标准等。

（二）技术标准

技术标准是指对冷链物流各环节标准化工作中需要协调统一的技术事项所收集、制定的标准，应随着冷链物流技术的发展适时完善。技术标准包括技术基础标准、冷链物流设施标准、冷链物流设备标准（仓储设备标准、运输设备标准、配送设备标准、装卸搬运设备标准、包装设备标准、流通加工设备标准、托盘标准、周转箱标准、集装箱液袋标准、手工作业工具标准、信息采集与跟踪设备标准、信息传输设备标准、信息交换设备标准、信息处理设备标准、信息存储设备标准）、冷链物流技术方法标准等。

（三）信息标准

信息标准是对冷链物流各环节标准化工作中需要协调统一的信息事项而收集、制定的标准，应随着冷链物流信息工作的发展适时完善，包括信息基础标准、信息分类编码标准、信息采集与跟踪标准、信息传输与交换标准、信息处理标准、信息记录与存储标准、信息系统和平台标准、信息安全标准、信息服务标准等。

（四）管理标准

管理标准是对冷链物流各环节标准化工作中需要协调统一的管理事项所收集、制定的标准，应随着冷链物流管理工作的发展适时完善，包括但不限于：管理基础标准、规划标准、统计标准、环境卫生标准、安全与应急标准、诚信管理标准、风险管理控制标准、评价和评估标准等。

（五）作业标准

作业标准是对冷链物流各环节作业需要协调统一的事项而收集、制定的标准，应随着冷链物流作业的发展适时完善，包括但不限于：作业技术标准、作业服务标准等。

（六）服务标准

服务标准是对冷链物流各环节标准化工作中需要协调统一的服务事项而收集、制定的标准，应随着冷链物流服务工作的发展适时完善，包括但不限于：服务标准、服务质量控制标准、运行管理标准、服务评价与改进标准等。

（七）其他相关标准

其他相关标准是与冷链物流标准化工作关联密切、支撑冷链物流标准体系而收集、制定的标准，应随着冷链物流行业的发展适时完善，包括但不限于：电子商务标准、供应链标准。

冷链物流各标准应以冷链物流行业发展需求为导向，建立科学合理、层次适当、划分清楚、全面成套，能够适应行业发展新需求、新业态的冷链物流标准体系，为构建符合我国国情的"全链条、网络化、严标准、可追溯、新模式、高效率"的现代化冷链物流体系做支撑。

第二节　冷链物流管理标准

一、综合管理

综合管理岗要求能够描述冷链物流管理的基本内容、国内和所在区域的市场概况、所在组织业务相关的法律法规和标准；了解所在组织的战略目标和市场目标、了解所在部门在组织中的定位和目标；具有冷链仓储与配送、库存管理、冷链运输、冷链安全和健康保障的法律法规等基础知识储备；了解冷链物流领域产品、服务和技术的发展动态。

综合管理岗的主要工作是负责办公室的综合协调、秘书工作，人力资源管理中的人才考察、调配和档案管理工作，以及各类信息的收集、整理、上报等工作。下设综合管理主管、后勤管理主管和合同专员三个岗位，各岗位职责分述如下。

（一）综合管理主管

岗位职责：协助部门经理制定部门各项规章管理制度和管理流程，督促部门人员严格执行，做到依章办事，有章可循；协助部门经理建立部门组织框架，明确人员编制计划，制定各岗位工作职责，协助制定部门各项工作流程；制订部门综合管理工作目标、计划，并组织实施，协助制定部门长期发展规划；协助部门经理编制公司年度工作计划及经营指标；按集团要求，负责组织起草综合性业务信息抄报，例如季度、月度工作计划及完成情况，整理、汇总年度工作总结；负责部门各项费用的预算与控制；负责固定资产、办公用品、损耗品的申领、采购及管理，做好固定资产管理台账；负责编制、印发部门文件，公事来往信函、资料和公文的收发、登记、拟办、传阅、催办、归档工作；负责来访来客人员的接待工作，组织安排重大会议及重要活动；搞好部门内部企业文化建设及培训等工作，并做好培训记录；负责组织编制合同范本，建立系列化合同体系。

组织和协调集团律师及外聘法律顾问审核拟签订的合同或者协议书中的法律内容，为合同签订提供法律支持，保障集团的法律利益，为集团商业项目的健康、安全运行提供全面的法律保障；组织制定部门合同管理制度，对合同的订立、变更、执行、终止实行监督及跟踪管理；监督管理合同的汇总、分类、归档保存、调阅登记等工作；组织和协调集团律师及外聘法律顾问处理法律事务；负责部门员工的考勤管理；日常后勤事务的处理和管理；完成上级领导交办的其他任务。

（二）后勤管理主管

岗位职责：协助综合管理主管起草部门各项规章管理制度和管理流程；协助综合管理主管建立部门组织框架，汇总、整理各岗位工作职责，协助制定部门各项工作流程；负责部门年度目标、年度目标完成情况、半年度目标、半年度目标完成情况、季度目标、季度目标完成情况、月工作计划、月完成情况、月报等各项信息抄报的汇总、整理和提报工作；负责固定资产、办公用品、损耗品的申领、采购及管理，做好固定资产管理台账；负责协助综合管理主管做好部门各项费用的预算与控制，以及年度、月度资金预算的提报；负责部门所有重要文件、资料及档案的收集、汇总、整理、分类和保存；负责部门与其他单位及部门的工作联系函及相关文件的发放和接收工作，并做好相关记录。

及时收集和了解部门全体员工的工作动态，协助上级领导协调部门全体员工的业务工作，掌握全部门的主要活动情况；在上级的领导下，负责部门具体管理工作的实施、督促、落实情况的检查，并及时向上级领导反映；负责部门办公会议的组织和服务工作，做好会议记录，并及时整理、印发会议纪要和会议议定事项，并检查督促会议决议的贯彻实施；协助综合管理主管做好重大会议及重要活动的组织和安排工作；协助综合管理主管做好公司重要来宾的接待安排（机票、酒店、用餐等）及重要会议的组织与会务工作；组织汇编公司大事记、图片库等文献资料；协助综合管理主管做好部门内部企业文化建设及培训等工作，并做好培训记录；负责处理部门各项行政工作的审批流程；负责部门相关费用的报账工作；协助部门上级领导做好综合、协调工作和处理日常事务；完成上级领导交办的其他任务。

（三）合同专员

岗位职责：负责起草部门合同管理制度，协助拟订具体经济合同管理实施细则；对合同的订立、变更、执行、终止实行监督及跟踪管理，确保符合法律及相关制度规定；起草编制合同范本，建立系列化合同体系；协助综合管理主管与集团律师及外聘法律顾问协调、沟通，审核拟签订的合同或者协议书中的法律内容，为合同签订提供法律支持，保障集团的法律利益，为集团商业项目的健康、安全运行提供全面的法律保障；对外签订重大经济合同前的起草准备、参与谈判和初审工作，严格掌握签约标准和程序，发现问题并及时纠正；负责合同的汇总、分类、归档保存、调阅登记等工作，建立合同管理台账；负责将合同信息录入计算机，实行信息化管理。

控制合同副本或复印件的传送范围、保守内部商业机密；组织和协调集团律师及外聘法律顾问处理法律方面的事务；跟踪商家合同履约的完成情况，并督促其如期兑现，汇总合同签订及总体执行情况，提出有关工作报告和统计报表，并就存在的问题提出相应建议；完成上级领导交办的其他任务。

二、质量管理

冷链物流的质量直接关系到食品安全问题，加强对冷链物流的质量管理，是全社会共同的责任，需要生产企业、物流企业、销售企业、政府部门共同努力。进行冷链物流全程质量管理，可以充分发挥食品流通环节的桥梁作用，餐饮企业、超级市场、专卖店、大型企事业单位等通过冷链物流获得安全优质产品和现代化配送服务。同时建立良好的冷链物流系统，进行质量全程控制，可以有效地减少浪费，减少食品安全事件的发生，从而打造食品行业健康、绿色的形象。

（一）岗位目标

建立冷链物流监控体系及标准，推进冷链物流质量体系的运作与实施。

对冷链物流各环节进行质量监控，全面提升冷链物流过程中各环节的质量水平。

以提高冷链行业的质量、降低企业和行业的产品损耗以及成本为目的，为社会提供高质量的产品，促进行业健康发展。

（二）岗位职责

能制订生产、仓储、配送、运输、销售环节的质量控制方案；能制订、评价、优化冷链物流质量控制与追溯管理流程；能制订可视化的质量控制和追溯实施方案；能进行库存分析，能制订、实施和评估库存控制方案；能制订、执行、评估冷链仓储与配送安全管理制度和流程。

可在既定方案框架下，解决局部问题，优化部分环节的流程交接；能对供应链环境进行分析，确定物流发展战略需求；能进行冷链物流组织结构设计。

能对冷链仓储与配送系统提出功能需求；能根据客户需求制订冷链仓储与配送服务方案、审核服务合同；能对冷链仓储与配送市场进行分析，撰写市场分析报告。

能执行冷链货物的安全、品质、卫生等控制流程；能使用冷链物流监控系统和设备进行物流和质量的追溯操作；能执行对温度、湿度、环境、作业时间、货损率、遗失率等指标的监测，提高对冷链物流的监控。

根据质量监控岗位分析的任务和程序，将质量监控岗位分解成若干个工作单元和环节，方便逐项完成，提高工作效率。

整理好相关文件，方便日后质量监控过程中出现问题时及时找到相关责任人，如“质量检验记录单”“作业指导书”等与质量监控相关的文件。

组长应掌握一定质量检验方面的知识，能够在检验员和操作工出现问题时及时处理，减少问题的发生，提高工作效率。

能够与冷链物流过程中的其他流程相协调，出现问题时能够及时整改，使质量监控岗位做到标准化、规范化、制度化。

处理好质量监控各个环节的关系，同时能够提出自己对本岗位的想法。

对入岗的新员工进行培训，并定期对检验员进行工作技能的检查与考核，巩固质量管理体系的员工基础。

协调管理，服从安排，完成每天布置的任务。

三、信息技术管理

现代冷链物流依托卫星定位、物联网、移动互联等先进信息技术应用，按照规范化、标准化要求配备车辆定位跟踪以及全程温度自动监测、记录和控制系统，积极使用仓储管理、运输管理、订单管理等信息化管理系统，按照冷链物流全程温控和高时效性要求，整合各作业环节。借助先进的管理技术和组织方式，建立冷链物流数据信息收集、处理和发布系统，逐步实现冷链物流全过程的信息化、数据化、透明化、可视化，加强对冷链物流大数据的分析和利用。实现冷链物流信息及时处理、配送流程优化，以及存取选拣自动化、物流管理智能化，形成资金流、物流、信息流的一体化。

高速发展的冷链物流对物流行业内信息技术人员从业能力提出了较高要求，信息技术人员需要为冷链物流企业提供综合服务，使冷链物流上下游企业、政府管理部门、相关职能部门的信息能够及时、准确地传递。通常应具有内外政策法规、冷链物流需求与供给等信息的采集、发布、查询和维护等功能。

（一）信息技术部门主要职责

制定和完善公司信息技术相关的规章制度。制订公司信息技术建设的总体规划及本部门的工作计划并组织项目实施。制订计算机系统、网络系统应急方案，保障公司信息技术系统安全运行，并提供相应的技术支持。信息技术人员的培训和考核。计算机硬件、网络设备和信息系统（软件类）的选型。审核公司计算机硬件设备、网络设备的采购、报损和报废工作。对公司网络系统进行定期或不定期的专项检查。对公司内部员工使用的计算机进行定期或不定期的杀毒，保证网络流畅。负责公司重要数据的保密和备份管理，并对公司信息系统进行定期或不定期的检查。

对公司信息系统ID账号建立、关闭、权限分配、数据备份等重要动作的实施。负责跟踪先进信息技术研究的发展，及时调整公司信息技术业务，辅助公司战略发展。负责信息技术资料的归档、交接工作。

（二）信息技术人员岗位职责

1. 管理岗

岗位职责：负责参与公司各信息化系统的具体实施，含前期调研、中期实施、后期运维以及各部门的协调；制作各信息系统培训资料，并组织定期培训；定期或不定期对各信息化系统进行数据评估，并提出优化建议；与信息系统实施方保持沟通，及时反馈使用中出现的问题；统计公司内部员工使用各信息系统的有效使用率，如OA审批时效，并提供相应的评估报告；定期或不定期对信息系统数据库的安全性进行检查；监督信息技术专员的日常工作，尤其是账号和权限分配方面的工作；定期提交信息系统运行报告；负责与网站建设方沟通，对网站版面进行定期或不定期的优化。

2. 技术岗

岗位职责：负责公司内各信息系统的日常维护工作，含账号开启关闭、权限分配、流程管理、数据备份等；对每个系统，每个操作都必须进行记录；配合人事部门在员工入职和离职后邮箱的开通和关闭、账号权限分配和禁用等工作，并做好相应操作记录；与公司联络员保持实时沟通，及时更新公司网站和门户系统上的信息，并对公司网站版面提出优化建议；协助信息技术经理完成其他工作。有需要的将集团和各子公司通过VPN（虚拟专用网络）进行综合组网，以保证公司各部门员工在内网和外网都能顺畅、安全地访问公司网络。

3. 基础岗

解决现行网络架构运行出现的故障，并提出优化方案；负责为公司内各信息系统服务器选型，并提供专业的技术支持；搭建公司邮件、域控、NAS（网络附属存储）等服务器并提供技术支持；负责对机房内所有设备，包含机房空调、机房报警设备进行定期巡检；负责计算机和网络设备的采购；定期进行数据库或重要数据备份。负责公司内部员工桌面应用（含办公软件）、局域网、广域网、电话、视频会议、邮件收发、账号、杀毒软件、打印机、复印机等日常运维工作；协助系统架构工程师开展系统架构搭建、网络故障和服务器运维等方面的工作；负责对计算机和网络设备进行资产管理，配合财务部人员进行定期盘点；配合人事部门在员工入职和离职时，提前做好电脑安装，贴标和归还设备入库等工作。

四、温控管理

（一）温控监控类型

为了维持一个高效的冷链，需要在贮存、处理和运输全过程中进行温度监控。进行温度监控需要安装温度监控系统。在监测之外，这些监控系统还需要提供数据采集和警报等一系列功能，使产品能够一直处在合适的温度环境中。

根据监控对象，可以将温度监控分为产品温度监控和设备运行监控。产品温度监控指对冷链物流过程中易腐物品的温度进行监控，如果出现不适温度则由报警系统进行报警并进行相应的控制；设备运行监控指运用信息技术对冷链设备运行过程的指标，如温度、湿度和冷藏车位置等进行监测和控制。根据监控设备的使用情况可以将冷链温度监控分为手动型和自动型。手动型分为两类，第一类是让员工定时记录设备的显示数据，如数字温度计等。这个方法最简单，但是需要人工实现并且很难保证持续性与高精确性。第二类是图表记录，设备的运行数据自动生成图表记录，需要定期存档。因为数据记录功能通常整合在设备里，所以这种方法的数据贮存比较简单。但是这种方法需要大量人工操作，记录的准确性也不够高。自动型也分为两类，第一类是中央监控系统，此系统的各设备上有远程感应器，组成了一个网络并与输入设备连接。定制系统通常要满足特定的监测和记录功能需要，它们可以与远程监测、警报和报告系统整合在一起。第二类是网络数据记录系统，这种类型的系统具有更高的分布式程度，多个数据记录器与各个设备相关联，每个记录器都有自己的感应器、贮存器、时钟和电池。它们独立地记录各个设备的数据，并与计算机网络相连。这些网络的规模和配置都非常灵活，能让操作人员方便地添加记录器或者将一个记录器从一个位置移动到另一个位置，这个网络同时实现中央监测、报警和数据采集。

实时数据采集的能力（容量和速度）表现了一个监控系统的监控能力和对故障反应的及时性。一些标准和认证也对数据的采集容量和速度进行了规定。同时，管理设备的职员也要实时地获取这些信息，以确保冷链的完整性，并在故障发生时迅速维护。许多先进的系统和硬件能够同时允许本地监控和远程监控，本地监控通常通过与计算机简单地连接而实现，远程监控则利用有线或者无线网络来实现。

（二）温度监控规程

温度监控系统需要一个合适的规程来进行温度控制。每个系统都需要利用一个温度读取设备获得冷藏或者冷冻区域的温度。除了这些温度的监测和记录设备外，还需要按照规程整合所有的温度记录。这些规程规定温度监控不仅应包括产品的温度记录，同时也要记录运输工具（包括拖车、货车、容器和有轨车）的温度。规程还要求记录产品从一个处理环节转换到另一个处理环节的时间。例如，从运输车到零售商或者其他物流中心的时间。这些步骤对保证冷链的完整性非常重要，一旦出现问题，能够迅速找到问题发生的时间和地点。操作人员需要定时对温度计或者其他设备进行校准，并对这些校准操作进行记录。校准记录包括所有设备的情况以及每次的校准时间，通常使用冰水混合物对温度计进行校准，这个时候读数应该是0℃。目前，我国正在积极筹备制定冷链温度监控的相关标准，将为温度监控提供有力的国家层面的规程。

合理的温度测量采样布局能够准确反映产品所处的环境或者冷藏设备所处的工作状态，操作人员需要首先查明关键的布局区域。在大的开放式冷藏或者冷冻区域中，有几个位置的温度特别容易波动。比如，距离天花板或者外墙很近的空间容易受到外界温度的影响；当冷库门打开时，外界温度会对门附近的区域造成很大影响；棚架、支架或者集装货架区域因为阻挡了空气循环，可能会有较高的温度点。上述重要区域需要使用设备进行监控。同时，为了进行对比，在冷藏冷冻区域的出口区域、外部区域和不同高度区域都需要使用设备进行监测。最好在蒸发器的回风处放置温度计，这样能够比较准确地反映室内空气的平均温度。在出风口处的温度计的读数通常比回风口处的低2~3.5℃。如果需要对运输过程中的货品温度进行实时测量，应该抽取临近车厢门的开启边缘的顶部和底部的样品。

在冷库中，一般推荐操作人员每隔900 ~ 1500米的直线距离放置一个监测设备。如果冷库由小的冷藏冷冻室单元组成，应该在每个单元都放置监测设备。一旦安装后，温度监测设备应该尽可能快地采样，以避免激烈的温度变化。但是采样也不能过于频繁，以免带来大量多余的数据。一般来说，每15分钟采样一次比较合理。

（三）温度监控规范

在食品行业，2007年上海市出台了我国冷链物流的第一个地方性标准《食品冷链物流技术与管理规范》（DB31/T 388—2007），对食品的冷链流程、冷藏贮存、批发交易、配送加工和销售终端等流通环节的温度质量控制及质量卫生管理要求提出规定。同时，该标准明确要求运输用的冷藏车、保温车和车厢外部应设有能直接观察的测温仪。同时，测温记录应该在货物交接时提供给接货人员。该标准还规定了货物中转的时间限制。比如，冷冻产品应该在15分钟内、冷藏产品应在30分钟内装卸完毕。

一个良好的物流体系，不但需要完善的设备和操作能力强的操作人员，同时也需要良好的监控系统进行管理。冷链的温度监控需要对产品进行全程跟踪、始终维持产品质量安全。冷链物流温控管理的目的主要是防止冷链“断链”和温度大幅变化。造成“断链”现象的原因有很多，除社会和环境因素，还有冷链技术装备以及冷链管理的因素。因此冷链物流温控管理应从以下几个方面入手。

第一，保证冷链技术水平和装备质量。首先，防止因设备损坏、设备中断、设备异常运行所造成的“断链”。其次，运用智能化的技术，如温度监控系统，对冷链物流实行有效的跟踪监控和管理。温度监控分为产品温度监控和设备运行监控，产品温度监控是指对冷链过程中产品的温度进行监测；设备温度监控是指对设备运行过程中的温度、湿度等指标进行监控。

第二，采取有效的供应链管理手段。低水平的冷链管理，无法实现对全程冷链进行有效管理，是造成“断链”的原因之一；另外，全程冷链不是一个企业就能做到的，需要供应链节点上的每一个企业均做到位，需要供应链各方转变观念，协调运作，共同制定并执行严格的程序和制度，将供应链管理思想渗透冷链管理的方方面面。

第三，保持冷链全过程的温度稳定。如果在冷链物流过程中发生大幅度的温度变化，产品的水分就会析出，再进行冷冻时，析出的水分便在产品的表面结霜，使产品的质量发生变化，因此在冷链全过程中要保持温度的稳定。

第三节　冷链物流各环节作业标准

一、冷链物流作业流程及要求

（一）入库准备

存货人应提前向保管人提供入库通知单，入库通知单至少包含以下信息：存货人、产品名称、产地、批号、数量、规格、保质期、运输公司（司机）及车牌号、运输时间、预计入库时间、储存温湿度要求等。保管人应根据入库通知单做好各项准备工作，确定储存货位，以便产品抵达后及时进行入库作业。

（二）入库检查

运输工具抵达冷库时，保管人应索取无公害以上安全证书、检验检疫证或合格证，重金属与农药残留检测单以及入库通知单等，检查运输工具外观情况，并记录相关信息。

对于施封车辆，应在启封前核对施封信息和启封许可文件，检查和记录封条完好情况，并在保管人和存货人（或承运人）同时在场情况下进行施封车开封，做好相应记录并确认。卸货前，保管人应查验司机、车辆信息，检查车厢温度记录仪、产品的温度和外观质量，并记录结果。

凡没有无公害以上安全证书、检验检疫证或合格证的以及使用常温车运输的，不予卸货，并立即通知存货人或承运人。

（三）卸货作业

卸货作业应在冷库封闭式站台进行。保管人应及时、快速卸载货物，并对卸货时间予以记录。卸货作业应根据产品特性、包装标识进行操作，避免因不良作业行为导致低温产品及其外包装破损。货物卸载宜采用托盘集装化方式。对已经集装化的，要确保符合集装化质量要求，否则应重新采取集装化措施。

应依照产品特性、标签信息和生产日期分别进行集装化作业。对相同品名、批号的货物宜实行固定数量的集装化作业。包括码盘作业在内的集装化作业应在封闭式站台或冷藏（保温）车厢内进行，作业时间应符合低温产品特性。码盘作业应符合《托盘单元货载》（GB/T 16470—2008）中托盘单元货载的要求。

（四）入库验收

在入库检查、卸货和搬运入库过程中，保管人应逐项核对低温产品信息、储存条件信息等，发现差异应记录并及时联系存货人或承运人确认。产品入库后经确认无误，保管人和存货人（或承运人）应在入库交接记录凭证上签字确认。保管人和存货人有约定的，可由保管人向存货人签发仓单。查验证书、检测合格后的产品，在系统中生成编码，并在产品包装箱上粘贴编码。

（五）搬运作业

卸货后应及时将货物搬运至相关库区储存。搬运货物宜采用机械设备。在搬运的同时扫码、在系统中录入信息。

（六）堆码作业

堆码作业宜采用机械堆码设备。

堆码作业应遵循安全、整齐、通风、便捷和先进先出的原则，不应在冷库门附近和人员进出频繁的区域堆码。

堆码不得超过冷库地坪承载负荷和外包装承载强度，堆码作业应符合产品特性、产品包装标识和低温仓库消防的安全要求，不得将产品直接接触地面。

冷库内单件产品或集装单元四周间距应在10cm以上，并保持纵横直线贯通。在冷库内，产品堆码作业的安全距离如表8-1所示。

表8-1 低温产品堆码作业的安全距离 单位：m

项目	指标
距冷库（≥0℃）顶棚	≥0.3
距冷库（＜0℃）顶棚	≥0.5
距冷库顶排管下侧	≥0.3
距冷库顶排管横侧	≥0.2
距冷库无排管的墙	≥0.2

续表

项目	指标
距冷库墙排管外侧	≥0.4
距冷库冷风机周围	≥1.5
距冷库风道	≥0.2

有刺激性气味或异味的、有不同温度保管要求的、容易交叉污染和需要特殊处置的产品应分库区储存。

堆码作业完毕，保管人应及时将相关信息录入库存管理信息系统。

二、低温储存作业标准

（一）保管作业

保管人应根据产品特性确定检查重点和频次，发现问题时应做好记录，并及时通报存货人。

对有保质期要求的产品，保管人应按事先约定的期限及时向存货人发出通报；对接近保质期的产品，应及时向存货人发出预报，或按系统提示操作；对超过保质期的产品应做好标识，通报存货人尽快处置，并做相应的记录。保管人应加强对产品品质的管理，专门记录、备查。

（二）盘点作业

保管人应对库存产品按批次盘点结清，并定期进行月度、季度和年度盘点。货物的盘点包括产品名称、产品种类、规格、批号、数量、保质期等内容，应查验是否与库存系统记载内容一致。盘点完毕，参与盘点的人员在盘点表上签字；发现问题时应查明原因，并与有关方面沟通。

（三）出库准备

产品出库前，存货人应向保管人发送出库通知，内容包括：存货人、提货人、计划提货日期、产品名称、批号、规格、数量、运输要求（承运人信息、运输工具）等。

保管人确认出库通知后，应及时做好产品出库人员、设备、工具、作业空间等的准备工作。

产品出库前，保管人应提前核实库存情况，发现问题立即与存货人沟通、协调。保管人根据出库通知拣货，对需要拆零、拼箱出库的产品，应做好拣选、分装等作业。拣货完成后，保管人应检查待出库产品数量及包装情况，并记录结果。数量有差异的应进行调整。因包装受损或其他原因可能影响运输的，保管人应采取整理、加固、清洁等措施；需要改换包装的，保管人应取得存货人的同意。

（四）交货作业

交货前保管人应查验提货人、司机的有效凭证、车辆信息及车内定位与温度记录传感设备，经核实后安排交货，并将提货人、司机、车牌信息录入系统。

提货人信息有误的，应及时通知存货人处理。交货作业宜在封闭式站台进行。保管人与提货人应对交接的产品信息进行核对，无误后共同在出库交接记录凭证上签字确认。出库交接记录凭证经签字确认，保管人即可向提货人交付产品，并扫码录入系统。

（五）环境控制

保管人应按规定对冷库内的温湿度自动控制系统、记录仪器与传感仪器等设施进行校准和维护，确保准确调控、记录并向系统传输库内温湿度。保管人应根据产品特性及时设定冷库温度、相对湿度，定期通风换气。低温仓储作业过程中应加强库门的管理控制，优化开门次数、缩短开门时间，不得长时间开门。储存区域不能满足产品存储条件、且无法立刻恢复时，保管人应立即向仓储经理汇报并提出作业需求建议。

（六）安全控制

保管人应制定并落实作业机械设备操作安全制度。低温作业人员上岗前应经过安全、技术培训，应了解制冷设备装置相关知识，以液氨为冷媒的冷库，其作业人员应掌握氨泄漏时防范和救护知识。制冷设备操作人员应取得特种设备相关操作证书。保管人应根据《低温作业分级》（GB/T 14440—1993）的规定，并结合实际情况对个人最长连续低温作业时间做出规定。

低温作业人员应穿戴适宜的防寒劳动保护用品；低温装卸、搬运作业的人员应穿戴防滑防砸安全靴；叉车工应戴安全帽，佩戴眼镜的应做防雾处理。

卸货作业过程中应防止产品、作业设备工具、托盘在移动过程中与人员和设施发生碰撞。保管人应定期对冷库除霜，根据产品特性和保管要求对冷库以及作业设备、托盘和工具进行清洁和消毒。低温仓储其他安全控制措施应符合《冷库安全规程》（GB/T 28009—2011）中9和10的要求。在产品储存过程中，保管人应及时掌握产品质量变化情况，一旦发现问题应即刻通报存货人。

（七）信息处理

信息处理应贯穿低温仓储作业的全过程。保管人与存货人在签订产品仓储保管合同时，应对作业信息的记载内容、记录形式和传递交换方式做出约定。保管人应在系统中全面、准确、及时地记录相关作业信息，未经存货人同意不得向第三方透露。存货人、提货人、承运人的名称和地址不得使用简称。产品入库交接记录和出库交接记录应采用纸质形式。经交接双方签署的产品出、入库交接记录不得单方面涂改。

三、冷链运输与配送人员作业要求

配送几乎包括了所有的物流功能要素，是物流的一个缩影或在某小范围中物流全部活动的体现。一般的配送集装卸、包装、保管、运输于一身，通过这一系列活动完成。冷链的运输与配送尤为重要，对于车厢内温度管理、商品管理都有一定的要求。

一般来讲，配送部主要由配送主管、司机和配送员组成。

（一）配送部整体岗位要求

向公司分管运输配送的负责人汇报；制定战略规划、确定业务模式，制订业务发展计划；负责公司运输资源的回程配载、零担配送业务、第三方物流业务在区域内的市场营销、客户开拓、业务发展；实施区域人力资源管理策略，吸引相关人才，鼓励员工提高工作技能，激发员工提高工作热情；制定内部管理制度，建立内部控制和监督体系；

监督和评估内部各方面的绩效指标，从中发现持续改进的机会，并加以实施；建立营运成本的核算体系，负责营运成本的分析、控制；建立高效、协作的团队，完成公司下达的区域绩效指标；注重流程管理，不断提升工作效率，改善服务质量，提供高水平的物流服务；与客户维持良好的关系，并不断寻找新的机会；负责区域范围内各配送门店、网点的建立、管理、控制；吸引、整合社会冷链物流资源，负责物流资源的采购，并与供应商建立良好的协作关系；负责公司物流信息系统在区域内的实施。

（二）配送主管岗位职责

制定运输配送日常管理制度并负责落实执行；负责制订运输配送计划并监督实施，根据配送区域、货量、配送时间的不同，选择合理的配送路线，节约运输成本，提高配送效率；负责对运输配送人员进行调度和安排，做到人车适配，满足客户服务要求；负责部门内异常情况的处理与汇报工作；负责车辆的组织、调配和管理，对车辆、维修、保养、保险理赔、事故处理、违章处理、保洁等做到精细化管理；负责部门与部门之间、部门与客户之间的沟通与协调工作；协助上级领导做好部门员工的考核工作；积极听取其他部门对本部门的工作建议，对配送部负责，完成上级领导临时交办的工作。

（三）送货司机岗位职责

服从上级领导的工作安排和调配；出车前检查车辆水箱、汽油、机油、轮胎等状况，重点检查制冷机组是否正常运转，发现异常应立即上报上级领导，确保送货过程的安全；货物装车时协助配送员核对配送货物数量的准确性，按送货路线安排货物装车顺序，协助货物装车；要具有高度的责任心、态度端正，对客户热情；对客户的抱怨要耐心倾听，做好解释工作，维护客情，按公司规定配合客户调换货；送货途中安全行驶，不得无故改变行程、拖延送货时间，不违反交通规则，停车要安全，不能影响交通秩序，下车要锁好车门；送货途中发生突发事件要及时与上级领导取得联系，由上级领导决定处理方案；未经允许，不准公车私用；完成上级领导交办的其他工作。

（四）配送员岗位职责

服从上级领导的工作安排和调配；出车前带齐送货单据，询问公司业务部当天途经路线是否有需要收款的欠单；在货物装车时，配送员要对照送货单核对货物数量的准确性，并在送货单据上签字确认。出车后必须随身携带手机，对上级领导的呼叫，应立即应答。

要具有高度的责任心、态度端正，对客户热情；点货时发现货物差错应立即通知业务部，由业务部调查处理；对客户的抱怨要耐心倾听，做好解释工作，维护客情。

送货到客户处时，在不违反公司退货规则情况下客户要求退货的，配送员验收后必须于送货当天退回仓库，由仓库管理员签字确认，将退货单据交业务部录入系统后移交财务部。

协助司机记录客户地址和送货路线；负责现金客户收款工作和账期客户欠款凭证的办理，当天将货款和欠款凭证上交财务部核对；完成上级领导交办的其他工作。

总的来说，配送是物流活动中一种非单一的业务形式，它与商流、物流、资金流紧密结合，可以说是包括了物流活动中大多数必要因素的一种业务形式。从物流角度看，配送将货物送达目的地。特殊的配送则还要以加工活动为支撑，所以范围更广。但是，配送的主体活动与一般物流有所不同，一般物流是运输及保管，而配送则是运输及分拣配货，分拣配货是配送的独特要求，也是配送中有特点的活动，以送货为目的的短距离运输则是最后实现配送的主要手段，从这一主要手段出发，常常将配送简化地看成运输中的一种。

从商流来讲，配送和物流的不同之处在于，物流是商、物分离的产物，而配送则是商、物合一的产物，配送本身就是一种商业形式。虽然配送具体实施时，也有以商、物分离形式实现的，但从配送的发展趋势看，商流与物流越来越紧密地结合，是配送成功的重要保障。

（五）基本要求

冷链物品运输与配送应选择合适的冷藏车，车辆应安装定位与温度记录及传感设施。无制冷源的车辆不得装运冷链物品。冷链食品不应与非食品货物混装，不应与任何有毒、有害、有异味的货物同车装载。不同温度要求的物品不应混装。温度记录仪应在车辆装运货前开启并进行记录，运输途中应核查厢体内温度变化情况，发现温度异常的，应采取措施，确保货物温度。

（六）装卸货及交货要求

货物装运前，车厢内温度应达到产品所需的运输温度。车辆装运货物时，应保证厢体内的气流循环畅通。货物与厢体顶板、前板距离应不小于150mm，与后板、侧板、底板之间应保持足够距离，宜采用不小于50mm的导流槽。车厢门宜装门帘。货物装载、码放完毕，应及时关闭车厢门，并检查车厢门密闭情况。装载完成后检查制冷机组的设定温度，以确保符合货物要求。卸货时，应尽快操作。分卸时，应及时关闭车厢门，以维持车厢温度。必要时应控制分卸次数。交货时，应出示收货时的温度记录并将运输过程中的温度数据交给收货方。

（七）冷冻板冷藏车的保养及清洁要求

冷冻板冷藏车出车前应确认车厢的卫生条件满足承运食品的要求，符合国家卫生防疫要求。运输业务结束后，应对车厢进行清洗。定期或必需时，应进行消毒。清结后车厢内应无杂物、无油污、无异味。每次运输后，应检查车辆和与温控相关的各机械设备、装置、设施及电子记录装置等，确认其处于良好技术状态。应根据运输制冷机组生产厂商的维修保养要求，定期对制冷机组进行保养。应定期检查厢体的密封性，检查车厢门的橡胶密封条、门闩、铰链等，保证车厢门与门框的密封性。

四、制冷工艺作业标准

（一）岗位描述

制冷工艺岗是指制冷工运用各种技术手段，对制冷设备进行安装、调试、操作、保养、检测、修理和排除故障的岗位。

（二）岗位职责

1. 制冷压缩机、辅助设备及冷却设备启动前的准备

根据制冷系统的负荷情况，确定冷量与启动方案；按交接班记录进行正常工作；对一般故障进行分析并予以排除。

2. 系统的运行操作

对制冷系统进行排污及气密试验；充加制冷剂；更换冷冻机油；处理异常情况；合理选择融霜时间，对蒸发器进行融霜操作。

3. 制冷系统的调整

调整温度、压力等基本参数；调试制冷压缩机、辅助设备及冷却设备。

4. 制冷系统的故障排除及维护保养

处理正常长期停机；分析、处理一般性故障停机；制冷压缩机、辅助设备及冷却设备的维护保养；对轻微湿冲程等一般性事故进行应急处理。

5. 制冷系统的交接班

能在制冷系统正常运行时交接班，并能对运行参数进行分析；能在制冷系统操作调整的状态下交接班，并分析运行参数的变化趋势。

6. 熟悉制冷系统设计

能对压缩机、阀件、换热器等常见部件进行选型及设计；对设备制冷剂改造工程方案进行设计、技术监督、管理、服务；设备的安装调试、检修、技改和竣工验收工作；完成领导安排的其他工作。

五、仓储作业标准

物流公司的仓储作业岗，一般设有仓储经理、文员（内勤）、分拣员、收货员、保管员、仓库管理员、搬运入库员、安全员、设备管理员、复核员、发货员等岗位。

（一）仓储经理岗位职责

负责建立仓库高效运营项目标准化作业体系，与业务相关部门的协调体系；参与公司经营战略的制定；根据公司年度经营规划，制订仓储部门工作计划；负责全面质量管理工作；负责控制仓储部门的预算，降低仓储费用成本；负责审查各种统计报表；能够对公司仓储、物流系统进行规划、分析、设计与优化；负责公司仓储管理队伍建设、选拔、配备、培训、员工评价；组织库房管理、出入库管理等各项制度的实施；货物的出入库管理，组织仓库的现场管理；组织改善仓储环境和作业效率，提供准时、安全、有效的仓储作业服务；负责部门内的职责分工；帮助员工制订阶段工作计划并督促执行。

（二）文员岗位职责

主要负责商品出入库单证的审核发放、手续办理、信息录入，运营数据汇总，差异处理等工作；编制商品出入库的各种报表、汇总统计数据，并及时上报；协调处理外部客户与仓储相关的货物差异事项；外部信息与仓储部门信息对接的第一联系人，通过其甄别后交相关人员处理；协调好本岗位与其他岗位的关系，保证各项作业的顺利开展；完成上级主管交给的其他工作；协助经理处理日常行政工作。

（三）分拣员岗位职责

随时掌握仓储设施设备的可用性，并能提出改进意见；熟悉存储货物的产品种类、规格、型号、性能及理化性质；根据分拣单分拣货物；对分拣过程中发现的问题及时上报；严格按照分拣单分拣货物；做到单货相符；熟悉库区的划分及货位的分配原则，能够迅速根据单据取到货物；做好已分拣完货物的单货匹配，并转复核人员二次复核；协调好本岗位之间的关系，保证各项作业的顺利开展；完成上级主管交给的其他工作。

（四）收货员岗位职责

负责入库货物的数量验收、质量验收和包装验收；对验收中发现的问题及时妥善处理；详细做好验收记录，并生成验收报告；根据验收结果给出改善性的意见或建议；选择合理的验收方法和验收设备，降低验收成本，提高验收效率；公司逆向物流商品的收取与检验；做好与相关岗位的协调工作，提高工作效率；完成上级布置的工作任务。

（五）保管员岗位职责

做好货物的保管工作，严格遵守仓库保管制度；对保管的货物及时检查，做到账物相符；安排好货物的存放地点及存放方式，方便存取；加强仓库的温湿度管理，保持良好的货物存放条件；定期清扫保管区域，做好防虫、防鼠工作；定期检查通风、照明、防火、防潮等设施的情况，确保其正常运行；定期检查保管货物的品种、数量及质量状况，出现问题及时处理，并做好相关记录；不定期对保管货物进行盘点，做好盘点记录以及盘点结果的盈亏处理；做好与相关岗位的协调工作，提高工作效率；完成上级布置的其他工作任务。

（六）仓库管理员岗位职责

严格执行库存控制管理制度和管理流程；能够结合实际情况分析库存情况，形成统计报表；能够进行库区优化、货位优化、分拣路径优化等工作；负责做好呆滞品、废品的处理工作；负责跟踪仓储作业运营数据，并能对数据进行分析；负责与公司业务部门的有效沟通；负责部门信息化的建设，优化控制系统，降低成本、做好与相关岗位的协调工作，提高工作效率；完成上级布置的其他工作任务。

（七）搬运入库员岗位职责

严格按照搬运流程及注意事项完成货物的装卸搬运工作；搬运时要结合作业特点，采用合理的搬运方式和搬运器具，减少不必要的搬运环节，缩短移动距离；严格遵守搬运要求，轻拿轻放，严禁野蛮作业；严格按照货位规则摆放货物，并能提出合理的改进意见；及时进行补货作业，确保货位商品能够满足拣货的数量要求；做好搬运设备的日常维护与保养工作；加强搬运工作的安全管理，避免事故的发生；作业后及时清扫现场，保持现场整洁；问题商品的发现与提报；分析货物存放规则的合理性；做好与相关岗位的协调工作，提高工作效率；完成上级布置的其他工作任务。

（八）安全员岗位职责

负责制订安全计划和防范措施；负责制定仓库安全管理制度，拟定各岗位的安全生产管理制度；负责安全生产所需的各种设施设备，包括消防设备、安全标识、警示牌等；加强分拣、搬运作业的安全管理，避免事故的发生；定期进行安全检查，消除安全隐患；定期开展安全生产培训及安全知识宣传活动；做好与相关岗位的协调工作，提高工作效率；完成上级布置的其他工作任务。

（九）设备管理员岗位职责

负责制定设施设备的使用和保养制度；负责仓库内设施设备的维护与管理；定期对设备进行检查调试，排除故障；定期开展设备操作人员的技术培训，传授设备的维护和保养方法；加强对设备的技术改造，提高生产效率；做好与相关岗位的协调工作，提高工作效率；完成上级布置的其他工作。

（十）复核员岗位职责

负责分拣货物的单货二次复核；负责分拣的货物打包，贴面单；按一定规则对打包的货物进行分类存放；能够提出工作流程改进方案；做好与相关岗位的协调工作，提高工作效率，降低差错率；完成上级布置的其他工作。

（十一）发货员岗位职责

负责已打包的货物单货二次确认；根据发货规则与快递或第三方物流公司进行货物交接；处理与快递或第三方物流公司往来业务的差异事项；能够提出工作流程改进方案；做好与相关岗位的协调工作，提高工作效率；完成上级布置的其他工作。

第四节　温度检测标准

参照《冷链物流　温度检测与要求规范》（DB 12/T 560—2015），天津市地方标准。

一、测量仪器种类

（1）玻璃管式温度计。玻璃管式温度计不得使用水银测定温度。

（2）圆盘温度计。探针长度应不小于15cm，测量货品内部温度时应采用尖顶探针，测量货品表面温度时应采用平头探针。

（3）电阻（或电热偶）温度计。探针长度应不小于15cm，以不锈钢制作探针式或探片式的敏感组件，温度计应有补偿电阻功能。

二、仪器性能

（1）温度反应时间不应超过1分钟。

（2）精密度在 -30 ~ 50℃范围内不大于 ±0.5℃；灵敏度应在0.5℃以内。

（3）仪器测定的准确性不应受到周围环境的影响；刻度应在1℃为准，可读的最小刻度在0.5℃以下。

（4）温度计应定期校正；温度计传感器的感温部位应能与货品接触良好。

（5）电子式的温度计应能避免凝结水产生时所造成的影响。

三、仪器的预冷操作

（1）任取一包装货品，将冰钩或钻孔机及传感器插入货品中预冷，以下均称为预冷包装样品。未经预冷的冰钩、钻孔机及传感器，不可放入测试样品中。

（2）插入预冷包装样品中心的传感器应停留3分钟以上，直到要插入测试样品时，方可移出。

（3）传感器与低温货品包装袋能接触紧密时，可将传感器插入两包装袋之间而完成预冷作业。在低温仓库内测试货品温度，则使传感器与低温仓库内空气温度相等即已达到预冷的目的。

四、测量方法

（1）总则。测量方法包括非破坏性温度测量和破坏性温度测量。非破坏性温度测量无法准确测定；买卖双方有争议时，应以破坏性测量的结果为准。

（2）非破坏性温度测量。测量低温货品表面温度或冷藏货品间的温度，应采用带探针的温度传感器，探针应具有良好的接触面、低热容量、高导热性。探针应插入货品间测量温度，且探针与货品间应有足够的压力以具有良好的接触。

（3）破坏性温度测量。测量低温货品内部温度（中心温度），应采用易于清理和消毒的材料制成的尖顶探针。探针应插入食物包装的中心位置测量温度。

五、测量要求

（1）货品表面温度的检测。货品表面温度的测定可利用接触式平板传感器或使用放射性温度计来加以测定。包装袋表面温度的测定为一种非破坏性的方法，当温度传感器与包装货品的外箱（袋）接触良好，且有足够的压力使彼此紧密接触，也是相当准确的例行温度检测法。包装袋表面温度测试步骤如下：

①温度传感器预冷。

②打开货品外箱的上盖，取出含边角的包装货品上层或边层部分两层，于第一、二层中间由箱外开一小孔，将第二层包装货品放回后，由箱外的小孔插入温度计的传感器约8cm后，放回第一层包装货品，传感器的感温部位应与包装袋坚实而紧密接触，盖上外箱的上盖后，于外箱上放置两箱包装货品。

③或者使用锐利刀片，于边角纵列中央部位第一、二层之间斜切外箱壁，向外拉断切片，插入温度计的传感器约8cm，传感器的感温部位应与包装袋坚实而紧密接触，于外箱上放置两箱包装货品。

④等温度稳定以后记录。

⑤将传感器保留于箱内，直到后续测试样品均已完成测试后，方可移出。测试样品为展售柜内的散装货品时，可重复步骤①与步骤③，然后于测试样品的上方堆积足够的包装货品，确保包装袋与感应部位能良好接触，等温度稳定后记录。

（2）货品内部温度（中心温度）的检测。测定低温货品的内部温度时，会破坏货品形态及包装，如欲继续出售，事先应有预防措施，并确保打洞装置或温度传感器已预冷且处于无菌状态。货品打洞可用预冷过的长针或钻孔机来完成，孔径大小亦应配合温度传感器的直径。传感器的反应时间应快速且其感应部位应在传感器的顶端。

（3）为能准确地测定温度，货品打洞及将传感器插入货品读取温度等作业必须在低温环境下完成，而其温度环境应尽可能接近低温货品的温度。

（4）有关货品温度的测试步骤如下：

①温度传感器从预冷包装样品移出后，迅速插入测试样品内。

②温度传感器应沿着货品表面到热中心点最长距离的轴线插入，降低误差；尽可能将传感器的检测位置全部包埋在货品内部。

③货品内部温度应在最大表面中心下方2.5cm处加以测定；单一方向比5cm小的货品，测试点应在该方向距离的一半。

④温度传感器无法贯穿冷冻食品时，可使用已预冷过的冰钩或钻孔机在货品打一小洞，其深度应可达货品的中心点。

⑤读数稳定后记录温度。

⑥在记录测试样品的温度后，将温度传感器保留在测试样品内，直到欲测试另一样品时方可移出，如此可减少再次预冷时间。

六、测量位置

（1）储存温度测量位置。冷库每一储存或作业空间（区域）应安装温湿度自动记录设备及温湿度显示器，其感测部位所放置之位置应能正确反映该区域的平均温度，且测量精度应达 ±1℃。

（2）车厢温度测量位置。运输时要测量靠近所有门边的货品上方和下方的温度。卸货时，检查卸货时车厢的温度。抽样测量车厢前、中、后三段的货品温度。

（3）展售柜温度测量位置。低温食品展售柜内测温的抽样位置最少应包括最上层、中央及最底层等部位，在除霜阶段时则应特别注明。

相关冷链设施设备性能标准

案例分析

思考与练习

（1）简述冷链物流标准体系构成以及未来的发展趋势。

（2）简述冷链物流各环节作业标准中应注意的问题。

（3）简述温度检测标准规定的测量方法和测量要求。

第九章　冷链物流信息化

学习目标

掌握冷链物流信息化技术的内容与应用范围；掌握常用冷链物流信息化技术；掌握GPS与北斗卫星导航系统技术的应用场景；掌握RFID技术在冷链物流生产环节、仓储环节、运输环节（货物跟踪）和销售环节等的应用；掌握冷链物流信息管理系统的组成；掌握温度监控系统的构建原则；掌握物联网与追溯技术的构建与运用。

第一节　冷链物流信息化技术

一、冷链物流信息化

冷链物流是最大限度保证食品品质安全的一项庞大、复杂的系统工程，涉及原料采购、加工、运输、仓藏直至消费等多个环节，各个环节均需要相关的信息技术体系支撑，因而包含和涉及的技术领域广泛而复杂：既包含宏观层面的标准和认证技术，又包含微观层面的电子信息、智能信息、自动化等各种技术；既有“硬件”设备和设施，如信息追踪与溯源技术、数据采集/交换/整合技术等，又有属于“软”的方面的供应链的管理与优化措施；既可以只从属于单环节、单功能的节点技术，如环境信息采集、定位、信息传输等，也可以贯穿于整个物流过程的集成技术服务体系。例如，农业物联网之农产品追溯系统，有对畜禽从出生到出栏这一过程进行记录、主导动物标识及疫病的动物溯源系统，也有关注食品从产地运出到进入各地市场这一流通过程的肉类蔬菜流通溯源系统。

总而言之，冷链物流信息化，是基于互联网、物联网技术，针对生产（种养）、加工、流通（储、运、销）、消费节点，建设基于农产品安全、品质和成本控制方面的透明供应链技术服务体系，提升模式创新的可操作性，以监控流程、感知环境、提高效率、节约成本这四项功能实现生产安全、流通安全和消费安全。

二、应用分类

现代冷链物流依托计算机技术和现代信息技术的支撑，借助先进的管理技术和组织方式，实现冷链物流的信息及时处理、配送流程优化，以及存取拣选自动化、物流管理智能化，形成资金流、物流、信息流的一体化。

从功能实现的角度，可以分为三类。

1. 物联网感控技术

物联网感控技术包括应用条码、RFID（射频识别技术）、GNSS（全球导航卫星系统）、传感器技术、移动物流信息技术等技术，物联网感控技术应用，能够建立区域性或者全国性的质量安全全程监控系统平台；基于信息认证，能够明确冷链物流信息报送和信息交换的责任机制，从而提高政府监管部门的冷链信息采集和处理能力，提高行业监管和质量保证水平。

2. 业务管理

我国冷链物流行业信息化建设的进程越来越快，企业为了降低成本、减少库存积压、提升利润水平，越来越重视信息交互的重要性，信息化重点也逐渐体现在业务流程和管理流程优化上，通常集中在仓储管理、市场信息、客户服务、库存控制、运输管理和交易管理等应用系统软件开发方面，健全冷链物流作业的信息收集、处理和发布系统，全面提升冷链物流业务管理的信息化水平。

3. 公共信息服务平台

平台建设通常是依托各类生鲜农产品优势产区、重要集散地区和大中城市等集中消费地区，建立各类区域性生鲜农产品冷链物流公共信息平台，通过平台汇集数据，实现数据交换和信息共享，优化配置冷链物流资源，为建立冷链物流产品监控和追溯系统奠定基础。

未来的5~10年，冷链物流信息化将重点加强卫星定位、物联网、移动互联等先进信息技术的应用，重点在车辆定位跟踪以及全程温度自动监测、记录和控制系统；进一步优化仓储管理、运输管理、订单管理等信息化管理系统，并按照传统与新兴冷链物流行业全程温控和高时效性要求，优化各作业环节；大力发展"互联网+冷链物流"，整合产品、冷库、冷藏运输车辆等资源，构建"产品+冷链设施+服务"信息平台，逐步实现冷链物流全过程的信息化、数据化、透明化、可视化，加强对冷链物流大数据的分析和利用，实现市场需求和冷链资源之间的高效匹配对接，提高冷链资源综合利用率；并逐步与国家交通运输物流公共信息平台对接，促进区域间、政企间、企业间的数据交换和信息共享。

三、常用冷链物流信息化技术

（一）定位与导航技术

1.GPS

GPS是Global Positioning System（全球定位系统）的缩写，它是利用GPS定位卫星，实现在全球范围内实时定位、导航的系统。GPS是由美国国防部研制建立的一种具有全方位、全天候、全时段、高精度的卫星导航系统，能为全球用户提供低成本、高精度的三维位置、速度和精确定时等导航信息，是卫星通信技术在导航领域的应用典范。

2.北斗卫星导航系统

北斗卫星导航系统（BeiDou Navigation Satellite System，BDS）是中国自行研制的全球卫星导航系统，也是继GPS、GLONASS（格洛纳斯）之后第三个成熟的卫星导航系统。北斗卫星导航系统（BDS）和美国的GPS是联合国卫星导航委员会已认定的供应商。北斗卫星导航系统由空间段、地面段和用户段三部分组成，可在全球范围内全天候、全天时为各类用户提供高精度、高可靠的定位、导航、授时服务，并具备短报文通信能力，已经初步具备区域导航、定位和授时能力，定位精度为分米、厘米级别，测速精度0.2米/秒，授时精度10纳秒。

3.定位与导航技术在冷链物流中的应用

定位与导航技术连续、快速、高精度的特点运用到冷链物流行业能给其带来一场实质性的转变，并将在物流业的发展中发挥越来越重要的作用。

由于冷链产品必须低温存储和运输，在运输中一旦发生车辆故障、冷冻系统瘫痪等事故，就会大大影响冷链产品的质量，因此将定位与导航技术应用到冷链物流中，通过网络实现资源共享，对货物运输过程中车辆的运行路线、车辆的实时运行位置、人员的安全情况、车辆的运行情况以及车厢内的温度进行监控，实时准确地掌握相关信息，便于车辆的指挥调度，一旦发生突发事件，迅速做出决策。

（1）车辆跟踪。能实现对选定车辆的实时跟踪，并以GIS（地理信息系统）来表现定位的结果，直观反映车辆位置、道路情况、与最近冷库的距离、车辆运行线路的里程。

（2）运行监控。可实现多窗口、多屏幕同时监控多车辆运行，能准确报告车辆位置（包括地点、时间）及运行状况（包括发动机、温度、速度），能对指定时间内车辆行驶里程、超速等运行信息分析统计，了解货物在途中是否安全，是否能快速到达，能提供路线分析、路线优化并记录车辆的历史轨迹，以供运行评估，进行指挥调度。当车辆发生事故时，可将事故车辆的位置和状况等信息及时准确地报告给监控中心，以便迅速做出决策，使事故损失降到最低。

（3）信息查询。可实时地从地理信息系统上直观了解运输车辆所处的地理位置，还可以查询行车的路线、时间、里程等信息。系统可自动将车辆发送的数据与预设的数据进行比较，对发生较大偏差的进行报告，显示器能立即显示报警目标，规划出最优援助方案，避免危及人、车、货安全的情况发生。

（4）指挥调度。监控中心可结合车辆的运行状况，对系统内的所有车辆进行动态调度管理，通过实施车辆调度，可提高车辆的实载率，有效减少车辆的空驶率，降低运输成本，提高运输效率。

（5）路线规划。根据货物的种类、运送地、运输时间的不同，可以设计最佳行驶路线，包括最快的路线、最简单的路线、通过高速公路路段次数最少的路线等。路线规划好后，利用导航功能，通过显示器显示设计路线、车辆运行路线和运行方法。

（6）GPS定位系统，解决了信息沟通不畅而导致的车辆空驶严重、货物运输安全无保障、车辆资质可靠性差、车辆调度难等突出问题，通过信息化手段最大限度地整合了现有资源，使企业获得良好的经济效益。

（二）RFID技术

射频识别技术（Radio Frequency Identification，RFID），是自动识别技术的一种，通过无线射频方式进行非接触双向数据通信，利用无线射频方式对记录媒介（电子标签或射频卡）进行读写，从而达到识别目标和数据交换的目的。

物流行业是RFID最有潜力的应用领域之一，UPS（美国联合包裹运送服务公司）、DHL国际快递、联邦快递等国际物流巨头都在积极尝试RFID技术，以期将来大规模应用以提升物流能力。可应用的过程包括：物流过程中的货物追踪、信息自动采集、仓储管理、港口管理、邮寄和快递货物等。

随着冷链物流的需求，RFID对冷链物流各环节的影响也在不断增大，与温度传感器集成后，可以跟踪冷链过程和监控温度变化。数据的自动获取，可以简化运输、储存等冷链物流作业流程，缩短运输时长，降低成本；温度变化的监控，可以保证物流环节的货物环境控制，从而减少货物腐坏、变质，提高安全性。

（1）生产加工过程中，在包装上粘贴一个RFID温度标签，并向RFID标签内录入相关信息，包括加工工艺、生产日期、添加剂的使用、食品重量、等级、保质期等，以便发生食品安全事故后进行追溯。同时，企业可通过标签传递的信息，提前计划提供给零售商的数量和批次，方便安排装运和调度工作人员。

（2）冷链物流仓储过程中，当贴有标签的货物进入感应区域时，阅读器可以远距离同时识别多个标签，并将识别到的信息上传到仓储管理系统。仓储管理系统把货物数量、种类等信息与入库计划进行核对，查看是否有误，同时系统也会对标签内记录的温度信息进行分析，判断货物的物流过程是否安全，货物检测合格后，将合格货物的收货时间及数量等信息自动录入系统数据库。仓储系统根据仓位信息安排货架位置，计算货物入库搬移距离，并跟踪货物，确保货物放入正确位置。货物上架后，温度标签按照预定设置，周期性地记录测量到的温度，并将温度数据传递给仓库中的阅读器，统一汇总上传到系统数据库，集中管理分析。出库时，同样由RFID阅读器读取产品包装上的标签，由仓储系统与出库计划比对，记录出库时间和数量。

（3）冷链运输过程中，由产品包装上配备的温度标签，按照一定的时间间隔检测记录实际温度，利用车上安装的RFID读写器设备进行标签数据的读取。通常要借助GPS技术将标签信息和位置信息自动上传到系统信息平台。在运输过程中，如果出现温度异常，系统就会自动报警，提醒运输人员迅速采取补救措施，避免人为疏忽导致断链风险。

（4）销售过程中，零售商可实时监控物品的温度，能防止温度异常导致的损失。RFID标签还可以对具有时效性的产品进行监控，一旦超过了保质期，标签就会报警，避免流入市场导致投诉。由于产品包装上有RFID标签，当消费者携带相关产品通过RFID阅读器通道时，阅读器可以一次性辨认出购物车中的产品种类、数量、保质期、安全性等信息并在计算机端显示，保证商品的质量，提升消费者满意度。

基于RFID技术的冷链物流管理系统可以达到对冷链运输货物的安全与追溯管理

的目的，相比人工测定运输方式更加高效、实时、便捷，而且能够在冷链物流中提供完全透明的管理，保障货物全程可视化控制、监控与追溯。做到不仅生产者能掌握产品的运输全过程，消费者也可以通过网络查询到购买产品的完整追踪信息，确保了产品品质。

第二节　冷链物流信息管理系统

一、冷链物流信息管理系统

冷链物流信息管理系统是企业冷链物流管理（包括第三方物流）的信息管理系统，系统涉及仓储作业管理、运输及配载管理、监控系统等内容，通过使用计算机技术、通信技术、网络技术等手段，建立信息化管理，以提高冷链物流信息的处理和传递速度，使商品品质在物流活动中得到有效保护。

二、系统组成

（一）冷链仓储管理系统

1.含义

冷链仓储管理系统，是基于物联网技术、RFID、高清图像采集、无线通信等技术开发的管理系统。能实现企业对库存商品的入库、发货、调拨、盘点、温度监管及可视化等辅助功能操作，以产品流通主线为管理对象，对仓库中的物资进行全面监控和管理，适用于生鲜农产品、冷冻品、血液制品、疫苗、奶制品、化妆品等产业的低温管理需求。

通过冷链仓储管理系统的引入，促进管理模式的转变，从传统的依靠经验管理转变为依靠精确的数字分析管理，从事后管理转变为事中管理、实时管理，加速了资金周转，提升供应链响应速度，主要表现在：

①能够实现对涉温产品品质数据的及时采集，全程精准管理，提高工作效率；

②能够实现冷库内各库位精确定位管理、库存状态全面监控，充分利用有限冷库空间；

③产品上架和下架，按产品品质需求、先进先出原则自动分配上下架库位；

④通过对产品信息的自动采集，实现了对产品生产或销售过程的可追溯性。

2.数据采集方式

在RFID仓储系统建设时，可分别考虑以下几种数据采集方案。

①手持机数据采集。在产品包装上粘贴RFID标签，产品出入库时，工作人员用手持机对产品编码进行扫描，并通过无线方式将扫描数据上传到后台服务器中，手持机数据采集如图9-1所示。

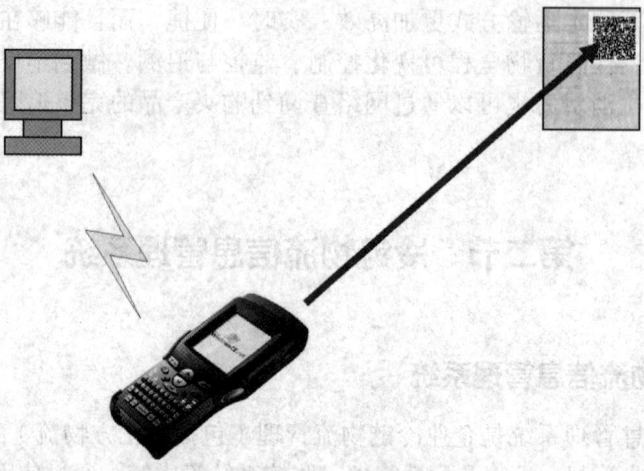

图9-1　手持机数据采集

②支架式数据采集。在库门处架设支架式RFID采集设备，对出入库的货物进行自动扫描。该方式可以对批量数据进行扫描（见图9-2）。

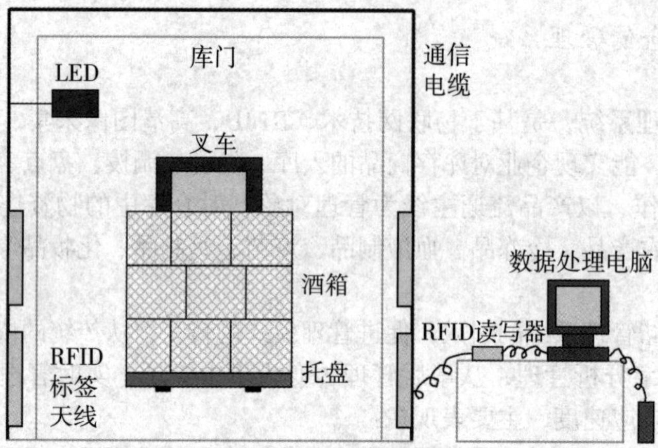

图9-2　支架式数据采集

③叉车数据采集。在叉车上安装RFID读写设备，托盘上安装RFID标签，货物装上托盘时，先用手持机关联货物与托盘，出入库时，叉车可在叉取托盘时读取托盘标签信息，以确定托盘上的货物（见图9-3）。

上述三种方式可以同时使用，相辅相成。

3. 系统功能

相对于普通仓储管理系统，冷链仓储管理系统更强调温度监管与调拨管理，具体功能如下。

（1）发货及调度管理：仓储货物的调拨管理，实现系统一键操作。

（2）温度监管：对冷链运输及存储温度进行实时监控、实时调节等。

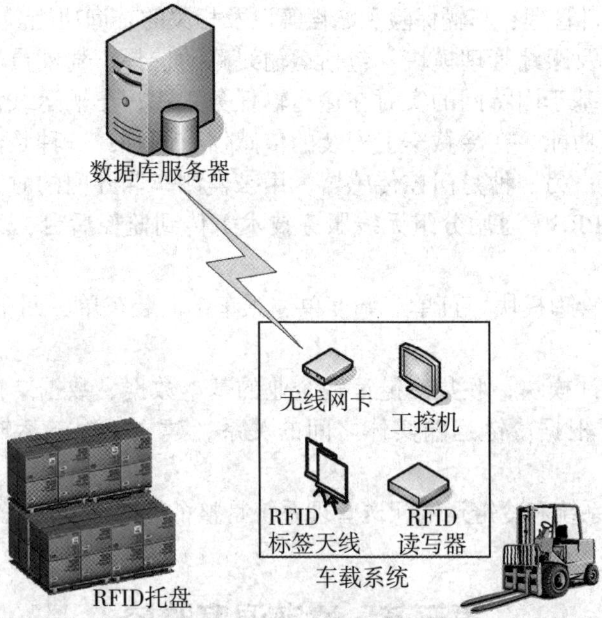

图9–3 叉车数据采集

（3）叉车管理：对货物出入库、上架、顺架等工作优化管理，减轻叉车操作人员的作业难度。

（4）监管引导：通过对数据归类，实现冷库、货架、货物等多级关系管理。

（5）产品标签：RFID电子标签可抗低温、耐腐蚀、抗腐蚀等。

（6）报警提醒：对温度异常、品质异常、存放异常信息进行提示并显示报警。

（7）管理移动终端系统：通过无线网络进行实时数据通信，实现货物的盘点、入库、出库、转移、单品查询、物品核对、标签生成等功能。

（二）冷链运输配送管理系统

1. 含义

冷链运输配送管理系统是集运输调度管理、智能配载管理、温度监控、定位与导航、路线管理、车辆与司机管理、计费与结算管理为一体的智能化运输管理系统。该系统对车辆、驾驶员、线路等进行全面详细的统计考核，能大大提高运作效率，降低运输成本，使企业在激烈的市场竞争中处于领先优势。

2. 系统功能

按冷藏车运输配送管理业务来划分，系统可涵盖以下几个功能模块。

（1）系统维护模块，包含对用户的添加、删除、修改、权限管理、登录管理、数据备份等。

（2）客户管理模块，完成客户信息的添加、删除、修改及查询货物情况。

（3）员工管理模块，包括员工的基本信息、员工工作情况。

（4）产品档案模块，包括可运输的产品信息。

（5）冷藏车辆档案模块，包括车辆信息录入，车辆基本信息，车辆事故、车辆报废、车辆维修、油料管理、车辆保险和赔偿等以及相关的查询功能。

（6）车辆调度及跟踪管理模块，包括运输线路的选择、驾驶员的确定、通过定位与导航技术，提供基于因特网的实时在途运输任务跟踪；车辆运载情况、车辆行车情况以及相关的查询功能。在冷藏车上安装的传感器有两种：一种是温度传感器，用来监测车厢内的温度；另一种是门控传感器，用来监测车厢开门的时间和次数。传感器采集的信息通过GPRS（通用分组无线服务技术）传到监控后台，为系统报警和管理提供依据。

（7）车辆单据管理模块，订单、调度单、派车单、装车单、回车单等单据的提交、审批、确认等。

（8）数据库设计模块，收集冷链运输企业的基本数据、数据结构并确定冷链运输数据处理的流程，根据冷链运输实体之间的关系，建立了冷链运输车辆管理数据库表格。

冷链仓储管理系统和冷链运输配送管理系统是整个冷链物流信息管理系统的核心。

第三节　冷链温度监控

冷链温度监控是指利用先进的物联网温度传感与控制技术，将温度管理应用于涉冷产品的流程管理中，实时监测、记录温度，完成对产品的生鲜度、品质的动态管理，有效解决产品流通过程中的变质问题，满足对产品冷链物流全过程的管理与监控。冷链温度监控一般包含温度监测系统、系统运营与维护、温度报警、冷链温度监控报告几个部分。

冷链温度监控有几个显著特点：①实时性，满足实时性要求，即实时监控冷链物流产品在生产加工、仓储、运输、装卸、销售等环节的温度、湿度、位置等状态信息；②准确性，要对冷链物流产品在各环节的信息实现准确监控；③可靠性，应确保各环节使用的设备或系统所提供信息服务的可靠性；④实用性，应根据客户需求及冷链物流实际流程开展冷链温度监控，并可根据用户意见进行调整和改进。

一、温度监测系统

（一）功能需求

温度监测系统，应具备温度传感器模块、数据记录及处理模块、显示模块、备用供电模块、报警模块等的硬件设备，并包含相关运行软件。

①温度传感器模块，测量范围为0～40℃，温度最大允许误差为±0.5℃；测量范围为-70～0℃，温度最大允许误差为±0.5℃。

②数据记录及处理模块应保证将温度传感相关数据进行存储、检索、加工和传输。

③显示模块用于开发和管理，能够按关键字、分类、名称等维度进行查询，展现应用数据的基本信息，包括情况描述、技术描述、计量单位、分类等。

④备用供电模块应能够在供电中断时给系统提供稳定、不间断的电力供应，保证至

少30min内全部功能正常运行。

⑤报警模块应实现无人值守远程报警，实现高、低温超限报警，断电报警，系统模块故障报警。

（二）软件要求

软件应具备对冷库温度数据的自动实时采集、传送、存储、备份、处理、显示和温度异常报警等功能，且能实现在线远程监测；软件应防止被修改、删除及反向导入数据。

软件应自主安全运行，同时应保证在软件关闭状态或其他故障下采集、存储、报警功能正常运行；温度数据采集终端采集的数据，一般要求通过网络自动传送到管理主机，进行处理和记录，并对数据进行保存，确保不丢失；软件应自动更新实时温度数据记录，记录内容包括：温度值、日期、时间、测点位置、库区等，并确保数据传送及时、完整。

二、系统运营与维护

（一）采集点布局

体积在3000m^{3}以内的库房，温度数据采集终端数量应不少于3个（至少在出风口、回风口、最远端各设一个），如采用电化霜，应在最远端处增加一个温度数据采集终端；一般情况下，体积每增加3000m^3，需要增加1个温度数据采集终端；温度数据采集终端的位置经各方确认后，应安装牢固，不得随意改动。冷藏车内，温度数据采集终端的数量应为1~3个，可设置在出风口、车厢门口、货物中心端。

（二）冷链温度监控要求

温度数据监控采集的间隔时间不应大于5min；采集的数据应保存并备份，数据保存时间要大于产品保质期6个月，如无保质期，应至少保存2年；判断超温时限以温度监测系统的超温报警提示为准；同时，应定期对系统各模块进行校准；温度传感器模块应保证准确度和灵敏度，具有生产厂家提供的产品合格证明以及产品校验资料、检定资料；相关各方根据约定设置系统权限，确认系统的安全性；用户、系统管理方应凭不同权限的密码登录系统。

三、温度报警

当冷链温度监测的数值达到设定的临界值或者超出规定范围，系统应能够实现就地报警和在指定地点进行声光报警，同时通过短信方式，至少向库房管理、客户、库主三方的指定人员发出报警信息；因受进出货物的影响，库房内温度超出限值，系统应立即报警；当发生供电中断，系统应通过短信方式，至少向库房管理、客户、库主三方的指定人员发出报警信息；发出报警信息时，系统应自动建立记录，生成报告。

四、冷链温度监控报告

围绕产品和温度设施，需要定期生成温度监控报告并存档。报告应包括车辆、库房、冷柜等测点位置，产品种类，产品数量，温度设定值，负责人信息，日期等信息；统计数据应包括超温次数、超温时长、报警系统预警信息等。此外，报告还应包括温度监控结果的分析与建议。

第四节　物联网与追溯技术

一、物联网技术

物联网（Internet of Things，IoT）最早是1999年由麻省理工学院自动识别中心提出的。20多年来，物联网在全球获得了广泛的关注并且在物流、农业、零售、车辆管理、资产管理等应用领域取得了长足的进展。物联网从本质上讲是将物理世界的“实体物品”映射到数字世界的“虚拟物品”，并且通过数据的综合处理实现对物品的识别、感知和互动，其首要的前提是“物品”能够“联网”。物联网的技术基础和应用十分广泛，包括物品编码、RFID、条码、传感器网络、M2M（数据算法模型）、情境感知、智慧网格等。不同领域的专家对物联网都有不同的解释。ISO/IEC JTC1　SWG5（国际标准化组织和国际电工委员会建立的第一联合技术委员会第五分委员会）对“物联网”的定义如下：一种包含互联物品、人、系统和信息资源以及智慧服务的基础设施，能够处理物理世界和虚拟世界的信息并做出反应。

物联网在我国的发展最早开始于中国自动识别技术协会对EPC（产品电子代码）的介绍，2004年4月和9月《EPC与物联网》和《EPC技术基础教程》两本图书相继出版，2005年上海电子标签与物联网产学研联盟成立，它是我国最早以物联网命名的产业联盟，联盟早期的成员以射频识别企业、研究机构和用户单位为主。物联网在我国真正受到广泛关注是从2009年开始。时任国务院总理温家宝在视察原中科院无锡高新微纳传感网工程技术研发中心时发表讲话提到，在传感网（物联网）发展中，要早一点谋划未来，早一点攻破核心技术，并指示在国家重大科技专项中要加快推进物联网发展。从2009年开始，我国布局了很多物联网相关的科技项目，包括技术、应用和标准化。物联网成为我国信息技术领域的重要内容之一。2010年邬贺铨院士发表了《物联网的应用与挑战综述》，详细介绍了物联网的基础、与其他网络的相关关系，并且指出：物联网只有尽快提高安全性与可靠性才能触发巨大市场，物联网市场的发展需要通过体制改革打破行业垄断来保证，充分拉动内需。

自物联网的概念在20世纪90年代末提出以来，各国政府、产业界、学术界都给予了极大的重视并积极参与。随着技术的不断进步，物联网已逐渐发展成对“物”具有全面感知能力、对“物”可以进行全球统一标识、对“物”的全生命周期信息提供全方位解析功能的信息网络。特别是移动互联网和云技术的发展，进一步促进了物联网在各产业领域的应用，“物”与“物”信息互联互通时代已经越来越近。农业物联网可以看成物联网技术在农产品领域的应用实例，而物联网技术从本质上讲是互联网技术的延伸，即网络化的泛在计算。农业物联网技术的核心在于如何让农产品生长、生产、加工、贮存、运输、销售等节点的信息通过开放的、标准化的接口接入互联网络，并通过数据平台进行数据处理和反馈，实现农产品信息的智慧管理，满足生产者、消费者、供应链从业者和监管者的应用需求。

二、追溯技术（系统）

追溯系统目前已经广泛应用于各个行业，它是一种可以对产品进行正向、逆向或不定向追踪的生产控制系统，适用于各种类型的过程和生产控制技术。追溯系统的应用，能够保证产品质量，使生产管理规范化、标准化，是提高产品质量的有力保障；能够实施缺陷召回，在发现产品质量缺陷时，可迅速将缺陷产品召回，使损害与损失降至最低；有利于提升品牌形象，是保护消费者权益不受侵害的有效保障，是提升企业品牌形象的有效途径；还能提高管理效率，通过物联网技术加快信息传输速度，可有效提高企业供应链效率。

（一）我国食品质量安全追溯系统的发展

近年来，国内外食品危机不断，从禽流感、口蹄疫、甲型H1N1，到一直存在的蔬菜农药残留、滥用化肥等问题，极大地影响了大众的健康，给食品生产企业和个人也带来了损失。毒豇豆、问题黄瓜、“漂亮豆芽”、虫子橘子、“爆炸的西瓜”、催熟的杧果，“毒大米”等农产品的质量安全事件偶有曝光，导致消费者对国内食品的质量安全要求越来越高，亟须新的食品质量安全保障体系来保证农产品质量，从而保障人们的生活健康。依托于信息技术的食品质量安全追溯系统，作为食品质量安全和信息技术的结合点，是目前我国农业信息化领域的研究热点。我国农业农村部、国家质量监督检验检疫总局等部门相继开展了40多个农产品质量安全监管系统试点工作，虽有一定成效，但也存在一些问题，主要表现在以下几个方面。

①多是以单个企业为基础开发的内部溯源系统，满足本企业溯源的需求，但一般不易实现溯源信息共享；

②现有的系统溯源信息内容不一致，有简有繁；

③溯源链条较短，没有实现上下游企业之间的溯源信息的传递。

食品质量安全追溯系统以信息技术为手段，以法规标准为依据，以发展现代流通方式为基础，采用“1+N”农产品质量安全追溯系统模型，解决现有农产品质量安全追溯系统不能跨越企业边界、数据交互困难、覆盖品类单一、重复建设的问题。在对物联网技术在农产品质量安全全程追溯中的应用进行研究的基础之上，建立适应EPC特点的物联网应用追溯模型，最终实现各种农产品质量安全追溯系统的通用。确保市场上销售的“每一块肉、每一束菜”都经过严密监管，做到“来源清楚、去向明白、消费者放心”。

（二）食品质量安全追溯系统

1.功能需求

食品质量安全追溯系统主要负责食品流通的质量监控及追踪，实现通用、可扩展、能够满足企业多层次需求的全程追溯数据交换，实现从生产、加工、储运到销售全程信息的透明化。应用条码技术、RFID和物联网，在食品生产、流通过程中，给每件农产品上都粘贴一个标签，向标签内写入产品的各种信息，如产地、品种、种植者、农药使用情况、病虫害记录以及储藏、运输等信息。消费者、政府监管部门可对这些信息进行查询，从而达到追溯食品生产源头、追查事故责任的目的。当食品发生问题时，可以通过质量安全保障子系统追溯到每个环节，为食品安全提供有效的监管。

2. “1+N”农产品质量安全追溯系统

系统中的“1”是指一个通用数据平台，“N”是指多个专用数据采集模块。系统将食品质量安全追溯系统分解为通用数据平台和专用数据采集模块两部分。专用数据采集模块和农产品生产、加工、储存、运输、销售的工艺有关，因农产品品类、时空目标不同而不同，此部分数据存在相应企业。通用数据平台负责实现数据的存储、传输和查询处理，和具体农产品无关。采用“1+N”农产品质量安全追溯系统，将追溯系统中通用和专用的部分分离，既可以解决现有追溯系统覆盖品类单一的问题，又可以解决追溯系统建设中分工不明确、重复建设的问题。

该系统是以信息共享为最终目的，面向企业、消费者和政府监管部门的服务平台。因此系统的用户包括政府、企业和消费者。主要功能模块有四个，如图9–4所示。

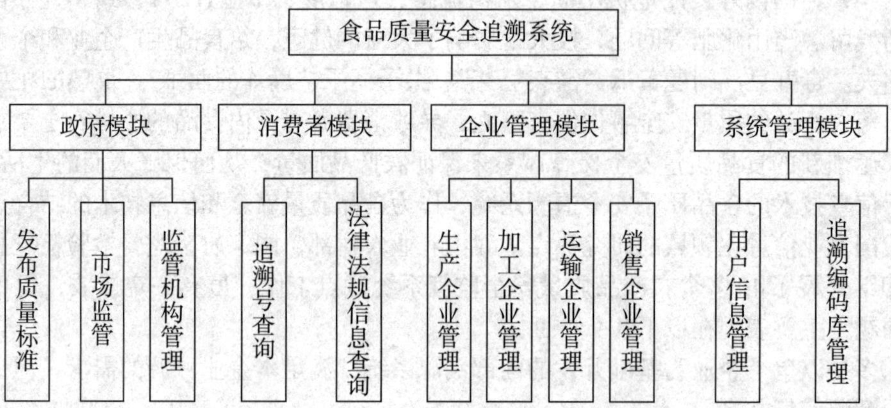

图9–4 “1+N”农产品质量安全追溯系统

（1）政府模块

市场监管：通过平台，政府监管部门可利用网络在线实时了解相关企业的情况。例如，企业当前屠宰情况（可视频监控）、企业资质到期情况、无公害处理情况（可视频监控）等与本企业相关的所有数据。

监管机构管理：对企业信息进行添加、删除、修改、查询等操作。

发布质量标准：由于涉及许多和农产品质量安全相关的法律法规及相关标准，因此，政府相关执法部门需要注册政府主管部门账号。发布与农产品质量安全相关的法律法规，不仅农产品生产商、加工商和销售商会用到这些法律法规，而且为消费者提供了查询接口，方便消费者维护自己的合法权益。

（2）消费者模块

消费者可以通过系统查询法律法规信息和追溯码。普通的消费者不需要登录即可实现对上述功能的访问和查询。

追溯码查询：在追溯查询中，只需要提供一个产品的追溯码，即可实现对产品追溯流程的查询，追溯码一般包括16位。

法律法规信息查询：这些法律法规包括国家和地方法律规章以及国家标准、地方标准、行业标准和企业标准等。

（3）企业管理模块

企业管理模块主要是对纳入系统的生产企业、加工企业、运输企业、销售企业的添加、删除、修改、查询。按主体性质、主体类别、经营范围、经营地点等进行存储和检索。

（4）系统管理模块

用户信息管理：对用户的个人信息进行添加、删除、修改、查询。数据库维护管理能够及时对系统产生的数据进行备份和还原，确保数据的安全性和完整性。

追溯编码库管理：依据商务部对肉片以及蔬菜追溯码的编码规则，提供编码管理服务，对平台内的RFID标签编码进行统一管理，提出一套方案，使企业可以对其内部的标签进行唯一标识。RFID标签内存储16位10进制编码，包括：3位企业编码+2位大棚编码+6位采收批次+4位顺序号+1位校验码（前15位累加求和取最后一位）。

3. 系统架构

"1+N"农产品质量安全追溯系统业务流程如图9–5所示。

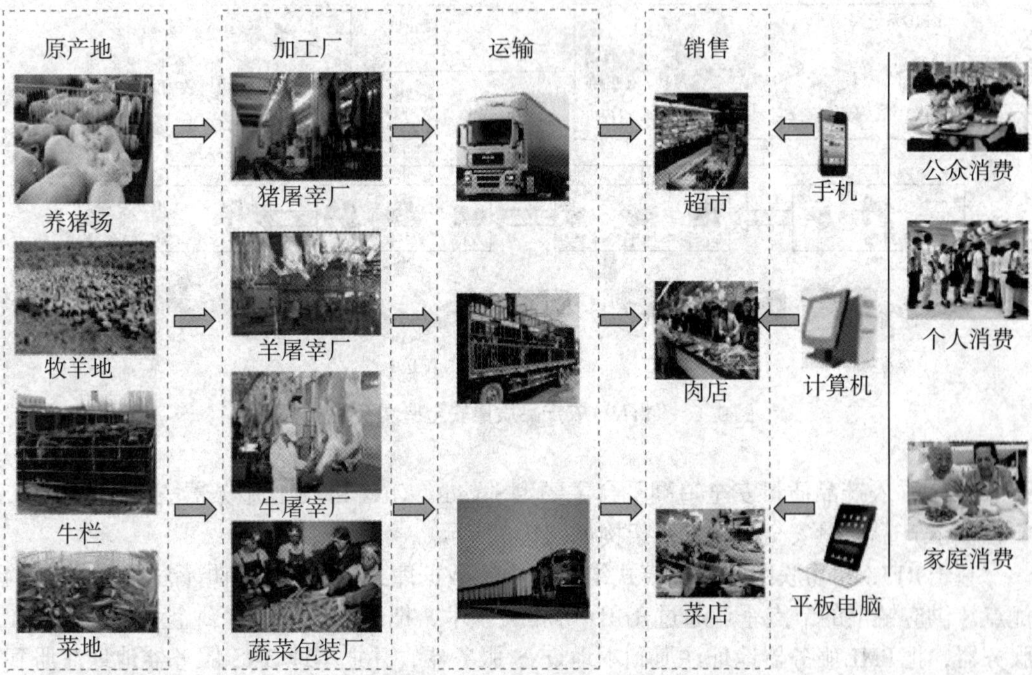

图9–5 "1+N"农产品质量安全追溯系统业务流程

农产品质量安全追溯平台是一个开放、分布式、可扩展的平台，平台的服务对象包括消费者、监管者、企业用户。政府部门负责平台的构建和信息的维护。节点企业负责企业自身信息的建立、维护和注册。通过该平台，节点企业可以查询到产品的流向和溯源信息。消费者购买产品后，利用产品上的追溯码，通过该平台可以查询到产品的相关信息，如制造商、生产日期、保质期、在供应链上流经的环节信息等。物联网中每一个物品都应该有自己唯一的编码，就像互联网中每台计算机都有自己唯一的IP（网际互连协议）地址。网络架构类似于互联网的基础网络服务，提供物品编码解析、数据发现、网络管理等服务。数据层利用各种感知设备，得到农产品产、加、储、运、销过程数据。各个企业可以建立自己的PML（物品标记语言）服务器，存放自己的农产品数据。在整个构架中，PML服务器是分布式信息的存放点，类似互联网中的Web（网页）服务器，企业自己管理。ONS是对象名解析服务，类似互联网中的DNS（域名解析服务）。DNS是物品的发现服务，由于物是在动的，所以物的信息需要有一个组织索引，类似互联网中的百度、谷歌。这种架构的优点是：规模可伸缩、功能可扩展。“1+N”农产品质量安全追溯系统原理如图9-6所示。

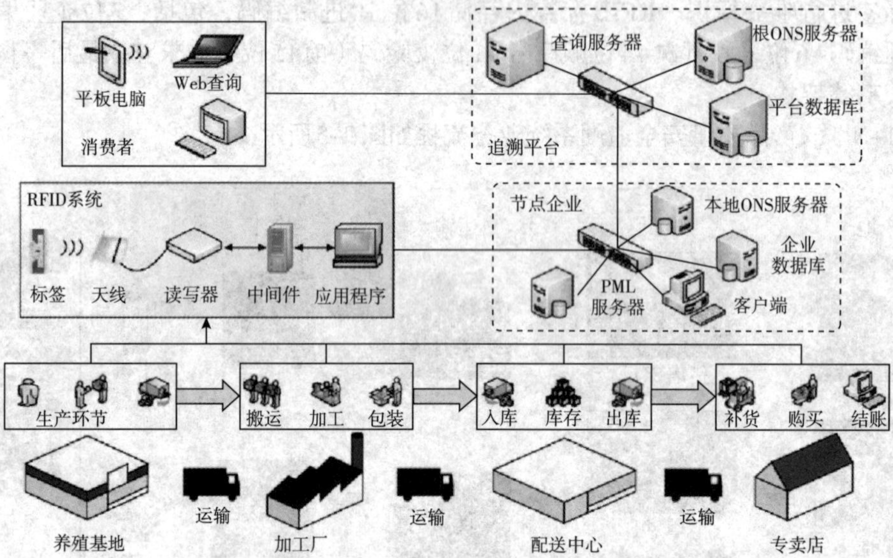

图9-6 “1+N”农产品质量安全追溯系统原理

“1+N”农产品质量安全追溯平台主要由Savant、ONS和PML服务器三个模块构成，“1+N”农产品质量安全追溯系统架构如图9-7所示。

基于RFID和物联网的追溯模式结合了中央数据库式追溯模式和指针式追溯模式的优点。供应链上的节点企业通过RFID等相关技术，把产品信息保存到企业自身的PML服务器，把PML服务器地址注册到本地ONS服务器，并把本地ONS服务器地址注册到平台的根ONS服务器，消费者在平台上输入产品的追溯码，通过平台的根ONS服务器找到企业的本地ONS服务器地址，再通过企业的本地ONS服务器访问PML服务器以获取产品信息。该追溯模式通过RFID和EPC物联网，大大提高了工作效率和追溯的准确性。通过EPC唯一标识产品，实现产品的全球追溯。产品的全球追溯如图9-8所示。

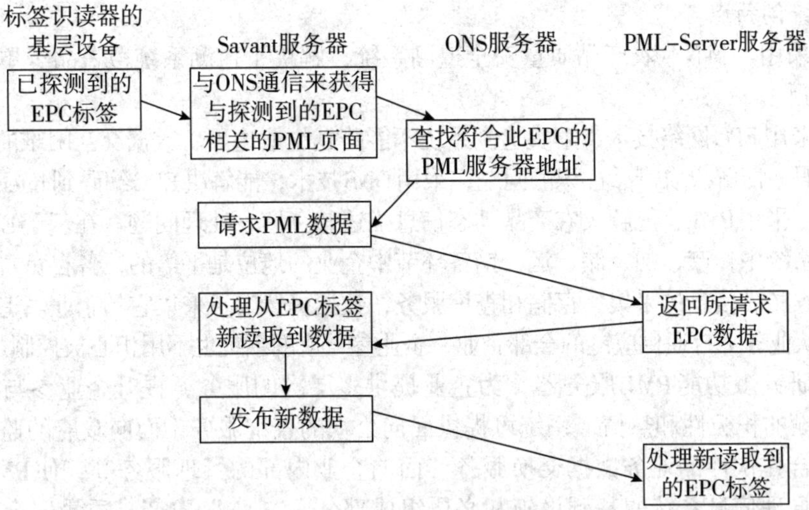

图9-7 "1+N"农产品质量安全追溯系统架构

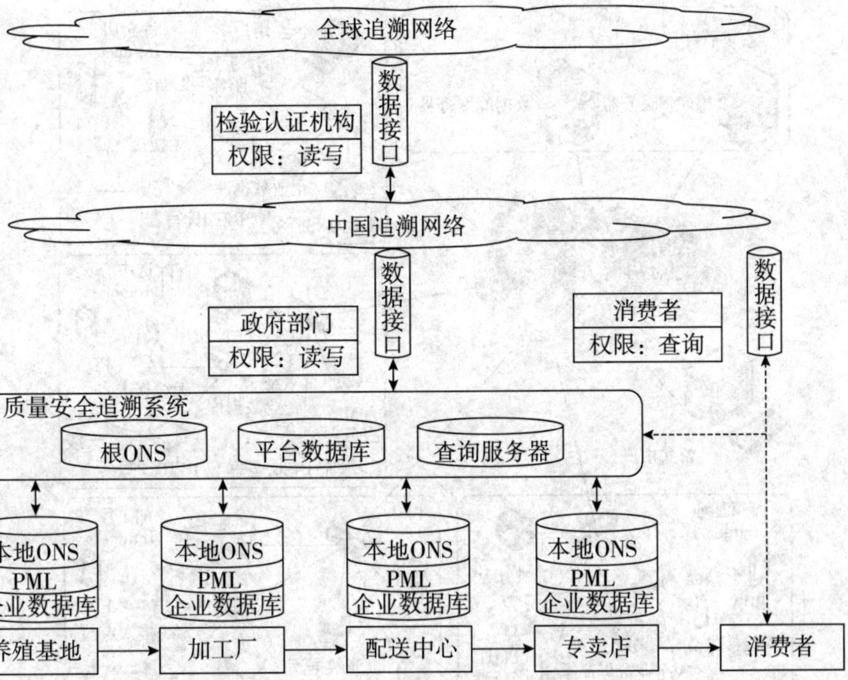

图9-8 产品的全球追溯

追溯平台采用EPCglobal（国际物品编码协会与美国统一代码委员会的一个合资公司）提出的EPC规范，每个节点企业都有各自的PML服务器存储数据，而本地ONS服务器中存储着EPC编码及其到PML服务器地址的映射信息，同时企业还需要将EPC编码及其到本地ONS服务器地址的映射信息存储到系统根ONS服务器中。

4. 系统创新点

（1）采用“1+N”农产品质量安全追溯系统，解决了追溯系统覆盖品类单一、重复建设的问题。

（2）采用EPC网络技术，解决追溯系统不能跨越企业边界、数据交互困难的问题。采用EPC编码，能解决农产品标识的问题；采用ONS技术，能解决EPC编码到Internet地址的转换问题；采用PML，能解决农产品动态信息描述和存储、处理问题。在基于EPC网络技术的追溯系统中，产、加、储、运、销各环节中企业的地位是平等的，各自负责与自己业务相关的农产品信息的采集、存储和查询服务，数据仍然属于采集它的企业。追溯系统的建立无须从业务上打通供应链的全部企业，企业参与追溯系统也不用担心被控制。

（3）研究多功能PML服务器，为企业提供多层次的服务，提升企业参与农产品追溯系统建设的积极性和热情。系统可提供面向公众的查询服务，面向政府的监督信息服务，面向合作伙伴的业务数据交换服务，面向企业内部的管理服务等，使PML服务器成为企业管理信息系统的基础设施和必要组成部分。“1+N”农产品质量安全追溯系统网络结构如图9-9所示。

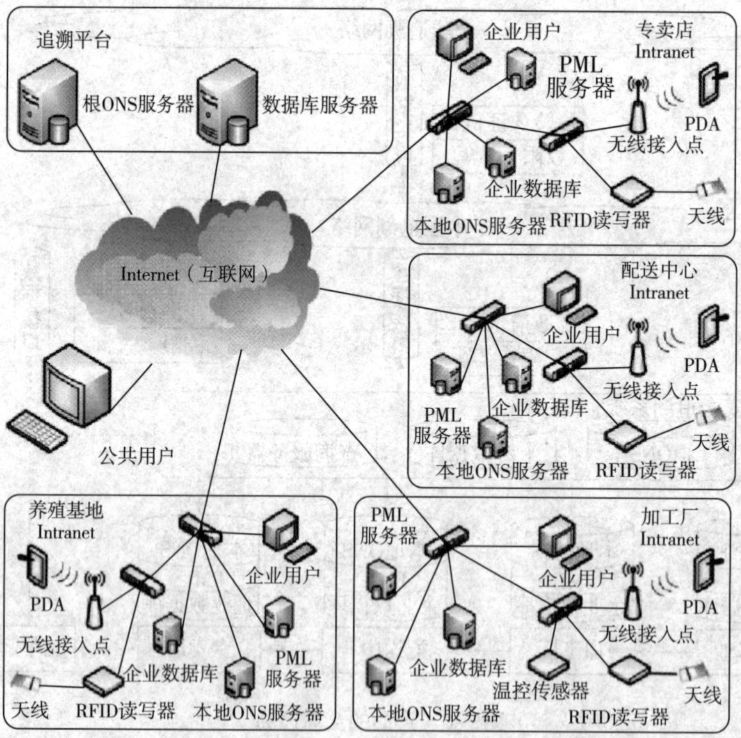

图9-9 “1+N”农产品质量安全追溯系统网络结构

5. 主要技术

追溯平台为客户端/服务器（C/S）模式和浏览器/服务器（B/S）模式相结合的分布式系统。在节点企业的内部平台中，采用表示层、业务逻辑层、数据访问层三层体系结构的B/S模式；在追溯平台的ONS服务中，采用C/S模式。采用云计算SAAS（软件即服务）平台可实现按需配置，硬软件用多少买多少，绝不浪费。而采用SAAS租用模式，则投入较低成本便能在企业实施该子系统。关键技术主要包括：EPC、ONS、Savant中间件、可信匿名认证、MAS（移动代理服务器）、PML、JADE、Rop、Rest Web服务云计算、大数据处理等。

ONS提供了全局的查询服务，把一个EPC编码转换成一个或多个NAPTR（名称权威指针）记录，通过NAPTR记录获取PML服务器地址，从而获取产品的详细信息。在质量安全追溯系统中，ONS采用C/S模式，是一个分层的、分布式系统架构。ONS系统主要由映射信息、根ONS服务器、本地ONS服务器、本地ONS缓存、本地ONS解算器组成。采用的ONS传输模型引入了可信第三方——可信认证服务器，对原有模型进行改进：在ONS查询机制中增加可信匿名认证过程，对L-ONS的身份合法性及平台可信性进行认证；物品信息可信匿名传输机制确保物品信息的安全传输，保证了物联网中物品信息的安全性与可信性。ONS安全传输模型如图9-10所示。

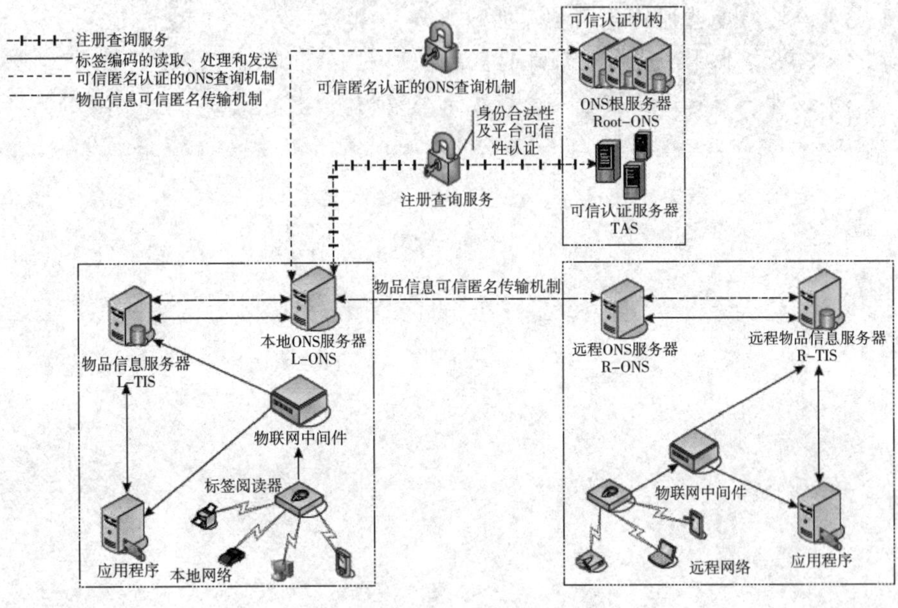

图9-10 ONS安全传输模型

6.运行模式

质量安全追溯系统由中心开发及维护，为消费者提供免费查询服务；企业建立PML服务器后，便可接入我们提供的溯源数据平台，PML服务器建设由中心统一指导完成，并收取一定的费用。一个平台是“质量安全保障”，多套系统是“从源头到餐桌”的果蔬、禽肉、水产、粮油等质量安全追溯系统及市场终端追溯管理系统。以上的每套系统都包含内销企业版和外销企业版，并可根据企业规模提供网上B/S版或C/S版两种系统架构形式。

企业建立质量安全追溯系统主要是为了加强农产品安全风险控制，降低安全事故处理成本；向消费者提供农产品质量安全信息，获得产品溢价，从而提高收益。声誉较高的企业通过建立质量安全追溯系统将本企业的产品质量安全信息传达给消费者，将进一步提升消费者对本企业产品的信任水平，市场随之扩大，企业声誉和经济效益因此进一步提高。

低温下的乳制品　　案例分析　　扩展阅读

思考与练习

（1）分别举例说明GPS、RFID技术在冷链物流中的应用。

（2）举例说明冷链物流信息管理系统。

（3）冷链温度监控的重点在哪里？

（4）GPS与北斗卫星导航系统的区别？

（5）设计一个农产品质量安全监控系统架构。

第十章 冷链物流项目管理

学习目标

了解冷链物流项目的特点及要求，理解冷链物流项目设计与规划的步骤和内容，掌握冷链物流项目营运管理和质量管理的相关内容和要求，了解冷链物流项目中的潜在风险及应对办法。

第一节 冷链物流项目设计与规划

一、冷链物流项目及特点

冷链物流是一个复合性和专业性较强的物流行业，涉及多个领域及相关专业知识，包括制冷技术、冷冻工艺、物流管理、物流规划、冷链标准、质量管控、产品追溯等。冷链物流的核心和关键是保证冷链产品的品质，保障冷链产品安全。冷链物流贯穿于食品链的全过程，包括原料采购、生产加工、贮存运输、销售流通等各个环节，并使冷链产品始终处于规定的温度环境下。同时需要保证冷链产品始终处于安全状况下。

冷链物流的特征之一是在冷链物流全过程中，冷链产品始终处于规定温度要求下。例如，冷冻产品，要求其运输温度为-18℃，即从生产厂商到目的地销售，无论采用何种运输方式，整个运输过程中的环境温度应控制在-18℃，不高于-15℃，这个运输过程就是在规定温度-18℃环境下的“平移”。整个冷链物流涉及环节多，在交接环节会存在一定程度的温度波动，比如在冷链产品装卸过程中，冷链产品温度变化应不大于3℃。

冷链物流项目是指涉及温度控制的物流项目，具体就是结合项目管理的有关理论和方法，围绕着冷链物流项目目标，合规、经济、高效地管理冷链物流项目的全过程，保证产品的品质和安全。

冷链物流项目根据服务范围、业务环节、项目管理复杂程度等，可以分成不同类型的项目。一些综合冷链物流项目涉及的服务环节较多、范围较广，如图10-1所示，涵盖了需求与营运计划、订单管理、采购、仓储、长途运输、分拨或配送等服务。有些冷链物流项目围绕一些业务，提供相对单一的服务，如冷库储藏服务、长途运输或城市配送服务。

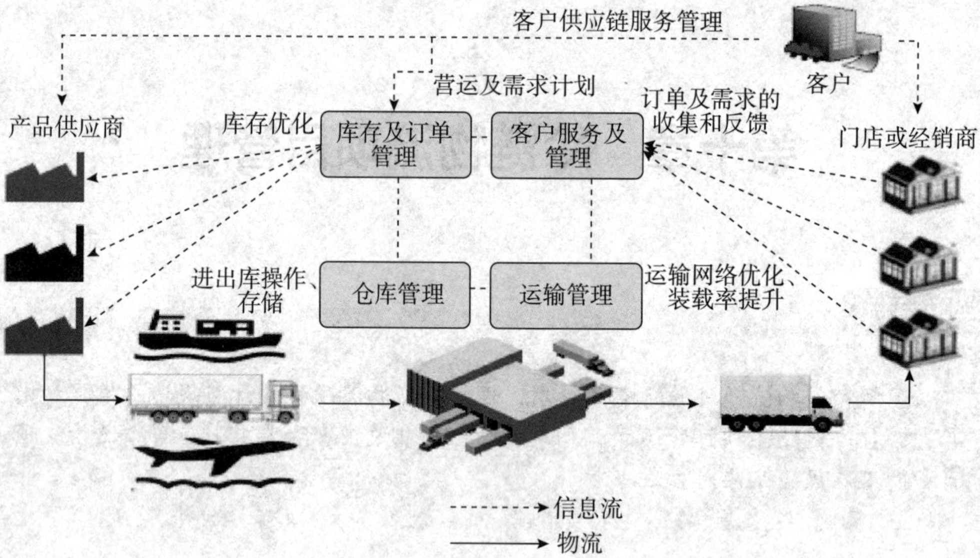

图10-1　综合型冷链物流项目

服务相对单一的冷链物流项目也会涉及和涵盖若干运作环节和多个物流关键控制点。例如冷链长途运输，包括运输工具的卫生清洁检查、运输工具制冷系统检查、产品温度检测、产品装卸和运输过程温度控制等多个环节，各环节之间既独立运作，同时又密切关联。如果其中某一个环节没有按照规定要求执行，如运输车辆卫生状况不达标，或者运输前没有对产品进行温度检测，产品温度并未达到规定温度要求，那么物流活动就存在无法保证冷链产品品质和安全的风险。

针对冷链物流项目某一具体物流环节进行优化或改进，比如提高车辆的装载率、优化运输线路、冷库的合理规划、提升仓库作业效率等也属于冷链物流项目，同样需要有效的项目管理。

除了物流项目的一般特点外，冷链物流项目还具有以下特点。

（1）冷链物流项目管理是一个综合性和复合性的项目管理过程，需要结合项目管理理论和方法加以灵活使用。例如在对冷链物流项目服务范围和业务环节进行分析时，需要有效管理冷链物流项目中涉及的干系人或参与方，合理制订和管理冷链物流项目的计划进度。同时冷链物流项目会应用其他领域和学科的专业知识及技术，比如冷藏车辆采用GPS实时监控或对冷库温度进行实时监控。

（2）冷链产品的安全和品质保障是冷链物流和冷链物流企业发展的基础。冷链物流项目的关键是在整个冷链物流项目中，为冷链物流的产品安全和品质提供有效的保障。冷链物流项目所提供的服务和作业标准与流程必须符合国家冷链物流的法规和标准以及相关要求。食品生产经营企业、销售流通企业、冷链物流企业等涉及食品生产、加工和流通的相关企业要严格遵守《中华人民共和国食品安全法》。为了加强食品安全管理和规范冷链物流，有关部门将进一步完善国家冷链物流标准和相关体系的建设。

（3）冷链物流项目管理始终处于不断改进和优化的动态过程。冷链物流项目管理不是简单重复或处于相对“静态”的管理过程。在保证营运管理质量，保证产品安全和品质的前提下，可以通过分析，不断优化、改进和提升冷链物流项目营运质量和管理水平，如通过优化营运和运作模式，改进运作环节，提升运作效率和服务质量水平，控制和降低项目营运成本。

二、冷链物流项目设计

冷链物流项目设计的步骤，一般包括建立冷链物流项目运作模式、分解项目环节、分析项目参与方、整理项目问题清单等。

（一）冷链物流项目运作模式

对于冷链物流项目，一般需事先结合项目需求、服务内容和要求，经过综合分析，设计合理的项目运作模式。为便于理解，以进口冷冻产品项目为例说明。

该项目服务内容主要是将进口冷冻产品（产品温度为-18℃），通过40英尺海运冷藏集装箱，从国外供应商仓库提货并装箱。然后从国外起运港通过海运运抵中国目的港，最终通过公路运输将冷冻产品运送到国内各经销商仓库。如图10-2 所示，整个项目过程要求运输温度控制在-18℃。

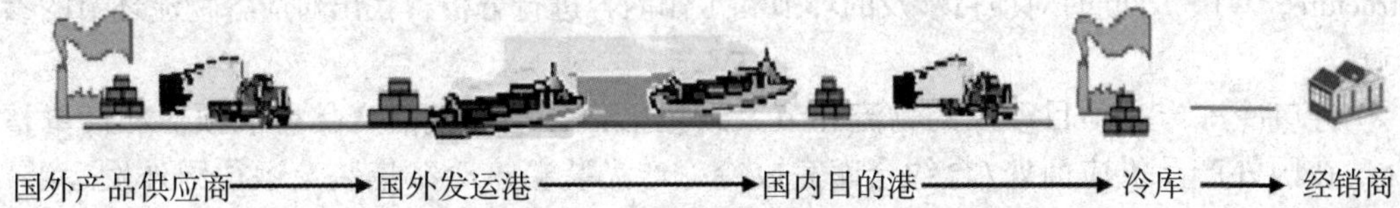

图10-2 进口冷冻产品物流项目运作模式

原来进口冷冻产品的运作模式，主要由国内经销商通过当地进口代理向国外生产厂商下达订单。由于经销商分布在不同城市，需要自行寻找各种冷链物流资源，最后拼接完成进口、贮存和运输等全过程。此外各经销商当地的市场需求不同，一些经销商需要一段时间才能凑足一个集装箱的量。因此销售准备时间较长，销量始终不好。

原有模式因整个冷链物流服务链比较长，涉及物流环节较多且复杂，经销商并不熟悉冷链物流运作和有关规范，缺乏统一、规范的冷链物流标准和有效的冷链物流运作管控，产品质量存在一定的风险。同时由于经销商下达的订单量大于市场实际需求，提前建立库存带来了资源浪费，经销商面临较大的资金压力。

为了保证产品质量，针对原有模式存在的问题，拟采用新的冷链物流营运管理模式，具体是选择一家合格的国内进口商，其职责除了收集和整合国内经销商的订单和进口贸易外，还需要建立保证产品质量的操作标准及作业规范，并对进口冷冻产品的全过程集中管理。

两种管理模式的区别，主要表现为从原有分散管理转变为集中管理，包括对订单进行有效整合，缩短经销商的订单周期，如图10-3所示。由于采取统一规范的冷链物流管理体系和质量标准，保证了冷链产品质量。同时冷链物流项目集中管理形成了一定的业务规模优势，有效控制和降低冷链物流的营运费用，提升了产品的竞争力。

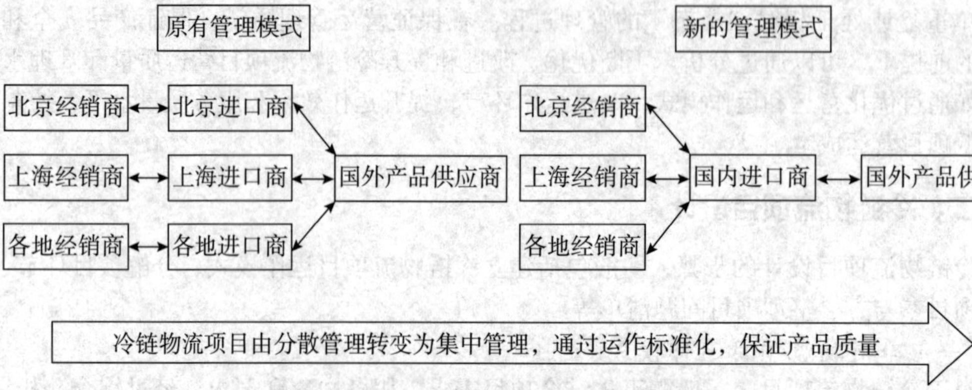

图10-3　进口冷冻产品物流项目运作模式比较

（二）冷链物流项目运作环节分析和相关参与方判定

进口冷冻产品项目是一个综合性的冷链物流项目，涵盖了从国外产品供应商通过不同冷链物流环节最终运输到国内经销商的全过程。为了有效地管理好项目，需要分析项目中包含了哪些冷链物流环节，具体可采用项目管理中的工作分解结构方法（Work Breakdown Structure，WBS）。同时对项目涉及的环节和工作内容进行分析，找出对应各物流环节的参与方。

进口冷冻产品项目涉及的物流环节大致包括：各地经销商产品需求预估和订单整合；在国外产品供应商处/合约仓库完成冷冻产品装箱；冷藏集装箱运往国外发运港，办理出口申报；通过国际海运到达国内目的港；完成进口报关、清关、检疫，并在国家检验检疫部门备案的冷库存放。待国家检验检疫部门出具入境货物检验检疫证明后，将进口冷冻产品运往各地经销商。进口冷冻产品项目主要物流环节如表10-1所示。国内进口商需要与各环节参与方有效协调和沟通，并对全过程有效管理。

表10-1　　进口冷冻产品项目主要物流环节

冷链物流环节	参与方
需求与订单管理	国内经销商、国外产品供应商
冷冻产品装箱	国外货运代理、国外产品供应商
国外发运港出口申报	国外货运代理
国际海运	船公司、国外货运代理
国内目的港报关、清关	进口报关/报检代理
进口冷冻产品报检	进口报关/报检代理
国内冷库储藏	国内冷库、运输商（服务于港口—冷库）
进口冷冻产品运输至经销商	运输商（服务于冷库—经销商）、国内经销商

根据需要还可以对每个环节进一步“分解”，直至不能分解为止。例如，冷冻产品装箱环节进一步分解为海运冷藏集装箱检查、运输过程中使用温度记录仪检查、海运冷藏集装箱预冷、冷冻产品检查、冷冻产品装箱等一系列检查和复核工作。其中冷冻产品检查可以再进一步分解，包含了产品包装、产品标识、产品温度和测温方式、产品感官、单据文件等检查项目。

项目参与方是指参与项目和相关物流环节，受到项目执行或完成情况影响的相关单位或组织。每个项目参与方对于项目的影响程度是不一样的，需要认真分析，尤其对于影响和决定项目的关键或重要参与方必须高度重视。冷链物流项目的管理，是与项目的参与方进行有效沟通和交流，协调、处理和解决不同意见或矛盾，并平稳、有序地推进项目。对于各物流环节，必须和每个项目参与方充分交流，避免存在模糊或不同的理解，在此基础上建立清晰、明确的标准和要求。例如在进口产品提货装箱环节，产品温度不能高于-15℃，如果产品温度没有达到规定要求，国外货运代理应拒绝产品装箱，并及时将情况通知国内进口商。

进口冷冻产品装箱环节的部分照片如图10-4所示。该环节一般是国外货运代理与国外供应商交接，共同完成进口冷冻产品提货装箱过程。国内进口商应事先与国外货运代理、国外供应商就各个关键控制点进行充分交流和沟通，对装箱环节中的关键控制点提出清晰、明确的要求，并建立完整、可执行的作业标准。

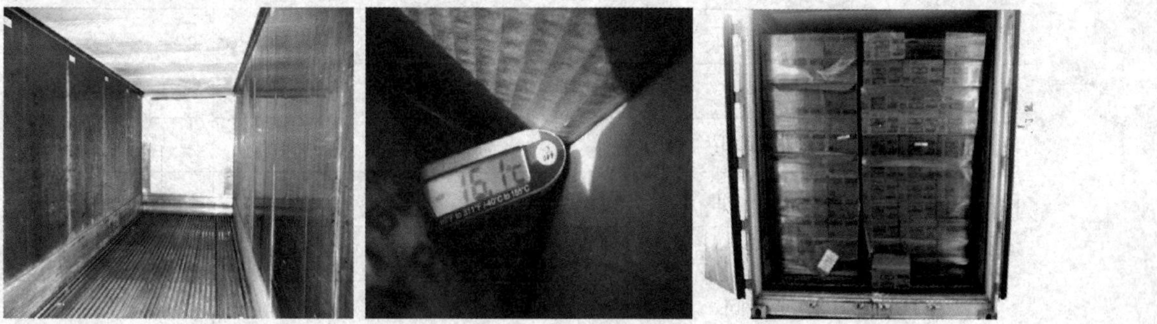

图10-4　进口冷冻产品装箱环节

（三）冷链物流项目问题清单

为了有效管理冷链物流项目，需要从项目整体管理角度出发，对项目全过程和各物流环节进行全面分析，类似于进行一次操作“预演”，从中发现不清晰或不明确的问题，包括可能存在的潜在风险，逐一记录、列明并形成冷链物流项目问题清单，如表10-2所示。之后需要逐个分析清单中的问题，与相关参与方进行充分沟通，最终予以明确。

表 10–2　　进口冷冻产品项目问题清单

冷链物流环节	问题检查点	检查点负责人	协调相关方	完成时间	状态（问题解决，是/否）
需求与订单管理	每种产品起订量				
	经销商订单截止时间				
	国外订单截止时间				
	进口订单下达流程				
	订单改动条件				
冷冻产品装箱	冷藏集装箱预冷温度设置				
	产品包装形式。如采用木托盘，是否熏蒸				
	产品温度检测方式				
	产品接收温度				
	产品货权转移界定				
	装箱时间控制				
	集装箱温度设置				
国内冷库储藏	冷库温度要求				
	货架高度和承重				
	收货要求和标准				
	冷藏集装箱卸货时间				
	冷库作业时间				
	冷库在检疫部门备案				

（四）冷链物流项目规划

明确了冷链物流项目营运模式、分析出项目涉及环节和参与方，并将项目问题清单中的相关问题确认后，下一步就是在冷链物流项目实施和正式营运管理前，对冷链物流项目进行规划和组织，为项目有序推进和实施打好基础。冷链物流项目规划的具体内容如表 10–3 所示。

表10–3 冷链物流项目规划的具体内容

冷链物流项目规划	具体内容
项目组织结构	建立实现项目目标的功能性组织结构，编制清晰的岗位职责。合理分配各种资源，充分发挥其最大效用
人员和资源配置	挑选并确定项目经理和项目团队人员，客观选择自有资源和外部资源，使之合理、有效配置
作业标准和流程	建立覆盖项目全过程的作业标准和流程，同时包括产品可追溯和召回制度、突发事件应急预案、不合格食品处理程序等。相关流程和标准应具体、清晰、可操作性强
质量管理体系	建立完整的品控和质量标准、质量投诉和客户服务的管理体系
项目考核体系	建立项目运作效率、服务质量、营运成本等方面的具体指标
人员培训	建立人员培训制度。参与项目管理和营运管理运作的人员，须经过培训并通过考核后，方可参与项目操作和管理
费用管理和结算	建立项目费用评估、审核、分析和管理的运作机制和体系

为了便于冷链物流项目规划的推进和落实，应建立冷链物流项目管理委员会。该项目管理委员会是项目规划阶段的决策机构，负责全面评估、审核项目规划和进展情况，商议项目规划及重大事宜，并给予最终决定。项目管理委员会应挑选合格人员担任项目经理，项目经理负责组织、监督和协调项目规划内容的推进和执行，每个规划事项应明确具体人员落实。项目经理应定期召集项目相关人员向项目管理委员会汇报项目推进和落实情况，同时就主要或关键问题提请项目管理委员会讨论和决策。

针对冷链物流项目规划，应对项目规划中涉及的各项内容和工作计划建立清晰的时间进度表，明确相应可交付结果。以项目组织结构为例，应提供具体的组织架构，包括部门设置及职能、工作岗位和人员编制等。明确要新成立哪些部门，哪些部门和岗位可以采取共享现有资源的方式。

在冷链物流项目正式实施前，应对项目整体进行全面检查，通过运作模拟或“预演”，能够及时发现存在的问题并及时调整。

第二节　冷链物流项目营运管理

冷链物流项目营运管理，需要合格的项目经理和项目团队负责项目管理和日常营运操作，需要评估和挑选符合项目要求的冷链物流资源。同时需要建立完善和系统的作业标准和流程，以及设定考核营运管理质量和服务水平的衡量指标。

一、冷链物流项目经理和项目管理团队

管理冷链物流项目需要合格的项目负责人，即项目经理。一般，冷链物流项目经理负责以下几个方面。

（1）项目团队和人员管理；

（2）全面负责项目营运管理、操作、品控和质量管理；

（3）与项目参与方有效协调、沟通和交流；

（4）冷链物流资源选择、评估和考核；

（5）成本管理和控制；

（6）项目绩效管理和考核等。

项目经理十分重要，其影响着冷链物流项目管理水平，要挑选合格的复合型冷链专业人才担任。一般，冷链物流项目经理应具备以下几种能力。

（1）熟悉国家冷链物流方面的法律法规和标准；

（2）丰富的物流项目管理专业理论知识，具有成功的项目管理经验；

（3）丰富的冷链营运操作管理和现场管理经验，熟悉冷链物流作业标准和流程；

（4）逻辑思维良好、工作条理清晰、善于分析和独立判断，能够对项目进行优化和整合；

（5）有较强的组织管理能力，勇于承担责任并富有担当；

（6）有较强的敬业精神和良好的职业道德，能够承担压力；

（7）愿意倾听，始终保持开放的心态和工作作风；

（8）良好的沟通和协调能力，和项目参与方保持良好的沟通和交流并能及时得到支持；

（9）若涉及服务外资企业或者有英语要求的，要有良好的英文听说读写能力。

除了确定合格的冷链物流项目经理，还需要根据冷链物流项目的组织结构，挑选合适的项目人员，组建项目管理团队。在挑选人员和搭建团队时，应注意以下几点。

（1）每个项目成员要有清晰的工作职责和工作要求，避免工作重叠或工作范围、权责含混不清的情况。

（2）项目团队人员应合理分配，组成人员在冷链物流专业知识、业务能力和性格等方面共同构建管理团队的最佳“拼图”。要高度重视团队精神的培养和建设。

（3）要有从事品质控制和质量管理的专职或兼职人员。

（4）整个项目团队，要始终保持“开环”，加强内部沟通、交流和信息透明化，与项目参与方保持密切的联系。

二、冷链物流项目资源方选择和评估

在冷链物流项目管理过程中，会涉及与冷链物流项目相关的冷链资源的选择和管理。在实际管理中，冷链物流资源一般采用外部资源，如冷库、冷藏车等，外部资源的选择和有效管控是冷链物流项目中比较重要的部分。不论使用自有资源还是外部资源，都需要客观、公正地进行综合对比和分析。

资源方选择和评估是一个综合性过程，不能仅从价格或能“操作”角度简单判断。

与资源方的关系不应简单视为买卖或者供需关系，而是应该建立互信透明、风险共担、共享成长的长期合作伙伴关系。因此应重点考察合作双方的价值观是否一致，是否坚持“产品品质和优质服务是企业生命线”这个基本原则。

冷链物流资源方选择，一般经过筛选、招标、审核等几个步骤。下面以选择外部资源为例，说明资源方选择的基本流程和要求。

资源方选择应从多角度建立清晰的选择标准和筛选依据，一般包括以下几个方面：

（1）资源方资质证明文件；

（2）资源方经营状况，如利润表、现金流量表、资产负债表等财务报表；

（3）主要服务和产品；

（4）供应资源和保障状况，包括企业组织结构、人员构成、资源分布状况等；

（5）客户服务情况与客户反馈；

（6）项目营运管理能力，作业标准和流程；

（7）风险管控能力和文件管理体系；

（8）品控和质量管理体系，服务质量水平。

通过对潜在资源方资格和服务能力等方面的初步筛选，剔除不符合要求的资源方，形成入围资源方名单。

一般采用招标方式对入围资源方进行筛选，要求至少应有3家以上资源方参与。参与招标的资源方需要提供项目管理模式、营运方案以及价格。根据资源方提供的标书材料，建立综合的评标考核依据。

（1）价格。对于报价明显低于成本或市场价格的，资源方应解释说明，否则不予采纳。

（2）资源方营运和管理能力，包括从事冷链物流的时间、营运团队组成、营运管理体系、作业标准和流程、应急处理能力等。

（3）公司规模和实力，包括资源规模、资源分布、冷链设施设备使用年限和状况等。

为了保证评标过程客观公正，在进行评标时，应组织营运部门、品控与质量部门、财务部门、客户服务部门等相关部门分别评估，之后综合汇总。

对最终招标入围的资源方需要进一步审计，审计以现场审计方式为主。如果达不到要求，不能纳入营运管理体系。一般审计涵盖以下内容。

（1）管理层关于质量管理的承诺。资源方管理层在提供合规冷链物流服务的同时，须制定质量管理政策和要求并正式公布，确保食品安全和质量保障。资源方内部需要进行有效的沟通，确保相关要求和内容得到贯彻和落实。

（2）冷链设施设备卫生和食品安全保障。设施设备应清洁卫生，符合冷链物流贮藏和运输要求；避免与产生刺激性、挥发性、异味的产品同贮；对乙烯敏感的果蔬应单独存放；水产品应单独存放；不同温度保管要求的产品应分别存放。

（3）个人卫生和习惯。作业人员须持有健康证，遵守基本卫生规范；患传染性疾病或有开放性伤口的员工禁止直接接触产品。

（4）人员培训及教育。所有员工上岗前必须经过培训并通过考核，留存相关记录。培训包括但不限于操作标准和规范、食品安全、卫生要求、日常沟通和应急管理办法等。

（5）设施设备安全，始终使冷链产品处于安全状况，如对运输工具施加签封等。

（6）设施设备维护。资源方应具有设备维护程序文件及有效的设备维护记录，确保冷链环节能正常运作。对设备（压缩机、运输设备、冷机等）制冷部件和温度记录仪编制有效的维修保养计划，包括当设备发生故障时相应的应急预案、紧急联系人名单、具体操作流程等。

（7）冷链管理与产品特性/食品安全要求保持一致。资源方要有完整的确保产品冷链质量和安全的书面冷链管理文件及标准，确保冷链物流管理标准和质量标准得到认真执行。冷链产品在冷链全过程中，能够得到充分保护，相关支持文件能够证明所有操作环节符合规定的温度范围要求。

（8）营运操作合规性。所有营运和操作环节必须符合国家法律法规和国家、行业相关冷链物流标准。

（9）客户服务。资源方应提供及时、高效、妥善的客户服务管理机制。

（10）完整、系统的文件和记录，能够帮助实现产品追溯和产品回收。每个服务环节都应有记录，交接记录应包括但不局限于时间、地点、产品名称、规格、数量、温度数据、发货单位和收货单位等信息。交接记录应能满足产品温度数据的追溯和查询。应建立完善的冷链物流信息系统，全面管理和记录冷链作业过程的各类信息，实现冷链物流作业的可追溯性。

（11）持续优化和改进。针对运作过程中出现的失误或问题，建立相应的纠正流程和方法，并按流程改正，所有纠正行动均需保留文件记录。

（12）危机管理与应急预案。

（13）保险与责任。资源方应足额购买覆盖冷链物流项目全过程的保险，赔付金额取决于保险条款。保险合同证明必须能够随时提供，合约双方的责任范围应符合当地法律或者国际通则规定。

三、冷链物流项目作业标准和流程

冷链物流项目的核心和关键是保障产品的安全、保证产品品质。冷链物流项目必须同时符合以下要求。

（1）合格的冷链产品，主要是指产品温度、感官检查、产品包装、标识等符合规定要求。

（2）环境温度符合规定要求。对于冷冻产品，在仓储和运输过程中，一般要求环境温度控制在-18℃，最高不高于-15℃；大多数冷藏产品的贮存和运输，温度要求控制在1～4℃。

（3）冷链产品安全。在整个冷链物流项目中，冷链产品应始终处于安全环境下。例如，没有受到污染或外来物质的影响，环境、设施设备清洁卫生。

在冷链物流项目中，有哪些因素会影响和决定营运质量和服务水平？冷链物流项目，应由经过培训的专业人员管理和操作；应使用符合冷链要求的设施设备，如冷库、冷藏车等；冷链物流的服务对象应是合格的冷链产品；营运和操作环节、作业标准和流程必须符合国家法律法规、操作标准及规范。因此人员、冷链产品、设施设备，操作环节共同构成了冷链物流项目四个关键控制点。这四个关键控制点既独立又相互关联和影响，最终决定冷链物流项目服务质量水平。

（一）合格的冷链产品

冷链产品是比较特殊的温控产品，不能只关注产品数量，或通过简单的“点数”来完成。进入冷链物流项目的产品须通过符合性检查，如图10–5所示。冷链产品检查一般包括以下内容。

（1）冷链产品包装检查：冷链产品内外包装是否清洁卫生、完整，封口应牢固；包装材料应完好、清洁、无污染、无异味、无毒、无害；符合国家相关食品安全和卫生法律法规及标准要求，且应具有一定的保护性；在装卸、运输和储存过程中能够避免内部食品损坏。

（2）产品标识检查：标识应字迹清晰、持久、易于辨认和识读，内容应准确、显著、规范。产品标识中生产日期和保质期应清晰、有效，冷链产品剩余保质期应满足有关要求。

（3）产品测温：检测产品温度，以产品中心温度为准。如果无法测量产品中心温度，经相关方同意，可测量产品包装表面温度代替产品中心温度。在装卸前，应检测产品温度，并在低温环境下完成检测工作。温度检测记录应作为运输单证附件提交给相关方。

产品温度测量设备宜使用探针式，不宜使用红外线温度测量设备测量产品温度。冷冻产品温度应控制在–18℃，最高不能高于–15℃；冷藏产品温度应根据产品性质而定，大多数冷藏产品适宜温度为1～4℃。这里需要强调，如果冷冻产品没有达到–15℃，实际温度是–12℃，不能试图将运输环节的环境温度设置为–18℃，将产品从–12℃冻回到–15℃或–18℃。若按照以上操作即使产品温度有所下降，但产品的品质也会发生变化。

（4）产品感官检查，一般感官检查包括以下内容。

①形态：具有该产品应有的形态，无变形，无破损。表面不结霜，无解冻或潮湿现象，无冰晶、无粘连。

②色泽：具有产品应有的色泽，不变色。对于冷藏产品，观察是否有水汽、是否因低温导致产品异常，如结晶、变色等。

③气味：具有该产品应有的气味，无异味。

④组织：符合产品应有的组织要求。

⑤杂质：无肉眼可见的杂物，无异物。

（二）工作状况良好的冷链物流设施设备

冷链物流项目需要良好的冷链物流设施设备作为基础保障，包括冷库、运输工具、随车温度记录仪器等，如图10–6所示。冷链物流设施设备必须能提供卫生、清洁、完好性的环境并满足冷链物流要求，同时应建立设施设备出现异常时的应急预案。

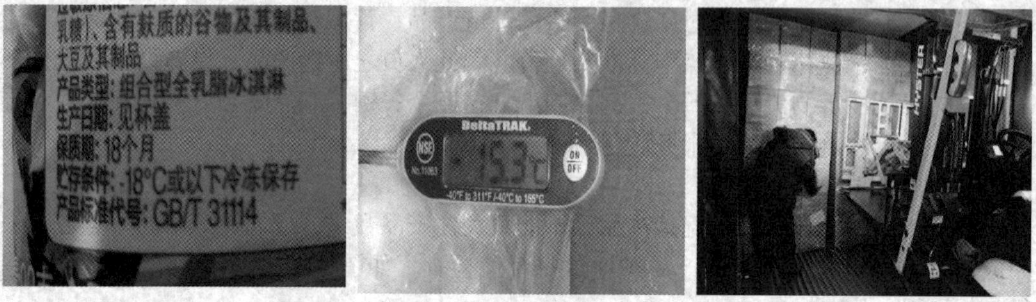

图10-5　冷链产品检查

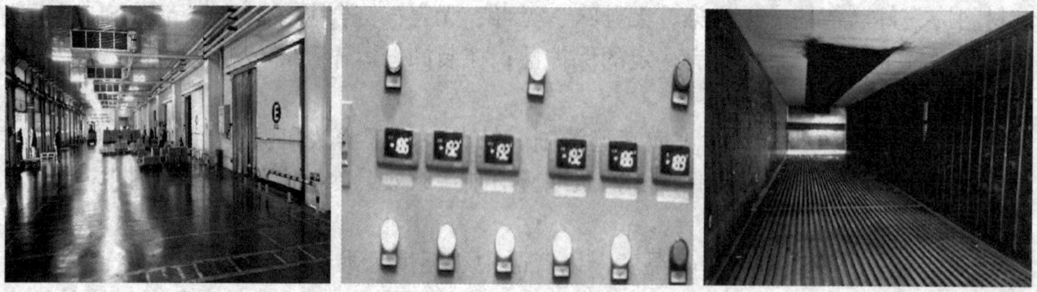

图10-6　冷链物流设施设备

以下是对冷库和控温运输工具的基本要求。

（1）冷库：对于冷藏产品，建议贮存温度控制在1～4℃；冷冻产品贮存温度建议在-18℃以下。冷库内测量点应选择最不利温度条件处，如冷风机回风口附近、库房最远端、大门开启处、库房死角等。应定期记录环境空气温度值，应有温度记录及报警装置。冷库温度记录间隔时间不宜超过30分钟。

冷库日常管理应建立冷链产品贮存、进出库、盘点、保质期管理、设备管理、虫害管控等管理程序和要求。

（2）控温运输工具：要求控温运输工具应能满足运输条件的要求，不能保证产品质量的运输工具严禁使用；控温运输工具必须安全、无害，应保持清洁卫生，防止污染食品；运输设备厢体应清洁、无毒、无害、无异味、无污染、无油污，并符合相关食品卫生要求。运输设备厢体内不应有尖角、棱角或凸状物，以免刺破食品包装造成污染；运输工具内壁应完整、光滑、安全、无毒、防吸收、耐腐蚀、易于清洁；应检查厢体的密封性，检查密封车门的橡胶密封条、门闩、铰链处等，保证车门与门框的密封；卸货后应及时将控温运输工具清扫干净。装过水产类、生肉类及被其他易腐食品污染的控温运输工具，应进行彻底洗刷除污，必要时应消毒，控温运输工具内不得残留污水、秽物。洗刷除污、消毒后通风、晾干、关门。

此外，要做好运输工具制冷系统出车前检查，做好日常维护与保养，包括装载前检查运输设备，确认制冷系统状态良好，并根据需要除霜，清除积霜后对运输车厢内壁进行清洁消毒，使其达到卫生要求。冷藏车每次运输后，应检查车辆和与温控有关的各种机械设备、装置、设施及电子记录装置等，确认其性能良好。应根据运输制冷机组生产厂商的维修保养要求，定期对制冷机组进行检查、保养。发现异常应立即停止使用，并及时维修。

（三）建立系统、完整的作业标准和流程

为了保障冷链物流项目的服务质量和水平，需要建立覆盖冷链物流全过程的冷链作业标准和流程。冷链物流项目涉及的主要运作环节如图10-7所示。

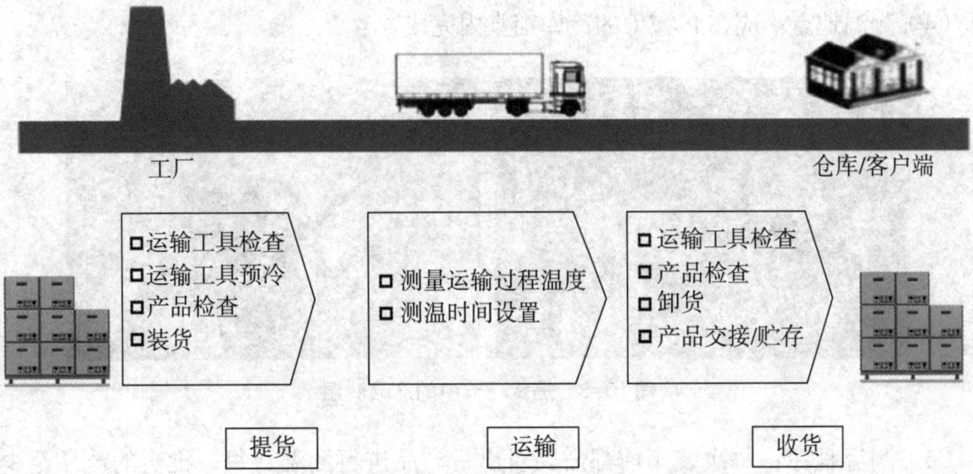

图10-7　冷链物流项目涉及的主要运作环节

相应地，冷链物流项目的作业标准和流程主要包括以下内容。

（1）运输工具检查、制冷系统维护和检查、随车温度记录仪检查等；

（2）运输工具预冷；

（3）产品检查，包括产品包装、标识、产品温度、感官检查、单据检查等；

（4）产品装卸，包括产品混装相容、装卸时间控制、产品温度变化、有效制冷循环、产品加固和防护等；

（5）运输过程，包括运输过程产品温度要求、运输过程环境温度要求、运输过程中测温时间设置；

（6）贮存环节，冷库的穿堂温度、入库产品温度要求、货品存放相容性、贮存温度等。

冷链物流项目作业标准和流程的内容，首先要合规，即符合国家法律法规的相关要求，与国家、行业冷链物流标准和要求相符。作业标准和流程的制定必须结合事前模拟和实际操作反映出来的问题，梳理操作中涉及的各项细节，确立流程中的关键控制点，如温度控制、设备运作要求等。同时应建立冷链物流应急处理预案，如发生设备故障等情形的应急预案。

作业标准和流程应做到清晰、可量化、易执行，最好能提供图片辅助说明，这样比较直观、便于理解。现以提货环节中的产品测温为例进行说明，如图10-8所示。

（1）测温责任方：供应商的工作人员负责产品测温操作，运输司机现场协助并确认。产品温度测量结果应记录在提货单据中，供应商的工作人员和运输司机双方签字确认。

（2）测温设备：使用供应商自有的测温设备，红外线测温仪不能作为测温设备。在测量前，应对测温探针进行预冷处理，并尽可能接近产品温度。

（3）产品温度要求：冷藏产品温度要求一般为1～4℃，冷冻产品温度要求不高于-15℃。如果产品的温度没有达到规定温度要求，应拒绝装货，并立即联系相关人员。

（4）测温地点：应在1～7℃的冷库穿堂内完成。

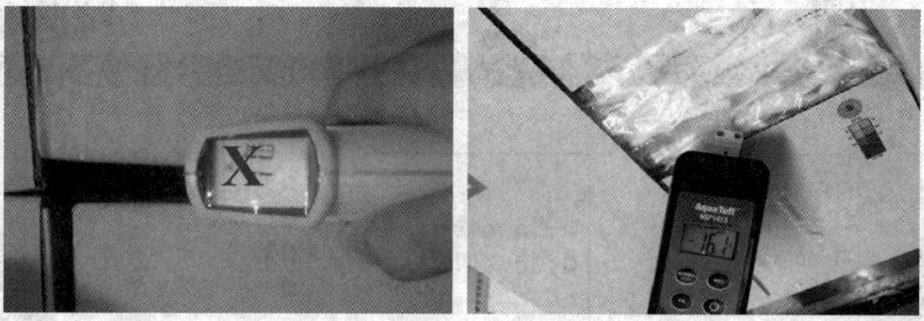

图10-8　提货环节中的产品测温

（5）测温程序：每次装车前都需要对出货产品进行测温，每一批次的产品至少抽查一箱，产品温度采用开箱测温方式，即开箱后把测温探针插到两包产品之间，直到温度稳定不再变动。冷冻产品和冷藏产品在冷库穿堂停留时间分别不超过15分钟和30分钟。

在冷链物流项目实际管理过程中，作业标准和流程一般存在以下问题。

（1）作业流程和标准内容不清晰，可执行性差。例如，在提货环节，只要求检查产品，但检查哪些内容，没有具体说明，也没有检查标准。有的在日常操作中缺乏有效和规范的作业标准、作业指导书或流程，主要靠口头或经验传授。

（2）执行和标准脱节，形成“两层皮”。作业标准和流程建立后，重点是执行和落实，而不是流于形式。在实际操作过程中经常出现：有作业标准，但实际操作时随意性比较大，或者根本不按照作业标准和流程执行，导致冷链物流项目和冷链产品面临风险。如图10-9所示。

图10-9　不合规的冷链物流操作

（3）只考虑正常操作，缺少异常状况时的应急预案和相应措施。例如，没有建立运输车辆制冷机出现故障时的应急预案。

（四）保障冷链产品安全

在冷链物流项目全过程中，除了提供符合规定和要求的贮藏温度、运输环境温度外，保障冷链产品安全必须贯穿于整个冷链物流项目管理全过程。针对冷链物流四个关键控制点，列出了保障冷链产品安全的基本要求，如表10–4所示。

表10–4 保障冷链产品安全的基本要求

冷链物流关键控制点	相关要求
冷链物流从业人员	应持有效健康证，每年至少进行一次健康体检。 患有传染病或者有碍食品安全的疾病的人员，不应从事直接接触产品的工作
冷链设施设备	冷库清洁卫生，避免与刺激性、挥发性、有异味的产品同贮，避免串味；对乙烯敏感的果蔬须单独存放；水产品须单独存放；不同温度保管要求的产品须分别存放。 运输工具清洁卫生，无异味，厢体外部完好，内壁完整、光滑，密封性良好
冷链产品	产品包装完好。对于液体性的冷藏产品，如发生渗透并污染周围的产品，存在一定的食品安全问题，不能接收。 产品标识/标签清晰，生产日期、保质期等清晰有效
操作环节	冷链运输全过程必须施加签封，且完好。产品装车时，应使用固定和防护装置防止其移动

在实际工作中，冷链产品安全性在提货或收货标准中应有明确要求。存在食品安全风险的情形：运输工具受外界影响和冲击导致箱体损坏，不能提供和保护箱体内产品安全；产品外包装破损和渗漏；外包装箱因印刷或打码问题，导致产品生产日期或保质期不清晰，甚至信息错误。如图10–10所示。

图10–10 存在食品安全风险的冷链产品

当冷链产品装入运输工具后，应关闭厢门并施封，如图10–11所示，以保证冷链产品始终处于封闭、安全的环境中。冷链运输安全应贯穿于装货后到卸货前的运输过程，以下是相关的作业要求。

（1）完成装货后，应在供应商、承运商交接人员的共同监督下对运输工具施封，同时记录好施封信息，以便卸货时进行核对。

（2）运输期间，任何人不得擅自打开或进入运输工具。如遇意外情况，不得不进入运输工具时，必须及时通知相关管理人员，按有关操作流程进行。

（3）运输期间，不得擅自对货品进行二次装卸或转运。

（4）卸货前，收货方应核对运输工具及签封信息，验证签封没有被篡改且与运输单证上的信息一致，方可开始下一步的操作。

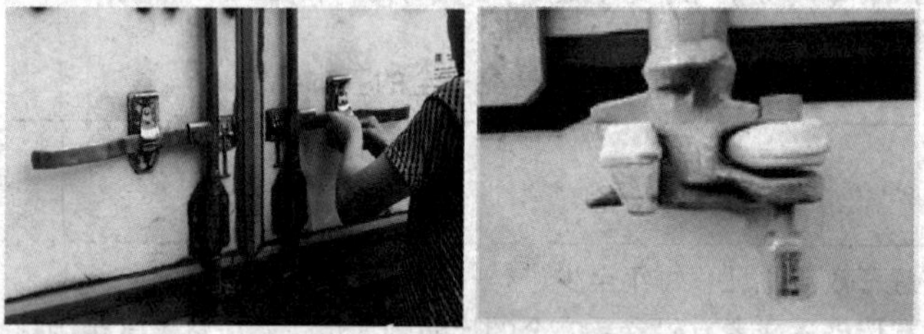

图10-11　运输工具施封

（五）作业标准检查表

对于冷链物流项目的日常管理，除了建立完善的作业标准和流程并认真执行外，也可以编制作业准备检查表。检查表是对营运管理中作业标准和流程的不同管理方式。检查表一般采用表格形式，清晰易懂，便于管理，尤其便于一线员工的使用，《运输工具检查表》如表10-5所示。检查表可以对运作流程进一步分析或分解，包括针对可能出现的异常情况及应对措施和办法建立检查点。一般而言，这种检查表是按照操作顺序建立的，不应出现跳跃或间断的情况。

表10-5　运输工具检查表

供应商		订单	
目的地		承运商	
车牌/集装箱		签收和日期	
检查项目		是/否	备注
冷藏车辆、冷藏集装箱外观完整、清洁，标识符合要求			
车门门封完好，关上车门从内查看是否有光线透入			
车厢/集装箱是否有臭味或刺激性气味			
车厢/集装箱内是否清洁、无杂物和污迹			
车厢/集装箱内壁、底部及顶部有可能损坏货物的凸状物			
车厢/集装箱内有无虫害等痕迹			
柜角的柱杆、底部和顶部的护桩是否完整、稳固			
所有合法行车文件和证明是否齐备			
冷藏集装箱内进出通风口是否封闭			

（六）营运记录管理和产品追溯

除了建立完整、清晰的冷链物流作业标准和流程外，根据《中华人民共和国食品安全法》及相关实施条例以及有关食品冷链物流的标准和要求，食品生产经营者应当建立食品安全追溯体系。依照法律规定，如实记录并保存进货查验、出厂检验、食品销售等信息，保证食品可追溯。食品生产经营者委托贮存、运输食品时，应当对受托方的食品安全保障能力进行审核，并监督受托方按照保证食品安全的要求贮存、运输食品。受托方应当保证食品贮存、运输条件符合食品安全的要求，加强食品贮存、运输过程管理。接受食品生产经营者委托贮存、运输食品时，应当如实记录委托方和收货方的名称、地址、联系方式等。

因此，应对冷链物流项目全过程和运作情况建立详细、清晰和完整的记录，实现产品追溯功能。如果产品质量出现问题，能够迅速溯源并确保产品回收，这也是冷链物流项目应具备的功能。各项记录应能满足冷链产品的温度数据的追溯和查询要求，一般记录应包括但不限于时间、地点、物品名称、规格、数量、温度数据、发货单位和收货单位等信息。记录内容应完整、真实、清晰、易于识别和检索，确保所有环节都可进行有效追溯，一般冷链物流项目需要记录的内容如表10-6所示。

表10-6　冷链物流项目需要记录的内容

记录类别	记录内容
客户记录	客户名称、地址、联系方式、服务日期
产品记录	产品名称、产品编号或代码、数量、生产日期、保质期、生产批号、追溯标识
温度记录	环境温度记录、产品温度记录（测温地点和环境）、运输工具或仓库名称、运输时间、仓储时间
收发货记录	上下游环节企业名称、收发货时间、收发货地点
产品交接记录	产品温度、交接时间、交接地点、外包装状况、产品感官检查状况、运输工具状况、运输工具检查、交接人员签字
补充信息记录	温度测量方法（包括温度测量设备名称、精确度、测温地点和位置、测温和记录间隔时间等）； 装载前运输工具预冷温度记录（包括预冷时间、预冷温度、冷库穿堂温度等）； 装卸记录（包括装车时间、卸车时间、产品在冷库穿堂停留时间、开始装车后运输工具内的环境温度等）

冷链物流项目的相关记录，建议保存期限不少于贮存、运输结束后2年。

四、冷链物流项目营运指标

需要选择一些指标用于评估和衡量冷链物流项目营运情况、运作效率和服务质量水平。营运指标可以清楚地反映项目的实际状况，通过对营运指标的分析，能够及时发现项目运作和管理的薄弱环节，并进行改进和完善。

冷链物流项目营运指标一般分为以下几部分。

①反映冷链物流项目运作效率和服务水平的指标，如提货准时率、送货准时率、订单准确率；运输车次、订单数和箱数；人均工作效率；设备作业效率；车辆装载率等。

②反映和衡量质量管理水平的指标，如运输温度合格率；产品破损率；验收准确率；客户投诉率；安全事故率；保险赔付率等。

③反映冷链物流项目营运成本和费用水平的指标，如单箱运输费用；单箱仓储费用；单箱仓储作业费用；不同运输方式下的运输费用等。

上述指标共同构成了冷链物流项目的营运指标，可以进一步从中选择比较重要和关键的营运指标，形成衡量营运指标的KPI（关键绩效指标）体系。

第三节　冷链物流项目质量管理

冷链物流提供的服务，直接影响食品质量和食品安全。食品安全是民生工程、民心工程，冷链物流企业的发展必须以保证冷链物流的运作质量和相关食品安全为前提，切实保障人民群众“舌尖上的安全”。冷链物流企业应建立完善和系统的质量管理体系，有效提升冷链物流企业营运质量和项目质量管理水平，持续提供符合客户和消费者需求的冷链产品和服务。

一、营运管理标准的合规性

冷链物流项目营运和管理所执行的标准一般称为企业冷链物流标准，简称为企业标准。企业标准的制定必须符合国家食品及冷链物流方面的相关法律法规，如《中华人民共和国食品安全法》，以及符合已颁布的国家、行业冷链物流标准相关内容和要求，即冷链物流企业和冷链物流项目相关标准要合规。

目前，国内冷链物流标准基本覆盖了冷链物流所涉及的物流环节和服务范围，包括冷库及建造、贮存运输、运输工具、产品及产品温度、产品包装、产品追溯和回收等。国内冷链物流标准大致可分为以下四类。

①国家标准，如《肉和肉制品经营卫生规范》（GB 20799—2016）；《速冻水果和速冻蔬菜生产管理规范》（GB/T 31273—2014）。

②行业标准，如《速冻食品物流规范》（SB/T 10827—2012）；《肉与肉制品冷链物流作业规范》（WB/T 1059—2016）。

③地方标准/团体标准，该类标准主要是结合当地冷链物流自身特点编制的相关标准。如《水产品类冷链物流操作规范》（T/HZBX 019—2018）；《动物性火锅食材冷链物流作业操作规范》（T/CQLC 005—2019）。

④企业标准。在进行企业标准制定和合规性分析时，相关依据和参照标准主要来自国家标准和行业标准。如果有关标准在某些环节或部分出现不同要求或存在一定差异时，以国家标准为主。如已有国家强制性标准，则以国家强制性标准的有关内容和要求为基准。

以冷冻产品为例，冷冻产品基本运作环节的相关标准内容，如表10–7所示。因篇幅有限，只简列部分相关标准和内容。经分析，可以形成针对冷冻产品的冷链物流营运标准合规性基础。

表10–7　　冷冻产品基本运作环节合规性分析

作业环节	国内标准	合规性建议
冷库穿堂温度	冷冻库的穿堂温度应在10℃以下，配备滑升保温门和软连接，与冷藏车或冷藏集装箱的厢/箱体紧密结合，《初级生鲜食品配送良好操作规范》（SB/T 10428—2007）	冷库穿堂温度应控制在7℃以下
	冷藏货物装卸作业场所环境温度不宜高于15℃，冷冻货物装卸作业场所环境温度不宜高于7℃，温度波动范围不应超过±3℃,《道路冷链运输服务规则》（JT/T 1234—2019）	
	封闭式月台温度应保持在5～10℃，并具备配套的制冷系统或保温条件的缓冲间,《肉与肉制品冷链物流作业规范》（WB/T 1059—2016）	
冷冻产品入库温度	冻肉经过冻结工艺过程的肉，其中心温度不高于–15℃,《肉和肉制品经营卫生规范》（GB 20799—2016）	冷冻产品温度应不高于–15℃
	冻鱼放入冷库储藏时，其中心温度应低于–15℃。冻鱼在贮藏间和出库时，其中心温度不得高于–15℃,《进出口水产品储运卫生规范　第1部分：水产品保藏》（SN/T 1885.1—2007）	
冷冻产品贮存温度要求	贮存冻肉、冷冻食用副产品以及需冷冻贮存的肉制品的设施和设备应保持–18℃及其以下的温度，并做好温度记录,《肉和肉制品经营卫生规范》（GB 20799—2016）	贮藏温度应≤–18℃
	冷冻畜禽肉应贮存于–18℃以下、相对湿度95%以上的冷冻间，冷冻间温度昼夜波动不得超过±1℃,《畜禽肉冷链运输管理技术规范》（GB/T 28640—2012）	
	产品应在冷冻仓库贮存。冷库温度不高于–18℃，温度波动应控制在±2℃以内,《食品安全国家标准　速冻食品生产和经营卫生规范》（GB 31646—2018）	
冷冻产品运输过程温度要求	产品的运输设备应具备制冷能力，确保运输期间厢/箱体内温度不高于–12℃,《食品安全国家标准　速冻食品生产和经营卫生规范》（GB 31646—2018）	运输过程温度应≤–18℃，温度最高升温不高于–15℃
	冷冻品运输期间的厢/箱体内温度应≤–18℃，运输过程中允许升温，但升温应≤–15℃，《水产品冷链物流服务规范》（GB/T 31080—2014）	
	运输产品的厢/箱体宜保持–15℃或更低的温度。厢/箱体在装载前应预冷到10℃或更低的温度。并应设有能在运输中记录产品温度的仪表,《速冻食品生产管理规范》（SB/T 10699—2012）	

二、冷链物流项目品质控制和质量管理体系

冷链物流项目品质控制和质量管理体系，涉及并涵盖冷链物流项目的全过程，是冷链物流项目管理的基础。它要求冷链物流项目的各个环节始终应符合冷链物流服务要求和规定的温度，保证食品质量和食品安全。

（一）制定冷链物流项目的质量方针，明确质量目标

冷链物流项目的质量方针，是由冷链物流企业管理层或冷链物流项目经理正式提出的冷链物流项目的质量宗旨和质量要求。作为冷链物流项目纲要性的内容，这个方针明确了冷链物流项目在品质控制和质量管理方面的规定和方向，每个项目成员和参与者对品质和质量的要求必须充分理解和认识，不仅在日常工作中共同遵守，同时也是改进和提升冷链物流项目服务质量和管理水平的动力。

冷链物流项目的质量方针，一般以保证产品品质和质量为核心和基础展开，例如可设定为：致力提供最优质的冷链物流服务，建立系统和完善的品质控制和质量管理体系；营造良好的食品安全文化，每一位员工将该文化贯穿于日常工作；追求质量卓越，不断改进和提升营运管理和服务水平。

冷链物流项目的质量目标，是在质量方针的基础上，结合冷链物流项目的具体情况，设立衡量品质和质量管理的主要目标，如产品破损率、产品温度达标率、运输过程温度异常率、客户投诉率、客户满意度等。

（二）建立冷链物流项目的质量管理体系

围绕着冷链物流项目的质量方针和质量目标，进一步建立冷链物流项目质量管理体系，如图10–12所示，具体包括品控和质量标准体系、营运质量管理体系和客户服务管理体系。

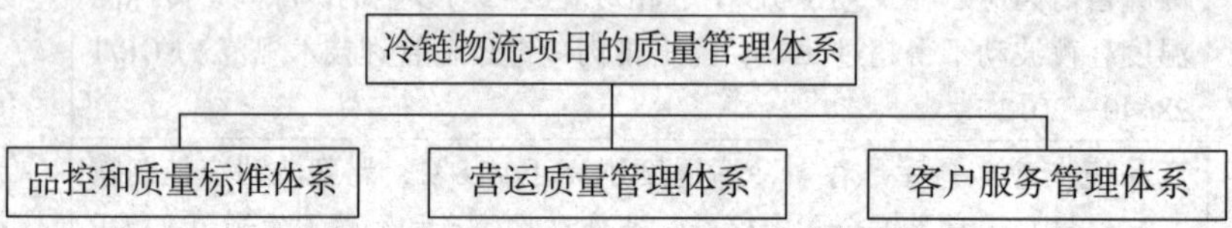

图10–12　冷链物流项目的质量管理体系

1. 品控和质量标准体系

品控和质量标准体系是在保障产品品质和食品安全的前提下，按照国家法律法规和国家、行业冷链物流相关标准，围绕冷链物流项目全过程和所涵盖服务环节，制定物流项目的相关标准和规范，包括产品质量标准、产品温度要求、产品测温方式、运输过程温度要求、冷藏或冷冻产品接收标准、不合格产品管理和销毁管理规范、可追溯和召回制度、冷链物流服务质量和绩效评价体系、人员培训制度、卫生管理制度、文件和记录要求等。上述有关品质和质量管理标准、规范和要求，将构成冷链物流项目品质控制和质量标准体系。

例如，对运输工具内的产品进行测温时，需要选取适宜的产品取样点，如图10–13所示。具体可以选取靠近车门开启边缘处的车厢顶部或底部（尽可能地远离制冷温控设

备）；车厢的中间位置；车厢前端的中心（尽可能地靠近制冷温控设备），或车厢前端的顶部和底部角落（尽可能地靠近空气回流入口）。

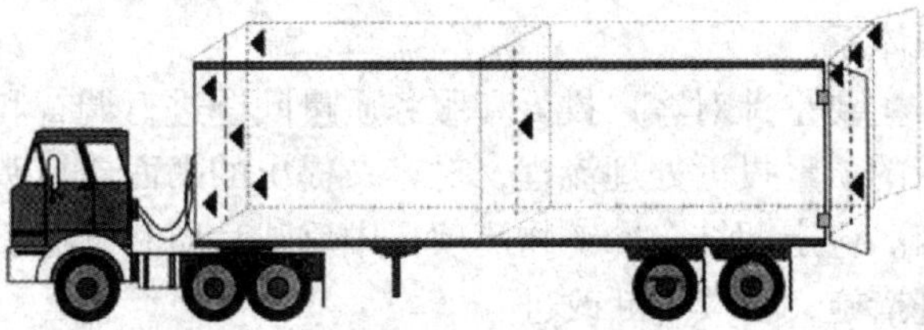

图10-13 产品测温取样点选取

2.营运质量管理体系

冷链物流项目由若干物流环节构成，并且各个物流环节相互关联。冷链物流项目营运管理的基础，是针对冷链物流项目涉及的物流作业环节，建立完整的营运质量管理体系，具体由一系列作业标准和流程组成。作业标准和流程，首先应建立在符合品质控制和质量管理的相关标准和要求的前提下，由品质控制和质量管理人员与营运管理人员共同对作业标准和流程的内容进行分析、评估后制定。例如，对于冷链产品，一般情况下运输工具在装货前都需要预冷。国内现行标准中存在不同的要求和规定，不同客户在运输工具预冷的规定和要求上也不尽相同。因此需要品控人员、营运及管理人员共同分析，确定预冷温度设置标准。

以下是部分现行冷链物流标准中涉及运输设备预冷的要求。

（1）运输设备厢体应在装载前进行预冷，温度应预冷到10℃或以下，或达到双方约定的预冷温度时方可开始装载，确保产品在装载过程中不因环境温度影响而降低品质，《食品安全国家标准 速冻食品生产和经营卫生规范》（GB 31646—2018）。

（2）冷藏车厢体装载前箱温应降至-15℃以下，《冷冻饮品生产管理要求》（GB/T 30800—2014）。

一般情况下，冷库穿堂的温度要求控制在1～7℃，如果运输工具预冷温度控制在-10℃或-15℃以下，当运输工具车门打开时，由于运输工具内的温度远低于冷库穿堂的温度，导致运输工具与冷库穿堂之间冷热空气交换剧烈，大量“热”空气会流入预冷后温度较低的运输工具内。当冷冻产品装货完毕后，制冷机开始工作，运输工具内会逐渐形成大量水汽并结霜，如图10-14所示。因此运输工具预冷温度需要合理设置，应与冷库穿堂温度相当。

图10-14 运输工具预冷温度不合理设置

为了衡量日常营运工作的质量水平，应建立冷链物流项目营运质量和服务水平的考核指标，如针对运输可以设立提货准时率、送货准时率、产品破损率、产品拒收率、运输产品差异率等指标，并以书面文件记录、保留和追踪。

3.客户服务管理体系

客户服务质量，主要是针对客户投诉和服务质量问题进行调查和分析，并及时有效地处理。应建立清晰的质量投诉处理流程，对客户提出的书面或口头意见、投诉应做好记录并分析查找原因。应定期结合冷链物流项目中反映品质和营运质量的相关数据，分析其中的原因和改进措施，持续不断改进。

例如：某客户通过保险公司对委托运输商承运的冷链产品进行投保，但始终存在一定程度的产品破损和产品拒收。客户和保险公司需要花费大量的时间和精力进行后续调查和处理。

经过对产品破损和拒收等历史数据的分析，发现问题主要集中在运输商营运管理上。由于免赔额设定较低，导致运输商对运输和日常营运管理较为松懈，主要表现在实际操作过程中没有严格按照操作标准执行，缺乏有效的现场监督和管理，同时运输外包资源缺乏有效管理和控制。

为此，客户组织运输商重新梳理操作标准和流程，并进行现场管理培训，共同探讨一系列有效的管理措施，如加强冷链产品检查和测温、对产品进行防护和加固，在运输过程中建立实时温度监控等。同时适当地调整了免赔额。

通过以上措施，产品破损率和产品拒收率显著下降，同时保险费用也有一定程度的节省。

三、定期回顾冷链物流项目质量服务水平并持续改进

品质控制和质量管理是冷链物流项目的基础，保证冷链产品品质和安全是一项长期、系统的工作，冷链物流项目经理是食品安全方面的第一责任人，品质和质量保证是每一位项目参与人员的责任和服务目标，需要全员参与，共同营造保障品质和不断提升质量管理的环境和氛围。

对项目人员应定期进行品控和质量培训与教育。可以定期为员工提供专业的岗前培训并进行考评，确保从业人员具备完成相关任务的能力。同时可以通过培训和轮岗等举措不断加强人员的专业技能且持续不断地推进。

品质控制和质量管理是一项长期工作，需要持之不懈。为了持续并不断提升物流项目营运质量，正常情况下，对冷链物流项目和相关资源方每年至少进行一次系统审计。通过全面评估项目质量管理体系，结合实际操作和管理能力分析，提前发现项目管理内部控制和日常营运管理过程中存在的缺陷和不足。对审计中发现的不符项目，要求被审计对象在规定时间内完成纠正计划，从而降低日常运作风险。

对冷链物流项目服务和质量水平进行回顾、考核，可以结合PDCA原则，即通过计划（Plan）、执行（Do）、检查（Check）、处理（Action）不断分析和改进，提升营运质量和管理水平。

第四节　冷链物流项目风险和危机管理

冷链物流项目在实际运作和管理过程中，会面临一些潜在的风险，比如在运输过程中，制冷设备出现异常而无法正常工作；运输司机在供应商处提货时，没有对产品进行测温。这些异常操作或工作失误会对冷链物流项目的日常营运管理以及产品品质带来潜在风险。

风险思维和风险意识应贯穿于冷链物流项目管理的全过程。需要对冷链物流项目整体进行评估，包括涵盖的各个物流环节、关键控制点等，分析并找出潜在的内部和外部风险，在此基础上制订预防和应对潜在风险的办法和方案，有效控制各类风险对冷链物流项目的影响。

冷链物流项目面对的潜在风险，包括以下几点。

①人为原因或人员操作失误带来的风险。如运输工具不符合要求；制冷机温度设置错误等。

②冷链物流设施设备工作异常。如运输工具制冷系统出现故障；冷藏车辆出现交通事故；冷库突然出现电力中断等。

③运作资源受限引发供应保障风险。如春节期间，人员和运输资源极度短缺；组织和举办大型重要会议时，运输车辆、道路受到交通管制等。这些情形都会对供应保障产生比较大的影响。

④意外或突发事件，一般指无法预见或避免的客观状况，如地震、台风，或突发异常事件如新冠肺炎疫情。

一、冷链物流项目潜在风险及应对策略

针对冷链物流项目中存在的潜在风险，主要采取以预防为主的原则。具体可以采用以下三种应对策略。

（一）风险监控和预防

这是一种主动型的预防行为，也是最为重要和积极的应对策略，即针对冷链物流项目中可能存在的潜在风险，对冷链物流全过程进行有效监控。同时建立应急管理制度，包括风险预警、风险评估、内控报告、应对办法及应急预案等内容。

贮藏或运输冷链产品时，为了增加冷链物流项目全过程的透明性，会使用实时温度记录系统，用于检查贮藏或运输环境温度是否符合规定的温度要求。例如，为了及时掌握冷链运输过程的温度及其变化，检查冷链运输过程中车厢内的温度是否处于规定的温度范围内，在冷链运输工具中安装GPS实时温度监控系统，如图10-15所示。通过GPS电子地图显示指定车辆的位置、运输工具内空气的温度等信息，同时通过这种方式能够“可视化”跟踪监控实时温度。如果车厢内温度偏离了规定的温度范围，立即发出预警信息。

长公众假期、极端天气或举办重要会议等情形，可能会使物流资源运作受限从而引发潜在的供应风险。应提前通过各种渠道如政府通告、新闻、天气预报等，收集和分析

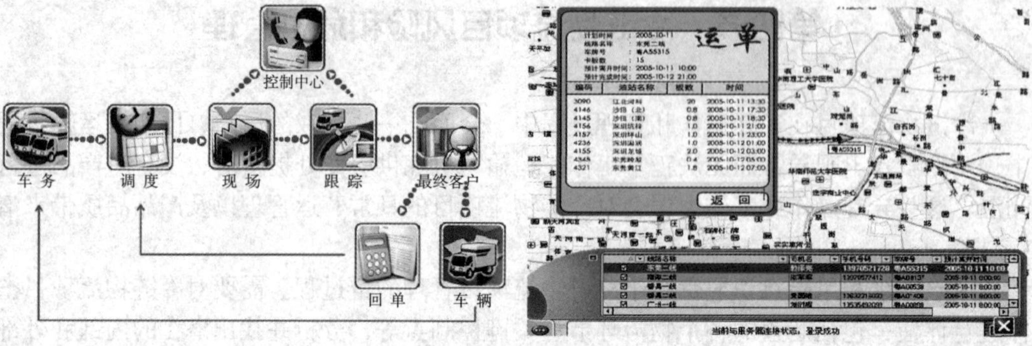

图10–15　实时温度监控系统

相关信息，经过核实整理后，提前准备应对策略。如在冬季，安排人员定期查询未来7天的天气状况，分析是否有区域和线路受大雪、霜冻的影响，提前对相关营运工作进行调整，如调整订单发运时间、改变运输线路、考虑公路运输转换为水运或铁路运输等应急预案。

（二）风险控制或规避

冷链物流项目涉及多个物流环节，每个环节之间相互关联和影响，要建立冷链物流项目上中下游环节之间“复核性”检查。例如，运输服务商到供应商冷库提货时，运输司机要对运输车辆进行检查，包括运输工具卫生状况和制冷机制冷状况的检查。当到达供应商冷库时，供应商冷库的工作人员也需要对运输车辆进行“复核性”检查，如发现运输工具卫生和清洁状况不符合要求，应拒绝装货并要求更换运输车辆。同样，在冷链产品装上运输工具前，运输司机和供应商工作人员要对冷链产品进行“复核性”交接和检查，包括产品温度检查、产品感官检查等。如果产品温度没有达到规定的温度要求，运输司机应拒绝接收冷链产品。

应加强冷链物流项目管理风险监控和预防，尤其是加强冷链物流项目一线员工的培训和考核，认真做好作业标准和流程的落实、执行和考核。尽可能与设施设备资源方直接合作，减少中间环节，提升运作管理过程的反应时效。

（三）风险转移

为使风险对冷链物流项目的影响和损失降至最低，可以通过事先投保规避或减少潜在风险所造成的影响。保险要覆盖冷链物流项目全过程，应对冷链产品足额投保，对于使用的冷链物流设施设备如冷库、冷藏车等也应投保。

二、应急预案制定原则

在制定应急预案时，应全面分析冷链物流项目可能存在的主要潜在风险，针对各种风险的影响和危害进行风险等级划分，同时制定风险识别和监控机制、应急预案、沟通与交流机制等内容。

针对不同类型的潜在风险，在应急预案制定时，首先应以确保冷链产品品质和产品安全为前提；其次应努力保证冷链物流运作，保障供应，不出现“断供”“断链”现象。选择最经济、可行的方案，合理控制和减少额外费用。

现以长途运输过程中，冷藏车辆制冷系统出现故障为例说明。这种风险属于高风险级别，会使车厢内环境温度无法达到规定的运输温度要求，严重影响产品品质，甚至会造成产品拒收。在与客户、运输司机密切沟通的同时，须尽快进行风险信息收集和分析，并迅速做出决策，启动应急预案，如表10–8所示。其中决策及应急预案部分非实际操作规范和标准，仅用于举例说明。

表10–8　运输工具制冷系统发生故障时的应急预案

风险信息收集和分析	决策及应急预案
风险信息： ●故障具体信息； ●运输工具GPS反馈的运输过程中的温度状况。 评估信息： ●产品信息和提货时产品的温度； ●运输产品的种类和订单紧急程度； ●运输工具的位置，与目的地的距离； ●行车路线的交通状况； ●运输工具附近的维修网点和工作时间； ●预计维修时间； ●周边冷库位置、设施条件和工作时间	应急方案1：到达目的地所需时间小于2小时，且道路交通状况良好，可继续行驶。每隔1小时汇报一次情况。 应急方案2：到达目的地所需时间大于4小时，2小时内可维修好，且附近有合适的维修点，应尽快维修。每隔1小时汇报一次情况。 应急方案3：到达目的地所需时间大于4小时，预计维修时间大于4小时，可将产品暂存附近冷库或尽快更换运输车辆。每隔1小时汇报一次情况

对于每种应急预案，需要事先建立完整的处理流程。如果采用应急预案3，即冷藏车辆所承运的冷链产品需临时暂存附近冷库，如何进行操作？这个过程相当于冷链产品的收货入库环节，要按照产品入库环节作业标准和要求执行，包括运输车辆签封检查、产品测温、产品感官检查、运输温度记录检查等。整个过程应尽快处理，从运输车辆转移至暂存冷库的时间控制在1小时内，并做好文件记录和现场拍照工作等。

对于应急预案中涉及的临时性资源，应事先进行收集和整理，包括应急冷库资源、备用冷藏车辆和制冷机应急维修网点等。同时对这些资源的条件、资质、工作时间、费用水平等情况进行收集和评估，将合格的资源列入应急方案资源备用库。

对于一些已知并经过预判，可能对冷链物流营运和管理存在一定影响的潜在风险，例如春节假期或召开重要会议时，应提前制定相应的供应保障应急预案。

春节期间，冷链物流资源（尤其是人员）严重不足，物流运作和供应保障面临巨大的挑战，物流费用也存在一定程度的上涨。同时整体市场需求量还会明显增加，对于订单管理和执行带来较大的困难。为此，为保障春节期间冷链产品的供应，需成立供应保障项目小组，收集往年春节期间各地区、各线路订单量和运输量，预估市场需求和订单分配。同时需要与客户、产品供应商、运输企业、冷库等相关方沟通，提前对人力资源、物流资源、作业时间、订单量和运输量、产品库存、运输方式等进行全面、系统的分析和准备，最终汇总编制春节期间供应保障计划，如表10–9所示。

表10-9　春节期间供应保障计划

准备事项和工作	负责人	协调相关方	开始时间	完成时间	进展状况
建立春节期间供应保障项目小组，确定项目经理和项目人员，明确目标					
市场需求量预估和订单分配					
确认供应商工作时间、冷链物流资源工作时间（如冷库作业时间）；是否可提前安排提货暂存					
供应调配和物流资源准备： ●订单运量与运力匹配评估； ●市场需求量和订单合理调整，如部分订单可以提前执行，减少春节期间营运压力； ●运输模式调整，春节期间，海运线路可能暂停，原定通过海运运输的订单，需提前将海运转为公路运输； ●物流资源准备，包括临时租用外仓，提前增加库存，备用运输车辆和司机等					
春节期间额外费用预估和控制					
春节期间供应保障计划检查和模拟测试					
下达春节期间供应保障计划，包括作业指南、要求和规范					
春节期间供应保障和运作总结					

三、危机和危机管理

危机属于非常态事件，危机一般具有突发性、破坏性和不确定性等特点，如地震、台风等自然灾害，危及生命安全的事件或严重流行性疾病等。对于出现的危机，冷链物流企业不能依靠现有常规办法应对，必须事先拟订危机发生时的处理程序和应对措施。

危机管理是为了应对突发的危机，如针对自然灾害、流行性疾病、火灾、罢工、信息系统故障等情况，应事先建立应急预案，运作体系在异常状况发生时，也能确保供应链的有效性，尽量使损失和影响降至最低。

例如，2014年6月，美国西海岸国际码头暨仓储工会（劳方）与太平洋海事协会（资方）之间的劳资协议到期。之后经历了长达9个多月的美西码头罢工，2015年2月才基本结束，如图10-16所示。美国西海岸港口包括奥克兰港、长滩港、西雅图港、洛杉矶港，负责处理美国半数的海运贸易，在此次事件中受到了严重的影响。

图10-16　2014年美西码头罢工

一些美国冷链食品出口企业和供应商对美西码头劳资双方谈判缺乏评估。随着罢工持续发酵，一些企业仍未对劳资谈判持续时间和罢工的严重性及影响进行综合判断，依旧按照正常的发运计划，安排装有冷链产品的冷藏集装箱从美西码头出运。由于罢工，港口内的货物无法正常出运，造成大量冷藏集装箱长期滞留，导致冷藏集装箱在码头产生了高额费用，同时冷藏集装箱内的冷链产品面临产品品质风险和临近保质期等一系列问题，最终无法保证产品按时供应。有些企业为了保障供应，最后不惜采用空运方式。

针对类似危机，应事先建立危机管理程序，包括危机管理团队构成及相应职责、危机级别、危机沟通机制、启动应急预案等，有序地开展危机应对工作。其中危机沟通机制应采取定期通报制度，如一天（周）一报，通报内容包括现状简要说明、应对策略和处置方法、未来状况预估、影响及结果等。相应地，具体到美西码头罢工，应事先对罢工和事态发展充分评估，提前考虑和制定不同情形下的应急预案。可以将部分货物提前发出；或将海运冷藏集装箱转运至美国东海岸，从美东港口发出。这样可以保障冷链物流供应的持续性，降低和控制额外费用及相关损失的产生。

不合格的冷链产品和冷链物流

思考与练习

（1）冷链物流项目有哪些特点？

（2）冷链物流项目设计包括哪些步骤，冷链物流项目规划包括哪几部分？

（3）冷链物流项目经理的职责是什么，冷链物流项目经理应具备哪些条件？

（4）如何对冷链物流项目的资源方进行有效选择和评估？

（5）冷链产品检查一般包括哪些项目？

（6）冷链物流项目营运指标主要包括哪几类？
（7）冷链物流质量管理体系包括哪些内容？
（8）冷链物流项目面临的潜在风险有哪些，主要应对策略是什么？
（9）在冷链物流项目中，哪些因素会影响和决定营运质量和服务水平？

第十一章 案例精选

学习目标

本章通过案例的分享，加深了大家对冷链物流全链条的认识和理解，包括冷链物流包装的特殊性、冷链物流标准化的意义及其效果、冷链物流信息化的手段、冷链运营风险的管控方法等。

案例一 顺丰大闸蟹产业解决方案——改善包装保证鲜活度

一、大闸蟹的生物属性

提起大闸蟹，首推阳澄湖大闸蟹。大闸蟹是人们餐桌上的美味。过去只有在当地才能品尝到阳澄湖大闸蟹。大闸蟹是冷血动物，离开水后能存活的时间很短，想要提高运输途中大闸蟹的存活率，则需要低温的运输环境，大闸蟹脱水后72小时很容易死亡，将其作为商品寄递，如何保障“鲜”与“活”是对物流企业最大的考验，捆扎好的大闸蟹如图11-1所示。对蟹农、蟹商来说，保证运输质量和寄递时效是保障大闸蟹鲜活质量的根本。而对只想吃到最新鲜的大闸蟹的广大消费者来说，鲜活程度和产地一般是他们考虑的主要因素。

图11-1 捆扎好的大闸蟹

二、大闸蟹销售的瓶颈：线上销售的运输难题

一直以来，由于运输配送的问题，阳澄湖大闸蟹只在线下销售。在线下专营店，螃蟹被视为“奢侈品”，随便一份礼盒装的大闸蟹都要近千元。可作为源头的养殖户，利润却十分微薄，一斤蟹的利润只有几毛钱。

阳澄湖大闸蟹能够从线下走向线上销售离不开线上售蟹第一人顾敏杰的努力。顾敏杰出生于阳澄湖水源水质保护区范围内的消径村，父母是村里的蟹农，养了大半辈子的螃蟹。2008年，顾敏杰退伍还乡，注册了“今旺”公司，把螃蟹挂上了淘宝网。那年中秋节，他接到了一笔大订单，来自一个社区的团购，整整一万元。第一批螃蟹运到后，全都成了死蟹，顾敏杰只能自己承担全部损失。但他没有泄气，为了解决螃蟹网上销售最难的物流问题，顾敏杰逐一调研镇上的快递网点。接受采访时他说：“那时候单子不多，都是散运，宅急送、EMS（邮政特快专递服务）我都试过，只有顺丰速运比较积极，帮忙跟航空公司沟通。”

经过与顺丰速运的交流，顾敏杰尝试改进大闸蟹的快递包装。将外包装由纸箱换成泡沫箱，把经过冷冻的集束捆绑的塑料瓶放入大闸蟹包装中，大大提高了运输过程中螃蟹的存活率，这成为市场上大闸蟹冷链运输的雏形，如图11-2所示。这个包装的改变给大闸蟹的销量带来了爆炸性的增长。

图11-2 大闸蟹包装的改进

2009年，在大闸蟹开捕季，顾敏杰的线上销售额达到了300多万元，利润也高达70万元。此后，村里人纷纷效仿顾敏杰在网上开店。截至2016年年底，消泾村已经有94户农户注册了电商公司，线上开店超过1000家，全村的电商交易额超过5亿元。

作为龙头企业，“今旺”几百亩的螃蟹养殖基地，早已不能满足线上销售的需求。因此，顾敏杰与不少合作社签订了养殖协议，形成经济共同体。“今旺”公司主要负责开拓市场，基地负责品种培育，保证货源供应。另外，公司也会统一收购蟹农的螃蟹，由其统一销售。这种“公司+基地+农户”的组合是阳澄湖中型以上公司最常用的模式。

天气转凉后，螃蟹在物流过程中的损耗率大约只有1%。目前公司一般在晚上捕蟹，

次日上午扎蟹，然后把蟹放进10℃的冷库内预冷，再称重、分拣、包装、发货，周边用户在24小时内就能收到螃蟹，远一些的客户也只需要72小时。

三、顺丰速运的一战成名：整体解决方案

顺丰速运作为国内领先的快递物流综合服务商，从2008年试水大闸蟹寄递至今，连续多年领跑大闸蟹寄递市场。如今全国各地的消费者通过顺丰速运的“全程恒温、36小时内送达”的冷链快递服务，可享受“人在家中坐，蟹从天上来”的美好生活。

为保证大闸蟹的鲜活，顺丰速运从2009年成立了自己的航空公司。2010年，将大闸蟹独立中转。2012年，除了散航资源以外，顺丰速运增加了专用全货机运输大闸蟹，阳澄湖转运枢纽也在2015年投入使用。2018年，顺丰速运再次拓展大闸蟹市场，将阳澄湖大闸蟹物流模式复制到江西进贤的军山湖大闸蟹。顺丰速运联合军山湖原产地，从大闸蟹湖区直接发货，做到“从湖边到桌边”的新鲜传递，为美味保鲜，如图11–3所示。

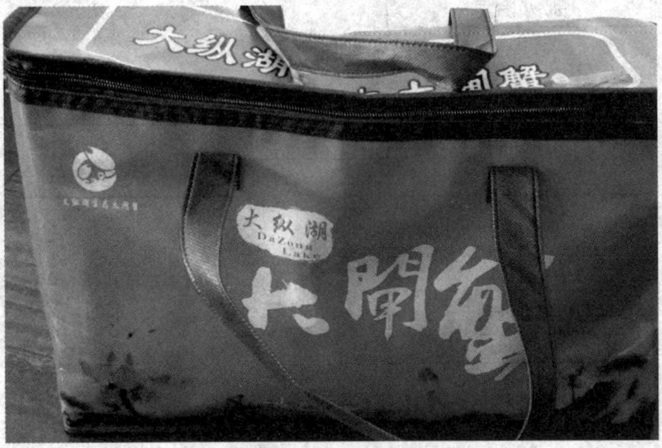

图11–3　江西进贤的军山湖大闸蟹包装

2018年，顺丰速运开始启用无人机运送阳澄湖大闸蟹，只需10分钟，就能横跨阳澄湖，效率比原来提升了8倍。无人机派送大闸蟹的流程如图11–4所示。

顺丰速运目前已推出多款无人机机型，覆盖不同的业务场景，最大有效载重为5~25公斤，最大载重飞行距离为15~100公里。

2019年，顺丰速运新增7架全货机，数十辆冷链运输车辆，开设顺丰大闸蟹高铁专属线，保证107个流向次日到，147个流向隔日到，只为让消费者第一时间品尝到鲜美的大闸蟹。

苏州市阳澄湖大闸蟹行业协会代表透露，这些年，由顺丰速运运出的阳澄湖大闸蟹的数量，占到了线上销售阳澄湖大闸蟹总量的95%。顺丰速运发布的《大闸蟹物流报告》显示，仅在2018年秋天，顺丰速运就承担了近4万吨的大闸蟹运输工作，折合约3亿只大闸蟹，与一次铁路春运的运营总量相当。

顺丰坚持采用原产地直发模式，做到源头保真，进一步保障大闸蟹的出产品质。在获得专利的大闸蟹寄递包装基础上，进行了升级，利用更加安全、保温性更好的冰瓶来进行保温和预冷，并实时追踪螃蟹从“出水”到“收件”的每个环节，每一个从湖区寄

出的大闸蟹都有自己独特的身份证明，确保“运输不造假，闸蟹品质优”，让消费者买得舒心吃得放心。这款可循环包装既帮助客户节省了成本，又有利于保护环境，建设绿水青山的家园，如图11–5所示。

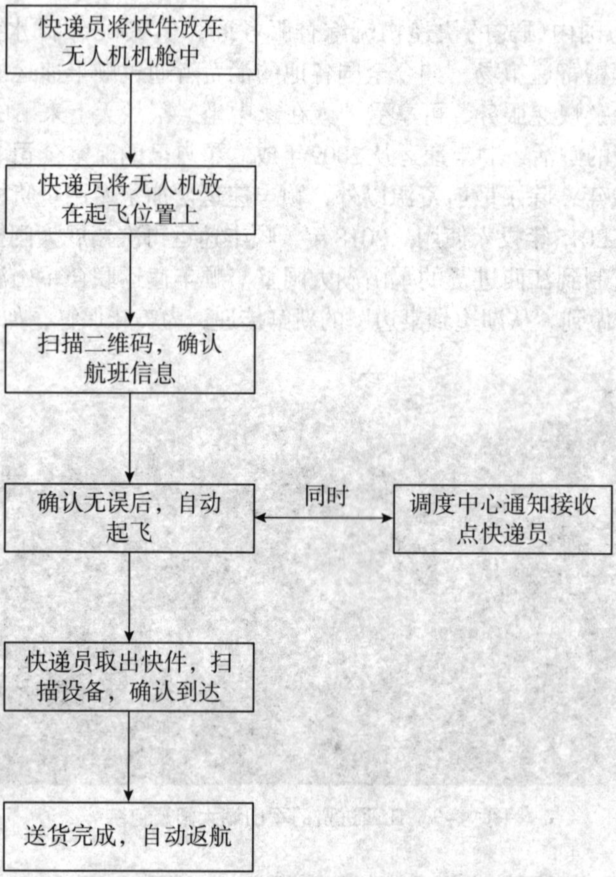

图11–4　无人机派送大闸蟹的流程

图11–5　顺丰特制的循环使用保温箱

十余年来，顺丰速运运用科技大数据能力，使科技与产业相融合，帮助大闸蟹产地农户拓展销售渠道，提高品牌的知名度，推动当地经济规模化发展。

四、小结和思考

（一）小结

随着大闸蟹市场竞争的加剧，各大电商平台和快递公司加入战局，大闸蟹作为冷链物流服务质量的风向标，自然是各家必争之地，大闸蟹运费成本开始走低。根据单量的大小，大闸蟹的运费有所不同。对顾敏杰这样的大商家来说，一单快递的均价由原先的50元降到了2019年的30元左右。但商家和蟹农还是希望运费成本能再降低一些："希望更多的快递公司加入，这样快递才会更加市场化，把成本降下来。"据估算，目前物流占到蟹农整体成本的25%~35%。

目前，菜鸟推出了"丹鸟"大闸蟹物流品牌，通过"空+陆"物流服务矩阵，统筹航空路由与公路冷藏干线，开辟"大闸蟹专线"绿色通道。覆盖全国近300个城市，其中250余个城市24小时送达，28个城市48小时送达，江苏省内最快6小时送达，日处理量可达60吨以上。圆通速运承诺为大闸蟹推出"大闸蟹特快"专属服务。德邦快递打出"江浙沪区，今发明至，限时未到，运费全免"的口号。中国邮政也整合邮航专机以及冷链专线，为大闸蟹开辟专属绿色通道。干线运输则依托于航空货运专机、散航资源，以及近千台冷藏车辆，专门开通大闸蟹冷运专线。一位蟹农表示："市场有竞争好啊，大家选择更多。"

（二）思考

问题一：大闸蟹的包装盒用何种材料好？纸箱和泡沫箱的区别是什么？

问题二：大闸蟹运输配送时的适宜温度是多少？回家后若要储存几天，储存在哪里合适？

问题三：对于竞争日益激烈的大闸蟹快递市场，顺丰速运的方案还奏效吗？应该提前为未来做好哪些规划呢？

问题四：如果你是顺丰速运的质量总监，你会运用什么方式对大闸蟹运输过程实行严格的品质管控呢？

案例二　江西玉丰实业有限公司案例
——冷链物流标准化提升冷库运营效率

一、企业概况

江西玉丰实业有限公司（以下简称玉丰公司）成立于2002年11月，注册资金1500万元，注册地点为江西省南昌市昌东镇芦源村。旗下有玉恒实业、玉达实业、昌东种植基地蔬翁农庄、农产品冷藏加工物流产业园等多个实体，是一家集绿色蔬果种植、农产品贮藏、加工、销售与物流配送为一体的农业产业化经营省级龙头企业。

玉丰公司是中国冷链50强企业、中国仓储与物流协会会员单位、中国蔬菜流通协会第五届理事会常务理事、中国蔬菜流通协会第三届大蒜专业委员副会长单位、中华人民共和国第七届城市运动会运动员村食品供应“指定供应商”、江西省农业产业化国家重点龙头企业、南昌市“信用优良企业”。

2002年，玉丰公司在昌东镇芦源村投资建设了面积1000余亩的“南昌市昌东现代农业科技示范园”种植基地，具备年产绿色蔬菜、水稻3万吨的能力。2006年，在南昌小蓝工业园投资建设了“江西玉丰小蓝农产品加工产业园”，建设冷库7000余平方米，冷藏保鲜加工车间4000平方米，能冷藏、加工、销售、配送蔬果等农产品5万余吨。2008年，为了配合南昌市政府做好市民的菜篮子工程，玉丰公司设立了“玉达蔬果”社区菜店。采取“集中采购、集中包装、集中配送、统一定价”的方式，为南昌市民提供“质优、价平、便捷”的蔬菜、水果等绿色无公害农产品。2013年，玉丰公司在南昌市高新经济技术开发区投资建设“江西玉丰冷链物流产业园”，占地面积130亩，建筑面积12.4万平方米，总投资3.5亿元。主要业务为绿色蔬菜种植和无公害水禽养殖，原产地采购，农产品贮藏、加工、销售与物流配送等，提供农产品冷藏、保鲜、恒温、速冻、交易、加工、配送等完善的冷链物流服务。已投入使用和在建的具有国际一流水准的低温库、保鲜库、恒温库建筑面积达6.2万平方米，具备16万吨农产品冷链仓储能力。并配有农产品冷链食品加工车间和物流配送车间，建筑面积达4.7万平方米，年加工蔬果可达10万吨。

江西玉丰实业有限公司员工达400余人，其中一线员工200人，基地生产种植人员170人，管理技术人员36人。公司实行董事会领导下的总经理负责制，总经理由董事会聘任，各部门经理由总经理聘任，员工实行竞争上岗。玉丰公司组织架构如图11-6所示。

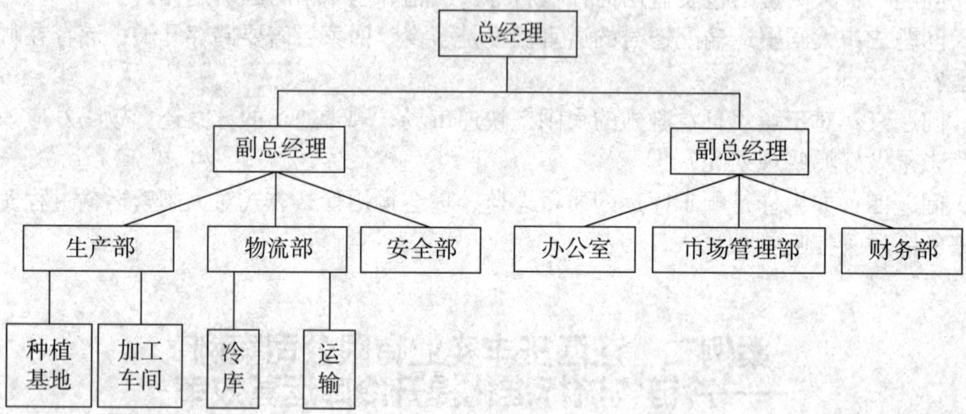

图11-6　玉丰公司组织架构

二、企业发展战略及竞争形势

玉丰公司依托江西优质、丰富的农产品资源以及南昌市高新区高效、优质、规模化的食品药品加工能力，力争打造中部地区最大，融农产品、食品及医药物流于一体的“承东启西、贯通南北”的物流配送集散、中转基地。

“十二五”期间，玉丰公司农产品业务稳步发展，具体如表11-1所示。

表 11-1　　玉丰公司“十二五”期间业务收入情况　　单位：亿元

年份	2011	2012	2013	2014	2015
业务收入	0.8	1.09	0.98	0.96	1.5

近年来，随着城乡居民生活水平的提高和人们消费习惯的改变，以水产品、畜产品、果蔬及花卉为代表的冷链物流日渐趋热，冷链物流行业也随着市场需求的增大而不断发展。从整体看，中国的食品冷链还未形成体系，无论是从中国经济发展的消费内需分析，还是与发达国家相比，差距都比较明显。中国易腐食品规模巨大，但行业规范尚不完善，造成冷链物流发展滞后。目前市场主流的冷链物流企业主要来自第三方物流公司、企业内部的物流公司。跨界并购的企业以及生鲜电商企业。

①第三方物流公司，包括从传统的物流公司进军冷链物流市场的企业，如中外运裕和、锦江国际低温物流、山东荣庆物流等，专注于冷链物流行业的重庆雪峰、康新物流等，以及与麦当劳长期合作的夏晖物流。

②企业内部的物流公司，最典型的是百胜集团的物流事业部，为百胜集团的餐厅提供核心业务以及有特殊要求的物流服务。

③跨界并购的企业，包括凯辉基金及中法基金共同对上海郑明现代物流有限公司投资1.2亿元，同时上海郑明现代物流有限公司完成了对深圳市曙光物流有限公司的控股。大连中盈物流有限公司与日本北兴物流株式会社合资成立中盈北兴冷链物流（大连）有限公司。

④生鲜电商企业，包括淘宝网、一号店、亚马逊等纷纷推出生鲜产品业务，冷链物流宅配也被催热。

玉丰公司冷链物流的SWOT分析见表11-2。

表 11-2　　玉丰公司冷链物流的SWOT分析

优势（Strengths）	机遇（Opportunities）
①稳定的生产基地。玉丰公司投资的“南昌市昌东现代农业科技示范园”已建成钢架温室蔬菜大棚200亩，示范蔬菜种植面积达1000余亩，带动周边乡镇的300余农户从事蔬菜种植产业，种植面积达2000余亩，年销售无公害蔬菜3000吨。 ②农产品质量管理有保障。公司获得ISO9000质量管理体系认证证书。 ③采购和销售人员经验丰富。采购人员、销售人员深耕农产品零售批发20余年，凭着丰富、专业的农产品收购经验能准确把握时机，尤其是对蒜薹、洋葱、苹果等品种的收购，农产品的质量可以得到保证。同时有一批稳定的地区经销商，覆盖江西、福建、广东、山东等多个省份。	①消费者逐渐认识到农产品冷链物流的重要性，全社会对“优质优价”农产品的需求不断增长。 ②国家陆续出台农产品流通相关文件，对冷链物流的重视程度不断提高。 ③《南昌市物流标准化试点实施方案》指出力争通过试点，实现全市物流标准化水平较快提升，物流标准化体系初步建立。

续表

④连锁经营品牌初步形成。"玉达蔬果"社区菜店以统一的运营模式、形象设计、规范服务，供应"玉达"牌生鲜商品及农副产品，受到了消费者的认可和好评。 ⑤冷链物流运作起点高、流程完善。冷链物流全过程采用标准化设计，与科研院所合作，聘请了专业设计人员。公司拥有基地、常温及低温冷藏车间和加工车间、冷藏运输车。以冷库为中心向两端延伸，实现冷链的全覆盖	④江西省是农产品供应基地，南昌县是江西省的农业大县、著名的商品粮基地，有"鱼米之乡""江南粮仓"的美誉。盛产水稻、大豆、油菜籽、花生、甘蔗、茶叶、蔬菜、水果以及禽类肉类，有"南昌白猪""鄱湖野鸭""肉牛""莲塘麻鸭""丰城灰鹅"等名优品种
劣势（Weaknesses） ①缺少标准意识，标准化物流设备配置少。 ②信息系统刚刚起步，未能与上下游物流信息系统对接。 ③了解市场信息的渠道较窄，信息不对称导致交易不公平现象较多。 ④公司现有冷藏能力及加工能力无法满足项目区需求	威胁（Threats） ①物流业政策法规不配套、不完善。 ②冷链物流的多元化竞争格局正在形成

三、冷链设施设备标准化提升物流效率

（一）物流标准化试点历程

2016年6月，南昌市顺利入选全国第三批物流标准化试点城市，获得中央财政8000万元的扶持。2016年9月，根据《南昌市物流标准化试点实施方案》《关于开展南昌市物流标准化试点项目申报工作的通知》等文件的精神，江西玉丰实业有限公司积极申请，顺利获得入围资格，入选南昌市物流标准化试点单位之一。经过3年建设，2018年11月顺利通过南昌市物流标准化试点验收。

（二）物流标准化试点做法

玉丰公司借助标准化试点项目，对公司进行标准化的管理，以现代化的冷库设施设备配合标准化的冷藏车、托盘、周转筐、仓储笼和货架的使用，公司标准化水平明显提升，物流成本显著降低，物流效率大幅提高，对于农产品冷链物流环节的质量保持和食品安全保证有显著提升作用，极大地提升了公司的核心竞争力和行业优势。

1. 自主创新设计仓储笼，提高冷库库容率

玉丰公司为冷链物流企业，对托盘、仓储笼、货架的材质及承重量有特殊要求，要求其防腐、防水、耐用且承重吨位高。根据此特性，公司自主设计了一款长为1.2米、宽为1米、高为1.73米的铁制防锈仓储笼，如图11–7所示。

该仓储笼大大提高了冷库的面积利用率且单体承重量由原来的1吨/平方米提高到了4.5吨/平方米，同时又避免了农产品因使用木制的托盘或仓储笼在低温、有水汽的冷库里储存时发生霉变，从而影响其品质，如图11–8所示。

图11-7　玉丰公司自主设计的仓储笼

图11-8　玉丰公司冷库中使用的仓储笼

2.标准化周转筐（600mm×400mm）从产地直运冷库

玉丰公司依托已有的冷库框架，新增制冷系统、标准化托盘、周转筐和叉车，形成5万吨库容的冷藏库，总投资4474.54万元，其中标准化设备投资3207.40万元，设备明细如表11-3所示。

表11-3　设备明细表

类别	项目	单位	数量	备注
制冷系统	容积式制冷压缩冷凝机组	套	9	每层冷库2套，进出月台1套
	蒸发式冷凝器	台	9	
	冷风机组	台	9	
	全自动微电脑机组电气控制柜	台	9	
	安装辅料	批	1	
搬运设备	标准化托盘	万片	1	1m × 1.2m
	周转筐	万个	3	32cm × 47cm
	叉车	台	2	CPD35-JC3

玉丰公司将标准化托盘、周转筐运用到农产品原产地。大力推进托盘循环共用，引导上下游企业共同使用标准托盘、周转筐。

公司采购对接基地源头，要求原产地的合作社、种植大户、企业等根据玉丰公司对不同农产品的标准和规格进行分级分选，并将分选好的农产品用600mm × 400mm的塑料周转筐装好，再运到公司总部或直接存入当地的冷库。图11-9为玉丰公司在原产地收购时使用的设备。

图11-9　玉丰公司在原产地收购时使用的设备

自标准化周转筐替代纸箱、塑料编织袋后，其包装成本大幅降低。以苹果为例：每个纸包装箱的成本约为4元，经改进直接采用塑料周转筐包装，既方便了采购人员检查产品质量、规格大小，也大大降低了产品的包装成本，塑料周转筐还可以循环利用。

同时，公司对其他未采用非标包装的农产品进行了改进，如：2017年下半年，公司将土豆的包装进行了改进，由原来的非标包装改为25公斤/件的标准包装。这样在产品入库储存时可直接按标准件收货，不用再次称重，此举不仅可以节约1~2名工作人员而且大大提高了员工工作效率。

使用标准化周转筐后，节约了采购人员质量抽检时间；与塑料编织袋相比，大大降低了农产品的损耗，特别是入库后的农产品因标准化的周转筐透气性好，产品温度均衡，仅农产品储存的损耗率较之前就降低了5%。

3.全程带托运输，一托到底，流程监控透明规范

根据物流标准化试点要求，玉丰公司强化企业内部标准化作业，实行全程带托运输，一托到底，不倒托，以托计费，强调标准化周转筐、托盘、叉车搭配使用，提高作业效率，降低人工成本。不仅提升了带板运输的效率，还有效扩大冷库的利用率，为企业的降本增效做出了贡献。

物流标准化项目的实施让企业与客户直接形成了无缝对接，对顾客需求变化迅速做出反应，从而最大限度地满足顾客需求，让企业享受到标准化带来的效益。借助叉车，公司的农副产品在装卸及堆落、堆码过程中不需要人与货物直接接触，而是直接依赖于机器，到库后的农产品通过叉车带板托直接运到冷库货架上，此举使得公司的搬运费用大大降低，由原来的40元/吨降至11元/吨，同时还极大地提升了生产的安全性。

4.采用新型环保能源，打造节能环保型冷链企业

玉丰公司是国内第一家采用“互联网+冷链物流+光伏发电”商业模式的企业。冷链行业是用电大户，为降低用电成本，同时提升冷库保温效果，公司在冷库的屋顶安装了40000平方米的光伏板，这样不仅使得冷库的保温效果更好，而且光伏发电降低了企业的运行成本。

玉丰公司将包括移动互联、云计算、大数据、物联网等为主的现代技术应用到冷链物流项目中，采用云计算的方式搭建社区型供应链协同平台，将上下游交易的信息、货物移动的信息聚集到云平台上，使信息在线化，把数据沉淀到云平台上，通过大数据分析技术，对供应链网络和资源进行优化，把人、车、货、库、路、店、交易、单据等信息在线化并统一管理，通过一系列举措，打造国内华东地区规模最大、技术领先、节能环保、效益最高的现代冷链物流基地并与国际冷链物流服务及贸易接轨，促进冷链物流行业的快速发展。

“种好梧桐树，引得凤凰来。”2018年下半年，玉丰公司利用集现代物流、加工、冷藏、贸易于一体的一站式冷链物流服务优势与农夫山泉合作并承接了农夫山泉信丰脐橙非浓缩果汁1万吨的冷链运输及仓储业务。这种非浓缩果汁是G20杭州峰会指定饮料，对温度的要求极高，无论是在运输过程中还是在存储过程中都要把温度控制在规定范围内，这样才能确保产品的品质不受影响。玉丰公司为农夫山泉提供的优质冷链物流服务得到了合作方的认可与高度评价，双方的合作冷库如图11-10所示。

图11-10　玉丰公司与农夫山泉的合作冷库

玉丰公司的冷链模式不仅解决了以往农夫山泉果汁运输、储存需要经过杭州冷链中转，成本高的问题，还帮助江西省农产品深加工探索出一条新的出路，让江西农产品走向世界，提升了赣产优质农产品的品牌效应。

四、小结及思考

（一）小结

通过物流标准化项目建设，玉丰公司实施多项国家及行业标准，具体包括：

（1）《联运通用平托盘　主要尺寸及公差》（GB/T 2934—2007）；

（2）《联运通用平托盘　性能要求和试验选样》（GB/T 4995—2014）；

（3）《工业车辆　叉车货叉在使用中的检查和修复》（GB/T 5184—2016）；

（4）《仓储从业人员职业资质》（GB/T 17910—1999）；

（5）《仓储服务质量要求》（GB/T 21071—2007）；

（6）《包装设计通用要求》（GB/T 12123—2008）；

（7）《包装 单元货物尺寸》（GB/T 15233—2008）；

（8）《托盘单元货载》（GB/T 16470—2008）；

（9）《运输包装件尺寸与质量界限》（GB/T 16471—2008）；

（10）《硬质直方体运输包装尺寸系列》（GB/T 4892—2021）；

（11）《一般货物运输包装通用技术条件》（GB/T 9147—2008）。

通过物流设备设施标准化改造，提高了公司物流设施设备和服务标准化水平，让公司冷链的各个环节都形成标准统一、相互配套的标准化模式，促进了上下游设备无缝衔接，促进冷链系统安全、节能，进一步保证了农副产品的配送质量，降低了腐损率。通过项目实施，促进公司实现绿色包装、标准托盘循环共用、信息共享，从而减少物流装卸成本、托盘投入成本，发挥了物流标准化的示范带动作用。

（二）思考

问题一：物流标准化意义何在？你赞同“标准就是生产力”的观点吗？为什么？

问题二：请收集冷链物流相关国家标准，并讨论其内容。

问题三：冷库氨泄漏、爆炸事件的发生，更加凸显规范设计、专业管理、正规安装、标准化运营维护是防患于未然的重要前提。你认为哪个环节是防患于未然的关键？

问题四：冷链物流的节能可以从哪些方面实现？

问题五：冷链物流行业需要物流管理、信息化、供应链及金融、制冷技术、节能技术等多个领域的知识。现代冷链物流服务业不仅要求时效性，而且为达到食品安全，对冷链物流中温度监控、产品追溯、物流过程透明等环节都提出了很高要求。玉丰公司下一步的努力方向在哪里？提出你的建议。

案例三　Y公司用大数据“量身定制”最适合的牛奶

一、企业概况

Y公司创建于20世纪90年代，是我国乳制品生产企业中实力雄厚、产品线最全的企业之一。拥有液态奶、酸奶、奶粉、冷饮事业部，旗下有纯牛奶、乳饮料、冰激凌、奶粉、酸奶等产品品种，产销量、规模、品牌价值位居全国第一。

Y公司是2008年北京奥运会乳制品供应企业，也是中国唯一一家符合世博会标准，为2010年上海世博会提供服务的乳制品企业。在发展历程中，Y公司始终坚持“国际化”和“创新”双轮驱动，固守“质量”和“责任”两个根本，以高品质、高科技含量、高附加值的多元化产品，赢得了消费者的高度信赖。每天有1亿多份优质产品送达消费者手中，每年有将近11亿中国消费者享用到营养健康的公司产品。

Y公司将品质视为生命，致力于生产100%安全、100%健康的乳制品，将质量管理工作战略升级为“质量领先3210战略”，聚焦“全球最优品质”，持续升级全球质量管理体系，将严苛的质量管控标准贯穿于全球产业链，保证零食品安全事件。

作为全国资源型的龙头企业，Y公司在业界一直以货物运输量大而闻名，其产品流通大部分归属于冷链物流的范畴。其冷链物流以“兵分两路”的思想进行物流配送。一方面从工厂直接配送给客户，另一方面则在全国重点城市布局分仓，通过分仓配送满足中小客户的需求。同时实行织网计划即实现市场、销售、生产的一体化运作，并对每个市场进行精耕细作。目前，Y公司已在全国十多个销售大区设立了现代化乳产业基地。在这样的布局条件下，山东、四川、安徽、湖北等地的生产基地不仅可以满足本区域内的市场需求，还可以供应周边地区，从而形成一个庞大的网络体系。大大降低了物流成本，同时也增强了对食品安全的保障。

Y公司设董事会，对股东大会负责；设监事会，设总裁1名，由董事会聘任或解聘，总裁对董事会负责。公司设副总裁若干名，由董事会聘任或解聘。公司总裁、副总裁、财务负责人和董事会秘书为公司高级管理人员。Y公司的基本组织架构如图11–11所示。

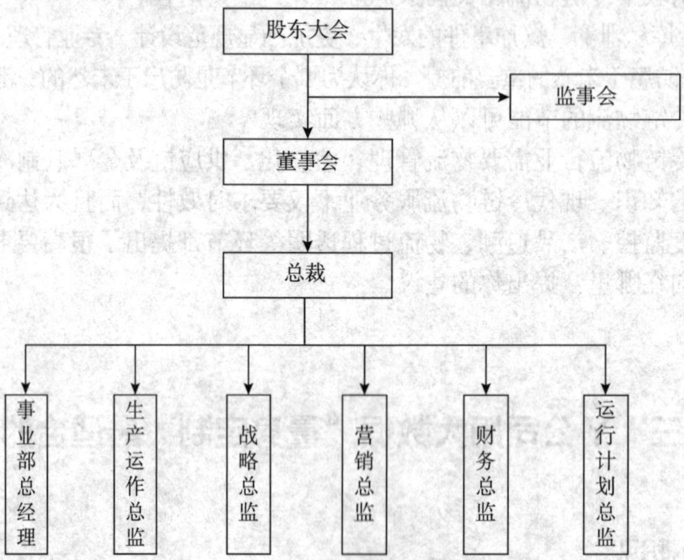

图11–11　Y公司的基本组织架构

二、企业发展战略和竞争优势

Y公司掌握着全国最大的奶源基地，拥有优质牧场近200个、可控良种奶牛200万头以上。对于乳品企业而言，拥有了好的奶源，才可能为消费者提供高品质的牛奶，才能拥有中国乳业的未来。Y公司工业园全部引进世界最先进技术装备，实现了收奶、无菌灌装、机械手包装及出库的工业全自动化控制。

在渠道销售上，Y公司一直采用多层级分销模式，在全国建立几个区域营销中心，每个大区有分销商、经销商和零售商。Y公司的营销模式以经销商为主，它的管理必然要延伸到县、乡（镇）的每个分销商。在大力推进分销模式的同时，Y公司还在某些特定产品的销售上采用直销模式。为了把产品及时迅速地运送到各级经销商手中，从2002年开始，Y公司投资1.5亿元建立了一个现代化的物流网络体系，并采取三级经营管理运作、两级市场营销运作。第一阶段在北京、上海、广州、呼和浩特建立物流配送分中心，分别连接各配送中心；第二阶段在沿海经济中心城市建立物流配送中心；第三阶段在中西部中心城市建立物流配送中心。Y公司共建成12家物流中心、160个物流配送中心和覆盖全国的现代化物流配送网络。这些配送中心和其下游的销售代理、超市、卖场、零售店和订奶点在ERP（业务协作管理系统）、WMS（仓库管理系统）、ASP（动态服务器页面）等系统下对当日下游订单进行收集、归类、统一调度，采用电子标签实行无纸化配货、发货。采用这种模式可以有效地解决Y公司乳品品种多、发货点多、进货量多、单位配货量少、配货时间短、要求快（当日生产、当日进库、及时发货）等问题，同时进货验货、中分验货、细分验货三次验货操作，将差错率由千分之二降到了万分之二，大大提高了配送效率。

Y公司的奶源经过工厂加工发送到配送中心，配送中心配货完毕后由Y公司的冷藏车辆为各大销售代理、超市、卖场、订奶点及零售商送货。目前有些大型超市与Y公司建立了长期的合作关系，由Y公司直接将产品配送至超市的冷柜，避免运输过程中发生乳品变质，给超市造成重大损失。同时Y公司在零售店、批发店等零售终端投放冰柜，以确保其低温产品的质量。在产品的运输上一般采用汽运，虽然成本较铁路运输高出很多，但在质量和时间上更有保证。

Y公司冷链物流的组织模式如图11-12所示。从上游来看，加工企业与奶源采用紧密的整合方式。奶源可以是奶农合作组织，也可以是纵向整合的生产基地或原奶企业，分散农户的小规模生产必须通过合作经营的方式加以组织。从下游来看，企业的配送业务交给专业配送中心完成以发展核心竞争力，配送中心不仅提供物流配送服务，而且负责产品营销、客户管理等工作。为了保证加工与配送有效协调，配送中心与加工企业之间应建立完善的供应链管理平台。

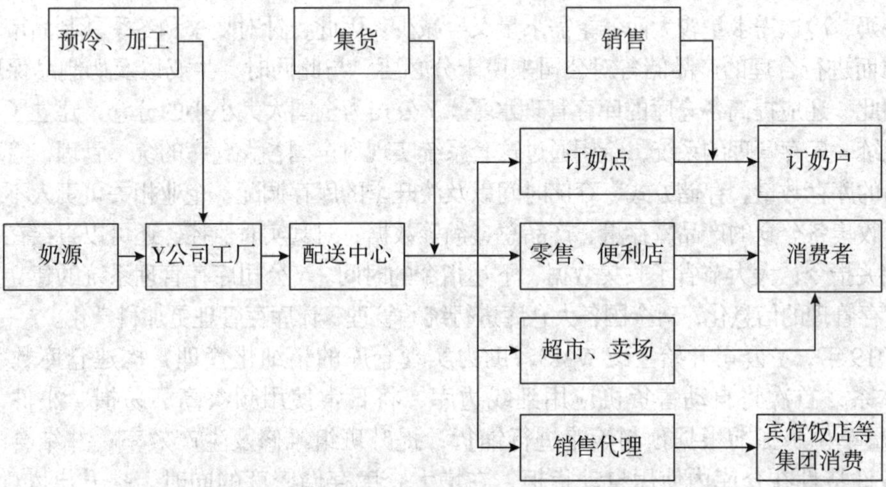

图11-12　Y公司冷链物流的组织模式

通过对Y公司的优势、劣势、机会和威胁的详细分析，并对优势、劣势与机会、威胁进行组合，形成SO、ST、WO、WT战略，得到SWOT战略矩阵，如表11-4所示。

表11-4　Y公司的SWOT战略矩阵

外因	内因	
	优势（S）： 奶源优势； 管理优势； 品牌优势； 技术优势	劣势（W）： 液态奶质量有待提高； 人才紧缺

续表

机会（O）： 乳制品市场成熟； 消费群体不断扩大	SO战略（增长型战略）： 继续挖掘国内市场的潜力； 在保持国内优势的基础上，大力开发国际市场	WO战略（弥补型战略） 完善人才管理制度； 提高产品的质量，丰富产品的种类，增加消费者认可度
威胁（T）： 竞争对手威胁； 市场风险； 投资风险	ST战略（拓展型战略）： 加大研发力度，不断推出新产品； 提升生产效率，降低成本	WT战略（防御性战略）： 与竞争对手适当合作，共同获取收益

三、信息化改造提升客户满意度

（一）在库存管理方面的信息化

Y公司不同分部经营的产品种类不尽相同，从而对产品库存量的要求也不同。夏季Y公司的酸奶、冷饮需求量较大而冬季需求量又会减少，因此，针对夏季和冬季乳制品市场的不同需求而进行合理的产品储备对公司来说十分必要。与此同时，牛奶以及奶制品保质期很短，因此，还应提高各仓库的库存管理水平。Y公司为全国大大小小的分仓，建立了一套可以实现统一库存管理的系统，希望通过这套系统实现对全国各大仓库的统一管理，管理好各类产品的库存数量、存储方式、存储时间以及淡旺季的库存调配。企业相关负责人不仅可以在平台收集各分仓的产品库存量、产品总金额等数据，对其实时监控，还可以直接在平台上下达相关指令，大大节省了收集数据、下达指令的时间。Y公司库存管理系统的建立，实现了其库存管理的信息化，对全国各大仓库进行统一管理，让库存管理更加科学化。

2019年，Y公司开始上线WMS，助力实现仓库的精细化管理，构建仓库数字化管理新体系，首次将自动售货机应用到线边库，将日常使用频次高、易损、小件的SKU（库存量单位）提前根据预制策略进行铺货，提升班组维修及生产效率；并结合现场环境及备件特性在仓库内使用自动货柜，在增大仓库存储密度的同时，提升出入库效率。Y公司仓库精细化管理目标包括以下6项：

①结合RF（频射）设备，实现仓库无纸化作业，覆盖收、发、盘、补、移的整个仓储管理；

②支持特殊情况下的人工作业；

③通过智能化的波次算法，提升库内作业效率；

④通过WMS九大策略为库内作业提供可靠的指导，且作业策略灵活可配置；

⑤通过精准可靠的库存管理，提供仓储环节的记录查询；

⑥提供库内作业数据的抓取和统计，为企业的仓库作业绩效统计提供信息基础等。

Y公司旨在通过专业的仓储管理系统对其系统、基础信息、收发货、库内库存、接口等仓储环节进行有效管控。从而增强Y公司及其分公司的仓储智能化水平和数字化水平，提升物流供应链效率，最终实现仓库作业效率的大幅提升，为乳制品的高效存储及流通提供有力支撑。

（二）在分销管理方面的信息化

Y公司的销售网点遍布全国各地，因其产品售价低，所以销量高。这种异地、数据分散、多分支机构的状况借助互联网有了更多的发展机会。根据产品的营销特点，利用ASP应用模式和网络管理软件技术，为公司的订单处理、数据自动处理、商品库存管理等开发了以互联网为基础的集中式线上监管系统。Y公司把营销管理系统放在了IDC（互联网数据中心）机群中的服务器上，用户通过互联网登录系统、录入或者查询数据，每一次出库、每一张订单完成后都会实时更新数据。除总部以外其他城市可以通过普通拨号的方式，或通过ISDN（综合业务数字网）、ADSL（非对称数字用户线路）与服务器进行实时通话，总部则通过专线与服务器连接。Y公司需要对市场上发生的各种情况进行准确的定位并快速精准地做出反应，因此以销售系统为切入点，从商品库存管理开始，把全国的各个公司、各个经销商、各地的生产工厂和仓库都放在同一个平台上，对操作流程进行规范的管控，让管理者们能够快速地处理自己管辖范围内的事件。同时，Y公司运用现代先进的信息技术（云计算等）对市场营销的推进、各个地区消费者的饮奶习惯等数据进行收集、汇总和分析，将信息及时反馈到相应环节，以便进行进一步完善和优化，进而满足不同消费者的个性化需求。

（三）在运输管理方面的信息化

Y公司利用互联网思维，建立完善的产品追溯程序。奶源基地从奶牛出生开始，即为其建立养殖档案，在原奶运输环节实现全程可视化路线、位置跟踪，原奶入厂后采用条码扫描，随机编号检测；同时，在生产环节建立了产品批次信息跟踪表、关键环节的电子信息记录系统、质量管理信息的综合集成系统和覆盖全国的ERP系统，实现了产品信息可追溯的全面化、及时化和信息化，并且与国家平台进行对接。

Y公司运用运输管理系统（TMS）实时远程监控冷藏车辆行驶轨迹及其车厢内的温度变化，以确保所有冷藏车顺利完成酸奶运送任务。在运输过程中酸奶必须在低温环境中存储和运输，一旦出现车辆抛锚、冷冻系统瘫痪等情况，很可能导致酸奶变质。为了能在第一时间对这些异常状况采取应对措施，Y公司将导航定位技术运用到物流运输中，如此便可实时监控酸奶运输环节冷藏车的运行路线、运行位置以及车厢内的温度，甚至还可以洞察到车内人员的安全状况。

同时，经销商可以通过数据共享及时预估冷藏车到达的时间，在冷藏车到达之前做好准备，安排人员及时卸货，大大提高卸货效率，让整个运输链条无缝对接。

从对承运商的管理看，这些技术有利于酸奶物流部对合作的承运商进行管理，在TMS运输管理系统上，客观透明地显示各承运商每月的订单总数、正常送达时间、正常送达效率、延迟送达数量、平均延迟送达时间、延迟送达率等数据指标，这些数据就相当于各承运商的成绩单，真实地展现了各承运商的运输管理能力。

（四）在产品开发方面的个性化定制

在“5G+智慧乳业”的推进中，Y公司正加速创新步伐，通过数字化手段更好地满足消费者个性化、差异化的多层次需求，力求让每一位消费者都能喝到最营养、最新鲜的乳品。

学术界普遍认为，80%的亚洲成人体内缺乏乳糖酶，容易发生乳糖不耐受，很多国内消费者饮用牛奶后会产生腹泻、胃胀等不适感。基于此，Y公司对数千名不同年龄层的人进行了乳糖不耐受饮奶实验，并基于数据进行了大量的技术攻关，专为这类人群打造了国内第一款可以有效解决乳糖不耐受的新产品，让原本有这方面顾虑的消费者也能畅饮牛奶。

2015年，Y公司发布了中国首个“母婴生态圈”战略，在收集母婴群体的大数据后对其进行分析，从而提供全方位、专业、精准的个性化服务。Y公司还开发了“大数据雷达”和“浑天仪”系统，覆盖全国300多个城市、500多万个网点，收集和分析消费者的口味偏好，成为最了解国人味蕾的亲密伙伴，再投其所好地生产出消费者最爱喝的乳品。

Y公司的牛奶智能定制流程非常简单，主要有以下三个步骤。

第一步，消费者进入展台互动体验区，能量站通过AI技术对用户进行人脸信息采集，分析出用户的年龄、性别、种族、体重。

第二步，用户回答完三个专属问题后，能量站将生成一份“个性化健康报告”，推出定制牛奶的配方。

第三步，能量站将配方资料同步给机械臂，生产出符合用户健康需求的牛奶。

整个流程精密而顺畅，参与者们既能在该过程中感受到重视与尊重，同时又能喝到最适合自己的牛奶，无形中幸福感倍增。

Y公司“智慧乳业”的生产现场如图11-13所示，Y公司通过互联网技术把奶牛养殖、原奶运输、产品包装等过程“透明”地呈现在大众面前。在“智慧乳业”的构想里，要给每瓶牛奶、每罐奶粉贴上二维码，背靠Y公司搭建的产品信息追溯系统，消费者可以通过扫码看到该产品在生产线上的所有信息，包括生产日期、批次、配料等基本信息，以及诚信评价、选购建议等附加信息，确认奶质安全。在养殖环节，牧场主也可以通过Y公司研发的系统，实时了解每一头牛的产奶情况、运动量和其他身体数据，确认奶牛的健康状况；而运输管理系统中加入的可视化技术，可以让工作人员实时掌握所有车辆的位置、速度和路线，保证原奶以最新鲜的状态运送到工厂；为了保证产品全程

图11-13 Y公司“智慧乳业”的生产现场

冷链运输，Y公司所有冷藏车都安装了温感探头，每3秒记录一次车内的温度数据，并且自动上传至系统，一旦温度出现异常，系统将自动向后台报警，工作人员可以立即提示司机进行修正。

四、小结及思考

（一）小结

随着5G技术的逐步发展和成熟，万物互联的5G时代已经到来，Y公司正集结各方资源，在“智慧乳业”的构想里加上“5G”的前缀。目前已和中国电信正式签署了5G战略合作协议，未来为了给消费者提供“看得更清楚、吃得更放心”的高品质乳制品，Y公司将继续依托信息化技术的应用，积极实现产业链的数字化改革：

在上游，Y公司将进一步推广5G智能牧场，通过智能化、数据化和信息化，提高牧场集约性、可追溯性和上下游产业链的协同能力；

在中游，Y公司将借助更精准的智能化控制技术升级智慧工厂，通过智能系统自动计算出产品用料；

在下游，将与千万用户家庭建立数据连接，将消费者最新需求实时反馈给研发与生产端。

作为我国乳制品行业的龙头企业，Y公司将进一步提升信息化管理水平，联合供应链合作伙伴一起迈进5G时代。

（二）思考

问题一：Y公司应该如何借助互联网技术继续加强各环节之间的联系，完善信息化管理平台？

问题二：提升冷链物流信息化水平，要整合现有物流信息共享平台资源，推动冷链资源信息共享，在冷库、冷藏车、冷柜等设施上安装信息采集设备，加快建设冷链产品流通温控管理平台，对生产、加工、仓储、运输、配送等环节进行全过程监控，构建信息共享、可视化、可追溯的冷链体系。在此基础上如何保证信息的安全以及如何降低信息化的风险？

问题三：如何利用现有科学技术以及大数据的内容降低信息化成本？

问题四：Y公司利用大数据完善冷链物流信息化，以此来提高客户满意度，但是客户满意度评价的科学合理性以及客户信息的收集和安全问题如何保证？

案例四　双汇集团冷链全程供应链管理案例
——对标一流，开创中国肉类品牌

一、企业概况

双汇集团是以肉类加工为主的大型食品集团，总部位于河南省漯河市，总资产达300多亿元，员工4万余人，年肉类总产量300万吨，是中国较大的肉类加工基地，正朝着成为具有世界竞争力的国际化大型食品企业集团迈进。

双汇集团始终坚持围绕“农”字做文章，围绕肉类加工开展项目，依靠“优质、高效、拼搏、创新、敬业、诚信”的企业精神，不断进行管理创新、技术创新、市场创新，企业实现了持续、快速、健康发展的目标：20世纪80年代中期，企业年销售收入不足1000万元。1990年，年销售收入突破1亿元。1998年在A股上市，代码：双汇发展（000895），至今市值约1000亿元，双汇食品城外景如图11-14所示。

图11-14　双汇食品城外景

双汇集团坚持将现代物流业融入传统的屠宰业，率先把冷鲜肉的“冷链生产、冷链配送、冷链销售、连锁经营”模式引入国内，大力推广冷鲜肉的品牌化经营，实现热鲜肉、冷冻肉向冷鲜肉转变，传统销售向连锁经营转变，改变传统的“沿街串巷、设摊卖肉”的旧模式，结束了中国鲜肉类没有品牌的历史，引领了行业的发展，开创了中国肉类品牌。

二、企业的竞争优势

双汇集团是跨区域、跨国经营的大型食品集团，在全国18个省市投建了30多家现代化的肉类加工基地和配套产业，在31个省市设立了300多个销售分公司和现代化的物流配送中心，每天有8000多吨产品通过完善的供应链配送到全国各地。

双汇的产品做到头头检验、系统控制，确保食品安全。为实现利用现代物流业改造传统的肉类工业的发展目标，确保双汇产品从出厂到销售冷链不中断，双汇集团投资建设了现代化的物流配送中心。目前拥有自有冷藏车辆1200多台，常温车辆200多台，整合社会车辆2000多台，铁路专用线7条，温控仓库20万吨，常温库18.6万平方米，年配送能力超过300万吨。

双汇集团的分割包装线如图11–15所示。双汇集团把传统的屠宰业与现代物流业相结合，实现网上订单、网下配送，开创了“横向一体化、纵向一条龙”的新型肉类业态，双汇物流现已发展成为中国领先的物流冷链配送中心，为肯德基、麦当劳等多家知名企业提供优质的冷链配送服务。

图11–15　双汇集团的分割包装线

双汇集团的竞争优势如下。

（一）高标准的设计

2000年，双汇率先从欧洲引进国内第一条冷鲜肉生产线，并且把“冷链生产、冷链运输、冷链销售、商业连锁”的模式引入中国；生猪屠宰及冷分割生产线实现了生产过程中的全预冷、精细分割和规模化生产。厂房设计、工艺布局、设备选型，统一按照欧盟和出口注册厂库标准投资建设，达到美国HACCP和安全食品的要求。日屠宰能力达5000 ~ 10000头。

（二）世界一流的工艺

双汇集团引进了世界一流技术水平的屠宰与冷分割生产线，采用两段冷却排酸、冷分割加工工艺，一头猪能分割出200多个产品。

（三）严格有效的质量管理体系

双汇冷鲜肉采用HACCP和ISO 9001质量管理体系组织生产、进行质量管理和追溯查询。从源头到终端产品、从硬件设施到软件管理实现了与国际标准的接轨，达到国内领先水平。

（四）先进的检测设备

双汇集团投入了上千万元，引进了高效液相色谱仪、气相色谱仪、全自动微生物检测仪等国际一流的分析仪器，对生产实行全线控制，检测原料及成品中的微生物、激素、农残、兽残、重金属等重要控制指标，尤其是逐头检测“瘦肉精”，检测手段和监控能力达到国际领先水平。生猪进厂后，由质检人员按照严格的生猪宰前检验规程，对生猪进行检验，严格把关，确保收购的生猪来自非疫区；并严厉打击注水、掺假等不法行为，从而保证生猪的质量。双汇集团的检验人员分布在生产车间的各个加工环节，肩负着质量卫士的重任。

（五）严格的卫生管理制度

所有食品作业者必须按照《食品卫生法》的有关要求，每年进行健康检查。工人进入车间必须经过风幕屏障、一次更衣、淋浴、手洗消毒、风淋、脚踏消毒等严格的卫生消毒措施，有效控制操作间与人员的卫生。

（六）完善的计算机管理和自动化控制

目前企业自主开发并建立了完善的“生猪屠宰加工和连锁经营信息管理系统”，通过该系统，可以随时对生猪屠宰数量、质量、检验检疫情况进行全程监控，提高了信息传递效率，保证了产品的质量，实现了用信息化带动工业化。以“冷链生产、冷链配送、冷链销售”为核心模式的，集屠宰、肉制品加工、物流、冷藏以及相关配套的化工包装、彩色印刷、能源供应等功能的现代化的工业园区已经建成。

三、双汇集团供应链的简介

双汇集团一直致力于打造从源头到产业及餐桌的无缝式供应链。通过对上游饲料厂和屠宰场的控股管理，以及双汇物流和双汇冷鲜肉的连锁化经营，促进了整个产业的发展。18道检验工序保证了食品安全。双汇的供应链体系已十分完善、先进，却仍在不遗余力地进行升级，所以，它为本企业带来了丰厚的收益，基于此供应链体系的企业，竞争力远远超过了其他同类企业。

通过全面应用基于物流、资金流和信息流的供应链管理体系，双汇集团将企业内部的采购、生产、库存、运输、销售、客户与供应商及各节点企业之间的各种业务形成统一的功能管理，建立了集成化的供应链管理体系，从而达到有效采购、降低库存、及时了解供应商价格和客户信息，以实现冷链产业建设性稳定发展，合理安排商品的流向和种类，最大限度地提高企业的工作效率和经营效益。

四、双汇集团的冷链供应链管理

（一）“五三二九”的采购策略

双汇集团实行的是“五三二九”的采购策略，“五三二九”指的是50%做白条肉，30%做分体肉，20%做分割肉，鲜销率达90%。白条肉和分体肉是类似于热鲜肉的初步分割，而分割肉则是在超市中常见的冷鲜肉，采购策略中白条肉和分割肉加在一起所占比重是80%，而目前这两部分所占比重之和只有60%多。公司调查发现，一般消费者，特别是去农贸市场购物的消费者，其实更愿意购买带皮、带膘的猪肉，而不是分割好的纯肉，所以提高白条肉和分体肉的比重与公司提高农贸市场渠道的销售比重相辅相成，目的在于提高销量。此外，鲜销率达90%也体现了这个原则，公司调结构，降低冻肉所占比重，提高鲜肉销量，赚取当期利润。

双汇集团实行供方评价制度，对供方供货资格进行定期认定，及时更新淘汰。将传统的毛猪收购改为过宰收购，采用进口质量测定仪对过宰生猪的质量进行评估，按质论价。另外，双汇集团严格执行收购标准，做到疫区生猪不采购、病害生猪不采购、掺杂使假不采购，坚决杜绝不合格原料入厂。双汇集团还建立了采购信息网络系统，实行网上定价、网上采购、网上结算和网上质量追溯。

在双汇集团，定期召开供应商大会，已经成为双汇与供应商沟通交流、把握市场信息的重要活动。在双汇集团总体工作思路的正确引导下，面对肉制品市场激烈的竞争，多次优化资源配置，深挖市场潜力，提质增效，加强与广大供应商的沟通交流，营造和谐积极的合作氛围，凭借与供应商的积极沟通，精心打造了一支高忠诚度的供应商团队。

（二）全程保鲜的库存管理

由于肉制品的特殊性，双汇制定了一系列的库存管理办法。

（1）收货。为保持新鲜度应在较短时间内完成收货，检查包装袋有无污损；生鲜肉类未结冻的，可有一定的失水量但不可超出规定标准，虽不可能每包称重，但应有抽验的步骤。

（2）库区规划设计。商品入库前应在外箱标明商品品名、进货时间及单位数量，商品入库、出库、补货一定要“先进先出”，库存平面图须张贴在门外，告知相关人员及厂商依平面图进货。

（3）库区的整洁与美观。排定清洁表，依每日、每周、每月、每季、每年排定人员清洁计划。

（4）冷藏库管理要点。有计划地定时清洁，包括：纸箱、货架、托盘、地面、破损商品及排水口等，遵守“先进先出”的原则，随时清除库内积水所结碎冰。

（三）集成化的供应链管理系统

健全和高效的供应链管理系统能提高整个企业的竞争能力。双汇集团在冷鲜肉的生产、运输过程中，从精细分割到配送运输、再到终端销售，通过计算机信息化管理，在整个物流环节实现商流、物流、信息流的统一和共享。该信息系统让管理更加高效、及时、精准，使双汇集团的成本、库存明显降低，市场反应快速大大提高。

根据不同阶段的发展需要，双汇软件为集团制定了“全面规划、分步实施、重点突破”的总体原则，开发实施一系列信息化管理系统，以供应链管理、连锁配送管理、物流管理和财务管理系统应用效果最为突出。此供应链管理系统能够与其他软件产品无缝链接，帮助企业全面掌握财务、业务、生产等各方面的信息，为企业快速、持续发展提供了有力的帮助。

双汇集团的经营管理因供应链管理系统的应用而产生了根本性的变革：集团总部能够及时了解各地的实时库存，系统根据库存能自动生成订单，制订符合市场需求的生产计划；同时通过大宗采购、统一配送，降低了采购和流通成本，从源头上控制了一些财务问题，给集团的信息化投入带来了巨大的回报，从而为集团在供应链环节获得最大利润、全面提升企业竞争优势提供了强有力的保障。

（四）连锁配送系统的实施

产品配送过程中最大的难点就在于如何保证产品的鲜度。因此，双汇集团的配送中心建在分厂的附近，以缩短产品从分厂分割到配送中心仓库的时间，保证产品鲜度；同时，配送车辆都是保温车，在装车时也有特殊的气囊罩住车厢，产品直接从冷库进入保温车，然后配送到门店进入冷柜销售。

双汇商业连锁配送系统支持多配送中心集中管理，所有门店的订单可以自动生成并上传到总部，总部接到的所有订单经过计算机自动汇总分类、自动分配到区域配送中心，安排备货、拣货、装车、运输。目前，双汇商业连锁公司的连锁店已经全部实现了订单自动生成、自动上传、自动分类汇总，自动配货处理，网上盘点，数据由总部统一管理，产品统一配送，自动分析门店的销售和库存情况，实现对各门店的自动补货功能，保证供应市场的是新鲜、卫生的“放心肉”。

双汇商业连锁配送系统的实施带来了十分明显的效果。管理部门彻底解决了时效性差、准确性差、控制力度差等问题，减少了业务人员的工作量，管理力度、精确度和效率大大提高。配送中心作业人员也从70多人降至不足10人，人均处理的订单量却从几百个增加到几万个，汇总时间由原来的1天缩短为几分钟。差错率由原来的1.6%下降到0.04%，送货周期缩短了2天，提高了产品新鲜度。

五、小结及思考

（一）小结

双汇集团的冷链供应链管理系统很好地契合了其发展的需要，为双汇集团的发展保驾护航，助力其高速发展，从而创造了一个个“双汇奇迹”。但双汇集团的供应链管理系统也面临着挑战，在市场经济条件下，双汇集团不但要与同类型的企业竞争，还要与诸如百货公司、购物中心等大型企业竞争。因此，双汇集团要不断创新，确保自己在竞争中立于不败之地。

（二）思考

问题一：为什么双汇集团的冷链要实行全程供应链管理？

问题二：结合案例，讨论双汇集团的冷链全程供应链管理采取了哪些措施？

问题三：你认为双汇集团的冷链全程供应链管理存在的不足和需要改善之处是什么？

案例五　上海郑明现代物流有限公司案例——管控冷链风险，塑造品牌影响力

一、企业概述

上海郑明现代物流有限公司（简称“郑明物流”）于2011年5月正式成立，其前身是1994年成立的上海郑明汽车运输有限公司。深耕于冷链物流领域的上海郑明现代物流有限公司初创至今已走过20多年的历程，由单一的冷链运输商华丽转型为将商流、物流、信息流和资金流整合为一体的供应链集成商，正朝着领先的专业供应链解决方案提供商迈进。

上海郑明现代物流有限公司主要从事冷链物流、汽配物流、电商物流、商贸物流、供应链金融等领域的服务。公司秉承“心系所托，物畅其流”的服务理念，以优质的服务、规范的管理、领先的技术和强大的资源整合能力，以每年50%以上的增长速度在中国物流业迅速崛起。通过所有员工的不懈努力，公司先后被中国食品工业协会授予“全国食品冷链物流定点企业”称号；被中国冷链物流联盟授予“2017 年度中国冷链物流50强企业”“2017 年度中国冷链物流50强企业测评活动单项奖第三方冷链物流10强企业”等荣誉。

目前公司在全国设立分公司50余家，网络覆盖全国 90%的重要城市，自有现代化冷链运输车辆 600 余辆，特种集装箱运输车辆 50 余辆，厢式及其他运输车辆9300余辆。每日冷链物流吞吐量5500余吨，其他各类货物吞吐量 9500余吨。上海郑明现代物流有限公司在全国各地设有仓储基地和冷库中心，目前拥有 240000平方米的仓储中心，在上海松江、上海浦东、南京、芜湖、仪征等地拥有大型物流中心，如图11-16所示。

图11-16　上海郑明现代物流有限公司仓储中心外景

二、郑明物流的冷链物流业务

上海郑明现代物流公司作为一家专注冷链物流服务的企业，始终坚持“只为品质生活”的使命，一直努力成为领先的专业供应链解决方案提供商。在目前生鲜电商行业的发展格局下，为响应国家战略，抢占生鲜物流市场先机，公司高度重视在全国范围内的库网建设，尤其是冷库建设，并要求提高每个仓库的智能化水平，提升物流节点的运作效率。郑明物流积累了丰富的冷链物流运作经验，在多个城市建立了冷藏库和冷库，根据客户需求提供以干线、仓储和市配为主的全程冷链服务及相关衍生服务，服务客户包括大型食品企业、大型超市、连锁餐饮企业、各种大型冷库等，如麦当劳、肯德基、光明、蒙牛、伊利、雨润、哈根达斯等都是郑明物流的客户。

公司提出了“1张天网+4张地网”的战略布局：信息平台为天网，仓储中心网、干线运输网、区域配送网、终端配送网为地网，致力于从冷链物流向温控供应链模式转型升级；以温控产业园为载体，致力于打造集源头采购、流通加工、检验检测、展示交易、温控仓储、无车承运、终端销售、供应链金融等功能于一体的温控供应链综合性服务平台。

三、冷链物流运营的风险识别与管控

冷链是指让易腐、生鲜食品在生产、储藏、运输、销售直到消费前的各个环节中始终处于规定的低温环境下，以保证食品质量安全、减少损耗、防止污染的特殊供应链系统。冷链物流则是把易腐、生鲜食品的生产、运输、销售、经济和技术等各种问题集中起来考虑，协调相互之间的关系，以确保易腐食品在加工、运输和销售过程中的质量和安全，是具有高科技含量的一项低温系统工程。冷链物流适合的商品一般分为三类：①初级农产品，包括蔬菜、水果、肉、禽、蛋、水产品、花卉等；②加工后的食品，如速冻食品及禽、肉、水产等包装熟食和奶制品等；③特殊商品，即药品和疫苗。目前，冷链物流的产品结构呈金字塔型，共分为七层，如图11-17所示。

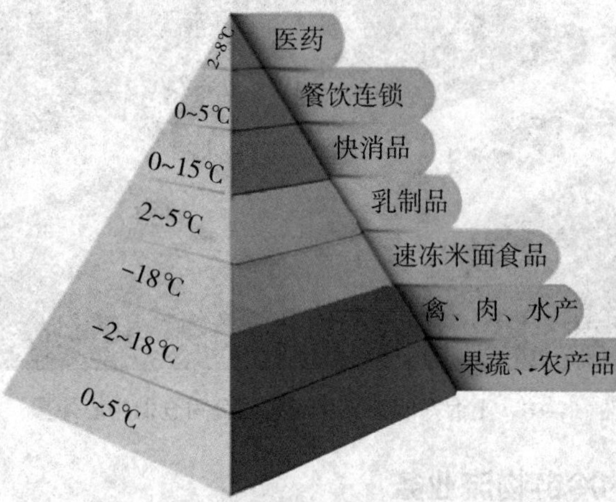

图11-17　冷链物流金字塔型产品结构

塔顶为高附加值的产品：医药、餐饮连锁、快消品，此类产品的冷链物流多数采取外包形式；中间层级为工业制品和加工型产品：乳制品、速冻米面食品，是冷链物流竞争最激烈的市场；下一层为食材型产品：禽、肉和水产；塔底为果蔬、农产品，冷链物流依托生鲜电商平台发展最为迅速。

风险管理能力已经成为冷链物流企业的核心竞争力，冷链物流的运行时刻处于变化之中，前期不存在的风险可能会随着时间的推移以及环境等因素的变化而出现。

（一）系统对接的风险与管控

郑明物流在配送时要和多个公司进行系统对接，同时也要求在最短的时间内完成车辆调度，将这些公司的货物聚集到一辆或一批车上，并及时安排最优路线。由于物流、商流分开，有时会手忙脚乱，不能达到最好的效果。

为此，郑明物流选择了多企业满足多客户的共同配送模式，即区域内多家第三方冷链物流企业合作，通过配送中心统一调度，分别在各自负责的配送区域内，满足销售商的冷链配送需求，一方面，充分利用现有资源，达到冷链配送的经济规模效益，降低配送成本，提高配送效率；另一方面，与第三方冷链物流企业形成稳定的合作关系，共同完善冷藏冷冻配套设施，推进冷链物流技术应用，实现标准化、统一化的冷链物流服务。

（二）车辆管理软件选用的风险与管控

如今车辆管理软件较多，都具有路线优化的功能。这些车辆管理软件大体上都是集成GPS/温度检测技术、电子地图和无线传输技术的开放式定位监管平台。冷链运输监控管理技术主要有两个作用：第一，运输路线的优化和合理调度；第二，冷链运输途中温度的监控和保障。

随着我国冷链市场的不断成熟和消费者对权益的逐渐觉醒，消费者对于了解冷链运输过程的诉求越来越强烈，“全程冷链、温度可视”已经成为消费者对冷链运输监控管理的新要求。在消费者新需求的驱动下，越来越多的冷链物流企业开始注重新技术的应用，如应用温度传感、移动互联网、卫星定位、地理信息系统、物联网等信息技术，并借助安装在冷链运输车辆上的卫星定位终端和温度采集设备，实现对运输过程中的温度、位置、时间等关键信息的实时采集和在线传输，并最终公开展示在互联网上，实现温度信息的全程透明监控和远程可视，以保障运输过程的全程冷链。

（三）冷藏技术运用的风险与管控

冷藏车是用于运输冷藏货物的封闭式厢式运输车，主要技术设备为保温隔热厢体、制冷装置及附件。由于冷藏食品对外部环境要求比较严格，受运输距离、温度、湿度的影响较大，所以冷藏车在配送过程中占有重要地位。由于冷藏车成本高，标准配置的冷藏车的价格是普通车辆的几倍，这也是很多企业冷藏车数量较少的原因。另外，冷藏车对技术要求严格，为保证运输过程中车内温湿度达到要求，且考虑到环境的影响、成本的高低以及客户的要求等因素，选择合理的制冷设备、监控设备至关重要。

为此，郑明物流对物流车辆运用GPS/GIS双模应用的检测系统进行监控，提供多温度的配送服务。

（四）冷库存储质量的风险与管控

冷库内的货物都是大宗的，货物安全必须全方位监管。若监管制度不完善将存在巨大的风险。为此，郑明物流使用云技术对各个冷库进行实时监控。根据国家冷库认证标准的相关规定，针对库内温度的变化以及货物情况，传递紧急预警信号，提供抗风险预案措施；还可以根据实际的需求，实时修改监控点参数值，设置合适的温度值，当高于阈值时，启动降温、除湿和通风功能，而低于阈值时，启动加湿等功能；定期开启冷库冷藏设备的除霜功能。温度追溯模块则可以通过物联网技术、温度实时传输监测技术，实现从田间到餐桌全程温度第三方动态监管。

此外，对存储的农产品和合适的温层冷库进行精准匹配，根据货品特征安排合适的库房。定时定点关注库内温度变化，及时将数据上传至监管中心，开启温度预警功能，一旦发现温度异常，及时处理。

（五）安全作业的风险与管控

安全管理是冷库运营管理中最重要和长期的一项任务，冷库所用制冷剂——氨，属于易燃易爆危险品。氨泄漏主要是由于人为操作的失误及管理不善，如工人违规操作以及设备、容器陈旧，管道破裂，阀门损漏，钢瓶或储槽、储罐爆炸，运输不当，储罐暴晒等。

为此，郑明物流加强责任意识，落实到每位员工，推动服务标准化，制定标准化流程，实现各环节作业的规范化，提升服务质量。出入库作业选择在清晨、傍晚等温度较低的时间段进行；上下架操作时，提高机械化水平，减少工人在库作业时间和工作强度；货品堆码时，分品种类别有序堆码，禁止盲目增加存储密度而影响换气和库内冷风流动。

江西赣兴果品有限公司案例——水果周转筐循环共用平台

为普及消防安全知识，提高冷库运营管理人员防火救灾的实战技能和突发事件的应变能力，落实消防安全管理工作，进一步强化安全生产管理，防患于未然。郑明物流不定期开展“119在行动”消防演习活动，如图11–18所示。

图11–18　郑明物流冷库工作人员开展消防演习

四、小结及思考

（一）小结

上海郑明现代物流有限公司作为一家专注冷链物流服务的企业，始终坚持“只为品质生活”的使命，为了防范化解冷链运行过程中的风险，上海郑明现代物流有限公司针对系统对接、车辆管理软件选用、冷藏技术运用、冷库存储质量、安全作业等敏感环节存在的风险进行预判，并且采取“多企业满足多客户的共同配送模式”，应用“温度传感、移动互联网、卫星定位、地理信息系统、物联网”等信息技术，经常性消防演练等手段，加强冷链风险管控，取得了良好效果。

（二）思考

问题一：冷链运营中常见的风险有哪些？

问题二：上海郑明物流有限责任公司采取了哪些措施应对冷链运营风险？

问题三：结合本案例，谈谈你对冷链运营风险管理的认识。

问题四：冷链风险管控的关键技术和方法有哪些？

参考文献

[1]孙金萍.预冷及转运环节对冷链运输影响的研究[J].制冷学报，1997（04）：47–51.

[2]谢如鹤，陈治亚.用模糊评估法确定铁路货物保价费率[J].铁道学报，1998，20（03）：7–11.

[3]谢如鹤，叶德春."冷藏链"与"保鲜链"及其实现的条件[J].冷藏技术，1996（02）：4–8.

[4]吕峰，林勇毅.我国食品冷链的现状与发展趋势[J].福建农业大学学报，2000，29（01）：115–117.

[5]张英奎，徐广军，邹月华.食品冷藏供应链的质量管理[J].中国物资流通，2001（22）：29–30.

[6]孙杰，司京成，兰洪杰.北京2008年奥运会食品冷链物流系统研究[J].食品科学，2008，29（07）：470–478.

[7]王之泰.冷链——从思考评述到定义[J].中国流通经济，2010，24（09）：15–17.

[8]宋晨，刘宝林，董庆利.冷冻食品货架期研究现状及发展趋势[J].食品科学，2010，31（01）：258–261.

[9]杨方.试论我国冷链物流的建设和发展[J].中国商贸，2011（02）：146–147.

[10]毋庆刚.我国冷链物流发展现状与对策研究[J]. 中国流通经济，2011，25（02）：24–28.

[11]陈伟炯，王茂馨.医药冷链物流在物联网环境下的动态风险评估[J].科技管理研究，2020，40（01）：215–220.

[12]谢如鹤，叶德春.鲜活易腐食品的"保鲜链"[J].冷藏技术，1996（01）：41–42.

[13]王厚华.传热学[M].重庆：重庆大学出版社，2006.

[14]谢如鹤.冷链运输原理与方法[M].北京：化学工业出版社，2013.

[15]尉迟斌，卢士勋，周祖毅.实用制冷与空调工程手册[M].2版.北京：机械工业出版社，2011.

[16]罗云波，蒲彪.园艺产品贮藏加工学（加工篇）[M].2版.北京：中国农业大学出版社，2011.

[17]宋洪波，杨晓清，栾广忠.食品物性学[M].北京：中国农业大学出版社，2016.

[18]田国庆.食品冷加工工艺[M].2版.北京：机械工业出版社，2008.

[19]郭成宇，吴红艳，许英一.乳与乳制品工程技术[M].北京：中国轻工业出版社，2016.

[20]孔保华，韩建春.肉品科学与技术[M].2版.北京：中国轻工业出版社，2011.

[21]李晓东.蛋品科学与技术[M].北京：化学工业出版社，2005.

[22]林洪，张瑾，熊正河.水产品保鲜技术[M].北京：中国轻工业出版社，2001.

[23]励建荣.生鲜食品保鲜技术研究进展[J].中国食品学报，2010，10（03）：1–12.

[24]孙晶，康怀彬.食品冰温贮藏技术的研究进展[J].农产品加工，2019（22）：82–86.

[25]中国物流与采购联合会冷链物流专业委员会，国家农产品现代物流工程技术研究中心.中国冷链物流发展报告（2019）[M].北京：中国财富出版社，2019.

[26]孔继利.物流配送中心规划与设计[M].2版.北京：北京大学出版社，2019.

[27]邹毅峰.食品冷链物流的安全可靠度研究[D].长沙：中南大学，2009.

[28]韩春阳，伍景琼，贺瑞.国内外冷链物流发展历程综述[J].中国物流与采购，2015（15）：70–71.

[29]甘卫华，付晨，仲任，等.基于物元可拓模型的“共享云冷库”运营风险评估[J].科技管理研究.2019，39（24）：210–216.

[30]韦智康.电商模式下广西生鲜农产品物流配送的问题与对策[J].农村经济与科技，2020，31（02）：83–84.

[31]张卫国.冷链仓储解决方案分析[J].物流技术与应用，2016，21（S1）：61–64.

[32]姚景辉，刘瑞佳，王凯，等.生鲜电商“最后一公里”配送模式选择研究[J].中国市场，2020（13）：16–19.

[33]孙昌翰.冷库环境下货架的设计与应用[J].物流技术与应用，2016，21（06）：145–147.

[34]陈晓春.解冻作业效率——林德高效冷链物料搬运解决方案[J].中国储运，2016（08）：72–73.

[35]张秋玉，臧润清，刘升，等.可装卸式蓄冷保温箱冷链运输效果[J].制冷学报，2017，38（06）：105–110.

[36]李艳冰.EDI技术在物流配送中心的应用研究[J].价值工程，2006（08）：96–98.

[37]高志刚.GIS在物流配送系统中的应用[J].武汉船舶职业技术学院学报，2012，11（01）：84–86.

[38]吴琳娜.农产品冷链智能仓储管理信息系统的初步研究[J].商场现代化，2017（08）：31–32.

[39]胡芳.共享经济时代物流配送模式的创新——关于众包物流的思考[J].物流科技，2020，43（01）：51–52.

[40]王顺林，陈一芳.“互联网+”物流信息安全管理的用户行为路径优化研究[J].科技管理研究，2018，38（16）：183–189.

[41]甘卫华，等.变革中的物流平台：资源整合与互动机制[M].北京：经济科学出版社，2019.

[42]彭本红，武柏宇，周叶.冷链物流断链风险的熵权可拓评价研究[J].北京交通大学学报（社会科学版），2017，16（01）：110–119.

[43]甘卫华，傅维新，徐静.现代物流基础[M].4版.北京：电子工业出版社，2020.

[44]翁心刚，安久意.我国冷链物流标准体系构建机理探析[J].物流技术，2010，29（19）：7-9.

[45]刘广海，谢如鹤.食品冷链物流标准化体系研究[J].物流工程与管理，2009，31（07）：70-71.

[46]中国物流与采购联合会.中国物流年鉴（2015）[M].北京：中国财富出版社，2015.

[47]常丽娜，李学工.农产品冷链物流标准化体系构建探讨[J].农产品质量与安全，2014（02）：34-37.

[48]邢芳.农产品冷链物流标准体系建设现状及对策[J].南方农业，2014，8（09）：99-102.

[49]江文.冷链物流企业标准体系构建思路与研究[J].质量技术监督研究，2014（03）：12-15.

[50]张根苗，黄祥国，谈剑.冷链物流信息化系统的构建[J].科技创业月刊，2013，26（09）：85-88.

[51]张贵彬，刘毅.大数据和云计算技术在农产品冷链物流信息化中的应用[J].环球市场信息导报，2015（27）：67.

[52]周磊.GPS技术应用于冷链物流运输过程的应用[J].现代商业，2011（06）：114-115.

[53]唐秀英，陈立畅，杨琳琳，等.农产品冷链运输车辆管理系统[J].经济研究导刊，2015（07）：286-288.

[54]郑立荣，何勇，王俊宇，等.物联网与食品质量安全[M].北京：科学出版社，2015.

[55]郭斌，钱建平，张太红，等.基于Zigbee的果蔬冷链配送环境信息采集系统[J].农业工程学报，2011，27（06）：208-213.

[56]丁永军，杨信廷，张景春，等.用于农产品质量追溯系统的汉信码编译码引擎[J].农业工程学报.2008，24（S2）：161-165.

[57]王国利，张长峰，王家敏.分类农产品温控物流技术集成理论体系构建[J].农业工程学报.2012，28（05）：133-138.

[58]崔忠付.信息化，物流与供应链的发展引擎[J].物流技术与应用，2019，24（08）：60-61.

[59]于怀智，潘洪民.基于电子商务的生鲜农产品品控物流技术重点研究[J].物流技术与应用，2016，21（02）：121-123.